INTRODUCTION TO STUDY OF INTERNATIONAL REGIONS
국제지역학 개론

장윈링 지음
강호구·김미금·한바다 옮김
박수현 감수

집필 책임자 소개

장윈링(張蘊岭) 교수(1945년 5월생)

장 교수는 중국 최고의 국제문제전문가로 현재 중국사회과학원 학부위원, 산동대학 석좌교수, 산동대학 국제문제연구원 원장으로 재임 중이다.

중국정부 산하 싱크탱크 중국사회과학원에서 유럽연구소 부소장, 일본연구소 소장(1995-2001), 아태연구소 소장(1994-2007), 국제연구학부 주임, 제10-12기 전국정치협상회의 위원, 외사위원회 위원을 역임하였다. 중국아태학회회장, 동아시아정상회의 자문위원, 중국-아세안협력전문가위원회 전문위원, 유라시아협력전문가위원회 전문가위원, 동아시아자유무역지대연구전문가조 조장, 한중 전문가 공동연구위원회 중국집행위원장, 태평양경제협력회의 중국위원회 부회장으로 활동하였다.

주요 저서로는 《世界经济中的相互依赖关系》(세계경제에서의 상호의존관계), 《未来10－15年中国面临的国际环境》(향후 10~15년 이후 중국이 직면할 국제환경), 《世界市场与中国对外贸易的国际环境》(세계시장과 중국대외무역의 국제환경), 《中国与亚洲区域主义》(영문: 중국과 아시아지역주의), 《中国与世界：新变化、新认知与新定位》(중국과 세계: 새변화, 새인식, 새정의), 《构建开放合作的国际环境》(개방 협력의 국제환경 구축), 《寻求中国与世界的良性互动》(중국과 세계의 양성적 상호작용 모색), 《在理想与现实之间-我对东亚合作的研究、参与和思考》(중문·영문·국문: 이상과 현실 사이 － 중국의 동아시아 협력), 《百年大变局：世界与中国》(백년 대격변: 세계와 중국), 《国际区域学概论》(중문·국문:국제지역학 개론) 등이 있다.

번역진 소개

강호구 소장
현) 베이징대학 경제학 박사, 한중경제사회연구소 소장, 중앙대 GSIS 객원교수, 영남대 PSPS 객원교수, 상하이 환태평양 국제전략연구센터 특약연구원, 국내학술지 <한중경제사회연구> 편집위원회 경제분과 편집위원
전) 중국 산동대학 동북아대학 외국인교수, 산동대학 국제문제연구원 특별초빙연구원, 한국외교부 주선양총영사관 경제연구원
연구방향: 중국경제·사회, 한중경제, 동북아경제협력 등

김미금 교수
현) 헤이룽장대학 문학 박사, 한중경제사회연구소 연구위원, 중국 하얼빈사범대학 동양어대학 원어민 전임강사, 국내학술지 <한중경제사회연구> 편집위원회 문화분과 편집위원
전) 헤이룽장대학 외국어대학 원어민 전임강사, 하얼빈직업기술대학 한국어 강사
연구방향: 중국어 문법, 한중문법비교 등

한바다 박사
현) 중국런민대학 외교학 박사, 한중경제사회연구소 연구위원, 국내학술지 <한중경제사회연구> 편집위원회 간사
연구방향: 한중관계, 중국외교정책, 동아시아 국제관계 등
연구성과: 중국 학술지 『当代韩国』『东北亚学刊』『东亚评论』 내 한중관계, 한중사회 관련 다수 논문 게재

박수현 통역사
현) 중앙대학교 GSIS 전문통번역학과 한중과 석사, 한중전문통번역사
통번역) MBC PD수첩 취재원 통역, 2023 KOREA TRAVEL FAIR 중국VIP 통역, 2023 광주 ACE FAIR 수출상담회 중국어 통역, 이모션웨이브 인공지능 비즈니스 미팅 중국어 통역, 중국어 석박사 논문, 기사 번역·감수, 자매결연협정서 영중번역 등

머 리 말

국제지역학은 전문적 학문 분야이다. 본서는 개론으로서 기본 분석 방법을 소개하고 전반적 연구 지침을 제공하여 국제지역학 이론 연구 기반을 다지는 데 의미를 두었다. 최근까지 국제지역학을 전문적으로 다루는 학술서적이 부재한 상황에서 본서의 집필은 새로운 시도로 볼 수 있겠다.

국제지역 연구는 국제문제 연구에서 중요한 영역으로, 중국 내에서는 통상적으로 '지역·국가 연구(區域國別研究)'라는 명칭을 사용하고 있다. '지역'과 '국가'는 불가분하게 연결되어 있지만, 연구적 측면에서 '지역'과 '국가'에 관한 연구는 차이가 역시 존재한다. 지역 연구는 국제지역을 총체적 연구 대상으로 삼아, 국제지역에 대한 구성, 운영, 함의, 특징을 종합적·체계적으로 분석한다. 세계는 다양한 유형의 국제지역으로 구분할 수 있다. 국제지역은 본디 층위(層次)를 구분할 수 있는데, 대지역을 다양한 층위의 소지역으로 구분할 수 있으며, 각기 다른 층위의 지역은 각기 다른 구성과 특징을 나타낸다.

최근 학계에서 국제지역과 관련된 연구 성과가 많이 발표되고 있으나, 주로 '지역 현상'에 중점을 둔 연구와 이를 기반으로 지역 구축과 발전에 관한 각종 이론을 제시하는 내용이 대부분이다. 예를 들어, 지역주의에 관한 연구는 지역주의 형성과 발전 요인을 중점으로 연구하였고, 이에 근거하여 '연방주의 이론', '기능주의 이론', '제도주의 이론', '新기능주의 이론' 등을 제시하였다. 국제지역 연구와 관련된 수많은 학술용어는 특유의 함의가 있으며, 각기 상이한 개념과 관점을 대표한다.

이론적 학문으로서의 국제지역학은 △국제지역이 무엇인지, △국제지역이 어떻게 구성되었는지, 또 △국제지역이 어떻게 운영되는지에 대한 해답을 제시할 필요가 있다.

△국제지역은 무엇인가? 간단히 말하자면, 국제지역은 국가와 세계의 중간적 층위에 존재하며, 자연적·객관적 존재로 볼 수 있다. 자연적 존재로서의 국제지역은 주로 일정한 범위의 지연(地緣)적 범주와 자연적 요소의 연계를 나타낸다. 객관적 존재로서의 국제지역은 주로 지역 내 국가가 나타내는 정치, 경제, 사회, 문화가 여타 국제지역과는 구별되는 상호 연계를 나타낸다.

△국제지역은 어떻게 구성되어 있는가? 국제지역은 자연과 사회의 연결로 형성되는데, △지연·생태·경제·안보·사회·문화적 연계와 △국가 간 관계를 포함한다. 또한, 국제지역은 지역 메커니즘 혹은 지역제도를 통해 구축되고, 지역 내 주체들이 다양한 형식으로 구축한 협력 메커니즘, 지역 거버넌스 제도를 포함한다.

△국제지역은 어떻게 운영되는가? 국제지역은 주로 △지역 내 국가 간 통상적

교류, △지역 메커니즘, △제도 제정·집행을 기반으로 존재한다. 지역 내 국가 간 통상적 교류는 정치, 경제, 인문, 시스템, 제도 운용 등 영역과 관련되어 있고, 범위가 점차 확대되고 있다. 이로 볼 때, 국제지역은 간단한 지연적 구분이 아닌 실체적 내용을 구비한 개념이다.

국제지역학은 지역주의에 관한 연구와는 분명 차이가 있다. 지역주의에 관한 연구는 특정한 학술적 관점을 토대로 국제지역 발전을 분석하고 이론적 성과를 도출한다. 대부분 지역주의에 관한 연구는 유럽 지역주의 모델을 연구 대상으로 분석하여 지역 제도 구축에 관한 단계적 이론 관점을 제시한다. 다만, 현실적으로 볼 때, 유럽 지역주의 모델 구축에 관한 경험 사례는 분명 참고 가치가 있지만, 각 국제지역이 처한 실제적 환경이 상이하기 때문에 여타 국제지역이 완전히 복제하기는 어렵다. 이에 따라, 국제지역 연구는 '유럽중심주의' 패러다임에서 벗어날 필요가 있다. 또한, 국제지역 연구를 국제관계 연구와 동일시하거나, 지역 관계를 국제관계에 속한 하위계통으로 보아서도 안 된다. 이제 국제관계를 중심으로 한 국제지역 연구에 대한 기존 연구 방법을 변화시킬 필요가 있다.

국제지역 내에서 나타나는 다방면의 문제점을 국제지역학의 분석 시스템에 기반한다면, 각 구성요소 간 관계 및 상호작용을 훨씬 효과적으로 이해할 수 있다. 국제지역에서는 수많은 변화가 일어나고 있는데, 이 중, 생태환경 악화, 기후변화가 야기하는 지역성 문제가 부각되고 있다. 이러한 추세 하에 각 국제지역에서 지역 메커니즘 및 지역제도 구축을 추진하는 움직임이 증가하였고, 이러한 움직임을 통해 국제지역 거버넌스의 중요성과 지위가 보다 향상되었다. 특히, 국제지역 거버넌스의 중요성은 글로벌 거버넌스가 나날이 더 큰 어려움에 놓이는 상황에서 더욱 부각되고 있다. 따라서 국제지역에 대한 인식을 제고하여 국가 발전과 글로벌 거버넌스에서 국제지역이 더 나은 역할을 발휘할 수 있도록 해야 한다.

본서는 국제지역학 학문 연구에서 전반적·체계적인 분석 프레임을 제공하려고 노력한 바, △국제지역 함의와 구성, 연구 대상, 연구 방법 등 방면에 대한 정위 분석을 토대로, △국제지역관, 국가와 국제지역, 국제지역 정치, 국제지역 경제, 국제지역 문화, 국제지역 관계, 국제지역 협력, 국제지역 거버넌스, 국제지역 구축 추진과 연구 등 방면에 대해 심도 있게 분석하였고, △위 요인의 국제지역 구성·발전 내 정위, 함의와 이론을 제시하였다. 본서는 종합적인 분석의 일환으로 각기 다른 국제지역의 구성과 발전 특징에 대해 사례 분석을 진행하였고, 이를 토대로 총체적인 기초 분석 프레임과 포괄적 이론 관점을 제시하는데 중점을 두었다. 아울러, 각 장 말미에는 대표적인 추천문헌 3편을 제시하였다.

본서 집필진은 중국 내 다수 대학·연구기관 출신 학자로 구성되었으며, 집필진

전원이 국제지역 문제 연구와 관련해 깊은 식견을 가진 학자로서, 각자 책임 집필한 내용은 아래와 같다.

- 제1장 장윈링(張蘊岭, 중국사회과학원 학부위원, 산동대학 석좌교수)
- 제2장 중페이텅(鐘飛騰, 중국사회과학원 아태·글로벌전략연구원 연구원)
- 제3장 장쩐장(張振江, 지난대학 국제관계학원, 화교화인 연구교수), 쑹완쩐(宋婉貞, 지난대학 신문전파학원 박사후과정)
- 제4장 쑹신닝(宋新宁, 홍콩중문대학(선전) 인문사회과학학원 교수), 싱루이레이(邢瑞磊, 우한대학 정치·공공관리학원 부교수)
- 제5장 류홍중(劉洪鐘, 상하이외국어대학 상하이 글로벌 거버넌스 및 지역·국가연구원 교수)
- 제6장 챠오궈창(喬國强, 상하이외국어대학 유대연구소 교수),
- 제7장 저우팡인(周方銀, 광둥외국어외무대학 국제관계학원 교수)
- 제8,9장 리위안(李遠, 산동대학 국제문제연구원 교수)
- 제10장 장윈링, 중페이텅

국제지역학 이론서를 공동으로 집필하는 과정에서는 체계, 논리, 이론, 표현이 통일되어야 한다. 집필진 전원은 하나의 팀이 되어 통일된 집필 지침에 근거하여 분업과 협력을 전개하였다. 필자는 총괄 주저자로서 본서 집필에 대한 기본 프레임, 연구 대상, 연구 방법, 개요, 양식, 표기 등 작업 전반을 체계적으로 설계·조율하였다. 아울러, 각 장 집필 저자를 대상으로 구체적인 집필 중점 사항을 제시하고, 각 집필 저자가 작성한 원고 초안 섬세하게 심사, 수정하였다. 집필 과정에서 일부 내용은 수정·보충·추가 집필하여, 본서가 논리·표현·이론상으로 일치하면서, 중복 혹은 충돌되는 부분을 없애려 노력하였다. 혁신적 이론서 집필 작업에는 상당히 큰 어려움이 존재한다. 이번 본서 집필은 새로운 학술적 시도로 부족한 부분은 향후 더욱 심도 있는 연구 통한 개선 보완을 기대해 본다.

장 윈 링
2021년 12월 중국 웨이하이에서

차 례

제1장　국제지역학 기초 / 15

제1절 국제지역학 및 연구 대상 ·············17
1. 국제지역의 범주 ·············18
2. 국제지역의 연계 ·············22
3. 국제지역학 연구 대상 및 연구 방법 ·············29

제2절 국제지역의 속성 및 관계 구조 ·············31
1. 국제지역의 속성 ·············31
2. 국제지역의 관계 ·············33

제3절 국제지역학의 구성 ·············35
1. 기초 연구 ·············36
2. 기능 연구 ·············40
3. 제도 연구 ·············47

제2장　국제지역관의 형성과 발전 / 53

제1절 국제지역관 인식의 변천 ·············56
1. 국제지역관의 형성 ·············56
2. 중국이 가지는 지역관의 특징 ·············57
3. 서방 도약 하의 국제지역관 ·············59
4. 현대 국제지역관의 전환 ·············60

제2절 지연 전략 하의 국제지역 정위 ·············61
1. 지연 전략 하의 중동 지역 ·············62
2. 지연 정치 하의 동유럽 ·············66
3. 지연 전략 하의 동아시아 ·············71
4. 먼로 독트린과 라틴아메리카 ·············75
5. 현대 국제지역관의 구성 ·············81

제3장　국가와 지역 / 87

제1절 기본 구성 주체로서의 국가 ·················89
1. 국가 발전의 연혁 ·················90
2. 현대 국가의 구성 특징 ·················93
3. 국가 주권과 통치권 ·················95

제2절 국제지역의 구성 ·················98
1. 지역 연계 : 지연, 인문, 이익 ·················99
2. 지역의 공역성 자원 ·················104
3. 지역과 국가 ·················106

제3절 국제지역의 정위 ·················111
1. 지연에 기반한 국제지역의 정위 ·················111
2. 이익에 기반한 국제지역의 정위 ·················113
3. 문화에 기반한 국제지역의 정위 ·················116

제4장　국제지역 정치 / 119

제1절 국제지역 정치의 기초: 국가 정치 ·················122
1. 민족, 민족주의와 국가 정치 ·················123
2. 국가 정치체제와 지역 정치연구 ·················125
3. 국가 거버넌스와 지역 거버넌스 ·················128

제2절 국제지역 정치와 지역 제도의 구축 ·················132
1. 국제지역 정치의 삼중적 속성 ·················132
2. 국가 간 정치 공존 ·················134
3. 지역 정치 공존 ·················137
4. 국제지역 제도 구축 ·················139

제3절 지역 안보와 안보협력 ·················141
1. 지역 안보의 구성 ·················141
2. 지역 안보 거버넌스 ·················143
3. 지역 안보 거버넌스의 메커니즘 ·················145

제5장 국제지역 경제 / 151

제1절 지역 경제 연계 ··153
1. 지역에 기반한 지연적 경제 연계 ··············155
2. 발전에 기반한 지역 경제 연계 ··················159
3. 지역 경제 연계에서의 비교우위 ················162
4. 지역 경제 연계의 효익 ······························164

제2절 지역 경제 메커니즘 ······································168
1. 지역 경제 메커니즘 연계 ····························168
2. 정부정책과 협력 메커니즘 ··························170
3. 자유무역지대와 지역 경제 통합 ················172
4. 기업전략과 생산 네트워크 ··························174
5. '호연호통'과 공간 스필오버 효과 ···············175

제3절 지역 경제 분업 ··178
1. 지역에 기반한 경제 분업 ····························178
2. 글로벌화와 지역 경제 연계 ························180
3. 지역 경제 분업의 경쟁과 독점 ··················183
4. 지역 경제 분업 효익과 부의 분배 ············187

제6장 국제지역 문화 / 189

제1절 국제지역 문화 연계 ······································192
1. 국제지역 문화 연계의 방식 ························192
2. 민족성에 기반한 지역 문화 연계 ··············194
3. 국제지역 문화권 ···197
4. 글로벌화된, 지역화된 문화 연계 ················200

제2절 국제지역 문화의 역사 계승 ·························202
1. 역사 문화의 지역 교류 ································203
2. 역사 문화의 개별적 특징 ····························206
3. 역사 문화의 상호 표방 ································209

제3절 국제지역 문화 동질성 ·············· 212
1. 다원적 문화의 교류와 동질성 ·············· 213
2. 국제지역 문화 동질성의 특징 ·············· 214
3. 문화 자주와 문화 동질성 ·············· 217
4. 전통문화와 현대문화 동질성 ·············· 219
5. 현대문화의 지역 교류 ·············· 220

제7장 국제지역 관계 / 223

제1절 국제지역 관계의 구성 ·············· 225
1. 국가 간 관계 ·············· 225
2. 민족 관계 ·············· 226
3. 역사 관계 ·············· 227
4. 종교 관계 ·············· 229
5. 문화 관계 ·············· 230

제2절 국제지역 관계의 특징 ·············· 231
1. 차이성과 이익 갈등 ·············· 232
2. 국제지역 관계의 구조 ·············· 233
3. 지연적 특징 ·············· 236
4. 이익 구도와 지역 관계 ·············· 240
5. 지역 협력 제도 ·············· 243

제3절 지역 외부 관계 ·············· 247
1. 국제지역 관계의 외부 관련성 ·············· 247
2. 국가 본위에 기반한 지역 대외관계 ·············· 254
3. 지역과 외부 관계의 다양성 ·············· 258

제8장 국제지역 협력 / 263

제1절 지역 협력의 동기 ·············· 265
1. 지역 동질성에 기반한 협력 ·············· 266
2. 이익에 기반한 협력 ·············· 270

제2절 지역 경제 통합 구축 ·················273
1. 지역 경제 통합의 구축 방식 ·················274
2. 지역 경제 통합 구축을 지지하는 이론 ·················275
3. 지역 경제 통합의 효능 ·················279

제3절 지역 협력 제도 구축 ·················282
1. 지역 협력 제도 건설의 동기 ·················282
2. 지역 제도 구축 모델의 비교 ·················289

제9장 국제지역 거버넌스 / 297

제1절 국제지역 거버넌스 문제 ·················299
1. 지역 관계 영역 ·················300
2. 국제지역 발전 문제 ·················301
3. 공공 안보 문제 ·················302
4. 생태환경 문제 ·················303

제2절 지역 거버넌스 협력의 동기 ·················305
1. 지역을 위한 공공재 제공 ·················305
2. 지역 거버넌스의 기본 함의 ·················309
3. 지역 거버넌스의 실질적 이행 ·················314

제3절 지역 거버넌스와 글로벌 거버넌스 ·················320
1. 글로벌 거버넌스의 발전 ·················321
2. 지역 거버넌스와 글로벌 거버넌스 ·················324

제10장 국제지역 구축 추진 현황과 연구 / 327

제1절 국제지역 구축의 발전 ·················329
1. 국제지역의 구축 기초 ·················329
2. '아세안 웨이'의 추진 ·················333
3. 라틴아메리카 지역 구축의 추진 ·················336

제2절 국제지역의 연구와 이론 ···341
   1. 국제지역 연구 ··341
   2. 영향력을 가진 이론 ··342
   3. 新지역주의의 발전 ··346

제3절 중국의 지역 협력 추진 현황 ·····································348
   1. 중국의 국제지역 구축 특색 ····································348
   2. 다층위적 주변 지역 구축 ······································351

국제지역학 개론

제1장
국제지역학 기초

제1절 국제지역학 및 연구 대상
제2절 국제지역의 속성 및 관계 구조
제3절 국제지역학의 구성

제1장 국제지역학 기초

국제지역은 다수 국가가 공존하는 지역을 가리키며, 지연(地緣)적 연계는 국제지역의 기본 특징으로 볼 수 있다. 국제지역이란 객관적 존재 개념으로 볼 수 있으며, 국제지역 내 각 행위 주체 간에는 명확히 관찰 가능한 관계 구조와 직접적 이익이 존재한다. 한 국가의 입장에서 통상적으로 지역 관계와 국가 이익은 최우선 고려 대상이 되는데, 지역은 각국이 그룹을 형성하는 중요한 담체(擔體)로 국가 발전과 거버넌스에 있어 중요한 역할을 담당한다. 국제지역학은 독립적인 학문 분야를 구성하며, 국제지역을 연구 대상으로 지역의 △구성과 구조, △구성요소, △관계와 시스템 등 방면에 대한 종합적·체계적 분석을 통해 과학적 이론을 제시한다.

제1절 국제지역학 및 연구 대상

세계를 하나의 총체적 개념으로 규정한다면, 구조적으로 △국가, △국제지역, △세계 세 층위(層次)로 구분할 수 있다. 국가는 세계를 구성하는 핵심 주체이자 기본 요소이고, 국제지역은 국가와 세계의 중간적 층위에 존재하는데, 독립적인 국제법적 지위가 존재하진 않으나, △실체적 존재, △인식적 지위, △거버넌스 기능은 실제 존재한다.

세계는 국가를 기본 구성 주체로 한다. 국가의 관점에서 볼 때, 지역은 국제적 성질을 구비하고 있으므로, 지역을 '국제지역'이라고 칭한다. 국제지역은 다수 국가로 구성되어 있기에, 국제지역에 관한 연구는 '지역·국가 연구(區域國別研究)'라고 불리기도 하며, '지역·국가 연구'는 국가 연구와 지역 연구를 포함한다. 국제지역에서 국가는 빼놓을 수 없는 국제지역을 이루는 기본 구성 주체지만,

국제지역과 국가는 분명한 차이가 있다. 이 때문에 국가 연구만으로 국제지역 연구를 대체할 수 없고, 국제지역 연구만으로 국가 연구를 대체할 수 없다. 국가 연구는 특정 국가 내 각 영역 구성요소를 연구 대상으로 하는데, 각 국가는 각자가 상이한 환경과 특징을 가지고 있다. 반면, 국제지역 연구는 지역을 하나의 총체적 개념으로 여긴다.[1] 그러므로 국제지역학은 지역을 총체적 개념으로 보고 전문적으로 연구하는 학문 분야라고 할 수 있다.

국제지역학의 관점에서 볼 때, 국제지역은 객관적 존재 개념으로, 다수 국가가 공존하는 지연(地緣) 공간이자 이익 공간으로 볼 수 있다. 즉, 국제지역은 지연적 연계와 이익 연계를 기반으로 하고 있다. 국가 층위 관계, 국제지역 층위 관계가 존재하고, 국제지역 내 관계, 국제지역 간 관계도 존재한다.

세계의 관점에서 볼 때, 각 국제지역이 구성, 연계 방식, 관계 구조, 거버넌스 모델 등 방면에서 크게 상이한 부분이 존재하지만, 국제지역 간에는 동일하거나 유사한 부분도 존재하는데, 이는 국제지역의 존재와 발전에서 보편적 특징과 법칙으로 나타난다. 국제지역학은 세계 각기 다른 국제지역에 관한 연구와 비교 분석을 바탕으로 국제지역의 구성과 발전에서의 일반적 법칙을 제시한다.[2]

1. 국제지역의 범주

지연(地緣)[3]은 국제지역을 구분하는 기준인데, 통상적으로 두 층위로 구분한다.

첫 번째 층위는 대지역(大區域)으로, 각 대륙을 경계로 삼아 유럽 대륙 지역,

---

[1] 본서에서 지칭하는 '국제지역'은 국가 외의 지역 범주를 가리킨다. 통상적으로 '지역'이란 약칭으로 불리기도 하는데 한 국가 내에서도 국가 내부 서로 다른 지역이 존재하지만, 본서에서 다루는 국제지역과 국내 지역은 본질적으로 다른 범주이다. 본서에서는 국제지역을 통일적으로 '국제지역'이라 지칭하나 서술 과정에서 중복을 피하고자 간단히 '지역'이라 지칭하기도 한다.
[2] 중국 내에서 통용되는 국가 연구와 지역 연구는 국가 및 지역으로 두 가지 측면의 함의를 지닌다. 양자는 밀접한 연관성을 가지지만, 연구 관점에서 볼 때 매우 상이하다. 국가 연구는 특정 대상 국가의 정치, 경제, 언어, 문화, 역사 등 방면 연구에 중점을 두지만, 지역 연구는 '전체주의에 중점을 두고 지역을 하나의 총체적 개념으로 본다'고 할 수 있다. 참고문헌: 郭树勇等编著:《新编区域国别研究导论》,高等教育出版社2019版, p.49.
[3] 지연(地缘)은 지리적 환경과 인류사회 발전 간 상호작용과 관계를 가리키는데, 지리, 정치, 경제, 문화 등 다양한 영역과 관련된다.

아프리카 대륙 지역, 아시아 대륙 지역, 아메리카 대륙 지역, 오세아니아 대륙 지역 5개 대륙 지역으로 구분한다.

두 번째 층위는 소지역(次區域)으로 각 대륙 지역 내에서 구획을 세분화하는데, 기본적으로 인접한 지연적 관계를 경계로 삼는다. 구체적으로 △유럽은 북유럽, 남유럽, 서유럽, 중유럽, 동유럽, △아프리카는 북아프리카, 남아프리카, 서아프리카, 중앙아프리카, △아시아는 동아시아, 서아시아, 중앙아시아, 남아시아, 동남아시아, △아메리카는 북아메리카, 라틴아메리카, 남아메리카, △오세아니아는 오스트레일리아-뉴질랜드, 남태평양으로 세분화한다.

【보충 자료】

유럽 지역에는 유럽연합(EU, European Union)이 있으며, 현재 27개 회원국이 존재하고 절반이 넘는 유럽 대륙 지역 내 국가들을 포함한다. 아메리카 지역에는 아메리카국가기구(OAS, Organization of American States)가 있으며, 현재 33개 회원국이 존재하고 대부분 아메리카 지역 내 국가를 포함한다. 아프리카 지역에는 아프리카국가연합(AU, African Union)이 있으며, 현재 55개 회원국이 존재하고 대부분 아프리카 내 국가를 포함한다. 아시아 지역에는 '아시아 상호작용 및 신뢰구축회의(CICA, Conference on Interaction and Confidence Building Measures in Asia)'가 있으며, 지역 안보 문제를 중점적으로 다루는데, 27개 회원국과 14개 옵서버 국가가 있고 정상급 회의 및 외무장관 회의를 개최한다. 이 외, 보아오 아시아 포럼(BFA, Boao Forum for Asia)는 아시아 발전을 주제로 한 포럼으로 매년 한 차례 개최된다. 오세아니아 지역에는 태평양도서국포럼(PIF, Pacific Islands Forum)가 있으며, 18개 회원국과 12개 특별관찰국이 존재하고, 매년 정상급 회의를 개최한다. 또한, <태평양지역경제협력협정>(PACER Plus), <태평양도서국무역협정>(PICTA, Pacific Island Countries Trade Agreement) 협약을 체결하고, 포럼 사무처와 8개 독립기구로 구성된 태평양지역기구협의회(CROP)를 설치하였다. 그 외, 유엔 산하 아프리카개발은행(AFDB), 미주개발은행(IDB), 아시아개발은행(ADB), 카리브개발은행(CDB)을 출범하였고, 유엔 경제사회이사회(ECOSOC) 산하 다수 지역 이사회를 설치하였다.

그 외, 소지역 내에서 다시 지리적 인접성에 근거하여 세부지역(小區域)으로 세분화하기도 한다. 대다수 세부지역은 소지역 내 지리적으로 인접한 국가 간에 형성되고 그 규모도 각기 다른데, 산맥·하천을 경계로 하거나 경제협력 관계를 근거로 구분되기도 한다.

지연적 관계에 기반하여 구분하는 대지역은 지리적 개념으로 볼 수 있으나, 반드시 지리적 개념만을 의미하지는 않는다. 각 대륙 지역은 오랜 인류 역사 발전 과정에서 특수한 내재적 연계와 이익 기초를 형성하고 있다. 대륙 지역이라는 범주는 매우 광범위하고, 대륙 지역 내 국가 간에도 민족·정치·경제·문화적 차이가 존재한다. 다만, 지연적 연계, 특히 정치·안보·경제·사회·문화·이익적 동기에서 기인하여, 각 대륙 지역은 각기 다양한 형태의 지역 메커니즘·제도 구축 시스템을 발전시켰다. 오늘날, 유럽, 아메리카, 아프리카, 아시아, 오세아니아 모두 대륙 지역기구를 설립하고 지역 거버넌스를 추진하고 있다.

소지역 내 국가 간에는 지연적으로 인접하여 이익 연계가 훨씬 직접적이고 인문 교류도 더욱 활성화되어 있다. 이에 따라, 여러 방면에서 지역적 특성이 더욱 강한데, 대부분 소지역은 각기 자체 지역기구나 협력 메커니즘을 발전시켜 자기 지역에 대한 심도 있는 거버넌스를 추진한다.

지연적 연계에 기반한 지역 범주 외, 다양한 형태의 국제지역 메커니즘도 구축되었다. 예를 들어, 아랍연맹(AL, Arab League), 걸프협력이사회(GCC, Gulf Cooperation Council) 등은 지연적 특성 외에 민족적·정치적 특성도 존재한다. 동아시아 지역은 지연적으로 동북아시아와 동남아시아로 구분하지만, 최근 오세아니아 지역에 속하는 오스트레일리아, 뉴질랜드가 동아시아 지역 협력 프레임에 가입하여 이익적 관점에서 이들 국가를 동아시아 지역으로 분류하기도 한다. 인도 역시 지연적으로 남아시아 대륙 지역으로 구분하지만, 동아시아 지역 협력 프레임에 가입하였고, 동아시아 지역 범주는 한층 더 확대되었다. 이러한 사례로 볼 때, 동아시아 지역은 지연에 기반하여 구축된 국제 협력 지역이면서, 이익에 기반해 구축된 기능 협력 지역이기도 하다. 이렇듯, 국제지역학 연구는 지리에 기반한 지연 지역과 이익에 기반한 기능 지역 모두를 포괄한다.[1]

---

[1] 기능성을 근거로 구축한 메커니즘을 국제지역 구분 기준으로 볼 수 있는지에 대해서는 구체적인 논의가 필요하다. 미국 주도 양자 간 군사동맹은 기능성에 근거한 지역 구축으로 보지 않는다. 또한, 유럽연합, 일본 간 경제동반자협정은 전 세계 다자주의 협정과는 다소 차이가 있어 지역 협정으로 간주하지만, 엄격히 따져보면 다국적 기능성 메커니즘 구축

제1절 국제지역학 및 연구 대상 21

【보충 자료】

　　현재까지 동아시아 지역은 통일된 지역기구를 구축하지 않고 있다. '동아시아 비전 그룹(EAVG, East Asia Vision Group)'은 일찍이 '동아시아 지역공동체' 구축을 목표로 하여 △동아시아 정상회담, △동아시아 자유무역구, △동아시아 금융협력 시스템을 기본 메커니즘으로 제안하는 보고서를 발표하기도 하였으나, 실행에 옮겨지진 않았다.

　　최근 동아시아 지역 협력은 다양한 모델, 다양한 조합의 시도가 나타나고 있다. '아세안(ASEAN)+1(한 국가)' 모델 외, 주로 '아세안+한중일(10+3)' 모델에서 구축한 대화 협력 메커니즘이 있는데, 구체적으로 △정상회담 메커니즘, △통화금융 협력 메커니즘(치앙마이 이니셔티브, CMI), △아세안+3 역내 거시경제조사기구(AMRO, ASEAN+3 Macroeconomic Research Office)를 포함한다.

　　이 외, 이익에 기초한 협력 메커니즘도 존재한다. 예를 들어, 동아시아정상회의(EAS, East Asia Summit)에는 아세안 10개국, 한중일 3개국, 인도, 오스트레일리아, 뉴질랜드, 미국, 러시아 총 18개 회원국이 가입되어 있다. <역내포괄적경제동반자협정>(RCEP, Regional Comprehensive Economic Partnership)에 근거한 자유무역지대는 아세안 10개국, 한중일 3개국, 오스트레일리아, 뉴질랜드 총 15개 회원국이 가입되어 있으며, 이 역시 아세안 주도 하에 구축된 협력 메커니즘이다.

　　위의 분석을 통해 알 수 있듯이, 자연에 기반한 국제지역의 객관적 존재는 지역 메커니즘을 구축하는 기초이므로, 지역 메커니즘 구축에서 출현하는 모든 형식은 국제지역의 존재를 더욱 강화시키며, 지역 메커니즘 형식의 다양화는 국제지역 간 차별성을 강화시킨다.[1]

　협정에 속하여 국제지역 범주에 속하지 않는다. 동아시아정상회의(EAS), <역내포괄적경제동반자협정>(RCEP)은 아세안이 주도하여 창설되었는데, 이후 미국, 러시아가 참여하고, 오스트레일리아, 뉴질랜드가 잇달아 동참하였지만, 대다수 주체는 주로 동아시아 범주에 기반하고 있기에 국제지역 기구 혹은 메커니즘으로 볼 수 있다.

1) 피터 프레스턴(Peter Preston)은 지역이 자연적으로 형성된 존재가 아니며, 각국이 목적을 가지고 구축을 추진하여 생긴 결과라고 보았다. 다만, 이러한 관점은 실질적으로 본말이 일부 전도되었다고도 볼 수 있는데, 메커니즘 구축 후 지역이 형성되었다기보다, 지역이 존재하여 메커니즘 구축의 필요가 생겨났다.

2. 국제지역의 연계

오늘날 인류사회는 세계를 다양한 국제지역으로 구분하고 있지만, 대항해시대(Age of Exploration)로 접어들기 이전까지 인류사회의 외부 세계에 대한 인지는 매우 제한적이었고, 접촉하는 지역은 주로 생활을 영위하는 지역에 국한되었으며, 지역을 '천하', 즉 알고 있는 세계의 전체로 보았다. 대항해시대에 접어든 이후, 잇단 '신대륙의 발견'은 지역에 대한 인식에 변화를 불러왔는데, 지역을 세계라는 큰 틀 속에 포함함으로 인해 또 다른 지역이 생겨났다.[1] 현대 민족국가 제도가 확립된 후, 지역에 대한 인식은 다시금 변화를 맞게 되었고, 지역을 민족국가의 상위 개념으로 보고, 복수 이상 국가의 지역이 되었고, 지역은 국제적 속성을 나타내게 된다. 글로벌화 추세의 심화에 따라, 지역은 또다시 변화를 맞이하게 되었고, 개방된 글로벌화의 큰 틀 하에 세계의 지역이 되었다.

현대 국제체계에서 국가는 기본 구성 주체이다. 국제지역과 관련한 핵심 문제는 △이익 공유, △관계 정립, △제도 구축 등과 관련하여 각국이 어떻게 상호공존하는가에 있다. 객관적·실재적 존재로서의 국제지역은 소위 '공역체인(共域鏈)'으로 불리는 수많은 초국가적 연계를 맺고 있고, 이러한 연계는 지역 내 국가 간 공동 이익과 관련되어 국제지역의 내재적 연계 메커니즘을 구축한다. 국제지역 내에서 국가 간에는 이익 쟁탈을 위해 대립·충돌·전쟁을 초래하기도 하는데, 합리적 해결 방안은 각국이 공동으로 협력하여 이익을 공유하고 공동 거버넌스를 구축하는 것이다.

1) 지연적 연계

지연적 연계는 지리적 연계라고도 불리는데, 국제지역의 자연적 기초를 구성하며, 산천(山川), 하류(河流), 해역, 공역(空域) 등은 천연적 지역성 연계를 보인다. 역사적으로 볼 때, 지리적 조건은 인류 활동, 권력 형성, 문명

피터 프레스턴의 관점에 관한 참고문헌: Mark Beeson and Rechard Stubbs, Routledge Handbook of Asia Regionalism, London and New york:Routledge, 2012, p.41.

[1] 대항해시대(Age of Exploration)는 15~17세기 유럽 지역 각국의 함대가 해상 우위를 활용하여 세계 각지를 누비며 무역 기회를 탐색하고 식민지를 확장하면서 아시아 대륙과 아메리카 대륙을 발견한 시기를 지칭한다.

발전 등 방면에서 중대한 영향, 심지어 절대적 영향을 미쳐왔다. 과거 인류 활동이나 권력·이익 쟁탈은 주로 일정한 지리적 지역 범위 내에서 전개되었다. 즉, 역사적 관점에서의 국제관계는 뚜렷한 지연에 기반한 지역 특성을 보였다.

현대 민족국가 제도가 확립된 이후, 지연에 기반한 국제지역은 다수 국가로 구성된 선명한 국가 속성을 가지게 되었다. 국제지역이 가지는 국가 속성은 지연적 자연성에 대한 정치적 분할인데, 설사 지역을 여러 국가로 분할하더라도, 복잡하게 얽혀있는 자원 공공성, 자원 공유 등 문제가 존재한다.

예를 들어, 하천의 경우 다수 국가가 속지적 특성에 의거하여 일부 점유 유역(流域)에 대해 독점적 개발권·사용권을 영위한다. 다만, 다수 국가는 하천을 점유 유역에 근거하여 분할하였지만, 수자원은 공유해야 하며 차단할 수 없다. (1) 하천은 공공재적 성질을 지닌다. (2) 하천 상·하류는 다수 국가를 관통하기에, 생태환경과 하천 유역은 전체적 연결성을 보인다. 이러한 점을 볼 때, 지역 내 국가들은 수자원의 합리적 이용 및 공유, 유역 생태환경 공동 거버넌스와 관련하여 공동으로 협력해야 한다.

【보충 자료】
나일강은 다수 국가를 관통하여 각 유역을 형성하였는데, 유역을 △동아프리카 호수 고원 유역, △산악 유역, △백나일강 유역, △청나일강 유역, △앗바라강 유역, △카르툼 이북 나일강, △나일강 삼각주로 구분할 수 있다. 1929년 나일강 연안 9개국 간 나일강 수자원 사용권 협정을 체결하였지만, 분쟁이 끊이지 않고 있다. 각국은 '나일강 유역 관리 계획(Nile River Basin Management Plan)'을 구상하였고, 나일강 상류 지류에 일련의 저수 시설 건설을 계획하였으나, 막대한 투자 비용으로 인해 현재까지도 추진되지 못하고 있다.

또 다른 예로 해역을 들 수 있다. <유엔 해양법 협약>(UNCLOS, United Nations Convention on the Law of the Sea)에 근거하여 해역을 영해와 배

타적 경제수역으로 구분하였지만, 사실 해역은 전체적 연결성을 가지고 있어 해수, 해저 자원, 해양 생태 등 방면에서 뚜렷한 자원 공공성을 보인다. 특히, 해양은 지구 생태계를 구성하는 중요 요소이기에 각국이 공동으로 보호해야 할 필요가 있다.

【보충 자료】

1982년 <유엔 해양법 협약>(UNCLOS, United Nations Convention on the Law of the Sea)이 채택되었고, 동 협약에서는 영해, 배타적 경제수역, 공해 등 중요개념에 대한 정의를 내렸다. 영해(Territorial Sea)는 기점이 되는 기선으로부터 12해리 범위까지의 수역으로, 연안 국가는 관련 법률 규정을 제정하여 영해 내 자원을 관리·운용할 수 있다. 배타적 경제수역(EEZ, Exclusive Economic Zone)은 영해 기선을 기점으로 200해리(370.4km)를 초과하지 않는 범위까지의 해역이다. 공해(公海, High Seas)는 일반적으로 영해를 벗어난 해양이다. 다만, 위와 같은 수역의 속성에 대한 구역 경계 설정이 여러 방면에서 나타내는 해역의 공공성까지 분할시킬 수는 없다.

2) 생태환경

생태환경은 인류 생활과 밀접하게 연관된 자연 상태를 가리킨다. 생태환경은 인류 생존·발전에 필요한 조건을 부여하는데, △깨끗한 생태환경은 인류 생존·발전에 적합하지만, △오염된 생태환경은 인류 생존·발전을 위협한다. 인류사회가 공업화 단계로 진입하면서, 인류의 무분별한 개척 활동으로 인해 생태환경이 나날이 악화하고 생태균형에 악영향을 미쳤다. 생태환경은 국가를 기준으로 하여 소규모 순환 구조를 형성하고 있지만, 생태환경 자체가 확장성과 공생성(共生性)을 보이고 있어, 일차적 권역 확장은 지연에 기반한 국제지역을 대상으로 강한 공생성과 지역 순환성을 나타낸다.

국제지역 생태환경의 변화는 다양한 요인으로부터 복잡한 영향을 받는데, 이는 역사적으로 장기 누적된 결과이면서, 각국 생태환경 변화가 상호 작용하여 영향을 미친 결과이다. 이러한 점에서 볼 때, 생태환경 보호·거버넌스에 있어서 국가의 책임이 최우선시된다. 생태환경 공생성에서 기인해 볼 때, 각국은 국제지역 생태환경 보호·거버넌스에 관한 책임과 의무가 있으므로, 환경보호에 관한 공동규칙 제정을 추진하고, 국제지역 협력 메커니즘 혹은 협력 기구 설립도 검토할 필요가 있다.

【보충 자료】
  생태환경은 인류 생존·발전에 영향을 미치는 수자원, 토지자원, 생물자원, 기후자원의 양적·질적 조건을 가리킨다. 생태환경 변화는 주로 △인구 증가, △생물 다양성 소실, △대기질 악화, △산림 훼손, △기후변화, △수자원·토지자원 유실, △사막화, △수자원 부족·오염, △해양생물 과다 포획, △폐기물 배출 오염 등 현상으로 나타난다. 생태균형은 자연과 인류 등 교란 요인으로부터 영향을 받는데, 생태계 구조와 기능이 훼손되면 생태균형이 파괴되고, 심각한 경우 환경 재난으로 이어진다.

3) 초국가적 연계

초국가적 연계는 각국 경제성장이 특정 단계로 진입하면서 나타나는 기본 특징으로, 각국 경제성장에 따라 무역 거래, 인적교류, 대외투자 등 다국적 비즈니스·교류가 끊임없이 확대된다. 상호 인접한 지역은 △각국 대외교류 추진, △기업 해외 진출 무역·투자 전개에 있어 지연적·인문적으로 유리한 환경을 제공하기에, 상호 인접한 지역은 △각국 대외정책 추진, △기업 국제전략 기획, △개인 대외교류 활동에 있어서 최우선적 목표 지역이 된다. 상호 인접한 지역 내 생산·경영활동 중 추진하는 협업, 산업체인·공급체인 구축은 물류, 인적 네트워크, 문화교류 등 방면에서 경쟁우위를 가질 수 있어, 지역 경제협력의 빠른 발전을 도모할 수 있다.

각국은 공동 이익에 대한 인식과 동기에 기반하여 지역 경제 연계 협력을 적극 추진하고 지역 경제발전 및 무역·투자 등 방면의 환경을 개선하기도 한다. 예를 들어, 지역 협정 체결을 통해 △시장개방, △무역·투자 장벽 제거를 추진하고 지역 내 무역·투자, 인적교류 방면에서 유리한 우대조건을 부여한다. 또한, 교통 네트워크, 통신 네트워크 등 지역 기초 인프라 구축을 통해 경제무역 활동 및 인적교류에 편리한 환경을 조성한다. 지역 협력 강화는 각국이 더욱 유리한 경제성장 환경을 조성할 수 있으며, 나아가 지역 내 무역·투자 등 방면에서의 빠른 성장과 연계되어 경제 지역화 추세를 강화시킨다.

【보충 자료】
지역 내 무역(Intra-Regional Trade)은 특정 지역 내에서 전개하는 무역을 가리킨다. 역내 무역지수는 지역 내 무역 규모가 특정 지역의 대외무역 규모에서 차지하는 비중을 나타내는데, 비중·지수가 클수록 지역 경제의 내부 연계성이 강하다는 것을 의미한다. 역내 무역지수는 지역 경제 통합 수준을 가늠하는 중요 지표이기도 하다. 지역 내 무역 발전은 지역 내 각국의 정책적 지원을 받기도 하고, 자유무역협정(FTA, Free Trade Area)을 체결하여 재화, 서비스, 투자, 인적교류 편의를 제공하기도 한다.

4) 공동안보

지역 안보는 △국가 간 관계와 관련된 안보 문제, △초국가적으로 확산하는 안보 문제, △공동안보 문제 등 제반 영역을 포괄한다. 안보 문제의 특성에 근거하여, 지역 안보를 전통적 안보, 비전통적 안보로 구분할 수 있다.

전통적 안보의 대표적인 형태는 군사적 행동이다. 통상적으로 무력 충돌·전쟁은 일부 국가, 특히 인접 국가 간 자주 발생하는데, 주로 국지적 충돌 혹은 전쟁의 형태로 나타난다. 인류사회는 역사적으로 두 차례 세계대전을 경험하였고, 그 외 대부분 상황은 국지적 충돌이었다.

비전통적 안보 문제와 연관된 영역은 훨씬 광범위한데, 비전통적 안보의 대표적인 형태는 비군사적인 행동이지만, 위험성은 군사적 수단을 활용한 무력 충돌·전쟁과 상당하거나, 심지어 훨씬 치명적이다. 현대사회에서는 비전통적 안보 문제가 훨씬 두드러지게 나타나며, 강한 지역성을 보인다. 예를 들어, △마약, △테러리즘, △급진 세력, △네트워크 안보, △정보 안보, △인적 안보, △자연재해, △중대사건, △공공위생 등과 관련한 안보 문제가 나타나는데, 이러한 안보 문제는 공동안보적 성질, 즉, 위험성과 피해가 어느 특정 국가에만 국한되지 않고, 대체로 강한 지역성을 보인다.

【보충 자료】

통상적으로 볼 때, 전통적 안보는 군사적 수단과 관련한 안보 문제, 비전통적 안보는 전통적 안보 범주 외의 안보 문제를 가리킨다. 비전통적 안보와 연관된 영역은 광범위한데, △인적 안보, △생태 안보, △자연재해, △테러리즘, △극단주의, △경제·정치·사회·문화 안보, 점차 중요해지는 △정보 안보, △네트워크 안보, △공공위생 안보 등 제반 영역의 문제를 포함한다.

비전통적 안보의 가장 뚜렷한 특징은 초국가적 속성인데, 예를 들어, 2020년 발생한 COVID-19 바이러스는 강한 전파력에 기인하여 빠르게 전파되었고, 이는 특정 국가의 공공위생 안보 문제에만 국한된 문제가 아니라, 국제 공공위생 안보 문제로 부각되었다.

5) 사회·문화

민족, 종교, 사상 및 문화는 명확한 지역 특징을 보유하고 있어 국제지역 연계에 있어 중요한 요소가 된다. 민족은 광범위한 지역의 각국에 분산되어 분포하며, 민족 유대는 국가 간 또는 국제지역 내 인적교류 방면에서 중요한 매개적 역할을 한다.

대다수 종교는 특정 지역 범위를 기반으로 하여 집단적 공통 신앙을 형성하며, 내재적 전파 형태로 각국 사회생활 내부에 깊이 스며들어 국가 정치에 지대한 영향을 미친다. 동시에, 종교는 초지역적으로 전파되어 다수 지역의 연계를 발생시키기도 한다.

사상 및 문화의 초국가적 전파와 연계에 있어 가장 직접적인 경로는 지연적으로 인접한 지역인데, 장기 계승·발전한 사상·문화는 지역 특색을 가진 문화권을 형성한다. 역사 보존·계승은 사상·문화 발전의 본질적 특징이며, 보존·계승의 중심은 대부분 특정 지역 범위 내로 제한되며, 이는 지역성을 가진 문명 형성하는 기반이 된다.

6) 국가 간 관계

국가는 국제지역을 구성하는 기본 구성 주체이며, 국제지역은 다수의 복합적 연계에 기반한 국가의 조합이다. 현대 민족국가의 기본 특징은 영토주권과 통치권을 영위하는 것인데, 국가를 기본 구성 주체로 형성된 지역은 국제적 특성을 가진다. 국가를 기반으로 형성된 국제지역과 국제지역의 구성원으로서의 국가는 상호 간 주체적·객체적 관계를 형성한다.

국제지역 내 국가 간 관계는 특수성을 가지는 국제관계로 볼 수 있다. 소위 말해 특수성은 국제지역 내 국가 간 관계는 일반적 국제관계와는 달리, 지연·정치·이익·문화적 연계가 존재하기 때문인데, 국제지역 내 각국 간에는 상호협력을 통해 평화공존을 추진하기도 하지만, 패권 쟁탈, 점령, 합병 등을 목적으로 무력 충돌·전쟁을 초래하기도 한다. 역사적으로 볼 때, 거의 모든 국제지역에서 혼란·전쟁이 발생했던 사료를 어렵지 않게 찾아볼 수 있다.

국제지역은 폐쇄된 공간이 아닌 다방면으로 여타 국제지역과 연계된 공간이며, 글로벌 체계의 구성 부분으로서 지속 발전하고 있다. 각 국가·지역은 모두 복합·다중적 대외관계를 맺고 있는데, 각 국제지역은 연계와 구성 방면에서 상호교차적 특징을 보이며, 한 국가가 다수 국제지역에 참여할 수 있어 국가 관계 및 국제지역 관계가 다방향·다층위적 특징으로 나타난다.[1]

---

[1] 튀르키예는 국토가 유라시아 대륙에 걸쳐있어 지연적 초지역의 전형적인 사례이다. 튀르키예는 유럽연합 가입 신청을 하였으나, 유럽연합 회원국들은 튀르키예의 지역 동질성에 대한 이의를 제기하였다. 수많은 국가가 다수 초지역적 협력 메커니즘에 참여하고 있는데, 각국이 참여하는 자유무역지대는 비교적 흔히 볼 수 있는 사례이다.

3. 국제지역학 연구 대상 및 연구 방법

1) 연구 대상

국제지역학은 국제지역을 총체적 개념으로 연구하며, 연구 대상은 국제지역을 형성하는 구성요소, 즉, △국제지역 발전, △메커니즘 구축과 거버넌스, △국제지역 내 국가 및 국가 간 관계, 국제지역 간 관계 등 내용을 포함한다. 본서는 개론서로써 국제지역 메커니즘·제도 구축, 발전, 거버넌스에 관한 보편적 특징을 종합 정리하는 데 중점을 두면서, 국제지역학 기본 이론 분석 프레임과 요점을 소개하였다.

본서에서 다루는 국제지역학은 주로 인문, 사회과학 연구 영역에 국한하며, 국제지역을 구성하는 자연, 지리, 천문 등 요인은 주요한 연구 대상으로 다루지 않았다. 한편, 인문, 사회과학 영역 내 수많은 요인 중에서 국제지역 발전에 중대한 영향을 주는 정치, 경제, 사회 문화, 지역 제도 등 요인은 중점적으로 분석을 진행하였다.

2) 연구 방법

국제지역학은 교차 학문으로서 국제지역의 지리, 인문, 정치, 경제, 사회, 문화 등 제반 영역과 관련이 있다. 본서는 교차 학문의 연구 방법을 통해 교차 학문 연구 방법과 각 전공 연구 방법을 융합하여 개별적이면서 종합적인 분석을 시도하고, 일반적·범용적 연구 프레임과 이론 요점을 제시하였다. 국제지역학은 기존 지역·국가 연구, 지역주의 연구와는 완전히 다른 별도의 체계를 구축하였다.[1]

국가 연구는 국제지역 연구의 기초라고 볼 수 있는데, 이러한 의미에서 국가를 바르게 이해하지 못하면 지역을 이해할 수 없다. 국제지역학에서의 국가는 지역을 구성하는 기본 구성 주체이며, 국제지역학은 지역에서의 국가, 즉, 국제지역의 관점에서 국가를 연구하는 데 중점을 둔다.

---

[1] 국가·지역 연구는 교차 분류 하위에 속하는 학문 분야로 다양한 영역을 포함한다. 지역주의 연구는 국제지역 연구 내에서 지역주의에 중점을 두고 발전 동기, 제도 구축 등과 관련한 지역 발전을 연구한다.

오늘날, 세계에는 197개 국가가 존재하며, 각국은 각기 다른 국정 상황에 처해 있다. 국가 연구는 특정 국가를 대상으로 전면적인 연구를 진행하는데, 국가 연구는 △교차 학문 연구 방법, △전공 연구 방법으로 구분할 수 있다. 교차 학문 연구 방법은 다방면에서의 분석을 필요로 하는 특정 국가의 구성, 문명의 형성 등 내용을 다루며, 이로 인해 중국학, 미국학, 일본학 등 국가학이 생겨났다. 전공 연구 방법은 인구, 언어, 정치, 경제, 사회, 문화, 대외관계 등 영역으로 구분하여 국가 연구를 진행하는데, 인구학, 언어학, 정치학, 경제학, 사회학, 문화학, 외교학 등 각종 전공의 이론 연구 방법을 활용한다.

국제지역 연구 또한 △교차 학문 연구 방법, △전공 연구 방법으로 구분할 수 있다.

교차 학문 연구 방법은 지역의 관점에서 국제지역을 형성하는 구성요소, 요소 관계, 운영 메커니즘에 대한 종합적인 분석을 통해 국제지역 메커니즘·제도에 대한 구축과 발전에서의 기본적 특징과 법칙을 찾아낸다. 각 국제지역은 각기 다른 특징과 국제지역을 구성하는 차별적 요소를 가지고 있으며, 상호 차별화된 방식으로 운영되면서 각기 다른 역할과 영향을 나타낸다. 다만, 국제지역은 세계라는 총체적 개념 하에 객관적·실재적 존재로서 공통성과 보편성 역시 존재한다. 교차 학문 연구 방법은 소지역에 관한 연구에 적용하여, 중동, 동남아시아, 남아시아, 북아프리카, 남아메리카 등 소지역의 종합적인 구성과 특징을 분석할 수 있다.

전공 연구 방법은 국제지역의 정치, 경제, 문화, 거버넌스 등 전공 영역에 대한 전문적인 연구를 진행하는 데 활용할 수 있는데, 이를 토대로 지역적 관점에 기반한 정치학, 경제학, 문화학 등 전공 영역에서의 연구 성과를 만들어 낼 수 있다.

사실상 국제지역학 연구는 각기 다른 연구 방법을 활용하여 다양한 분야를 분석하는 방대한 프로젝트이다. 본서는 주로 교차 학문 연구 방법을 활용하여 국제지역에 대한 종합적인 분석 연구를 진행하여 국제지역의 구성 및 운영에 대한 체계적이고 이론적인 연구 체계를 제시하고자 하였다.

제2절 국제지역의 속성 및 관계 구조

국제지역은 국가와 세계의 중간적 층위에 존재하며, 국가라는 기본 구성 주체를 토대로 구축된다. 국제지역을 연구하기 위해서는 국제지역의 속성 및 관계 구조에 대한 정확한 이해가 필요한데, 이는 국제지역학 연구를 위한 가장 기초적 과정이다.

1. 국제지역의 속성

과연 국제지역을 어떻게 인식하고 분류해야 하는지는 국제지역학이 해결해야 할 문제 중 하나이다. 지연적 관점에서 볼 때, 국제지역은 자연적 속성으로, 국가로부터 독립된 법적 경계가 존재하지 않고, 주로 다양한 요소 연계를 기반으로 하여 수많은 지역성 공유 자원과 공유 이익을 형성하였다. 이에 따라 실질적으로 지역의 자연적 속성에는 정치적·사회적 요소가 연계한 내재적 특성이 존재한다.

【보충 자료】
개념적 정의로 볼 때 동질성(Identity)은 행위 주체의 자신에 대한 자아 인지와 정위(定位)로 볼 수 있다. 원칙적으로 볼 때, 특정 주체는 각기 다른 자아 인지와 정위를 바탕으로 다중적인 동질성이 생겨날 수 있다. 국가가 가지는 지역 동질성은 국제지역에 대해 특정 국가가 가지는 자아 인지와 정위, 소위 말하는 지역 소속감을 일컫는다. 국제지역은 다수 국가를 포함하고 있기에, 각국이 지역에 대해 가지는 집단 동질성도 존재한다. 자아 인지와 정위의 관점에서 볼 때, 상호포용적 지역 동질성을 가지는 국가만이 지역 메커니즘·제도 구축에서 공감대를 형성하고, 이와 관련한 협력을 추진할 수 있다.

국가 동질성의 관점에서 볼 때, 각국은 이익에 대한 인식, 장기적인 역사 문화 계승을 기반으로 지역에 대한 동질성, 즉, 특정 지역에 대해 특수한 지위를 부여하고 지역 관계 처리, 지역 메커니즘 구축 등 방면에서 특별한 행동 조치를 기대한다.

지역 거버넌스의 관점에서 볼 때, 지역 내 각국은 지역에 대한 동질성에 기초하여 지역 메커니즘, 지역기구를 구축하고, 지역기구가 지역 거버넌스 기능을 발휘할 수 있도록 만든다. 이에 따라, 국제지역은 독립적 거버넌스 권한 속성을 부여받고, 지역기구가 제정한 법률·규정에 근거하여 지역 거버넌스를 진행하는데, 이는 회원국으로부터 승인을 받아야 함은 물론이거니와 회원국에 대한 구속력이 발생하므로 회원국은 법률·규정을 준수해야 할 책임과 의무가 생겨난다.[1]

> 【보충 자료】
>
> 개방적 지역주의(Open Regionalism)'는 아시아-태평양 지역 협력 추진 과정에서 최초로 제시된 바 있다. 아시아태평양경제협력체(APEC, Asia-Pacific Economic Cooperation)의 설립 취지에서 기본 요지는 폐쇄적인 지역 그룹을 지양하고, 회원국의 기타 지역 협력 메커니즘 참여를 제한하지 않는다는 것이다.
>
> 엄밀히 말해, 지역 제도 구축은 자체로 배타성과 차별성을 가지는데, 즉, 지역에 대한 우대조건은 비회원국에게는 적용되지 않기 때문에, 지역 협력 프레임에서 비회원국을 대상으로 적용되는 규칙은 회원국과는 다르다.
>
> 아시아태평양경제협력체가 '개방적 지역주의'를 추구하는 이유는 아시아태평양경제협력체가 어떠한 실질적 우대성 협의도 체결하지 않으면서, 개별 회원 경제 주체와 지역 그룹의 협력적인 행동을 유도하기 때문이다.

국제지역이 포함하는 일정한 '지연적 범위'는 지역 내 구성 국가의 국경선에 기초한다. 다만, 기능성에 기반한 지역 메커니즘·제도는 초지역적 특성을 보이기

---

[1] 국가가 왜 국제지역의 메커니즘·제도 구축을 추진하는지에 관한 이론적 해석도 다양하다. 예를 들어 '연방주의', '新기능주의', '제도주의' 등 이론이 있다.
해당 이론에 대한 참고자료 : Mark Beeson and Richard Stubbs, Routledge Handbook of Asian Regionalism, London and New York:Routledge, 2012, pp11-21.

도 한다. 각국이 '개방적 지역주의(Open Regionalism)' 원칙에 근거하여 이익에 기반한 지역 정위를 한다면 다양한 모델을 고려할 수 있는데, 이는 특정 국제지역에만 국한하지 않는다는 것이다. 기능성에 기반한 지역 메커니즘은 다양한 협력 모델과 복잡한 추진 배경을 가지고 있고 지역 특성이 약하여 일부 영역에서의 협력에만 국한되기도 한다.

2. 국제지역의 관계

국제지역은 다층위적 관계 구조를 나타내는데, 주로 △국가 간 관계, △지역 관계, △지역 간 관계 세 층위로 구분한다.

국가 간 관계는 국제지역 내 국가 간 상호 관계를 가리킨다. 각국은 수많은 양자·삼자·다자 대외관계를 맺고 있어, 국가 간 관계는 상호 교차하는 복잡한 형세를 보인다.

지역 관계는 두 층위의 내재적 의미가 존재한다.

(1) 지역 내 국가 간 관계의 총합이다. 우호적 국가 간 관계는 지역 관계의 화합·협력을 촉진하며, 비우호적 국가 간 관계는 지역 관계의 긴장·대립을 초래한다. 현실적으로 일부 국가 간 관계 악화 혹은 충돌이 발생한다면, 지역 관계는 어려움에 빠지면서 지역 정세 혼란과 충돌을 야기하기 쉽다. 국가 간 관계 악화는 당사국뿐만 아니라 여타 국가들의 이익에도 악영향을 미친다.

(2) 지역이라는 범위 내에서의 관계는 지역이 구축한 지역 제도에 근거한 관계에서 더욱 잘 나타난다. 국가는 지역 관계에 직접적인 영향을 미치고 지역 관계를 결정하는 데 중요한 역할을 하며, 동시에 지역 제도는 국가 행위에 대해 명확한 규정을 두고 있다.

지역 관계는 특수한 공존 관계인데, 양호한 지역 관계는 지역 내 이익 공유와 공동 질서 구축을 기초로 한다. 본질적으로 볼 때, 양호한 지역 관계 구축의 전제조건은 각국의 공동 이익 기반을 창조하는 것인데, 공동 이익 기반은 지역 공존에 유리한 환경을 조성하여, 각국이 이러한 공동 이익 기반을 통해 각자의 이익을 창출하게 한다. 양호한 지역 관계 목표를 실현하는 것은 지역 내 각국의 자발적 참여와 지역 메커니즘 공동 구축에 달려있다.

지역 간 관계는 지역과 지역 간 관계를 가리키는데 이는 특정 국가와 여타 지역과의 관계, 지역과 지역 간의 관계를 포함한다. 지역 간 관계는 각기 다른 지역 국가 간 관계의 영향을 받기도 하고, 지역 간 기구축된 관계 프레임과 메커니즘의 제약을 받기도 한다.

지역 간 관계는 국제지역의 발전에도 큰 영향을 미친다. 국가의 관점에서 볼 때, 지역 내 국가와 다른 지역 국가는 차별화된 관계를 형성하기도 하는데, 일부는 정치, 군사, 민족, 종교 등 요인이 복잡하게 얽혀 밀접한 관계를 맺기도 하고, 또 다른 일부는 동맹을 구축하여 지역 내 국가 혹은 지역 외 여타 국가들과 대립하기도 한다.

> **【보충 자료】**
>
> 지역성 무력 충돌·전쟁은 다중적 요인이 복합적으로 작용한 결과이다. 국가 간 갈등이 야기한 무력 충돌에는 △종교 분파 관련 충돌, △영토 귀속 관련 충돌, △강대국 확장으로 인한 갈등과 충돌 등이 있다.
>
> 예를 들어, 중동 지역은 장기간 무력 충돌·전쟁의 소용돌이에 빠져있는데, 팔레스타인과 이스라엘 간 대립이 주요한 사례이다. 심지어, △종교 충돌, △강대국 개입과 대립 등 다양한 갈등이 복잡하게 얽혀있어, 중동 지역은 장기적 혼란과 전쟁이 끊이지 않고 있다.
>
> 이에 따라, 오늘날까지도 지역 화합과 장기적 평화 시스템 구축을 실현에 필요한 메커니즘을 구축하는 데 어려움을 겪고 있다.

지역 관계는 복잡 다변하다. 일부 지역에서는 국가 간 자원 점유, 영토 귀속, 정치제도, 종교 분파 등 방면에서 이견이 발생하여 분쟁과 적대적 대립을 일으키기도 하고, 심지어 불시에 전쟁이 발발하여 지역 관계를 혼란에 빠트리면서 지역 질서를 붕괴시키기도 한다. 지역 관계는 수많은 요인과 연관되어 복잡 다변한데, 역사적으로 볼 때 강대국의 개입이 일시적으로 지역 안정은 가져오기도 하였으나, 이렇게 달성한 지역 안정은 장기 지속되지 못하였다. 강대국이 쇠퇴하면서 지역에 대한 통제력을 상실하거나, 국가 간 패권 다툼으로 인해 관계 구조와 지역 질서가 훼손되기도 하였다.

장기적 관점에서 볼 때, 양호한 지역 관계는 협력적 지역 법률·규정에 기반하여 구축되어야 한다. 유럽, 동남아시아 등 일부 지역은 각기 유럽연합(EU, European Union)과 아세안(ASEAN, Association of Southeast Asian Nations)을 창설하여 지역 공존을 위한 기본 규칙을 제정하였고, 지역 관계가 안정적으로 발전하고 있다.[1]

제3절 국제지역학의 구성

국제지역학은 교차 학문 연구 방법을 활용하여 국제지역의 구축·운영·발전에 대한 종합적인 연구를 진행하는 학문 분야이다. 국제지역의 기본적 특징은 다양성에 있고, 국제지역학의 기본 과제는 어떻게 다양성에 기반한 일반적 이론 분석 프레임을 구축하는가에 있다.

국제지역학은 종합적 학문 분야이자 교차 학문 분야라고도 볼 수 있는데, 다시 말해, 국제지역에 대한 종합적인 연구 기초 위에 구축된 학문 분야이다. 국제지역에 대한 연구는 대체로 △기초 연구, △기능 연구, △제도 연구로 구분할 수 있다. 기초 연구는 지역 구성에서 기초 요인이 되는 지연, 국가에 중점을 두고 연구를 진행한다. 기능 연구는 지역 구성에서 연계 메커니즘이 되는 정치, 경제, 문화가 지역 거버넌스에 미치는 영향에 중점을 두고 연구를 진행한다. 제도 연구는 국제지역의 제도 구축 및 지역 거버넌스에 중점을 두고 연구를 진행한다. 물론, 이는 국제지역학의 중점 연구 영역에 대한 분류일뿐이며, 국제지역학 체계를 어떻게 보다 과학적·체계적으로 구축할 수 있을지는 여전히 심도 있는 토론이 필요하다.

---

1) 유럽연합의 발전은 <로마 조약>(Treaty of Rome), <브뤼셀 조약>(Brussels Treaty), <리스본 조약>(Treaty of Lisbon), <유럽연합 조약>(The Treaty on European Union) (일명 마스트리흐트 조약)과 같은 일련의 공동 체결한 조약의 기반 위에 설립되었다. 아세안이 채택한 중요 법률 문건으로는 <아세안 선언>(The ASEAN Declaration), <싱가포르 선언>(Singapore Declaration), <동남아시아 우호협력조약>(TAC, Treaty of Amity and Cooperation in Southeast Asia), <아세안 헌장>(The ASEAN Charter)이 있다.

1. 기초 연구

1) 지연 지역

지연(地緣)은 지역 내 각국을 자연적으로 연계시키기에, 지연적 연계는 국제지역의 기본 형태로 볼 수 있다. 토지, 산천, 삼림, 하류, 해양 등 자연 요소는 지연적 연계를 구성하며, 이러한 자연 요소는 자연 속성상으로 불가분의 일체다. 국제지역에 관한 연구는 지역의 자연적 속성, 즉 지역의 지리적 연계 구조 및 특징을 연구할 필요가 있다.

다만, 국제지역학 연구에서 언급하는 지리와 자연과학 연구에서 언급하는 지리는 구분된다. 국제지역학은 지리의 자연적 속성과 국가의 속성 간 관계, 특히, 균형성에 중점을 둔다. 국제지역학에서의 지연. 연구는 지연적 속성을 기반으로 정치·국제관계, 경제, 인문 등 요인을 포함한다. 예를 들어, 하천이 다수 국가를 관통한다면, 각국은 유역을 나눠서 통제권·사용권을 가진다. 또한, 수자원은 지역 내 공공재로서 국가 간 종합 거버넌스가 필요하기 때문에, 하천은 국가 간 관계의 특성을 가지게 된다. 이 외에도, 국제지역 내 수많은 지리에 기반한 연계가 있는데, 이러한 연계로 인해 국제지역은 총체성을 가지게 되고, 국가 간 단절을 어렵게 한다.

연구의 측면에서 볼 때, 지연 지역은 특수한 함의를 가지고 있는데, 각기 다른 지연 지역 간에는 각기 다른 특징과 발전모델이 존재하고, 이에 따라 지리 정치학, 지리 경제학, 지리 관계학, 지리 사회학, 지리 문화학 등 학문 분야가 생겨났다.

2) 지역 국가

국가는 국제지역을 구성하는 기초이며, 국가의 국제지역에 대한 참여는 국제지역 메커니즘·제도를 구축하는 관건이다. 이러한 의미에서 볼 때, 국가를 모르면 지역을 이해할 수 없으므로, 국제지역에 대한 연구는 지역 국가에 대한 연구에서 시작되어야 한다. 다만, 국제지역학 프레임 하에서 다루는 국가와 국가 연구에서 전문적으로 다루는 국가는 차이가 존재한다.

국가 연구는 특정 국가에 대해 언어, 민족, 정치, 경제, 사회, 문화, 대외관계 등 영역을 포함한 다전공적인 연구를 진행해야 하는데, 영역별 연구 차원에서 각 영역에 대한 심층적인 분석과 함께 종합적 연구 차원에서 국가 전반을 이해하는 분석도 필요하다. 국제지역학에서의 국가 연구는 국가 내부 구성 자체를 연구하는 게 아니라, 특정 국가의 정치, 정책, 대외관계, 특히 지역 관계, 지역 국가에 대한 비교에 중점을 둔다.

국가 정치는 제도, 정당, 정세, 정치인 등 요소를 포함하는데, 이는 지역 메커니즘·제도 구축에 직접적 영향을 미치고, 국가의 지역 동질성, 지역 구축에 대한 참여, 지역 구축에서의 역할 등 방면과 관련하여서도 결정적 영향을 미친다. 일부 국가는 어떠한 복잡한 요인으로 인해 지역 동질성이 낮을 수 있고, 이로 인해 국제지역 메커니즘·제도 구축에 대한 참여도 역시 낮게 나타난다. 또 다른 일부 국가는 정세 혼란, 권력 교체 등 정치적 영향으로 국제지역 사무 참여에 대한 입장이 바뀌기도 하고, 또 다른 일부 국가는 인접 국가와의 갈등으로 인해 그 국가가 참여하는 지역 메커니즘을 기피하기도 한다. 정치적 이견 역시 국가 간 관계에 중대한 영향을 미치고, 나아가 국제지역 관계에도 영향을 준다.

【보충 자료】

국제지역 메커니즘이나 지역기구에 대한 자발적 탈퇴 사례도 적지 않다.

2016년 영국은 전 국민 공개투표 절차를 거쳐 브렉시트(Brexit, 유럽연합에서 탈퇴하는 방안) 안건을 통과시켰다. 영국이 브렉시트를 결정한 주된 원인은 영국이 유럽연합(EU)에서 기대하는 이익을 얻을 수 없기 때문이다.

그 외, 규정 위반, 직책 미이행으로 지역기구에서 퇴출을 당한 사례도 있다. 2017년 아랍연맹(AL, Arab League)은 카타르 퇴출을 결의하여 회원국 자격을 중지하였는데. 주된 원인은 카타르와 아랍연맹 내 다른 회원국 간의 정치적 견해 불일치 때문이었다.

국가정책, 즉, 국가의 지역 메커니즘·제도 구축과 거버넌스에 대한 투자 등 행위는 국제지역 발전의 방향성을 결정하는 데 큰 영향을 준다. 국가의 지역 메커니즘에 대한 참여는 지역 동질성에 기반하지만, 국가정책 성향은 정치·경제·안보적 유인(誘因), 종교적·문화적·전략적 동기 등 다양한 요인이 반영되어 있다. 한 국가의 지역 메커니즘에 대한 입장은 이러한 요인에서 기인하여 적극적 혹은 소극적으로 변하기도 한다. 통상적으로 각국이 참여하는 국제지역 메커니즘·제도는 직접적 이익을 창출하고 회원국에 대한 제도적 구속력이 존재하기 때문에 쉽게 탈퇴하지 않는다. 물론, 특정 국가가 결의안을 발의하여 탈퇴하거나, 특정 국가가 지역 메커니즘에서 제정한 공동규칙을 위반하여 참여 자격을 상실하는 등 예외적인 경우도 존재한다.

국가 대외관계, 특히 지역 국가와의 관계는 국제지역의 구축·발전에 직접적 영향을 미친다. 일반적으로 각국 대외관계에 있어서 인접 국가와의 관계를 최우선시해야 한다. '먼 친척이 가까운 이웃만 못 하다'는 속담처럼 각국은 이웃 국가와의 관계를 특히 중시한다. 여타 대외관계와 비교해 볼 때, 이웃 국가와의 관계는 수많은 영향 요인이 존재하며, 직접적 이익 관련성 또한 강하다. 장기간 이어져 온 역사 교류를 통해서 풍부한 역사 유산을 축척하였지만, 동시에 수많은 문제점도 나타났다. 역사 계승이 국가 간 관계를 심화 발전시켰으나, 역사적으로 해결하지 못한 문제는 국가 간 관계 경색을 야기하거나, 심지어 충돌을 일으키는 도화선이 되기도 한다. 우호적 국가 간 관계는 국제지역의 평화공존과 공동 번영에 긍정적인 영향을 미치지만, 갈등적 국가 간 관계는 관련 국가, 그리고 국제지역의 공존과 발전 환경에 부정적 영향을 미치는 데, 국가 간 관계가 악화하여 전쟁이 발발하면 참전국에 직접적인 손실을 입힐 뿐 아니라, 국제지역 전반에도 손실을 입힌다. 간혹 국지전이 전면전으로 확전되는 경우가 발생하는데, 두 차례 세계대전 또한 개전 초기에는 유럽 일부 지역에서 발발한 국지전이었으나, 세계대전으로 확전되었다.

현실적으로 협력에 기반한 국제지역 메커니즘·제도 구축은 국가 간 관계 개선에 긍정적인 영향을 미친다. 지역기구가 제정한 규정·협의 등 시스템은 회원국에 대한 구속력을 가지므로, 회원국은 공동 제정한 규정을 준수해야 할 책임과 의무가 있으며, 회원국이 탈퇴하려는 경우에도 상응하는 절차를 준수해야 한다. 일부 지역에서는 지역기구와 제도가 국가 간 관계 개선 방면에 있어서 매우 중요한 역할을 발휘한다.

【보충 자료】

　유럽 지역의 협력 과정에서 프랑스와 독일 간 관계 개선·화합은 지역 협력 성공을 도모한 모범사례라고 할 수 있다. 프랑스와 독일 양국은 역사적으로 전쟁이 끊이지 않았고, 마치 절대 공존할 수 없는 철천지원수로 여겨졌는데, 두 차례 세계대전에서도 양국은 모두 적대적 관계였다.
　제2차 세계대전에서 독일이 패망하였고, 이후 프랑스와 독일 양국은 화해하며 유럽에 대한 연합을 공동으로 협력 추진하였는데, 1963년 양국은 우호 협력 조약 <엘리제 조약>(Élysée Treaty)을 체결하였다. 다시 말해, 프랑스와 독일 간 화해와 협력이 없었다면 오늘날 유럽연합도 탄생할 수 없었을 것이다. 다만, 또 다른 관점에서 볼 때, 지역 연합이 양국의 관계 개선과 심화 발전을 촉진하기도 한다. 즉, 유럽연합(EU)이 설립되지 않았다면, 프랑스와 독일의 진정한 화해와 협력도 없었을 것이다.

　국제지역관은 특정 국가가 자국을 중심으로 하여, 자국이 속한 국제지역에 대한 자아 인지와 정위(定位)하는 것을 가르키는데, 각국은 여타 국가와는 다른 자국만의 지역관을 가지고 있다. 국가를 중심으로 한 지역관의 핵심은 상호공존적 환경에서 어떻게 자국 이익, 타국과의 관계 정립, 지역 내에서 자국의 역할에 대해 정위를 하느냐에 달려있다. 이러한 관점에서 볼 때, 지역관이 특정 국가의 지역 정책에 지대한 영향을 미치는 것은 분명하다. 각국 지역관은 자국을 중심으로 한다는 점에서 비춰볼 때, 지역관에 대해 지역 내 국가 간 공감대를 형성하기는 쉽지 않다.
　각국 모두가 자국만의 지역관을 가지고 있긴 하지만, 역사적 상호공존이 날로 심화되고 상호 연계된 복합적 관계·이익이 존재하기에, 각국이 지역에서 추구하는 정위, 국가 간 관계 및 이익과 관련한 정위는 일치 수렴하는 성향을 보이는데, 즉, 각국은 지역관 측면에서 동질성을 가지게 된다. 각국은 국제지역 협력을 공동 추진할 필요에 따라 공감대 형성을 위해 노력을 하기도 하는데, 실제로 일부 영역에서 공동 이익에 기반한 지역관 공감대 형성은 충분히 추진 가능한 방안으로 여겨진다. 국제지역의 공공성은 지역관 공감대를 달성하는 중요한 토대로, 여러 방면에서 공동 이익에 기반하여 지역 인식 및 공감대 구축을 추진할 수 있는데, 특히, 안보, 경제, 종교, 문화 등 영역에 기반한 지역 공감대 구축을 예로 들 수 있다.

> **【보충 자료】**
> 지역관 공감대 구축의 대표적인 사례는 공동 안보관을 들 수 있다. 공동안보의 기본원칙은 △각국이 국가안보를 지킬 수 있는 합법적 권리 영위, △군사적 수단을 쓰지 않고 국가 간 분쟁 해결, △군사적 우위를 추구하지 않고 군비 절감 및 제한을 추진하는 것이다. 공동안보 환경은 각국의 참여와 협력을 통해 실현할 수 있는데, 안보협력은 공동안보를 실현하는 전제조건이다. 협력을 기반으로 구축한 공동안보는 군사동맹으로 구축한 공동안보와는 구분되는데, 전자는 공동 참여와 공동 구축을 원칙으로 하지만, 후자는 강대국이 제공하는 안보 보장에 의존한다.

2. 기능 연구

국제지역 연구의 주요 연구 분야로 지역 정치, 지역 경제, 지역 문화, 지역 거버넌스를 들 수 있는데, 이는 국제지역 메커니즘·제도 구축에 지대한 영향을 미치는 핵심 요인이다.

1) 지역 정치

국제지역 정치가 국가 정치를 기반으로 구축되었지만, 각국 정치의 단순한 총합이라고 볼 수 없다. 각국은 각기 다른 정치제도, 국가 거버넌스 모델을 가지고 있기 때문에, 지역 정치에 관한 연구에서도 정치제도, 국가 거버넌스, 정책, 대외관계 등을 포함한 각국 정치에 대한 분석이 필요하다. 다만, 지역 정치에 관한 연구에 있어서 국가 정치를 바탕으로 각국 정치 비교를 진행하여 공통점과 차이점을 분석할 필요가 있고, 나아가, 각국 정치의 차이점을 바탕으로 국제지역 정치에서의 조화와 공감대를 모색할 필요가 있다.

국제지역 정치 역사의 발전 과정은 적대, 배척, 투쟁으로 점철되어 있는데, 현대 민족국가 제도 확립 이후, 정치적 분쟁, 통합, 분열이 반복적으로 나타나면서 혼란스러운 상황에 있다. 제2차 세계대전이 종식된 이후, <유엔 헌장>(Charter of the United Nations)에서는 국가 간 관계 정립에 대한 명문화 된 규정을 제정하였다. 이 시기부터 국제지역 정치가 공동으로 준수해야 하는 기본원칙이 생겼다고 할 수 있는데, <유엔 헌장>은 △국가 주권 독립 및 정치 다양성, 상이한 정치제도, 국가 거버넌스 모델에 대한 합법성 인정, △평화와 협력을 통한 상호공존, △확장·침략·패권에 대한 억제와 국제법에 의거한 공동규정 제정, △개방, 포용, 상호 학습, 상호 표방에 따른 평등하게 참여하는 정치 대화 전개 및 강권·패권 정치 반대, △지역 대화 협력 메커니즘 구축과 상호 호혜에 기반한 지역 거버넌스 참여 등 중요내용을 포함하고 있다. 위와 같은 기본원칙은 각종 지역 메커니즘에서 공동 체결하는 규정·조약에서도 명시하고 있는데, 이로 보아, <유엔 헌장> 제정은 인류 역사에서 중요한 전환점이었다고 할 수 있겠다.

【보충 자료】
<유엔 헌장>(Charter of the United Nations)은 1945년 6월 26일 체결하고, 1945년 10월 24일 정식 발효되었다. <유엔 헌장>은 모든 회원국의 주권 평등, 평화적 분쟁 해결, 무력행사 및 무력 위협 금지 등 내용을 기본원칙으로 확립하였다. 특히, 주목할 만한 부분은 <유엔 헌장> 제8장에서 국제지역의 역할을 전문적으로 명시하였고, 국제지역의 지역 분쟁 해결, 평화 유지 방면에서 역할을 강조하였다는 점이다.

정치 갈등과 충돌은 국제지역의 불안정을 야기하고, 심지어 전쟁이 발발하는 원인이 되기도 한다. 예를 들어, 각기 다른 정치제도, 이데올로기에 대한 부정으로 인해서 정치 분쟁이 일어나거나, 배척과 대립이 발생하기도

하고, 이로 인해 전쟁이 발발하기도 한다. 강대국은 자국의 정치 우월성에 대한 자신감을 통해 타국 정치에 대한 억압을 일삼기도 하며, 심지어 타국 정치를 강압적으로 바꾸려고 조치하기도 한다. 현대 전쟁은 사실상 대부분이 정치적 원인에서 비롯되었다고 할 수 있다.

정치 대화는 상호 간 이해를 증진하고, 정치적 이견을 조율하며, 무력 충돌을 방지하는 합리적 방안이다. 정치 대화 전개는 당사국의 자발적·이성적 정치 동기에서 기인할 수도 있고, 피치 못한 피동적인 선택의 결과일 수도 있다. 오늘날, 거의 모든 국제지역이 정치 대화 메커니즘을 구축한 바, 지역 내 각국 지도자 간 정기·비정기 회담을 추진하고 있으며, 장관급 회의에서 부처별 협력까지 다양한 레벨에서 지역 대화 협력 프레임을 구축하였는데, 예를 들어, 유럽 지역은 국가 간 정치 공감대를 토대로 초국가적 지역 거버넌스 체계를 구축하였다.

【보충 자료】

2010년 12월 17일 튀니지에서 한 청년이 경찰의 강압적 대응에 저항하여 분신자살하였는데, 전국적인 항의 시위로 이어졌고 강한 압박을 이기지 못한 대통령은 결국 자리에서 물러났다. 이후, 알제리, 이집트, 예멘, 리비아, 시리아 등 국가에서 대규모 시위가 발생하여 국내 정치 혼란과 정권 교체를 야기하였으며, 심지어 내전으로 이어졌다. 사회 정치 운동을 유발한 주요 원인은 국내에서의 정치 갈등이었지만, 외부 세력 개입 등 매우 복잡한 요인도 상존하였다.

한편, 국제지역 정치에서 사회적 요인이 미치는 영향을 간과해선 안 된다. 사회적 요인의 주요한 역할은 공민(公民)이 직접 정치에 참여하는 데서 나타난다. 공민 참여는 국가 정치에 대한 공감, 지도자에 대한 선택, 권익에 대한 추구 등 내용을 포함하는데, 이러한 내용은 국가 정치를 구성하는 중요 요인이기도 하다. 정보화 시대로 진입하면서, 사회적 요구는 미디어 매체를 통해 표출·확산하면서 사회운동을 형성하기도 한다. 사회운동에 공민들이 참여하게 되면, 국가 정치 발전에 막대한 영향을 미친다. 사회 여론과 사회운동은 강한 확산성과 전파성을 가지고 있는데, 국제지역은 이러한 특성이 유입되고 공감대를 형성하면서 지역 정치에 매우 큰 영향을 주기도 한다.

2) 지역 경제

경제는 국제지역의 가장 중요한 연계 요인인데, 자원, 재화·서비스, 자본, 기술, 인력의 유동은 국가 간 가장 직접적인 연계 네트워크를 구성한다. 국제지역은 각국이 대외관계를 연결하는 최초 거점이며, 통상적으로 볼 때, 지역 내 각국은 여타 국가보다 더욱 밀접한 경제 관계를 구축한다.

지역 경제의 경쟁우위는 △지연, 사회 연계와 관련한 편의성과 상호 연결성이 원활한 경제 교류를 가능케 한다는 점, △지역 내 '규모의 경제(Economies of Scale)' 우위 형성이 지역 내 각국이 비교우위를 활용하기 위한 지연적 발전 공간을 제공해 준다는 점, △지역 교통 인프라 네트워크 건설이 상호연계를 촉진한다는 점, △메커니즘·제도 구축이 지역 내 이익 공유를 창조한다는 점을 들 수 있다. 경제 글로벌화는 세계시장이라는 큰 틀에서 추진하는 재화·서비스, 인적자원, 자본의 초국가적 유동을 가리키는데, 다자 체계·메커니즘과 각국 개방정책의 지원을 받는다. 경제 지역화는 지역 시장을 플랫폼으로 생산·경영에서의 협업을 진행하고, 산업체인·공급체인 네트워크를 구축하는데, 경제 글로벌화와 직접적인 연관성을 가진다. 즉, 다자 체계에서의 시장개방 이익에 추가로 이익을 더한다고 볼 수 있다. 국제지역에서 경제 메커니즘을 구축하려는 목적은 △더 높은 차원의 시장개방을 추구하거나, △다자 체계에서 추진하기 어려운 사안을 추진하기 위함인데, 지역 경제 연계에 더욱 유리한 환경을 조성하여 지역 경제발전과 경쟁우위 구축을 도모하는 취지가 있다.

통상적으로 다자 체계에서 심화 발전이 어렵거나 제약이 존재하는 상황에서 지역 범위 내 메커니즘 구축을 추진하는 방안이 훨씬 용이할 수 있기 때문에, 지역화는 더욱 비약적으로 발전할 가능성이 있다. 이러한 관점에서 볼 때, 각국은 국제지역에서의 경제협력 메커니즘 구축에 더욱 적극적인 입장을 보일 수 있다.

> **【보충 자료】**
>
> 경제 지역화를 추진하는 주요 방안은 지역 경제협력기구를 설립하는 것인데, 예를 들어, △경제공동체를 구축하여 시장개방과 정책 협조가 가능한 지역 경제 통합을 추진하기도 하고, △자유무역지대(FTA)를 구축하여 규정에 따른 시장개방협정을 체결하고 지역 내 무역·투자 발전을 촉진하기도 하며, △경제협력을 통해 지역 기초 인프라, 통신·전자상거래 네트워크를 구축할 수도 있다. 경제 지역화는 폐쇄적 구조가 아니라 지역 간, 지역과 세계시장 간 직접적이고 밀접한 연계이기에, 지역화와 글로벌화를 대립적인 관계로 보아선 안 되며, 지역화가 글로벌화를 대체한다고 보아서도 안 된다.

지역 경제 발전의 기초는 이익 공유인 바, 각국은 적극적으로 참여하면서 이익을 도모할 수 있으며, 시장 개방 가속화에 따라 '규모의 경제'가 실현되면서 기업과 소비자는 더 큰 이익을 얻을 수 있다. 다만, 실질적 추진 과정 중 이익 공유에서의 균형을 찾기란 쉽지 않은데, 불균형을 초래하는 원인으로 △경쟁력 차이에서 기인한 이익 과점, △시장, 기술, 교역 독점에서 기인한 이익 과점, △지역 제도 구축에서 이익 균형 조율 메커니즘 부재, △시장 메커니즘에 대한 과도한 의존 등 문제를 들 수 있다. 간혹, 강권·패권 국가가 자국 중심적 일방주의 정책을 채택하면서 구조적 불균형, 제도 조율 실패를 야기하기도 한다.

수익 분배와 균형 발전은 지속 가능한 지역 경제협력의 관건이다. 수익 구조에서 과도한 불균형이 발생한다면, 국가 간 발전 격차가 커지게 되면서 지역 경제 개방과 통합을 위한 추진 동력이 약화하는 반면, 반대 세력의 발언권이 강화되어, 일부 국가는 지역 협력 기구나 지역 협정을 탈퇴할 수도 있다. 특히, 각국 공민들이 지역 경제협력을 추진하여 이익을 도모할 수 없거나 손해를 볼 수 있다고 생각한다면, 정부를 대상으로 하여 보호 조치를 요구하게 되는데, 정부 대응 조치가 만족스럽지 못하다면 사회운동을 촉발할 수도 있다.

경제 발전 과정에서 볼 때, 과거 지역 경제 구축에 있어서의 중점은 소위 말하는 경제 자유화를 통해 시장개방을 추진하는 데 있었고, 이익 추구와 균형 발전 간 조율에 대한 관심은 상대적으로 부족하여, △경제 발전에서의 본연적 문제, △정치, 사회 국가 관계 등과 관련한 문제가 상당수 나타났다. 국제지역 경제 메커니즘 구축 과정에서는 이익 분배와 균형 발전을 최우선시 하여 효율적인 조치를 취해야 한다. 각국 정부는 지역 경제 협력에 부합하는 정책을 제정하여 이익 분배와 경제발전 불균형 개선에 대한 노력을 해야 한다. 동시에, 지역 경제 메커니즘 내 조정 기능을 강화할 필요가 있는데, 특히, 지역 경제 협력 아젠다를 강화하여 경제 성장 환경 개선, 역량 구축 강화, 자본·기술 교류 촉진 등 방면에서 실질적·효율적 정책을 제정해야 한다.

3) 지역 문화

문화 연계는 국제지역을 구성하는 중요한 구성 분야로서 국제지역의 발전에 특수한 역할을 한다. 문화가 가지는 뚜렷한 특징은 아래 세 가지가 대표적이다.

(1) 다양성, 즉, 각국과 각 민족은 모두 고유한 문화가 있다.
(2) 전파성, 즉, 문화는 유동적으로 다양한 형태로 전파·확산하고, 다양한 형태로 융합된다.
(3) 계승성, 즉, 비물질적인 형태로 존재하며, 문화 계승은 역사적 연속성을 가진다.

국제지역에서 민족국가의 문화는 기본 주체이며, 각기 다른 문화는 다양한 형태로 교류를 이어 나간다.

문화는 민족 속성과 국가 속성을 보이지만, 개방적 속성도 가지고 있어, 각기 다른 문화 간 교류는 각국이 문화적으로 상호 학습·표방하게 만든다. 국제지역 내에서 장기 지속적인 역사 교류·계승은 '동질적 특징'을 보이는 문화권 형성이 용이하다. 소위 말해 '동질'이란 동일하다는 뜻이 아니라, 각기 다른 문화 간 융합으로 선진 문화에 대한 수용과 학습이 이뤄진다는 뜻이다.

> **【보충 자료】**
>
> 　세계에는 크게 5대 문화권이 존재한다. 동아시아 문화권의 주요 연계 요인은 유교문화, 불교문화, 한자를 들 수 있다. 라틴 문화권의 주요 연계 요인은 천주교, 개신교 각 종파 문화, 기독교 가치관 등을 들 수 있다. 이슬람 문화권의 주요 연계 요인은 이슬람교 문화를 들 수 있는데, 이슬람교에 대한 신앙, 아랍 문자 사용을 포함한다. 인도 문화권의 주요 연계 요인은 힌두교와 불교문화를 들 수 있다. 동방정교 문화권의 주요 연계 요인은 동방정교 문화를 들 수 있다. 종교를 주요 연계 요인으로 하는 문화권은 지역 특성이 있지만, 그 영향력이 인접 국제지역에 국한되지 않는다.

　각기 다른 문화 간 경쟁은 문화 충돌을 야기하기도 한다. 민족 문화를 보호하려는 주체성은 각국 문화 가치가 가지는 성향인데, 각국은 문화적 강세를 보이는 타국 문화의 침략을 예방하기 위해 자국 문화에 대한 특별한 지원·보호 조치를 취한다. 역사 발전 과정을 보면, 강세를 보이는 문화는 국가적 역량에 기대어 문화 확장을 추진하고, 타문화를 정복하거나 소멸하려는 것을 목표로 한다. 문화 확장은 간혹 강대국이 세력을 확장하는 중요한 무기로 여겨지기에 역사 발전 과정에서 나타나는 문화 충돌이 그리 놀라운 현상은 아니다.

　문화 충돌은 각기 다른 문화 간 갈등과 이에 따라 발생하는 대립을 가리킨다. 일각에서는 문화 충돌을 △각기 다른 문화 가치 간의 충돌, △각기 다른 문화 준칙의 대립으로 발생하는 법규 충돌 두 가지로 구분한다. 문화 충돌은 국가 내에서 각기 다른 민족·지역 간 발생할 수도 있고, 국제지역 내에서 문화 가치, 종교, 관습 등 문화에 대한 배척·멸시에서 나타날 수도 있다.

　국제지역의 발전은 지역 문화 구축과 밀접한 연관성을 가진다. 지역 문화 구축의 목표는 각기 다른 문화에 대한 상호 학습·표방을 추진하여, 문화에 대한 인정과 공감대를 형성하고, 지역이 개방·포용·협력하는 공존 환경 구축으로 공동 이익을 제고하는 데 있다. 문화는 소통 확대, 이해 증진 등 방면에서 특별한 역할을 하기도 한다.

3. 제도 연구

1) 지역 제도

　제도 건설은 국제지역 구축에 있어서 중요한 구성 분야이다. 제도 건설은 다양한 모델이 있는데, 기능이 상이하고 제도화 수준에서 차이가 존재하지만, 지역 관계, 지역 사무에 대한 거버넌스를 추진한다는 공통점을 가진다. 학술적 분류에 근거해 볼 때, △지역주의에 중점을 두고 추진하는 제도 건설을 '제도화 건설', △기능성에 중점을 두고 추진한 제도 건설을 '메커니즘화 건설'이라고 구분하였다. 통상적으로 제도화 건설은 참여국의 국제지역에 대한 인정(認定)을 전제조건으로 하며, 참여국은 국가 통치권 일부를 지역 협력 기구에 양도하여, 지역 협력 기구가 권한을 대행하길 희망한다.

　지역 협력 기구 설립은 국제지역에서 제도화 건설을 추진하는 중요한 모델이다. 일부 국제지역은 입법기구, 의사결정기구, 관리기구 등 조직을 포함한 지역 제도를 점진적으로 구축·정비하였다. 예를 들어, 유럽연합(EU)은 유럽이사회(의사결정기구), 유럽의회(입법기구), 유럽연합이사회(집행기구), 유럽법원(중재기구) 등 조직을 포함한 지역 정치 제도 체계를 구축하였다. 일부 국제지역은 지역 협력 기구에 기반하여 정상회의, 장관급회의, 기능부처를 포괄하는 지역 협력 메커니즘 프레임을 구축하고 있고, 각 회원국은 주로 대화 협상을 통해 핵심 현안에 대한 합의점을 도출하여 이행한다. 또, 일부 국제지역은 지역 협력 기구 산하에 기능성을 가진 관리부처를 개설하여 부분적 관리 권한을 행사한다.

　지역이 기능성을 구비하는 것은 반드시 지역 협력 기구 설립해야 가능한 것이 아니라, 관련 협약 체결을 통해서도 추진이 가능하다. 일부 인접한 세부지역 협력은 협력 방식이 더욱 다양한데, 주로 공동 수요에 기반한 프로젝트 협력 추진이 많으며, 지역 협력 기구와도 직접적인 연관을 가지기도 한다.

【보충 자료】

란창강-메콩강 협력(LMC, Lancang-Mekong Cooperation)은 인접한 세부지역 메커니즘·제도 구축에 속한다. 중국측 제안으로 란창강-메콩강 유역 연안 국가(라오스, 캄보디아, 미얀마, 태국, 베트남)가 참여하였지만, 지역 협력 기구를 설립하지는 않았다. 하지만, 정상회의, 장관급 회의, 고위급 회의를 포함한 지역 협력 메커니즘에 속하며, 실질적 협력 프로젝트도 존재한다. 세계적으로 이와 유사한 인접 세부지역 메커니즘·제도 구축은 손에 꼽힌다.

2) 지역 거버넌스

국제지역은 각국이 상호공존하는 구역으로 공공자원, 공공환경, 발전 공간, 지역 관계, 사회 문화 등 수많은 요인이 국가 범주를 초월하여 존재하기에 지역 차원에서의 거버넌스가 필요하다. 지역 거버넌스는 지역 협정 체결이나 지역 협력 기구 설립을 통해 추진할 수 있다. 예를 들어, 수자원, 광물자원 등 자원이 가지는 초국경적 특성으로 인해 국가 간 자원에 대한 점유·분배·개발·활용 등 방면에서 분쟁이 발생하기도 한다. 권력 쟁탈, 이익 충돌을 비롯한 여타 원인으로 인해 국가 간 갈등과 충돌, 심지어 전쟁이 발발하기도 한다. 위와 같은 사례는 지역 거버넌스를 통해 조정·관리하여 지역 공존을 위한 질서를 유지해야 한다.

국제지역 내에는 이익 쟁탈, 권력 투쟁, 종교·이데올로기 대립 등을 포함한 국가 간 경쟁이나 충돌이 나타난다. 이익 쟁탈은 주로 영토, 자원, 시장에 대한 점유·활용 과정에서 발생한다. 역사적으로 국가 간 전쟁 대부분은 영토, 자원 등 이익을 쟁탈하는데 목적이 있었다. 권력 투쟁은 주로 강대국 간 지역 패권 쟁탈이 목적이었는데, 이는 지역 관계에 영향을 미치는 중요한 요인이자 지역에서의 혼란과 전쟁을 초래하는 원인이었다. 일부 지역에서는 종교 충돌이 지역 관계에 미치는 영향이 지대하다. 여타 요인에서 기인하는 충돌과는 달리, 각기 다른 종교 계파 간 화합이 어려워 일부 충돌은 수천 년간 이어져 지역을 장기적인 불안정과 혼란으로 몰아넣기도 한다.

지역 거버넌스는 지역 내 각국이 자발적으로 추진하기도 하는데, 일부는 어떤 문제나 위기에 직면하게 됨으로 동기가 부여되기도 한다. 전반적으로 볼 때, 국제지역 거버넌스를 추진하는 동기는 지역이 직면한 문제에 공동 대응하고 공동 이익 공간을 창조하여 지역 평화와 경제 발전 환경을 수호하기 위함이다. 국제지역 거버넌스의 주요한 형태는 지역 거버넌스 제도 체계를 구축하는 것인 바, △지역기구 설립, 협정 체결, 법률·규칙·아젠다 제정, △국가 간 관계 및 지역 관계 조율, △지역 공공재와 지역시장 창조, △지역 상호연계 등 내용을 포함한다.

지역 거버넌스는 국가 거버넌스를 대체하거나 약화하는 것이 아니라, 개별 국가가 추진하기 어려운 사안을 이행하며 추가적으로 도움을 주는 역할을 한다. 종합해 볼 때, 지역 거버넌스 모델은 주로 △지역 내 강대국 주도 거버넌스, △기능성 메커니즘 거버넌스, △지역 종합 제도 거버넌스로 분류할 수 있다. 각기 다른 지역, 각기 다른 역사 시기에서 나타나는 거버넌스 모델 또한 차이가 있다. 역사적으로 볼 때, 지역 내 강대국 주도 거버넌스는 과거에 주요한 거버넌스 모델이었는데, 특정 강대국 주도 하의 지역 관계 구조와 질서를 형성하였다. 오늘날, 지역 내 강대국 주도 거버넌스는 약화되었고, 기능성 메커니즘 거버넌스와 지역 협력 기구 제도 구축이 국제지역 거버넌스에서의 주요한 모델이 되었다.

지역 내 강대국 주도 거버넌스의 특징은 아래와 같다. 특정 국가가 막강한 종합 국력을 갖추게 되면 지역 관계, 지역 이익 등 방면에서 주도적 지위를 점하고, 지역 규칙과 질서 제정, 이익 분배 등 방면에서 주도권을 가지게 된다. 강대국이 가지는 주도적 지위는 자연적 형성이 아니라, 군사적 수단을 활용한 정복으로 쟁취한다. 강대국은 승자로서 강압적 형태로 지역 관계와 지역 질서를 정립한다. 다만, 지역 주도권이나 패권을 영구적으로 영위할 수 있는 국가는 없다. 상대 국력 변화로 인해 지역 내 강대국 주도 지역 거버넌스는 불안정해지기도 하는데, 다른 국가의 국력이 신장되면 기존 강대국은 패권 유지에 대한 위협을 느끼게 되는 바, 무력 충돌과 전쟁을 초래하기도 한다.

기능성 거버넌스는 주로 지역성 문제에 대한 해결을 목적으로 하여, 관련 협력 협정을 체결하고 공동 준수하는 법규를 제정하거나. 각국이 공동 참여하여 문제 해결을 추진하는 행동 방안을 가리키는데, 협력 메커니즘 구축을 통해 문제를 해결하는 경우도 있다. 기능성 거버넌스는 명확한 목적성과 목표를 가지고 있어, 현재 지역성 문제를 해결하는 중요한 모델이다. 기능성 거버넌스의 목표는 명확한 선택성과 목적성을 가지는데, 다음과 같은 사례를 들 수 있다.

(1) 다수 국가를 관통하는 하천, 특히, 수자원과 관련한 거버넌스, 천연자원에 대한 개발·이용, 해상자원 및 생태에 대한 관리, 생태환경에 대한 보호 등 사례를 포함한 자연적 분쟁이 존재하는 영역에서 협정 체결, 규칙 제정 등 협력을 모색하여 거버넌스 목표를 실현한다.
(2) 시장개방, 초국경적 공공 안보(밀수, 마약, 테러 조직 등), 인원 유동, 자본 유동 등 공공 영역에서 협력 협정을 체결하여 지역 질서 유지와 거버넌스를 실현한다.

거버넌스 구축과 참여 방면에서 볼 때, 기능형 거버넌스는 지역 내 모든 국가가 참여할 필요는 없으며, 대다수 협정과 프로젝트 전개 사례를 보면 지역 내 소수 국가만 우선적으로 참여하고, 여타 국가는 후속적으로 참여한다.

제도 거버넌스는 비교적 고차원적 거버넌스 형태인데, 주로 지역 협력 기구 설립을 통해 지역 사무에 대한 거버넌스를 진행한다. 국제지역 제도 거버넌스의 주요한 특징은 거버넌스 기능을 가진 지역 협력 기구를 설립하여 정치, 안보, 경제, 사회, 문화 등 관련 방면에서 종합 거버넌스를 추진한다는 점이다. 고차원적 지역 제도 거버넌스는 지역 협력 기구를 통해 일련 제도 체계를 구축하고 지역 사무에 대한 거버넌스를 진행한다. 국제지역 제도 거버넌스의 관건은 참여국이 거버넌스 권한 양도에 동의하고, 지역기구가 초국가적 기능을 행사하는데 있어 합법성을 부여해주는 것이다.

현실에서 고차원적 국제지역 제도 구축을 추진 가능한 국제지역은 거의 없는데, 이는 각국의 지역관 공감대, 협력적 정치 환경, 지역 거버넌스에 부합하는 국가 거버넌스 기반이 필요하기 때문이다.

일부 국제지역은 지역 협력 기구를 설립하고 명확한 목표를 설정하여 제도적 프레임을 구비하였지만, 고차원적인 제도 체계를 구축하지 못했다.

일부 국제지역은 지역 내 각국이 국가 주권과 자주성에 대한 우려로 부분적 거버넌스 권한을 지역 협력 기구에 양도하기를 원치 않아, 지역 정치, 사회, 문화 등 관련 환경에 근거하여 '연성 제도(軟性制度)'로 불리는 거버넌스 모델을 추진하고 있다. '연성 제도' 거버넌스 모델의 주요한 특징은 제도 건설이 지역 협력을 위한 플랫폼 제공을 위한 공감대 형성과 아젠다 추진하는 데 있는 바, 초국가적 거버넌스를 추구하는 것이 아니며, 아젠다에 대한 세부적인 추진이 주로 회원국의 정치적 승낙과 책임 이행에 달려 있다는 것이다. 지역 거버넌스가 제정한 아젠다, 법규, 협정 등은 지역 협력 기구가 주도하여 추진하는 것이 아니라, 참여국의 구체적 이행에 의지한다는 것이다.

일부 국제지역은 지역 협력 기구를 설립하여 거버넌스 메커니즘을 구축하였지만, 실제 거버넌스 과정에서 기능성이 제한되거나 상실하기도 하였다.

【보충 자료】
아세안 웨이(ASEAN Way)는 '연성 제도' 지역 거버넌스의 대표적 형태로 여겨진다. 아세안 모델의 특징은 △공동으로 준수하는 규정(조약, 헌장) 제정, △협력 목표 설정(정치 안보·경제·사회문화공동체), △회원국의 자주적 권리 수호(승인, 이행)를 들 수 있다.
아세안 모델의 기본원칙은 △회원국 국가 거버넌스 권한의 독립성 유지, △최소 한도의 지역 협력 기구 기능(사무국은 의사일정 관리와 협조만 책임), △점진적이고 차이를 인정하는 거버넌스 모델이다.

종합해 볼 때, 국제지역 거버넌스는 각국의 국제지역에 대한 인정을 토대로 구축되며, 지역 거버넌스 메커니즘이 충분한 역할하려면 각국이 국제지역에 대해 비교적 강한 공감대를 형성하여야 한다. 위와 같은 전제 조건이 만족되어야만, 지역 내 각국이 지역 거버넌스 규칙을 제정·준수하고 이행할 수 있다. 각국의 국제지역에 대한 인정은 지역 내 국가의 일원으로 지역 거버넌스에 참여하겠다는 의사표시이자, 이에 상응하는 책임을 부담하겠다는 의지 표명이다. 물론, 지역 거버넌스 방면에서 볼 때, 지역 내 각국의 지지를 받기 위해서는 지역 내 각국에게 가시적인 이익을 가져다 줄 수 있어야 하며, 각국 공민에게 실질적인 수익을 가져다 줄 수 있어야 각국 사회의 지지를 받을 수 있다.

■ 추천 문헌

- [英] 詹姆斯·费尔格里夫：《地理与世界霸权》，胡坚译，浙江人民出版社2016版。
- 王逸舟等主编：《区域国别研究：历史、理论与方法》，上海人民出版社2021版。
- Mark Beeson and Richard Stubbs, Routledge Handbook of Asia Regionalism, London and New York:Routledge, 2012.

국제지역학 개론

제2장
국제지역관의 형성과 발전

제1절 국제지역관 인식의 변천
제2절 지연 전략 하의 국제지역 정위

제2장 국제지역관의 형성과 발전

국제지역은 지연(地緣)을 기본적인 분류 기준으로, 시대별로 각기 다른 인식과 전략이 존재한다. 특히, 세부지역은 대부분이 선명한 전략 특징을 가지고 있다. 국제지역관은 특정 국가가 자국을 중심으로 자국이 속하는 지역에 대한 인식과 정위(定位)를 가리킨다. 각국은 다양한 요인의 영향을 받아 타국과는 차별화된 지역관을 형성하며, 이에 따라, 지역관은 발전 과정에서 동태적으로 변화하기도 한다.

지리적 환경은 특정 국가가 지역관을 형성하는 데 중대한 영향을 미치며, 국가 간 차별화된 지역관이 형성되는 중요 원인이 되기도 한다.[1] 국제지역관은 특정 국가의 외부 세계에 대한 종합적 인식을 나타내기 때문에, 국가의 대외관계, 이익, 전략적 정위(定位) 등 방면과 밀접한 연관성이 존재한다. 또한, 국가의 지역관은 민족, 종교, 문화, 종합 국력 등 외부요인의 영향을 받기도 한다.

---

1) 1970년 미국 지리학자 왈도 토블러(Waldo Tobler)는 '모든 사물은 다른 사물과 상호 연결되어 있는데 가까이 있는 사물이 멀리 있는 사물보다 더 밀접하게 연결되어 있다'라는 지리학 제1 원리를 제시했다. 이러한 관점은 아래와 같은 두 가지 내재적 의미가 있다. (1) 지리 현상의 공간 분포에서 상관성, 즉 공간적으로 가까울수록 지역 속성이 유사하다는 것이다. (2) 공간 연계의 강도, 즉 지역 간 거리가 가까울수록 공간 연계와 교차 융합 속성이 상대적으로 강하다는 것이다. 이러한 점을 볼 때, 국제지역이라는 정치학과 가까울 수 있는 개념에 대한 분석에서도 실질적으로는 지리적 지역이 가지는 자연적 속성을 벗어날 수 없다.
관련 내용 참고: W.R.Tobler, "A Computer Movie Simulating Urban Growth in the Detroit Region", Economic Geography, Vol.46, 1970, pp234-240; Harvey J.Miller, "Tobler's First Law and Spatial Analysis", Annals of the Association of American Geographers, Vol.94, No.2, 2004, pp.284-289; Waldo Tobler, "On the First Law of Geography: A Reply", Annals of the Association of American Geographers, Vol.94, No.2, pp.304-310.

제1절 국제지역관 인식의 변천

1. 국제지역관의 형성

　국제지역관은 점진적으로 발전하고 있으며, 장기적 역사 발전 과정에서 내재적 의미와 정위(定位)는 끊임없이 변화한다. 각국의 국제지역관은 역사적 변천 속에 핵심 가치를 보유한 기본 신념, 즉 기본 이념을 형성한다.
　국제지역관에는 다양한 구성요소가 존재하는 바, 지연에 대한 인식을 기초로 하고 국가 이익을 핵심으로 한다. 즉, 대외관계, 문화 가치, 민족, 종교 등 요인은 국제지역관 형성에 중대한 영향을 미친다. 또한 국제지역관은 매우 강한 개방성을 나타낸다. 특정 국가가 자국이 속한 지역에 대해 가지는 인식은 지역 이익, 문화, 종교, 민족 등 요인에 연계한 영향을 받는데, 일부 영역에서는 매우 강한 초국가적 인식을 드러낸다.
　국가는 유구한 역사가 있다. 대외관계에 물리적 제약이 있던 고대 국가의 외부 세계에 대한 인식은 주로 인접한 지연 지역에 국한되어 있었고, 외부 지역에 대한 총체적 이해와 인지가 부족했다. 이러한 의미에서 볼 때, 국가가 가지는 국제지역관은 종합 국력 향상과 대외관계 확장을 거치면서 끊임없이 조정·개선된다고 볼 수 있다.
　원칙적으로 볼 때, 각국은 자국만의 외부 세계에 대한 인식이 존재하고, 국가 발전 과정에서 점진적으로 자국만의 국제지역관을 형성한다. 국가의 지역관은 △국가가 속하는 지연적 위치, △대외관계·민족·종교·문화 등 영역에서의 국가와 지역 간 관계, △국가 이익과 지역 이익, △국가의 종합 국력과 역내외 국력 대비, △관계 변화 등 다양한 요인에 의해 형성된다. 국가가 형성하는 국제지역관의 기본 이념은 국가의 대외관계·이익에 대한 전략적 인식, 국제지역에 대해 가지는 동질성에서 보이는데, 국제지역에 대해 가지는 동질성은 지역 제도 구축, 협력 추진 등 방면에 중요한 영향을 미친다.

2. 중국이 가지는 지역관의 특징

중국은 지역 내 강대국이다. 고대 중국은 자국을 중심으로 한 천하관을 가지고, '화이질서(華裔秩序)'를 자국과 외부 간 관계로 정립하여, 대외관계 조율, 지역 질서 유지에 대한 일련의 원칙을 수립하였다. 대외관계가 점차 확대되고 대외 이익 연관성이 증가함에 따라, 중국의 외부 세계에 대한 인식도 심화 발전하였고 '천하'에 대한 범주와 관계 정립 방식도 변화하였다.

【보충 자료】

화하민족(华夏民族)은 황하 유역에서 기원하였다. 생산성이 낙후한 고대사회에서 당시 중국인들은 자신이 생활하는 지역을 세계의 중심으로 여겼는데, '택자중국(宅兹中国, 가운데 나라)', '혜자중국, 이수사방(惠此中国, 以绥四方: 중국은 자혜를 베풀고 사방을 어루만져야 한다)' 등 내용에서 이를 명확히 자칭하였고, '중국' 주변의 여타 민족은 '이(夷)'라 칭했다. 한(汉)나라 초기에 이르러, △'화이(华夷)' 양분, △중국을 중심으로 한 '천하관'을 형성하였고 중국 중앙 왕조는 '만이(蛮夷)' 지역으로, '만이' 지역에 속한 국가들은 중국으로 외교 사절을 파견했다. 중화와 '만이' 지역 국가 간 '화이질서(华夷秩序)'가 점진적으로 발전하였다. 당(唐)나라 시기에 와서 '화이질서'는 중앙아시아와 남아시아 지역까지 확대되었고, 송(宋)나라 시기에 와서 해상 실크로드가 번영하기 시작했으며, 명(明)·청(清)나라 시기에 와서 '화이질서'가 최고 전성기를 맞이하였다. 하지만 유럽 식민주의와 이에 기반한 협약 체계가 확장하면서, '화이질서'는 와해하였다.

한(漢)나라 시기, 한무제는 장건(張騫)을 파견하여 한나라와 서역(西域)을 잇는 교역 통로를 개척하면서 중국이 인지하는 지리 범위는 중앙아시아, 지중해 지역까지 확대되었다. 중국 고대 문헌에서는 '서역'이란 개념이 자주 출현하는데, 서역은 주로 중앙아시아, 이란, 아랍 국가를 포함하는 중국 서쪽 지역을 가리킨다. 당(唐)나라 시기, 현장(玄奘)법사가 집필한 <대당서역기>(大唐西域記)에는 천축(현 인도), 페르시아, 아랍제국 등 국가가 기록되어 있다. <신당서>(新唐書)에는 △서부의 돌궐(突厥), 토번(吐蕃), 회골(回鶻), 사타(沙陀), △북적(北狄)의 거란(契丹), 발해(渤海), 동이(東夷)의 고려(高麗), 백제(百濟), 신라(新羅), 일본, 서역 국가, △남부의 남조(南詔), 시랑조(施浪詔) 등 국가가 기록되어 있는데, 위에 언급한 모든 국가를 통칭하여 '팔번(八蕃)'이라 불렀으며, '팔번' 외 국가·지역은 절역(絶域: 아주 먼 지역)이라고 불렀다.1) 명(明)나라 시기, 정화(鄭和)는 당시 세계 최대 규모의 함대를 이끌고 일곱 차례 서양으로의 대원정(주로 오늘날 인도양과 그 연해국가를 지칭)을 추진하였는데, 동남아시아, 인도양, 홍해를 경유하여 아프리카 연안까지 대항해를 전개하면서, 중국의 국제지역관에 대한 인식을 크게 확장하였다.

지구의 지표 공간 형세, 각국의 지리적 위치, 지도 제작 방법 등 영역을 포함한 근대적 의미에서의 세계지도와 이와 관련한 지식이 축적되면서, 중국의 외부 세계에 대한 인식도 변화하였다.2) 유럽 식민제국이 공업화에 기반한 우위를 활용하여 대대적인 대외 확장을 전개함에 따라 원래 안정성을 가지고 있던 중국을 중심으로 한 지역 질서는 점차 와해하였고, 기존 중국의 국제지역관도 중대한 변화를 맞이하게 되었다. 그리하여 주변 지역은 혼란을 야기하는 근원이자, 중국의 이익·존립을 위협하는 진원지가 되었다. 중국을 중심으로 하는 지역 질서가 와해하면서, 중국의 외부 지역에 대한 인식은 소극적으로 변화하였고, 중국의 전통적 국제지역관은 붕괴하였다. 1970년대에 이르러, 중국이 개혁개방을 추진하고 빠른 경제성장을 실현하면서 중국의 국제지역관은 다시금 적극적인 방향으로 조정되었다.

---

1) 참고자료: [宋] 欧阳修、宋祁撰: 《新唐书》, 中华书局1975年版, 第6264-6265页. 원문 표기는 "赞曰: 西方之戎, 古未尝通中国, 至汉始载乌孙诸国. 后以名字见者浸多. 唐兴, 以次修贡, 盖百馀, 皆冒万里而至, 亦已勤矣! 然中国有报赠、册吊、程粮、传驿之费, 东至高丽, 南至真腊, 西至波斯、吐蕃、坚昆, 北至突厥、契丹、靺鞨, 谓之"八蕃", 其外谓之"绝域", 视地远近而给费. 开元盛时, 税西域商胡以供四镇, 出北道者纳赋轮台. 地广则费倍, 此盛王之鉴也."
2) 예를 들어, 명(明)나라 시기 마테오 리치(Matteo Ricci)는 중국에 거주하며 비교적 완벽한 세계지도를 제작하였다. <여지산해전도>(輿地山海全圖), <곤여만국전도>(坤輿万国全圖)는 명(明)나라 시기 중국에 지구(地球)와 지역이라는 개념을 보급하였고, 봉건왕조에 만연한 천하관에 큰 충격을 주었다.

3. 서방 도약 하의 국제지역관

대항해시대(Age of Exploration)는 유럽 지역 각국이 국제지역을 개척하는 대장정을 전개하는 시기를 가리키는데, 유럽 지역 각국은 유럽 지역 밖으로의 대대적인 확장을 시작하였다. △1492년 콜럼버스의 신대륙 발견, △1497년 바스쿠 다가마의 아프리카 희망봉을 경유한 인도양 진입, △1519~1522년 마젤란의 세계 일주 등 굵직한 사건은 유럽인의 세계에 대한 인식을 심화시켰고, 유럽 지역 각국은 점차 여타 지역에 대한 정복을 추진하면서 식민지 건설을 주요 수단으로 하는 지역 전략을 구축하였다.

17세기 중엽에 이르러, 유럽 지역 각국은 <베스트팔렌 조약>(Peace of Westphalia)을 체결하여 초보적인 현대 민족국가 체계를 구축하였다. 민족국가를 기반으로 하는 국제지역관은 과거 성행하던 국제지역관과 특성적으로 큰 차이를 보이는데, 이 중 가장 중요한 차이는 국가 간 관계 속성이 변하였다는 점이다. 지연 지역은 각기 독립적인 민족국가 간 상호공존하는 지역으로, 민족국가는 점차 국제지역의 기본 구성 주체로 발전하였고, 국제지역은 다수 독립적인 민족국가의 공동 담체(擔體)가 되었다. 다만, 유럽 지역에서 현대적 의미로 본 민족 개념 확립이 국가 간 분쟁을 종식하지는 못하였는데, 지역 분쟁에서 시작된 전쟁이 끊이지 않았으며, 인류 역사상 두 차례 세계대전은 모두 유럽 지역에서 발발하였다.

유럽 지역 각국의 대대적인 식민지 확장은 세계 여타 지역 국가 대부분을 유럽의 식민지로 변모시켰다. 유럽 열강 중에서도 특히 영국은 직접적 합병, 정치적 통제를 통해 아시아와 아프리카 다수 지역, 태평양 다수 도서를 식민지로 삼았다. 영국은 대대적인 식민지 개척을 통해 '해가 지지 않는 제국(the empire on which the sun never sets)'을 건설하였고, 영국의 통치 지역을 세계로 확대하였는데, 이는 유럽중심주의에 기반한 지역관 형성을 촉진하였다. 특히 주목할 만한 점은 유럽이 선도적으로 공업화 단계로 진입하여 전 세계적으로 대외 확장을 전개하면서, 국제지역에 대한 수많은 인식이 유럽중심주의라는 역사적인 색채를 내포하고 있다는 점이다.

4. 현대 국제지역관의 전환

　제2차 세계대전이 종식된 이후, 세계 각지에서 민족 독립운동이 발발하면서 유럽 식민제도가 와해하고 현대 민족국가 제도가 세계적으로 확립되었다. 이러한 추세 속에서 국가의 국제지역에 대한 인식 또한 큰 변화가 발생하였다. 신흥 독립 국가는 자국 중심적이고 새로운 국제지역관을 재수립하여 심화 발전시키는 한편, 과거 유럽 식민주의가 남긴 국제지역관을 탈피하여 자국이 속한 지역 이익에 부합하는 지역 메커니즘·제도 구축을 시도하고 있다.

　새롭게 변화한 국제 형세 하에서 현대적 특징을 가진 새로운 국제지역관이 점차 형성되었다. 종합해 볼 때, 현대 국제지역관의 기본적 구성은 △지연에 기반한 국제지역 범주에 대한 명확한 인식, △대외관계, 이익 추구 방면에서 국가가 속한 국제지역에 대한 중시, △각국의 국제지역 메커니즘 구축에 대한 기본적 인식 수립, △글로벌화 배경 하의 기타 지역과의 연계를 포함한다.

　두 차례 세계대전을 겪으면서 유럽 지역 각국의 국제지역관은 큰 변화를 맞이하였는데, △유럽으로의 회귀, △유럽 재건, △지역 거버넌스를 통한 평화 실현을 큰 방향으로 하였다. 이렇듯, 유럽 지역 각국 간 국제지역관에 대한 공감대 형성은 유럽 지역 협력 발전을 촉진하였다.

　미국은 후발 독립국가로서 △북아메리카 지역을 인접한 지연 특수지역, △라틴아메리카를 '후방' 지역으로 하는 지연에 기반한 국제지역관 인식과 전략을 가지고 있다. 다만, 미국이 세계 초강대국으로 도약하면서 미국의 지역관 역시 세계성을 갖추게 되었는데, 글로벌 전략 이익에 근거한 관계 정립을 통해 세계 여타 지역을 상대하고 있다. 이와 달리, 아메리카 지역 내 다른 국가들은 주로 이익이 집중되어 있는 인접한 지연 지역을 바탕으로 하여, 다양성을 가진 소지역에 부합하는 국제지역관을 형성하고 있다.

　아프리카 지역은 장기간 유럽 국가의 식민 지배를 받았는데, 민족 독립은 아프리카 지역 각국이 국제지역관을 구축하는 토대가 되었다. 아프리카 지역 국가의 국제지역관은 민족국가 수립 과정과 밀접한 관련이 있다. 종합적으로 볼 때, 아프리카는 아프리카 지역이라는 총체적 개념의 지역 인식도 존재하고, 인접한 지연 국제지역과 관련한 특수한 지역 인식도 존재하는데, 이러한 국제지역관은 아프리카 특색 범아프리카 거버넌스 메커니즘과 소지역 협력 메커니즘의 구축

과정에서 선명히 드러난다.

아시아 지역은 면적이 넓은 만큼 구성이 복잡 다양하다. 아시아 지역 각국의 국제지역에 대한 인식은 인접한 지연 지역과 비교적 밀접하게 교류하는 지역에서 뚜렷하게 나타나며, 이러한 인식은 각국의 국제지역관 형성에도 큰 영향을 미치고 있다. 또한, 민족, 종교, 문화 등 요인은 강한 초국가적 특징이 존재하여 다양한 지역 분포를 보이는데, 이러한 분포 특징도 각국의 국제지역관 형성에 큰 영향을 미친다.

【보충 자료】

1823년 미국 대통령 제임스 먼로(James Monroe)는 미국 국회에서 오늘날 국정 연설에 해당하는 발표를 하였고, 아메리카 대륙의 일은 아메리카인의 일인 바, 미국은 스페인 식민제국으로부터 독립한 라틴아메리카 지역에 대한 유럽 국가의 간섭을 반대한다고 강조하였다. 동시에, 미국 또한 유럽 국가 간 분쟁에 대해 간섭하지 않고 중립을 유지하겠다고 하였는데, 이를 '먼로주의(Monroe Doctrine)'라고 부른다. 19세기 말 서방 식민체계가 구축되고 유럽 제국주의가 라틴아메리카에 대한 무력 개입을 통해 국가채무 문제를 해결하려 하자, 미국은 유럽의 이러한 조치를 반대하였다. 1904년 미국 대통령 시어도어 루스벨트(Theodore Roosevelt)는 미국은 라틴아메리카 지역이 유럽의 간섭을 받지 않도록 할 권한이 있다는 취지의 성명을 발표하였는데, 이를 계기로 라틴아메리카가 미국의 '후방'이라고 인식하게 되었다.

제2절 지연 전략 하의 국제지역 정위

국제지역은 지리적 공간을 기초로 하고, 지연은 국제지역 간 차이가 생겨나는 중요 요인으로 다양한 내재적 요소와 역사 계승 요소가 존재한다. 특히, 지연 전략의 차이는 각국의 국제지역관 형성·발전이 각기 다른 특징을 나타내게 만든다.

1. 지연 전략 하의 중동 지역

중동 지역은 인류문명의 최초 발원지인데, 인류 역사상 최초의 세계에 대한 지역 구분에서 중동 지역을 중심으로 한 지역 인식의 흔적을 찾아볼 수 있다.[1] 동방에 존재하는 금은보화에 대한 욕구는 유럽 지역이 대항해시대로 진입하는 원동력이 되었고, 유럽 지역은 과학 기술 영역을 선도하면서 현대 민족국가 체계를 구축하였는데, 이에 따라 유럽 지역을 중심으로 세계를 구분하는 새로운 인식이 출현하였다.[2]

유럽인이 세계를 바라보는 관점에서 유럽 지역을 중심으로 한 세계관과 '유럽중심주의'의 국제지역관이 강화되었다. 예를 들어, 프랑스는 스페인과 포르투갈에 이어 19세기 초 파리 자오선(Méridien de Paris)을 확립하였다. 1884년 미국에서 개최된 <국제 자오선 회의>(International Meridian Conference)에서 참가국들은 런던을 통과하는 그리니치 자오선(Greenwich meridian)을 본초자오선으로 표결 채택하였고, 이를 지리 경도 측정의 기점으로 하였다. 영국은 당시 종합 국력이 최전성기를 맞이하여 수많은 식민지를 보유하고 있었기에, 국제사회를 압박하여 1911년부터 그리니치 자오선을 시간 설정, 항해 항법의 기준으로 삼게 하였다. 동시에, 유럽인은 오늘날까지 사용되고 있는 지역 구분법을 만들어 냈다. 이 중에서 '근동(近東)', '원동(遠東)', '중동(中東)'에 관한 지역 호칭은 잘 알려져 있다. 다수 교재에서는 유럽인의 아시아 지역에 대한 지역 구분이 유럽인이 개척하는 지역 범위가 확대되면서, 특히, 식민지 개척 활동이 심화 발전

---

[1] '유럽'과 '아시아' 두 어휘에 대한 언어학적 기원의 예: <대영백과전서>(Encyclopædia Britannica) 기술에 근거해 보면, 기원전 24세기 아카디아인이 고대 서아시아 양하 유역에 제국을 수립하였는데, 아카디아어에서 'erebu'는 '일몰', 'asu'는 '일출'을 의미한다. 중동을 기준으로 외부 세계를 보면 서측은 '일몰' 지역, 동측은 '일출' 지역인데, 이를 근거로 방향성을 가진 'Europa'와 'Asia' 두 어휘가 생성되었다. 오늘날 전해지는 '유럽'과 '아시아'라는 어휘는 기원전 2500년경 중동 지역에서 기원한 중동을 중심으로 한 세계에 대한 지역 구분이다.

[2] 예로 1493년 로마교황이 확립하여 스페인과 포르투갈 식민지를 구분하는데 쓰인 '교황자오선(Line of Demarcation)'은 대서양 중부를 가르고 남·북극을 연결한다. 자오선 서측은 스페인 세력 범위, 동측은 포르투갈 세력 범위로 규정하였다. 유럽이 대항해시대 16세기 후기부터 17세기 중엽 100여 년이 넘는 대항해시대를 거치면서, 유럽의 지도학은 혁신적인 변화가 나타났는데, 네덜란드 지리학자 게라르두스 메르카토르(Gerardus Mercator)가 창안한 메르카토르 도법, 벨기에 지리학자 아브라함 오르텔리우스(Abraham Ortelius)가 제작한 세계지도 등을 들 수 있다.

하면서 변화하였다고 언급한다. 앞서 언급한 세 어휘 중 '원동'이란 어휘가 가장 일찍 출현하였으며, '근동'과 '중동'이란 어휘는 20세기 초반에 접어들어서야 출현하였다.

1884년 <베를린 회의>(Berlin Conference)에서 아프리카 지역을 분할한 이후, 제국주의 열강 국가 간 경쟁은 '동방문제'로 다시금 초점이 맞춰졌는데, 1895년 청일전쟁의 발발은 아시아 동부 지역에서의 강대국 간 경쟁을 심화하였고, 각국은 동방 각 지역 범위 재설정의 필요성을 절감하였다. 영국 고고학자 데이비드 호가스(David Hogarth)가 1902년 출판한 지리학 저서 <보다 가까운 동방>(The Nearer East)에서 최초로 '근동'의 지리 범위를 비교적 명확하게 규정하였는데, 알바니아, 몬테네그로, 세르비아 남부, 불가리아, 그리스, 이집트, 아랍 반도와 이란을 '근동' 지리 범위에 포함했다.

서양 학계에서는 '해양 권력론'을 창시한 알프레드 마한(Alfred Mahan)이 가장 먼저 '중동'이란 지역 개념을 제시하였다고 본다. 1902년 알프레드 마한은 영국 잡지 <국가평론>(The National Review)에 <페르시아만과 국제관계>(The Persian Gulf and International Relations)라는 문장을 게재하였다. 이 문장의 핵심 사상은 영국과 독일 간 협력 구축을 제안하는 것인데, 영국은 페르시아만 지역에서 막강한 해군력 유지하여 러시아의 근동지역 확장에 대항해야 한다고 주장하였다. 알프레드 마한은 "만약 내가 써본 적이 없는 중동이라는 용어를 사용할 수 있다면, 중동은 언젠가 중동만의 몰타와 지브롤터가 필요하다. 필요시, 영국 해군은 아덴만, 인도, 걸프만 지역에 병력을 집중하여 작전을 해야 한다."라고 하였다.[1]

알프레드 마한이 영국이 '중동' 지역에 군대를 주둔해야 한다고 건의한 이후, 영국 런던 <더 타임즈>(The Times) 주테헤란 특파원 발렌타인 치롤(Valentine Chirol)은 알프레드 마한가 제시한 관점에 기초하여 칼럼 20여편을 게재하였고 '중동'이라는 지역 개념을 사용하였고, 이후 이를 종합하여 저서 <중동문제 혹은

---

[1] 알프레드 마한(Alfred Mahan)이 이러한 판단을 내린 데는 두 가지 요인이 있다. 첫째, 알프레드 마한은 30년 전 아랍 반도 남단에 위치한 아덴항을 현지 답사한 적이 있는데, 아덴항은 500년 전 정화(鄭和)가 제4차 대원정시 탐사했던 '아단국(阿丹国)'이었다. 둘째, 알프레드 마한은 이미 해양 권력 사상을 구축하였고, 영국과 러시아 간 경쟁시 항구의 역할을 매우 중시했다.
　구체적인 내용은 아래 문헌을 참고 : Roderic H.Davison, "Where is the Middle East?" Foreign Affair, Vol.38, No.4, 1960, p.667.

인도 국방에서의 정치문제>(The middle eastern question, or, Some political problems of Indian defence)를 출판하였다. 중동이라는 지역 개념이 대중들에게 익숙해지면서 '중동'은 영어에서 고유명사로 자리 잡았고, 아시아는 과거 두 세부지역에서 세 세부지역으로 세분되었다. 그중, △'근동'은 튀르키예를 중심, △'중동'은 인도를 중심, △'원동'은 중국을 중심으로 하였다.

다만, 제1차 세계대전이 종식되기 이전까지는 각국이 사용하는 '중동'이란 지역 개념이 명확하게 통일되어 있진 않았다. 예를 들어, 미국 역사학자 노먼 해리스(Norman D.Harris)가 1918년 <미국 국제법>(American Journal of International Law) 잡지에 게재한 문장에서 당시 출판된 '근동'과 관련한 작품이 사용하는 '용어가 모호하다'라고 지적하였다. 유럽 정치인들은 아시아 지역의 근동, 중동, 원동 세 세부지역을 인식하고 있었다. 세르비아 출신 미국 학자 밀리보이 스타노예비치(Milivoy Stanoyevich)는 1916년 해양을 중심으로 아시아 지역을 구분하는 새로운 방안을 제안하였는데, △발칸반도와 튀르키예를 포함한 에게해를 '근동'의 중심, △메소포타미아, 페르시아만, 아프간을 포함한 아랍해를 '중동'의 중심, △중국을 포함한 황해를 '원동'의 중심으로 구분하였다.

제1차 세계대전이 종식된 이후에도 영국 내에서는 '중동'을 둘러싼 논쟁이 지속되었는데, 그중 핵심 문제는 어느 부처에서 중동 지역 식민 업무를 주관하느냐에 관한 내용이었다. 오스만 튀르크 관련 현안을 해결한 뒤, 영국이 가장 관심을 둔 문제는 지속적인 인도 식민 통치 유지였는데, 인도는 영국에 있어서 '왕관 위의 보석(Jewel in the Crown)'과 같은 존재였기 때문이다. 영국은 러시아가 '중동' 지역과 맞닿은 페르시아만과 아프간 지역으로 진출하는 것을 극도로 경계하였다. 영국 왕립지리학회(Royal Geographical Society)는 1920년 '근동'을 발칸반도에만 국한하고, '중동'을 보스포루스 해협에서 인도 동부 지역 영토까지 포함한다고 발표하였다. 영국은 1921년 식민지 관할 기관 내 중동부를 창설하여 팔레스타인, 요르단강 연안, 이라크 등 새로 개척한 식민지를 관할하게 하였다. '중동부' 창설 이전까지 아덴항, 페르시아만에 대한 관할은 인도사무부가 책임지고 있었는데, '중동부'의 창설 과정은 영국 내부 권력 투쟁을 잘 반영하고 있다. 당시 영국 식민지부 장관 윈스턴 처칠(Winston Churchill)은 외무장관 겸 인도 총독 조지 너새니엘 커즌(George Nathaniel Curzon)을 설득하였고, '중동부'의 창설로 '중동'이란 어휘는 정부 부처와 관료 기구까지 최종적으로 적용되었다.

'중동'은 더 이상 추상적인 범용 어휘가 아닌 특정한 지리적 위치를 대표하는 특정 국가들을 지칭하게 되었다.

　제2차 세계대전 기간 각국은 '중동' 지역의 지리적 범위를 재조정하려 했다. 1939년 영국 정부는 중동 공군 사령부가 아프리카 지역 요충지 뿐 아니라, 팔레스타인, 요르단, 이라크, 아덴, 몰타 등 지역까지 관할하게 하였다. 영국이 독일, 이탈리아와 전쟁을 치르는 과정에서 영국군은 중동 지역 방어선을 유동적으로 조정하였는데, 한때는 이란, 에티오피아를 포함하기도 하였다. 제2차 세계대전 기간 '중동'이라는 지역 개념은 영국이 군사적 관점에서 활용한 전략 개념이었는데, '중동'의 지역 중심이 제1차 세계대전 전후의 인도 지역에서 이집트 카이로 지역으로 변화하였다. <제2차 세계대전 회고록>(The Second World War) 제4권을 보면, 윈스턴 처칠은 일찍이 "이집트, 레반트, 시리아, 터키는 '중동'이 아니라 '근동'이 마땅하다. 페르시아, 이라크는 중동이다. 인도, 미얀마, 말레이시아는 동방이다. 중국, 일본은 원동이다."라는 언급을 한 적이 있다.[1] 제2차 세계대전 승리를 앞두고, 윈스턴 처칠은 아시아 지역을 네 세부지역으로 구분하였던 구상을 접고, 하나로 통일된 중동에 대한 인식을 받아들였다. '제2차 세계대전'이 종식된 이후, 클레멘트 리처드 애틀리(Clement Richard Attlee)가 영국 총리가 되었고, 영국 정부는 '중동'을 아랍 세계와 그 주변 지역을 지칭하는 어휘로 활용하였다. '근동'이란 어휘를 활용하고자 하는 시도가 없지 않았지만, 정계, 학계, 미디어 종사자들이 빈번하게 '중동'이라 지칭하면서 거스를 수 없는 대세가 되었다.

　레바논 학자 겸 외교관 샤를 말리크(Charles Malik)는 1948년 2월 유엔 경제사회이사회(ECOSOC)가 이집트의 중동경제위원회 설립에 관한 제안을 비준해 달라고 요청하였는데, 중동경제위원회에 참가하는 영구 회원국은 반드시 지역 내 국가여야만 하고, 지역 외 국가가 중동경제위원회에 참가하려면 반드시 유엔 경제사회이사회에서의 선거 절차를 거쳐야 한다는 방안을 포함하였다. 위와 같은 방안은 지역 내 강대국이 지역 패권을 노려보려는 의도를 내포하였다고 볼 수 있다. 위 현안을 논의하기 위해 조직한 특별위원회는 소규모 위원회를 구성하여 중동 지역에 대한 범위 확정을 추진하였다. 장기간 논의를 거쳐, 아프간, 이란, 이라크, 시리아, 레바논, 터키, 사우디아라비아, 예멘, 이집트, 에티오피아, 그리스를 중동 지역 국가에 포함하는 명단이 작성되었다. 위 국가 명단은 중동

---

1) Winston S.Churchill, The Hinge of Fate, Boston: Houghton Mifflin, 1950, p.460.

지역을 공식적으로 가장 넓게 보았는데, 알바니아에서 시작하여 중국 접경 지역까지 세 대륙을 관통하였다. 아랍인은 자기가 속한 지역을 '중동'으로 지칭한 적은 없다. 1952년 샤를 마리크는 "본질적으로 볼 때, 근동은 정치 개념, 지연 개념, 지리 개념, 전략 개념도 아니며, 그저 문화 계승이다."라고 언급하였는데, 근동은 동방도 서방도 아니며, 동방과 서방의 종합도 아니라고 여겼다. 문화 철학의 관점에서 볼 때, 근동은 동·서방과 소통하는 '중간자'로서의 모범적 사례라고 볼 수 있겠다.[1]

2. 지연 정치 하의 동유럽

도약하던 독일은 동유럽 지역을 지연 정치의 중심으로 보았다. 제2차 세계대전이 종식된 이후, 동유럽 지역은 미국과 소련 간 대립의 최전선이 되었다. 1990년대 냉전체제가 와해하면서 '중·동유럽'이 빈번하게 활용하는 지역 개념이 되었다. 오늘날, 유럽연합(EU)의 동진(東進), 중국이 추진하는 '17+1' 메커니즘은 '중·동유럽'에 새로운 지연 정치적 함의를 부여하고 있다.

도이치 제국은 1871년 통일을 이룩하면서 유럽 지역의 중심에 위치한 강대국으로 도약하였다. 1890년 도이치 제국 황제 빌헬름 2세(Wilhelm II)가 '철혈재상'으로 잘 알려진 비스마르크(Otto von Bismarck)를 면직하면서 비스마르크가 추진하던 유럽 대륙 정책을 포기하였다. 이후, 지연 정치에 대한 새로운 관점이 나타났는데, 수 세기 동안 주변 적대국에 포위된 상황을 어떻게 타개할 수 있을지에 중점을 두었다. 독일 지리학자 프리드리히 라첼(Friedrich Ratzel)은 1897년 저서 <정치지리학>에서 '생존 공간'이란 개념을 제시하였는데, 공간이란 정치 역량으로 단순한 지리적 의미가 아니라 권력의 관점에서 평가해야 한다고 강조하면서, 국가 규모는 정복 전쟁을 통해 확대되며, 영토 면적이 넓은 국가일수록 안전하다고 보았다.[2] 당시 독일인의 관점에서 볼 때, 국가 존망과 발전에서 최

---

1) Charles Malik, "The Meaning of the Near East", Journal of International Affairs, Vol.6, No.1, 1952, p.32.
2) Friedrich Ratzel, "Studies in Political Areas, The Political Territory in Relation to Earth and Continent", American Journal of Sociology, Vol.3, No.3, 1897, pp.297-313; Friedrich Ratzel, "Studies in Political Areas. II. Intellectual, Political, and Economic

우선시되는 요인은 영토 공간이었다.

1899년 옥스퍼드 대학교는 영국 왕립지리학회(Royal Geographical Society)의 지원 하에 세계 최초로 지리학과를 개설하였고, 해퍼드 매킨더(Halford John Mackinder)가 주임을 역임하였다. 전통적 서양 지리학이 지구 탐측에 적용되어 '대항해시대'에서의 발전을 촉진하였던 것과는 달리, 해퍼드 매킨더는 지리학 연구를 군사전략 수립과 대영제국의 영향력 확대에 적용하려 하였다. 1904년 1월 해퍼드 매킨더는 영국 왕립지리학회에서 <지리학으로 본 역사의 주축>이라는 논문을 발표하며, 유라시아 대륙을 '심장지대(Heart-land)'로 보는 개념을 제시하였다.1) 15년이 지난 후, 1919년 출판한 저서 <민주주의의 이상과 현실>(Democratic Ideals and Reality)에서는 '심장지대' 개념을 확장하여 유라시아와 아프리카를 '세계섬(世界島, World Island)'으로 보는 개념을 제시하였고, "△동유럽을 통치하는 국가가 대륙 심장지대를 통치하고, △대륙 심장지대를 통치하는 국가가 세계섬을 통치하며, △세계섬을 통치하는 국가가 전 세계를 통치할 것"이라는 심장지대 이론(the Heartland Theory)을 발표하였다.2)

1919년 1월 18일 개최된 <파리 평화 회의>(Paris Peace Conference)에서는 베르사유 체제(Versailles System)로 불리는 새로운 국제질서를 확립하였는데, 가장 핵심적인 내용은 유럽 각국에 대한 영토 경계 획정(劃定)이었다. 지리적으로 볼 때, 동유럽은 발트해 동쪽 연안에서 흑해 동쪽 연안, 우랄산맥을 잇는 유럽 지역 동부를 가리킨다. 동유럽 국가는 베르사유 체제에서의 영토 획정의 영향을 받아, 각국에서 수적 우위에 근거하여 통치권을 점유하는 주류 민족이 생겨났고, 자국 영토 내 타민족이 존재하거나 타국 영토 내 자민족이 존재하는 상황이 발생하였다.

매킨더의 신봉자로 알려진 독일 정치지리학자 카를 하우스호퍼(Karl

Effects of Large Areas", American Journal of Sociology, Vol.3, No.4, 1898, pp.449-463.
1) 참조 : [英] 哈·麦金德 : 《历史的地理枢纽》, 林尔蔚、陈江译, 商务印书馆1985年版, 第54、56、59页. 길버트는 동 서적의 '서론'에서 해퍼드 매킨더가 붙임표를 사용한 '심장지대(Heart-land)'로 표기하였고, 1919년 또 다른 저서 <민주주의 이상과 현실>에서 '심장지대'로 표기했다고 하였다. 중문 번역서에는 이에 구분을 두지 않았다. 영문 원서를 볼 때, 'heart-land'를 세 차례 사용한 것을 제외하고 해퍼드 매킨더는 저서에서 여러 차례 'heart'라는 어휘를 사용하였다.
　참조 : H.J.Mackinder, "The Geographical Pivot of History", The Geographical Journal, Vol.23, No.4, 1904, pp.421-437.
2) 참조 : [英] 哈·麦金德 : 《民主的理想与现实》, 武原译, 商务印书馆, 1965年版, 第134页.

Haushofer)는 독일이 '심장지대'를 점유해야 하는 필요성에 대해 자주 언급하였다.1) 1939년 8월 23일 소련과 나치 독일은 소련 모스크바에서 <소련-독일 상호 불가침 조약>(Treaty of Non-Aggression between Germany and the Union of Soviet Socialist Republics)을 체결하였다. 1939년 9월 독일이 폴란드를 침공하고 영국과 프랑스가 대독일 선전포고를 하며 폴란드를 지지하는 동안, 각국은 전쟁을 피하고자 앞다퉈 중립을 선포하였는데, 캐나다, 오스트레일리아, 뉴질랜드, 남아프리카 연맹만이 영국 측에 가입하여 독일을 상대로 선전포고하였다. 이는 실질적으로 독일이 '심장지대'를 장악하는 것에 대한 반대였다.

아돌프 히틀러(Adolf Hitler)가 동유럽 침공을 개시하기 전, 독일은 이미 십여 년간 지연 정치와 지연 경제 전략을 수립 발전시켜 왔는데, 동유럽은 점차 나치 독일의 경제체제로 편입되고 있었다. 아돌프 히틀러 집권 시기 독일은 동유럽 지역을 상당히 중시하였고, 성공적으로 통합하였다.

제2차 세계대전이 종식된 이후, 동유럽은 미국과 소련 간 냉전체제에서 최전선이 되었다. 냉전 시기에서의 '동유럽'이란 지역 개념은 사회주의 진영(동유럽 집단) 내 유럽 국가를 총체적으로 지칭하는 것이었다. 냉전 시기 전반에 있어, 서유럽과 소련의 통제를 받던 동유럽은 '철의 장막(Iron curtain)'으로 완전히 분리되어 있었기 때문인데, 독일 통일 이전의 동독은 '동유럽' 국가로 분류되는 경우가 빈번하였다. 다시 말해, 냉전 시기 전반에 걸쳐 동유럽이라는 국제지역은 지연 정치적 의미에서 다뤄졌다.

냉전체제가 와해한 이후, '동유럽'이란 지역 개념이 점차 희석되었다. 1989년 동유럽 국가 정세가 격변하면서 '유럽으로의 회귀' 과정이 발생하였다. 과거 '동유럽'으로 불리던 국가(소련 제외)는 '중·동유럽'을 자칭하였고, 이때부터 국제정치학 문헌에서 '중·동유럽' 혹은 '동·중유럽'을 기존 '동유럽'보다 많이 사용하기 시작하였다. 현재 '동유럽'이라는 어휘는 우크라이나, 벨라루스, 몰도바를 지칭하며, 러시아를 포함하는 경우도 있다. 지연 정치적 의미에서의 '동유럽' 개념은 사라지고, 지리적 의미에서의 '중·동유럽' 개념으로 대체되었다고 볼 수 있다.

'동유럽'은 서양 개념 혹은 '서양적 인식'으로 여겨진다. 서양학계는 자신들의

---

1) 참조 : [美] 多尔帕伦: 《地缘政治学的世界 － 行动中的地缘政治学, 方旭、张培均译, 华东师范大学出版社2021年版, 第165页.

관점에서 동유럽을 서술하는데, 이러한 서술은 단순한 지리적 특성이 아니라 학자들의 인식을 반영한다. 사실 지리적 특성은 '동유럽' 지역을 정확하게 구분하는 기준이 되지 못하고 있다. 예를 들어, 동유럽을 유럽 동부로 보는 관점은 빈번하게 반박 당하는데, 그리스, 핀란드 역시 유럽 동부에 위치하지만 동유럽 국가로 보지 않으며, 비엔나는 동유럽에 속하는 프라하의 동쪽에 위치하지만 동유럽으로 보지 않는다. 이렇듯, 동유럽은 지리적 개념이 아닌 정치·문화적 개념으로 볼 수 있다.[1)]

지역으로서의 '중·동유럽' 또한 지역 개념이 복잡 다변하며 지역의 내부 결집성이 약하다. 국제정치 연구에서의 지역은 강한 내부 결집성을 보이고 지역 내 국가·민족은 일정 정도 이상의 지역 동질성을 가진다. 이런 점에서 볼 때, 중·동유럽의 국가·민족은 지역 동질성이 상대적으로 약하고, 실제로 전반적인 연계가 부족한 편이다.[2)] 서양학계는 2004년 중·동유럽 8개국의 유럽연합(EU) 가입이 곧 유럽으로의 회귀를 의미하며, 더 이상 중·동유럽이 존재하지 않는다고 하기도 한다.

2012년 중국 정부는 중·동유럽 국가와 전면적 협력관계를 구축하겠다고 표명하였고, 발트해 3국(에스토니아, 라트비아, 리투아니아)을 중·동유럽 지역 내로 편입하였다. 즉, '중·동유럽' 지역 개념을 부활시켰다고 할 수 있는데, '중·동유럽'은 현재 16개국으로 확대되었다. '중·동유럽 16개국'은 상위 개념인데, 지리적 기준에 따르면 △중유럽(폴란드, 헝가리, 체코, 슬로바키아), △발트해 3국(에스토니아, 라트비아, 리투아니아), △동남유럽(슬로베니아, 크로아티아, 북마케도니아, 알바니아, 몬테네그로, 보스니아 헤르체고비나, 세르비아), △중유럽과 동남유럽 사이에 위치 불가리아, 루마니아 총 네 지역으로 구분할 수 있다. 정치 지리적 기준에 따르면 △중유럽(폴란드, 체코, 슬로바키아, 헝가리, 슬로베니아), △서발칸(알바니아, 세르비아, 북마케도니아, 보스니아 헤르체고비나, 몬테네그로), △유럽연합은 가입하고 <셴겐협정>(Schengen Agreement)은 불참한 불가리아, 루마니아 총 세 지역으로 구분할 수 있다.

캐나다 맥길대학교 역사학 교수 필립 롱워스(Philip Long-worth)는 저서 <동

---

1) 참조 : 朱晓中 : 《"东欧"概念的嬗变及其界定困境》, 《地区与全球发展》2019年第6期.
2) 참조 : 孔寒冰 : 《对当前中东欧研究的几点学术辨析》, 《俄罗斯东欧中亚研究》2019年第1期 ; 孔寒冰·韦冲霄 : 《中东欧研究的历史演变、特征及发展趋势-孔寒冰教授访谈》, 《国际政治研究》2019年第3期.

유럽 구축>(The making of Eastern Europe)에서 동유럽 국가 정세가 격변하면서 정치지리학적 용어로서의 '동유럽'은 의미가 퇴색됐지만, 동·서 유럽 간 차이는 단기간에 사라지지 않는다고 하였다. 일찍이 샤를마뉴 대제(Charlemagne, 742~814) 시기에도 동·서 유럽 간 지역적 특성에는 차이가 존재했는데, 인구 구조, 언어, 역사를 비롯한 수많은 방면에서 큰 차이가 나타난다. 서유럽과 달리, 동유럽은 장기간 세계 경제의 변방에 머무르고 있고, 민주주의에 대한 인식이 부족하며, 제도 및 법률 체계가 상대적으로 낙후한 상황인데다, 관료주의와 전체주의 성향이 강하다. 동유럽은 민족적 이상이 개인적 욕구보다 우선하며, 이데올로기를 중시한다. 또한, 동유럽은 시·희곡, 이상주의, 견유주의 성향이 상대적으로 강하다.[1]

동유럽 국가의 지역 동질성 인식에 관한 역사 연구를 종합해 보면, 지리, 문화, 이데올로기 등 요인이 동유럽 국가에 미치는 영향이 매우 크다는 점을 알 수 있다. 예를 들어, 루마니아 학자의 연구에 의하면, 루마니아는 19세기 중엽부터 '교차로에서의 유럽주의'라는 지역 동질성 인식이 발전하였는데, 이는 루마니아의 특수한 지리적 위치에서 기인하였다. 루마니아는 서유럽 강대국(주로 프랑스, 독일), 러시아제국, 오스만 투르크메니스탄제국 사이에 위치하여, 루마니아인들은 늘 주변 강대국의 침략을 걱정할 수 밖에 없었다. 냉전 시기에 접어들어, 루마니아는 소련이 주도하는 사회주의 진영에 속하게 되었고 서유럽과의 관계는 단절되었는데, 사회주의 진영 내부 국가 간 접경도 대부분 봉쇄되어 있었다. 종합해 볼 때, 동유럽 국가가 가지는 지역 동질성 인식은 지역 외 국가로 인해 피동적으로 정립되는 특징을 보인다.

냉전체제가 와해한 이후, 폴란드는 동유럽 지역 국가 중에서 가장 적극적으로 유럽연합에 참가하려는 입장을 보였다. 폴란드는 1997년 북대서양조약기구(NATO, North Atlantic Treaty Organization)에 가입했고, 2004년 유럽연합(EU, European Union) 회원국이 되었다. 폴란드와 독일·서유럽 국가 간 경제협력 관계는 러시아와의 경제협력 관계를 월등히 초월한다. 폴란드인은 '동유럽인'으로 불리기를 원치 않는데, 계몽운동이 전개되면서 폴란드인들이 서유럽을 선진적

---

1) Philip Longworth, The Making of Eastern Europe: From Prehistory to Postcommunism, UK:Palgrave Macmillan, 1997, pp.5-6.

이미지로 여기는 데서 기인한다. 폴란드가 추진하는 국가 발전 추진계획은 유럽 외곽의 변두리 국가가 유럽 중심 국가로 도약하는 과정을 제시하고 있다.1)

또 다른 연구에서는 다수 유럽 국가 간 경제·문화 협력이 사실상 유럽 내 소지역에서 전개되며, 소지역이 유럽 각국이 가지는 지역 동질성의 기반이라고 보았다. 예를 들어, 북유럽 국가는 발트해 지역, 남유럽 국가는 지중해 지역에서 협력을 전개한다. 소위 말하는 '유럽 협정'은 유럽연합·회원국, 중·동유럽 국가 간 관계가 중점이며, '유럽경제지역(EEA, European Economic Area)'은 스위스와 지중해 지역 국가 간 관계가 중점이다. 유럽 각국이 초주권적 지역 협력 기구로서의 유럽연합에 가입하고 있지만, 유럽 내 소지역 각국 간에는 보다 강한 유대감을 가진다.2)

3. 지연 전략 하의 동아시아

동아시아 지역은 역사적으로 중국이 주도하던 '화이질서(華夷秩序)'의 중심이었는데, 근대에 들어 중국의 종합 국력이 쇠퇴하였고, 유럽 제국주의 열강의 동아시아 지역으로의 확장, 일본의 종합 국력 향상과 제국주의 참여로 인해 동아시아 지역 질서는 본질적인 변화에 직면하게 되었다.

19세기 말에 이르러, 일본의 종합 국력이 크게 향상하면서 '아시아주의(亞細亞主義)' 열풍이 일어났는데, 당시 말하는 '아시아'의 지연 범위는 동아시아 지역을 지칭하였다. 1880년 2월 일본 도쿄에서 발족한 흥아회(興亞會)는 미국·유럽이 전쟁을 거듭하며 '동일한 민족, 동일한 언어, 동일한 종교'를 응집하는 노력처럼 아시아 지역 각국도 '동일한 인종과 유사한 언어·종교'를 바탕으로 아시아 전역이 연합하여 유럽 제국주의의 침략을 받아 퇴보한 '아시아 지역 전체의 시대'를 부흥해야 한다고 주장하였다.3)

1895년 발발한 청일전쟁은 동아시아 지역에서의 중국, 일본 간 세력 구도를

---

1) Monica Spiridon, "Identity Discourses on Borders in Eastern Europe", Comparative Literature, Vol.58, No.4, 2006, pp.376-386.
2) Katarina Koivumaa, "Europe: Several Identities, or One Single Identity?" Perspectives, No.10, 1998, pp.21-37.
3) 참조: [日] 狭间直树:《日本早期的亚洲主义》, 张雯译, 北京大学出版社2017年版, 第32-38页.

변화시켰고, 일본인이 아시아 지역에 대한 인식 변화에 큰 영향을 주었다. 1898년 11월 2일 동아동문회(東亞同文會)는 국제 활동에 종사하는 일본 단체를 결집하여 동아시아 지역 문제 해결을 추진할 목적으로 설립되었고, 일본 정부로부터 대대적인 지원을 받았다.

　패전국 중국은 해권 확장에 실패한 반면, 승전국 일본은 해권 확장을 더욱 본격적으로 추진하였는데, 청일전쟁 직후 일본은 중국 타이완을 점령하였고, 1900년 6월 일본은 8국 연합군에 참가하여 중국 내에서 발생한 의화단(義和團) 운동을 진압하였다. 즉, 일본이 제국주의 국가 대열에 합류하였다는 것을 의미한다.

　이어, 1904년 2월 러일전쟁은 일본 해군이 중국 뤼순항에 주둔한 러시아 극동함대를 습격하면서 시작되는데, 일본은 뤼순항 급습과 동시에 인천, 한양(현 서울)을 경유 압록강을 넘어 러시아 군대를 포위하였다. 1904년 8월 러일 양국이 황해에서 펼친 해전에서 일본 해군이 승리하면서 해권을 더욱 공고히 하였다. 1905년 8월 영국과 일본은 제2차 영일 동맹(Anglo-Japanese Alliance)을 체결하였고, 미국의 중재를 통해, 1905년 9월 러시아와 일본은 <포츠머스 조약>(Treaty of Portsmouth)을 체결하였다. <포츠머스 조약>은 △러시아의 사할린섬에 대한 일본 할양, △러시아의 뤼순·다롄에 대한 조차권 일본 이양, △러·일 양국의 랴오둥반도 외 만주 지역에서의 철수, △일본의 조선에서의 정치·군사·경제적인 우월권 인정 등 조항을 명시하였다. 당시 국제 정세에서 근거해 볼 때, 동아시아 지역에서는 영일 동맹과 러시아 간 해권 장악을 목적으로 한 대립 구도가 형성되었다

　국제지역학의 관점에서 볼 때, 청일전쟁, 러일전쟁에서 연이은 승리로 변화한 세력 구도는 일본이 해권(海權)·육권(陸權)의 특성을 동시에 가지는 특수한 동아시아 지역관을 형성하는데 지연 정치적 토대를 마련하였다. 제1차 세계대전의 발발은 일본의 대외적 공간 확장에 있어 큰 기회였는데, 유럽 제국주의의 다수 아시아 지역 식민지의 관할권이 일본에게 넘어갔다. 제1차 세계대전이 종식된 이후, 일본은 마셸제도, 캐롤라인제도, 마리아나제도, 팔라우제도 등 패전국 독일이 가지던 적도 이북 태평양 도서에 대한 관할권을 승계받았다.

　1938년 11월 3일 일본 내각 총리 고노에 후미마로(近衛文磨)는 '동아시아 신

질서'를 제창하는 <제국정부성명>을 발표하여 동아시아 지역의 영구적인 평화 확립 방안을 제시하였다. 일본은 17세기 '화이질서'의 조공 체계를 벗어나면서 자체 전략이 형성되긴 하였지만, 근대 일본이 추구하는 국제지역 구상은 더 큰 변화를 보였는데, 단순히 중국이 주도하는 '화이질서(華夷秩序)' 조공 체계를 벗어나는 데 만족하는 게 아니라, 중국을 일본 속국으로 변모시키려 하며 지역 범위를 크게 확대하였다. 일본이 제창한 '동아시아 신질서'의 지역 범위는 △동북아 지역 내 중국, 일본이 강점한 한반도, 중국 타이완, △동남아 내 베트남, 필리핀, 태국, 말레이시아, △인도, △하와이 등 지역을 광범위하게 포함하였다. 일본 정부는 1941년 7월 6일 대일본흥아동맹(大日本興亞同盟)을 설립하였고, 일본 내각 총리 고노에 후미마로는 7월 18일 내각을 재편하고 일련의 정책 구상을 발표하면서 일본, 독일, 이탈리아 3국 파시즘 동맹의 전후 신질서 구축을 준비하였는데, 세계를 △일본이 중심이 되는 대동아권(大東亞圈), △아프리카를 포함한 유럽권, △미주권, △인도, 이란을 포함한 소련권 총 네 지역으로 구분하였다.

일본은 진주만 공습을 시작으로 서양이 관할하던 태평양 지역 식민지와 부속국에 대해 대대적인 침략을 전개하였다. 1941년 12월 8일 일본은 중국 홍콩에 대한 침략을 감행하여 12월 25일 홍콩 총독으로부터 항복을 받아냈다. 이어, 일본은 동남아시아 지역으로 남하하여 영국, 네덜란드 관할지를 점령하였다.

1942년 2월 15일 일본이 싱가포르를 점령하는데, 이는 수백 년간 동·서양 해양 경쟁에서 패권이 전이된 상징적 사건이다. 이에 그치지 않고, 일본은 인도네시아군도, 뉴기니아, 사모아, 피지, 뉴칼레도니아를 점령하면서 오스트레일리아를 고립하여, 미국과 오스트레일리아 간 보급선을 끊으려 하였다. 1945년 8월 일본은 패망하였다. 소련·미국·영국 3국 정상은 일본이 투항하기 전인 7월 26일 <포츠담 선언>(Potsdam Declaration)을 발표하였는데, <포츠담 선언>에는 일본 영토 주권을 혼슈, 홋카이도, 규슈, 시코쿠와 동맹국이 정한 도서로 명시하였다.

제2차 세계대전이 종식된 이후, 미국이 동아시아 지역에 대한 영향력을 강화하면서, 동아시아 지연 전략 형세는 또다시 중대한 변화를 맞이하였다. 미국은 주일미군의 일본 주둔, 대한민국 정부 수립, 동남아시아 지역의 전략적 통제 강화 등 조치를 추진하였다. 미·소 간 냉전체제가 형성되면서, 미국 동맹군 사령부가 구축한 '동남아시아' 지역 개념이 세계지도, 국제지역 연구 프로젝트, 학술 편제로 등장하였다. 미국은 동남아시아 지역 각국과 동맹 관계를 구축하고, 지연 전략 배치를 고려한 지역 협력 기구 창설을 추진하였다.[1]

획기적인 변화는 동남아시아 지역 각국이 자체적으로 지역 협력 기구를 창설하고, 지역 내 모든 국가가 여기에 가입하였다는 점이다. 1967년 지역 협력 기구로서의 아세안(ASEAN, The Association of Southeast Asian Nations)이 탄생하였고, 아세안은 수십 년간 발전을 통해 동아시아 지역 특색이 선명한 지역 협력 기구로 자리 잡았다. 주목할 만한 점은 아세안이 단순히 지역 내 국가들이 연합한 동남아시아 지역 중심이 아니라, 동아시아 지역에서 중요한 역할을 하는 연계 중심이 되었다는 점이다. '아세안+' 모델, 아세안이 주도하여 발의한 <역내포괄적경제동반자협정>(RCEP), 아세안지역안보포럼(ARF), 아시아유럽정상회의(ASEM) 등 협력 플랫폼은 동아시아 각국과 협력하여 동아시아 현안에 대한 대화·협상·협력을 추진하면서, 역내외 각국의 동아시아 지역에 대한 인식을 제고하고 있다. 아세안 모델은 지역 내 모든 국가가 평등한 지위로 가입할 수 있다.

2001년 동아시아정상회의에서는 동아시아비전그룹(EAVG, East Asia Vision Group) 설치를 제안하였는데, 동아시아비전그룹은 동아시아 공동체 구축과 관련한 연구를 진행하고 있다. 동아시아 지역은 지연 지역으로서의 동질성을 수립하였고, 지역 내 각국은 지연, 이익, 문화 인식에 기반한 동아시아 지역관을 점차 형성하면서 과거 역사적 트라우마를 벗어나고 있다. 동아시아 지역 공동체 구축이 순탄하지만은 않은데, 지역 내 각국의 △지역 동질성에 대한 인식차, △전략 이익에서의 분쟁, △강대국 간 경쟁 극화, △아세안 중심성(ASEAN Centrality)이라는 원칙 등 복잡한 영향 요인은 처리해야 할 난제이다.[2]

---

[1] 미국은 <동남아시아 집단방위조약>(Southeast Asia Collective Defense Treaty, 또는 마닐라 조약)을 체결하고 동남아시아조약기구(SEATO, Southeast Asia Treaty Organization)를 설립하여 북대서양조약기구(NATO)와 유사한 지역 안보 기구를 운영하려고 했지만, 이 기구는 1977년 해산하였다.
[2] 동아시아 지역 공동체 구축은 상당한 어려움 속에서도 발전하고 있는데, 2020년 동아시아 지역을 중심으로 한 <역내포괄적경제동반자협정>(RCEP) 체결 협상을 완료하였고, 2021년 발효하였다. 반면, 미국, 일본은 새로운 지연 전략 형세에 기반하여 인도·태평양 전략을 적극 추진하고 있다.

【보충 자료】

　대한민국 대통령 김대중은 1998년 '아세안+3' 정상회의에서 동아시아 지역의 미래 발전을 연구하는 전문가팀을 구성하자고 제안하였다. 이러한 제안은 참가국으로부터 호응을 얻었고, 13개국의 추천 전문가로 구성된 '동아시아비전그룹(EAVG, East Asia Vision Group)'을 조직하였다. 동아시아비전그룹의 보고서에는 '동아시아공동체 실현', '위기 공동 극복, 공동 목표 수립, 상호신뢰하는 지역 공동체로의 발전'을 동아시아 지역 협력의 장기적 목표로 제안하고, 동아시아 지역을 총체적 개념으로 한 협력 메커니즘 구축 방안을 제시하였다. 이에 따라, 각국은 '아세안+3' 회원국 정부 관료가 참여하는 '동아시아연구그룹(EASG, East Asia Study Group)'을 설립하여 구체적인 방안을 논의하였다. 동아시아 지역 구축은 점차 현실화 되고 있다.

4. 먼로 독트린과 라틴아메리카

　유럽인들은 아메리카 신대륙을 '발견'하였고 아메리카라는 '신세계' 발견이 후일 유럽경제의 도약에 큰 영향을 주었지만, 정작 아메리카를 발견한 유럽인들은 두 세기가 지난 뒤에야 신세계에 대한 인식을 형성하기 시작하였다.

　북아메리카 지역의 경우, 18세기 후반 미국인은 영국으로부터 독립하여 미합중국(미국)을 건국하였는데, 건국 이후에야 북아메리카의 남부, 서부 지역으로 확장할 필요를 느끼기 시작했다. 1813년 미국 대통령 토머스 제퍼슨(Thomas Jefferson)이 독일 지리학자 알렉산더 폰 훔볼트(Alexander von Humboldt)에 보낸 서신에는 '미국은 자체의 반구(半球)가 있다'는 관점이 나타나 있다.[1]

　라틴아메리카 지역의 경우, 비슷한 시기 스페인으로부터의 식민 통치를 벗어나기 위한 독립전쟁이 전개되면서 탈식민지화 과정에 진입하였다. 프랑스 대혁명 이후 정권을 잡은 나폴레옹(Napoléon I)이 스페인을 정복하였는데, 이는 라틴아메리카 지역 발전에 영향을 주는 충격적인 사건이었다. 유럽 지역 혼란을 틈타, 1820년대 라틴아메리카 지역 대다수 국가는 독립하여 민족국가를 수립하

---

1) Arthur P.Whitaker, "The Origin of the Western Hemisphere Idea", Proceedings of the American Philosophical Society, Vol.98, No.5, 1954, pp.323-326.

였다. 신흥 독립 국가에 있어 가장 큰 우려는 스페인을 병합한 프랑스의 라틴아메리카 지역에 대한 간섭 여부였다.

위와 같은 상황에서 아메리카 대륙이 제창한 '먼로 독트린(Monroe Doctrine)'이 탄생하였다. 나폴레옹이 집권하던 프랑스가 유럽 지역에 대한 패권 장악에 실패하고, 유럽 지역 각국은 <비엔나 회의>(The Congress of Vienna)를 개최하고 협력 메커니즘을 구축하였다. 미국 국무장관 존 퀸시 애덤스(John Quincy Adams)는 미국 대통령 제임스 먼로(James Monroe)에게 지역 외 국가가 아메리카 대륙을 침범하는 것을 반대하는 성명 발표를 건의하였다. 존 퀸시 애덤스는 성명 발표를 통해 미국이 유럽 각국의 라틴아메리카 지역에 대한 야욕은 물론, 북아메리카 지역 북부까지 확장한 러시아의 야욕도 경계해야 한다고 하였다. 1823년 12월 2일 제임스 먼로는 국회에서 국정 연설을 통해 "우리는 미국과 여타 강대국 간 우호 관계와 관련한 성명을 통해 우리가 타국의 모든 전략을 파악하고 있고, 타국의 제도가 우리 반구(半球) 어느 지역으로 확대된다면 우리의 평화와 안보에 위험이라는 점을 표명해야 한다. 우리는 유럽 각국이 점령하고 있는 식민지 사무에 간여하지 않으며 해서도 안된다. 다만, 우리는 독립을 선포·유지하고 있는 정부에 대해 관심을 가지고, 공정성에 기초하여 독립을 인정하여야 하며, 유럽 각국이 압박·회유 등 간섭을 받아들일 수 없다."라고 선언하였다. 제임스 먼로는 미국 대유럽 정책이 유럽 각국 내정에 간섭하지 않는다는 기조는 변함없이 유지하지만, 유럽 각국의 라틴아메리카 지역 내 독립 국가에 대한 간여는 반대한다고 강조하였다. 미국이 추진하는 정책은 각국이 각자의 길을 개척하게 하는 것으로, 유럽 강대국도 미국과 같은 정책을 추진하길 희망했다.[1]

영국과 프랑스가 유럽 지역 패권 경쟁에 치중하는 동안, 미국은 아메리카 대륙에서 빠르게 세를 확장하였다. 1845년 7월 미국 대통령 제임스 포크(James K.Polk)는 1937년 멕시코로부터 독립한 텍사스 공화국의 합병을 공식 선포하였다. 1846년 5월 미국은 멕시코에 선전포고하여 캘리포니아주를 점령하였는데, 패전국 멕시코는 미국의 요구를 수용하여 리오그란데강을 국경선으로 확정하였다. 라틴아메리카 신흥 독립국에 미국은 유럽 국가보다 더 큰 '우환'이 되었다. 1856년 미국 대통령 프랭클린 피어스(Franklin Pierce)는 미국 출신 해적 윌리엄

---

[1] 제임스 먼로 연설 중에서 '먼로 독트린(Monroe Doctrine)' 관련 개요는 아래 참조 : www.ourdocuments.gov

워커(William Walker)가 수립한 니카라과 괴뢰정권의 합법성을 인정하였는데, 이러한 결정으로 라틴아메리카 역사상 최대 규모의 반미 연합이 형성되었다. 미국의 라틴아메리카 지역 확장에 대항하기 위해, 리오그란데강 이남 각국은 '라틴아메리카' 지역 개념과 지역 동질성을 확립하였다.

미국 피츠버그대학교 역사학과 교수 미셸 고밧(Michel Gobat)은 저서 <라틴아메리카의 발명>에서 1856년 이후 '라틴아메리카' 지역 구축 움직임이 나타난 주요 원인으로 △미국이 추진하는 급속한 해외 확장, △라틴아메리카 각국이 추진한 민주 개방에 따른 비엘리트 계층의 정치·선거 참여 확대, △1848년 유럽에서 출현한 자유 혁명 사상의 보급, △대서양을 초월한 민족 이데올로기의 전파 네 가지 요소를 언급하였다.[1] 위와 같은 요인은 멕시코, 중미, 남미 지역에서 유럽 '라틴 민족' 이념을 바탕으로 한 지역 공동체 구축을 논의하도록 하였는데, 문화적 기준이 더 크게 작용하였다. 특히, 19세기 '아시아'라는 지역 개념의 형성과는 다른데, '아시아'라는 지역 개념이 대체로 유럽 제국주의에 대한 반대를 위해 쓰였다면, '라틴아메리카'라는 지역 개념은 19세기 중엽 빠르게 확산하면서 백인 엘리트 계층의 독립 국가 수호, 외부 세력의 간섭 방지 등 형상을 내포하였다.

3세기에 걸친 스페인의 라틴아메리카 지역에 대한 식민 통치는 수많은 역사 유산을 남겼다. 라틴아메리카 지역 내 다수 국가는 유사한 법률, 언어, 종교 관습을 가지고 있는데, 각국이 유사한 문화적 동질성을 활용하여 단결하는 것은 미국, 유럽의 간섭에 맞설 수 있는 효율적인 전략이 되기도 한다. 스페인계 미국 엘리트 계층은 '스페인계 아메리카인 종족(Hispanic American Race)'보다 '라틴종족'이라 불리길 원하는데, 이는 스페인을 정복한 프랑스 제국주의를 지지해서라기보다는 1948년 이후 미국이 추진한 라틴아메리카에 대한 확장에 대한 우려 때문이다. 특히, 카리브해 지역에서 미국이 추진하는 확장과 간섭의 위험성을 쉽게 확인할 수 있다. 이 시기 미국은 소위 말하는 '명백한 운명관(Manifest Destiny)'을 구축하는 상황이었고, 미국은 자국이 아메리카 지역 사무를 주도하면서 '열등한' 민족을 통치해야 한다고 여겼다. 라틴아메리카 내 스페

---

1) Michel Gobat, "The Invention of Latin America: A Transnational History of Anti-Imperialism, Democracy, and Race", The American Historical Review, Vol.118, No.5, 2013, pp.1345-1375.

인계 사람들 사이에서 미국과의 관계를 종족 전쟁이라고 보는 사람들이 늘어났다. 주목할 만한 변화는 브라질이 점차 '라틴아메리카' 지역 일원으로서의 지역 동질성을 형성하였다는 것이다. 미국 해군 원양 함대가 라틴아메리카 지역 개방 유역을 진출입하는 상황에서 미국이 아마존 유역을 노릴 수도 있다는 우려로 인해, 브라질은 지역 동질성에 기대어 미국에 대항할 필요가 있었다.

미국-스페인 독립전쟁은 스페인과 이에 저항하는 식민지 간 전쟁이면서, 실제로 라틴아메리카 지역 각국 간 전쟁이기도 한데, 다양한 민족·종족이 여기에 복잡하게 얽혀있었다.

남북전쟁이 종식된 이후 프랑스도 멕시코에서 철수하면서 안정을 되찾았다. 정치적인 측면에서 반미 연합은 세가 약화 되었지만, 라틴아메리카 지역 각국은 '라틴아메리카'의 지역 동질성을 지속 강화하였다. 라틴아메리카의 지역 동질성 형성은 미국의 확장에 대해 큰 위협을 받는 태평양도서국가, 카리브해 연안 국가에서 시작하여 라틴아메리카, 대서양 연안 국가로 전파되었고, 다시 라틴아메리카 내륙 국가로 확산하였다. 브라질 학자 레슬리 베델(Leslie Bethell)의 연구에 따르면, 브라질이 독립한 이후 미국 내 스페인계 학자·정부 인원 중 브라질을 '라틴아메리카' 지역의 일원으로 보는 사람은 거의 없다. 브라질 내 학자·정부 인원 역시 유럽 지역에만 관심을 보이다, 1889년 브라질 공화국 수립 이후에야 미국에도 점차 관심을 보이기 시작했다. 냉전체제 하에서 미국을 비롯한 세계 각국은 브라질을 '라틴아메리카' 지역의 일원으로 보았지만, 브라질 내에서는 일부 진보 성향 학자를 제외한 학자·정부 인원은 여전히 브라질이 라틴아메리카 지역과 불가분 관계는 아니라고 주장한다. 냉전체제가 와해한 후에야 브라질은 라틴아메리카 지역 내 국가와 교류하는 정책을 내기 시작했다.[1] 레슬리 베델은 미국 대학교 내 '라틴아메리카 연구'는 통상적으로 멕시코와 중미 연구에 중점을 두며, 연구자들이 브라질 역사, 문화, 언어에 대한 이해가 부족하고 브라질을 거의 방문하지 않는다고 지적하였다.

라틴아메리카 엘리트층 일부는 '라틴아메리카'를 하나의 통합된 경제 주체로 간주하고 요소 자원, 수공업, 민주주의를 수호하여 미국과 유럽의 확장을 막아야 한다고 보았다. 1898년 미국-스페인 독립전쟁에서 승리한 미국은 점차 카리

---

1) Leslie Bethell, "Brazil and Latin America", Journal of Latin American Studies, Vol.42, No.3, 2010, pp.457-485.

브해 지역으로 확장하였고, 대대적인 해군 군비 증강을 추진하였다. 반면, 유럽 국가는 라틴아메리카 지역에 대한 군사적 간여를 강화하면서, 무기 공급 등으로 발생한 외채 상환을 요구하였다. 1902년 베네수엘라는 유럽에 대한 외채 상환과 손해배상금 지급을 거부하였고, 영국, 이탈리아, 독일 해군은 베네수엘라 해상 봉쇄를 추진하고 해안 방어선을 공격하였다. 유럽 국가의 라틴아메리카 국가 공격에 대해, 1904년 미국 대통령 시어도어 루스벨트는 먼로 독트린과 관련한 연설을 하였는데, 만약 한 국가가 자체적으로 △정치·사회 현안에 대해 관리, △질서유지, △대내외적 의무 이행이 가능하다면 미국의 간섭을 걱정할 필요가 없다고 강조하면서, 다만 자체적으로 제어할 수 없는 상황이 발생하여 미국 사회에 충격을 야기할 시에는 간여할 필요가 있다고 덧붙였다. 위 연설은 미국이 아메리카 지역에서 '세계 경찰' 역할을 맡으려는 시도로 여겨졌는데, '루스벨트계론(Roosevelt Corollary)'으로도 불린다.

1923년 미국 국회는 먼로 독트린 100주년 기념위원회를 구성하여 먼로 독트린 탄생 100주년을 기념하였다.

이 무렵, 먼로 독트린은 △루스벨트계론(Roosevelt Corollary)에 따라 미국 간섭의 합법성을 주장하는 사상과 △아메리카 지역 국가 협력에서 먼로 독트린의 기본 취지를 중요시하는 사상 두 가지 대립하는 사상으로 분화되었다. 미국의 종합 국력이 날로 강해지면서 국가 간 협력을 중시하는 범아메리카주의(Pan-Americanism)는 점차 라틴아메리카 지역 국가가 연합해 미국에 맞서는 사상적 바탕이 되었다. 1929년 '대공황(Great Depression)'의 충격으로 인해, 루스벨트는 먼로 독트린을 수정하고 선린정책을 강조하였고, 이를 토대로 라틴아메리카 지역 국가들과 호혜적 무역협정 체결을 추진하였다. 제2차 세계대전이 발발하면서 미국과 라틴아메리카 지역 국가 사이에는 단기적인 평화가 찾아왔다. 다만, 미국 대외관계 협회는 나치 독일에 대한 효과적인 대응을 위해 더욱 넓은 국제지역을 기반으로 하는 대전략을 설계하였는데, 미국의 지연 정치 이익 경계를 전체 서반구로 확대하였다. 다만, 나치 독일이 빠르게 세력을 확장하면서, 미국은 서반구 내 미국과 협력할 수 있는 국가가 없다는 점을 인식하였다. 즉, 나치 독일이 제2차 세계대전에서 승리하여 유럽 지역 패권을 장악한다면, 미국은 나치 독일이 점령한 지역을 제외한 세계 모든 지역을 자국 세력으로 편입하여야 승산이 있었다. 미국은 '세계 경찰'의 역할을 하면서 '제국주의'라는 오명을 피하고자, 유엔 체제를 구상해 냈는데, <유엔 헌장>(Charter of the United Nations) 내에는 안보 문제에 대해서 우선적으로 지역 협력 기구가 해결할 수 있다고 명시했다.1)

냉전체제가 형성되면서, 미국은 라틴아메리카 지역 국가에 대한 간섭을 재개하였는데, △1954년 중앙정보국(CIA)이 획책한 과테말라 정변과 △1953~1959년 쿠바혁명을 예로 들 수 있다. 이 과정에서 나타난 미국 패권에 대항하는 사상은 1950~60년대 라틴아메리카 지역에서 '종속이론(依附論)' 사상이 발전하는 계기가 되었다. 다만, 라틴아메리카에서는 새뮤얼 헌팅턴(Samuel Phillips Huntington) 등 미국 정치학자가 언급한 '비서구의 서구에 대한 반대'가 발생하기 어려운데, 라틴아메리카 지역 각국이 추구하는 민주와 폭정에 대한 저항의 근원이 사실상 미국·유럽 각국과 공통 분모를 가지고 있기 때문이다. 영국 워릭 대학교 부교수 탐 롱(Tom Long, 2015)은 저서 <라틴아메리카와 미국의 대결: 비대칭성과 영향력>에서 라틴아메리카 지역 각국은 비교적 성공적으로 미국과 협력하는 전략을 추진하면서 이익을 확대하고 있다고 보았다. 또한, 탐 롱은 학계에서 라틴아메리카 지역을 하나의 총체적 개념으로 보는 경향이 있는데, 미국의 라틴아메리카 각국에 대한 영향력을 사례로 들면서 부정하였다. 즉, 미국과 인접한 카리브해 지역에 대한 간섭과 머나먼 라틴아메리카 지역에 대한 간섭에서 발생하는 기회비용을 비슷하게 보는 것은 심각한 오판이라고 하였다.2)

정치지리학자들이 '라틴아메리카'라는 지역 개념을 일관되게 사용하지는 않는다. 각종 국제기구에서 라틴아메리카 지역과 카리브해 지역을 동일한 범주로 분류하기도 하는데, 이러한 분류는 과도하게 단순화하여 지리적·문화적인 의미를 오용하였다고 할 수 있다. 언어적 측면에서 볼 때, 라틴아메리카 지역 내에서는 주로 스페인어, 포르투갈어 등 라틴어계 관용어를 사용하지만, 카리브해 지역은 유럽 식민 역사가 복잡한 소지역이라 스페인어, 프랑스어, 영어, 네덜란드어, 크리올어를 사용한다. 쿠바는 스페인으로부터 가장 마지막으로 독립한 식민지이며, 카리브해 지역에서 가장 넓은 영토와 가장 많은 인구를 보유하고 있는데, 도미니카 공화국과 푸에르토리코처럼 원주민은 거의 멸절하였고, 주요 종족은 아프

---

1) Stephen Wertheim, Tomorrow, the World : the Birth of U.S. Global Supremacy, Cambridge, MA: Harvard University Press, 2020.
2) Tom Long, Latin America Confronts the United States : Asymmetry and Influence, New York: Cambridge University Press, 2015.

리카인과 유럽인의 혼혈계통이다. 아메리카 전체로 볼 때, 각기 다른 종족 간 사용하는 어휘가 상당한 차이가 있는데, 이들은 대체로 어휘 통일을 원치 않는다. 예를 들어, 1970년대 미국에서는 'Hispanic'이 스페인계 미국인을 지칭하는 어휘로 사용되기 시작했는데, 1980년 'Hispanic' 어휘는 미국 인구 센서스 조사에 출현하였다. 또, 2000년 'Latino'라는 어휘가 미국 인구 센서스 조사에 나타났다. 최근 중성적인 의미를 지닌 'Latinx'라는 어휘가 출현하였다. 'Hispanic', 'Latino', 'Latinx' 세 어휘의 활용 빈도는 각각 60%, 30%, 4%를 차지하였다. 다만, 'Latinx'라는 어휘는 다소 미국 중심이라고 보는데, 미국이 라틴아메리카 지역에 영향력을 가하는 일종의 수단이다. '라틴종족'이라는 개념은 매우 강한 인위적 가소성(可塑性)을 가지는데, 이 개념을 바탕으로 형상화하는 '라틴아메리카 지역'은 문화적 의미에 기반한 지역 개념이지, 지리적 요인, 패권적 요인에만 기반한 지역 개념이 아니다.

5. 현대 국제지역관의 구성

국제지역관은 끊임없이 변화하고 갱신된다. 고대의 국제지역관은 국가가 한정된 외부 세계에 대한 인식과 이해를 바탕으로 형성되었는데, 그 시기의 각국은 비교적 협소한 자국 중심의 국제지역관을 가졌다. 서양 사회가 빠르게 발전하면서, 근대의 국제지역관은 강한 지연 전략적 인식을 갖추었다. 실제로, 국가 체제, 종합 국력 등 요인이 변화하면서 강대국이 주도하는 지역 구도가 끊임없이 변화하였는데, 각국이 지역에 대한 인식, 이익 추구, 관계 구도에 기반하여 형성한 국제지역관 역시 동태적으로 변화하였다.

근대에 접어들어, 국가의 외부 세계에 대한 이해, 특히, 국제지역에 대한 이해가 깊어지면서 새로운 지역관이 대대적으로 형성되었는데, 인접한 지연 지역에 관한 이해와 관리, 전략 수립에 기반한 새로운 국제지역관 인식을 갖추었다. 제2차 세계대전이 종식된 이후, 유엔이 창설되면서 독립 민족국가를 기본 구성 주체로 하는 현대 국제관계 준칙이 확립되었고, 이는 현대 국제지역관의 형성·발전을 촉진하였다. 현대 국제지역관은 고대·근대의 국제지역관과는 매우 큰 차이가 있다. 세계 초강대국 미국 등 일부 국가가 여전히 근대 국제지역관에 기반한 전략 기조를 나타내고 있기는 하나, 대다수 국가는 현대 국제지역관의 형성·발전 시기로 진입하였다.

1) 현대 국제지역관의 특징

현대 국제지역관은 제2차 세계대전이 종식된 이후 국가·지역·세계의 발전에서 새로운 국면이 출현하면서 점진적으로 형성되었는데, 새로운 국면으로는 △유럽 지역이 전쟁 중단, 평화 구축을 위해 추진한 일련의 모범적인 조치, △제국주의 식민제도의 붕괴와 민족국가 독립에서 기인한 자주적 지역 인식 강화, △지역 연계 강화와 공동 이익 추구를 바탕으로 한 지역 협력 참여 등을 들 수 있다.

예를 들어, 유럽은 유럽 제국주의 열강이 지역 패권을 다투던 지역이었고, 식민지 확장 정책이 탄생한 지역이자, 제2차 세계대전이 발발한 지역이기도 하다. 제2차 세계대전을 겪으면서, 유럽 지역 각국은 지역 협력 기구를 구축하여 전쟁 재발을 방지하고 지역 평화와 발전을 실현하겠다는 강력한 의지를 가지게 되었다. 이렇듯, 유럽 지역 협력이 대대적으로 강화되면서, 유럽석탄철강공동체(ECSC, European Coal and Steel Community)에서 유럽연합(EU, European Union)에 이르는 지역 협력 기구가 심화 발전하였고, 유럽 각국의 현대 국제지역관도 점차 형성되었다.

유럽의 현대 국제지역관은 아래와 같은 특징을 가진다.

(1) 유럽 각국은 자주적이고 평등한 참여권을 보유한다.
(2) 지역 협력 기구에 합법적·초국가적 관리 권한을 부여하고, 지역 차원에서 제정한 규칙·법률은 각국의 규칙·법률에 우선한다.
(3) 강대국은 지역 주도권을 도모하지 않으며, 지역 제도 구축 추진에 있어 협력적·모범적 역할을 한다.
(4) 유럽이 창설한 지역 협력 기구를 대외 확장의 수단으로 활용하여서는 안 된다.

유럽 지역은 유럽의 현대 국제지역관이 보여주는 큰 틀에서 경제·화폐 통합을 완성하고 지역 내 평화와 발전을 구가하면서 대다수 유럽 지역 국가가 참여한 유럽연합 확대를 실현하였다.[1] 유럽은 과거 침탈·확장·식민

지배로 얼룩진 과거 국제지역관을 버리고 유럽 지역 평화를 도모하는 현대 국제지역관을 형성하였는데, 유럽이 추진하는 지역 협력 모델은 세계 여타 지역에 본받을 수 있는 경험사례를 제공하였다.

　동남아시아의 현대지역관은 지역 내 각국의 현대 국제지역관이 지역 협력을 모색하는 과정에서 점진적으로 형성되었다. 민족국가의 독립은 동남아시아의 현대 국제지역관 형성에서 중요한 바탕이 되었는데, 미국이 지역 패권 전략을 추진하는 과정에서 형성된 국제지역관에서 탈피하는 것이 급선무였다. 동남아시아 지역 각국은 본디 외부 세력 위협에 대응하기 위한 지역 협력을 주로 추진하였지만, 1960년대에 와서 지역 경제성장 환경(역내 최혜국 대우, 자유무역지대 등) 개선을 위한 지역 협력을 추진하기 시작하였다.

　동남아시아 지역 협력은 단순한 경제협력에 국한되지 않고, 경제·정치·안보·사회·문화 공동체 구축을 목표로 심화 발전하고 있는데, 아래 세 가지 방면에서 구체성과를 거두었다.

(1) 동남아시아 지역의 통합을 추진하여, 지역 내 모든 국가를 하나의 통일된 지역 협력 프레임에 가입시켰다.
(2) 지역 협력 메커니즘의 큰 틀에서 법적 효력을 지닌 조약을 체결하였는데, <동남아시아 우호협력조약>(TAC, Treaty of Amity and Cooperation in Southeast Asia), <아세안 헌장>(The ASEAN Charter) 등 일련의 지역 규칙을 제정하였다.
(3) 동남아시아 지역의 평화와 발전을 실현하였다.

　지역 협력을 추진하는 과정에서 동남아시아 지역 각국은 현대 국제지역관을 형성하였는데, 아래와 같은 특징을 보인다.

(1) 각국은 동남아시아라는 지연을 기초, 공동 이익을 동력으로 하는 국제지역관에 대해 깊은 공감대를 가진다.
(2) 지역 협력의 필요성을 인식하고 협력을 추진한다.

---

1) 영국의 유럽연합 탈퇴가 유럽 지역 협력을 퇴행하지는 못한다. 영국은 일찍이 '해가 지지 않는 제국(the empire on which the sun never sets)'으로 대륙 유럽과는 지역관에서 차이가 존재였다. 미가입에서 가입, 이에 이은 탈퇴는 영국과 대륙 유럽 간 통합의 어려움이 존재한다는 것을 보여줬다. 특히, 영국과 대륙 유럽은 지역 협력 기구가 초국가적인 거버넌스 권한을 영위하는 데 있어 각기 다른 인식 차를 보여왔다.

(3) 역내적으로 지역 특색에 적합한 아세안 모델을 견지하고, 역외적으로 아세안의 주체적 지위와 아세안 중심주의(ASEAN Centrality)를 추구한다.

동남아시아 지역 내 각국은 국가 규모, 종합 국력, 체제·제도, 문화 등 방면에서 다양성을 보이는데, 지역 내 국가 간 갈등·충돌이 빈번하였고, 지역 외 국가의 오랜 식민 지배를 받기도 하였다. 이로 인해, 지역 동질성이 약하고, 외부요인의 영향을 받았다. 동남아시아가 추진한 지역 협력 메커니즘 구축은 지연에 기반한 지역 동질성과 지역관에 기초하였는데, 아세안(ASEAN)이 유럽연합(EU) 같은 고차원의 초국가적 거버넌스 기능을 구축하지는 못하였지만, 지역 동질성은 유럽보다 강하게 나타난다. 유럽 지역은 지역 내 국가의 수가 많고 지역 범위도 넓어 각국의 지역 동질성이 많은 차이를 보이는 반면, 동남아시아 지역은 지역 내 국가의 수가 적고 공동 이익에 대한 상호 의존성이 강해 각국의 지역 동질성이 대체로 유사하다. 분류상으로 볼 때, 동남아시아 지역은 동아시아 지역보다 하위에 있는 세부지역으로 유사한 지역 동질성을 훨씬 쉽게 형성할 수 있다.

라틴아메리카, 아프리카 지역 각국 역시 지역 협력 과정에서 지역 내 상호 공존과 지역 이익에 기반한 현대 국제지역관을 형성하였다. 시대적 상황의 변화에 따라, 지역 협력의 중점이 민족국가 수립, 反제국주의·反식민주의 연합에서 협력 발전, 협력안보로 변화하였고, 각기 다른 형태로 지역 협력 메커니즘과 지역 협력 기구 구축을 추진하고 있다.

러시아의 현대 국제지역관의 형성은 다소 굴곡 있는 과정을 겪었다. 소련은 해체되었지만 소련이 남긴 일부 '유산'은 여전히 영향을 미치고 있기 때문이다. 러시아 국기 속 '쌍두 독수리'에서는 지역 동질성에 기반한 지역관이 보이며, '독립국가연합(CIS, Commonwealth of Independent States)', '유라시아연합(EEU, Eurasian Economic Union)' 등 방안에서도 지연·이익에 기반한 지역 전략을 볼 수 있다. 다만, 사회주의 진영 내 기타 국가의 지역 동질성은 러시아와는 선명한 차이가 존재한다. 중앙아시아 지역 각국은 소련의 영향에서 벗어난 뒤 소지역 내 지연적 연계와 공동 이익을 기반으로 뚜렷한 지역 동질성을 형성하였다. 다만, 각국의 지역 메커니즘 구축과 관련한 인식차가 존재하여, 더 큰 지연 범위를 포괄하는 상하이협력기구(SCO, Shanghai Cooperation Organization)에 참가하고 있다.

세계 초강대국 미국은 여전히 지연 전략에 기반한 근대 국제지역관을 견지하고 있으며, 자국의 종합 국력, 영향력 등 다양한 자원을 활용하여 지연 전략 수립·분배·이행하고 있다. 미국의 국제지역관 변화는 타국에 큰 영향을 미치기도 하는데, 일부 국가는 종합적 고려를 통해 미국의 지연 전략에 호응하기도 한다. 각국의 평등한 참여, 상호 호혜를 기반으로 한 현대 국제지역관 구축은 여전히 진행 중에 있다고 할 수 있겠다.

2) 중국의 현대 국제지역관 특징

중국의 현대 국제지역관 형성은 매우 복잡한 과정을 겪었다. 중화인민공화국 건국으로 중국은 장기간의 외세 침략과 내전 상황을 종식하고, 국가 현대화 건설을 추진하면서 지연 인식에 기반한 새로운 관계·질서를 구축하고 있다.[1] 다만, 이러한 발전 과정에서 외부 세계에 대한 인식이 복잡해지고 있고, 국제지역에 대한 인식은 지연 정치, 지연 전략 등 요인의 영향을 복합적으로 받고 있다.

개혁개방을 추진하면서, 중국은 외부 세계를 새롭게 인식하며 경제성장에 중점을 둔 전략을 제시하였다. 개혁개방을 통해 중국 경제가 빠르게 성장하면서 중국의 종합 국력 역시 크게 향상하였는데, 이로 인해 중국과 외부 세계와의 관계 역시 아래와 같은 변화가 나타났다.

(1) 중국과 외부 간 이익 연계가 심화되면서 일부 지역, 특히 주변국과의 교류가 증가하였다.
(2) 중국은 자국이 속한 지연 지역에서 종합 국력이 가장 강한 국가가 되었다. 급속한 발전 과정에서 중국의 현대 국제지역관은 심화 발전하였는데, 지역 강대국으로서의 중국은 주변 지역과의 협력을 최우선시하여, 현대 국제지역관에 기반한 이념·원칙을 제시하고, 이를 적극 추진하고 있다.

---

1) 중국, 인도, 미얀마가 공동으로 제시한 '평화공존 5항 원칙(和平共处五项原则)'은 상징적인 이념이자 혁신적 조치라고 할 수 있다. 이 원칙은 중국이 새로운 방식으로 국가 간 관계와 지연 지역 질서를 구상·발전시키겠다는 의미를 내포한다.

강대국으로서의 국제지역관은 △자국이 속한 지연 지역과 △세계 속에서의 국제지역 두 층위 프레임으로 구분할 수 있다. 新시대의 중국은 신형 강대국으로서 과거 강대국이 추구하던 영토 확장, 패권 경쟁, 패권 남용 등 구태를 되풀이하지 않겠다고 선언하였다. 중국과 여타 국가가 처한 환경, 이익, 지역관계가 각기 상이하더라도, 중국의 현대 국제지역관이 내포하는 기본사상과 원칙은 동일하다. 예를 들어, 중국과 아프리카는 긴밀한 관계를 유지하고 있는데, 중국은 자국의 지역관에 기반하여 아프리카 지역에서 참여·협력을 통해 상호호혜적 발전을 실현하고자 하다는 것이다. 이는 미국·유럽 등 강대국이 타국 내정에 간섭하여 지역 주도권을 행하려는 것과는 다르다.

종합해 볼 때, 중국 특색의 현대 국제지역관은 아래와 같은 특징이 있다.

(1) 국가 독립, 주권, 평등의 원칙을 수호하며, 강권·패권에 반대한다.
(2) 지역 협력, 지역 거버넌스에 적극 참여하고, 다양한 형태의 지역 메커니즘 구축을 지지한다.
(3) '우린(友鄰), 목린(睦鄰), 안린(安鄰), 부린(富鄰)'의 주변 지역관을 견지하고, 운명공동체 구축을 목표·행동 지침으로 정한다. 세계 화합·운명공동체 구축은 중국 전통의 '화합공생(和合共生)'이라는 사상·문화 요소와 현대의 독립, 평등 등으로 대표되는 국가관을 융합한 것으로, 이는 중국 특색의 현대 국제지역관을 구성한다.

■ 추천 문헌

- [美] 斯塔夫里阿诺斯：《全球通史：从史前到21世纪》（下），吴象婴等译，北京大学出版社2005年版。
- [美] 彼得·卡赞斯坦：《地区构成的世界：美国帝权中的亚洲和欧洲》，秦亚青、魏玲译，北京大学出版社2007年版。
- 石源华主编：《中国周边学研究文集》，世界知识出版社2019年版。

국제지역학 개론

제3장
국가와 지역

제1절 기본 구성 주체로서의 국가
제2절 국제지역의 구성
제3절 국제지역의 정위

제3장 국가와 지역

국제지역은 국가와 세계의 중간적 층위에 존재하므로, 국제지역의 형성·발전에서 국가라는 기본 구성 주체를 배제하여 분석할 수 없다. 앞서 제1장에서 언급한 바와 같이, 국제지역 연구에서 국가라는 개념을 제대로 이해하지 못하면 국제지역을 정확하게 이해할 수 없다. 국제지역에서 나타나는 연결성·개방성은 각국에 대한 개념 함의와 존재 의의가 복잡 다원한 특성을 가지도록 하며, 각국과 지역 간 관계를 더욱 긴밀하게 만든다. 국가를 국제지역에 속하는 국가로 보는 관점은 국가와 지역을 이해하는데 새로운 관점과 분석 방법을 모색할 수 있고, 국가-지역-세계 간 상호 연관 관계를 심도 있게 연구하는 데 도움이 된다. 특히, 이러한 상호 연관 관계는 지역이 가지는 특수한 역할, 국가와 세계에 미치는 영향을 더욱 선명하게 보여준다.

제1절 기본 구성 주체로서의 국가

국가는 인류사회를 구성하고 통치하는 기본 구성 주체로 현대 민족국가의 주권·거버넌스는 법적 지위·권리를 가지고 있다. 따라서, 국제지역 연구는 우선적으로 국가에 대한 전면적이고 심도 있는 분석이 필요하다. 국가의 형성은 수천 년의 역사를 가지고 있고, 국가의 기능은 이러한 역사 발전 과정을 거치면서 심화 발전하였다. 따라서 국가에 대한 이해는 국가 발전 과정과 조직 특성에 대해 심도 있게 분석할 필요가 있다.

1. 국가 발전의 연혁

인류사회의 발전 과정에서는 다양한 형태의 국가가 나타났다. 고대 그리스에서 나타난 도시국가(城邦), 수많은 정치연합체가 구성한 신성 로마제국 등 국가는 근대 이전에 서유럽 지역에서 나타난 전형적인 형태이다. 중국은 하(夏)·상(商)·주(周)나라 시기부터 동 시대 여타 문명과 비교하여도 손색이 없는 규범화되고 선진적인 국가 체제를 수립하였다.[1] 이렇듯, 국가는 고대에서 근대, 현대에 이르면서 각기 다른 역사 조건과 사회 기반을 바탕으로 체제 발전을 이루면서 성숙해져 왔다.

인류사회의 초기 발전 단계에서 국가의 형태는 노예제·봉건제 국가가 주를 이루었다. 세계 최초 노예제 국가는 기원전 40세기경 출현한 고대 이집트 왕국이며, 기원전 30세기경 출현한 수메르 왕국, 바빌론 왕국, 아시리아 왕국, 기원전 20세기 출현한 인도, 중국도 유구한 역사를 가진 노예제 국가였다. 세계 최초 봉건제 국가는 중국 주(周)나라인데, 진(秦)나라 진시황(秦始皇)이 중앙집권 제도를 확립한 시기보다 훨씬 앞섰다. 서유럽 지역에서의 봉건제는 중세 시기 프랑크 제국에서 최초로 형성·발전하였는데, 유럽 귀족들은 상응하는 법률적 지위와 군사적 책임을 부여받았으며, 영주, 귀족, 토지 세 가지 요소를 기본 특징으로 하였다.

국가 발전 과정을 살펴보면, 근대국가는 현대국가보다 앞선 시기에 형성·발전하였는데, 대부분 근대국가는 분산된 상태에서 통합된 상태로 나아갔다. 민족이 국가 주체라는 인식이 점차 발전하면서 국가가 가지는 집단의식, 즉 민족국가(Nation State)에 대한 동질성이 형성되었고, 국가는 현대 민족국가로서의 의미로 쓰이게 되었다.[2]

민족국가 제도의 확립은 일찍이 1648년 <베스트팔렌 조약>(Peace of Westphalia) 체결로 거슬러 올라간다. 국가 주권 관념이 끊임없이 발전하면서, 근대국가는 국제 현안에 관해서 독립 주권을 보유·행사하게 되었고, 점차 현대 민족국가로 변모하게 되었다.

---

1) 참조 : 李晓鹏：《迈向后现代国家：现代国家建构及其未来》, 华中师范大学博士学位论文 2014年.
2) 참조 : 常士䦆等：《现代国家及其政治制度：东亚与西方》, 中国社会科学出版社2008年出版, 第2页.

근대사회와 고대사회는 아래와 같은 본질적인 차이가 있다. (1) 상품경제가 자연경제를 대체하였다. 고대사회는 자급자족에 기반한 자연경제 체제였고, 상품경제는 외향·상호·개방적 경제 형태를 말한다. (2) 법률에 기반한 국가권력이 국왕을 대표로 하는 귀족 특권을 대체하였다. 근대사회는 법치 사회를 수립하면서 국가가 왕조를 대체하였다. (3) 공민이 신민을 대체하였다. 공민 관념은 인간의 가치와 존엄성을 강조하는데, 이러한 점은 근대국가가 신민 사회에서 공민 사회로 한 단계 도약하였다는 것을 보여준다.

근대 민족국가는 오랜 역사 속에서 군웅할거, 왕권 전제정치, 외세와의 충돌 등 과정을 거치면서 탄생하였는데, 근대국가는 정권, 민족, 국가·민족의 이익 등 방면에서의 통합을 강조하였다. 근대국가의 형성은 법률 제도의 발전과도 연관성을 보이며, 성문법은 특정 국가가 자국의 주권 행사 과정에서 제정하고 합법성을 부여한 제도 문건이다. 민족 주권 사상과 법률 제도에 기반한 국가 조직 형태는 끊임없는 발전을 거듭하였고, 현대 민족국가 형성에서의 전형적인 정치 발전 모델이 되었다.

현대국가는 19세기 후반에서 20세기 전반에 이르는 구축 과정을 거쳤는데, 미국·유럽에서 최초 형성·발전하여 제2차 세계대전이 종식된 이후 민족 독립과 해방을 추구하는 여타 신흥 독립 국가들이 빠르게 표방·발전시켰다. 현대국가는 과거 전통 국가와는 달리, △획정된 국가 영토 경계(영토 국가), △민족이라는 개념에 기반(민족국가), △합리적 관료 체계에 의거한 통치(주권 국가), △민주에 의한 합법성 도모 네 가지 특성이 존재한다.[1] 이 중에서 가장 핵심적인 차이는 현대국가가 영토 내 주권에 대한 독점과 직접 통치를 통해 국가 자주성·독립성을 확립하였다는 것이다. 국가는 조직, 체계, 업무가 존재하는 종합적 실체이면서, 주관적 의도로 주입한 추상적 형상이라는 매우 강한 이중성을 보인다.

현대국가는 △민족국가, △관료국가, △민주국가로의 발전 단계를 지나왔다.

민족국가와 관료국가는 14~15세기에 출현하여 19세기 소멸한 서유럽의 근대국가 발전의 산물이며, 민주국가는 20세기 서유럽 현대 국가 발전에서 나타난

---

1) 참조 : 王匡夫、殷冬冰 : 《何为现代国家－基于与传统国家对比的规范政治分析》, 《江汉论坛》2018年第5期。

새로운 특징으로 현대 국가가 근대국가와 구분되는 핵심적 특징이다. 민족국가의 출현을 근대국가 발전에서의 가장 큰 성과로 볼 수 있는데, 민족국가는 현대 국가의 핵심 근간을 형성한다.1)

관료국가는 행정 관리 체제의 한 모델로 특정 거버넌스 방식을 반영하며, 현대 국가가 구비한 합리적·법치적·규범적 거버넌스 특성을 보여주며, 현대 정치가 추구하는 평등원칙, 국가 공민에 대한 평등 의식도 내포하고 있다.2)

민주국가는 서유럽 지역의 국가 형성·발전 과정에서 출현하여 현재 세계 각국이 표방하는 모델인데, 각국 공민의 국가에 대한 신용, 권한에 대한 감독의 수요에서 나타났으며, 사회운동과 민중 투쟁의 성과이기도 하다.3)

오늘날, 현대 국가는 강력한 중앙정부·연방정부를 수립하고, 전문적 상설 관료 기구·공무원으로 구성된 관료 체계를 통해 사회 전반에서의 효율적인 거버넌스를 추진한다. 현대 국가는 '법치'라는 국가 거버넌스의 핵심적인 틀 안에서 현대 정치가 추구하는 자유, 평등, 인권, 민주, 법치 등 핵심 가치와 기본원칙을 준수한다.

현대국가의 구축은 마을, 지역, 종교, 종족 등 전통적 사회공동체가 날로 영향력을 잃어가는 상황에서 새로운 정치공동체 구축의 수요에 의해서 출현하였다. 국가를 구축하는 과정에서 기반적 권력(Infrastructual Power)과 전제적 권력(Despotic Power)을 포함하는 권력을 국가에 부여하였다. 기반적 권력은 국가가 공민 사회에 어떠한 영향을 가하는 실질적 능력과 국가가 내린 정치적 결정을 공민 사회 내에서 합리적으로 이행하도록 하는 능력을 가리키며, 전제적 권력은 국가가 공민 사회 내 제도적 협상 절차 없이 조치할 수 있는 능력을 가리킨다.4) 국가가 영위하는 이러한 권력은 현대 국가의 독립성과 자주성을 강화했고, 현대 국가가 더욱 성숙한 조직체계로 발전하도록 하였다.

---

1) 참조 : 李晓鹏 : 《迈向后现代国家 : 现代国家建构及其未来》, 华中师范大学博士学位论文, 2014年。
2) 참조 : 李晓鹏 : 《迈向后现代国家 : 现代国家建构及其未来》, 华中师范大学博士学位论文, 2014年。
3) 참조 : 李晓鹏 : 《迈向后现代国家 : 现代国家建构及其未来》, 华中师范大学博士学位论文, 2014年。
4) 참조 : [美] 约翰·坎贝尔 (John L.Campbell)、[加] 约翰·霍尔 (John A.Hall) : 《国家的世界》, 闫健译, 中央编译出版社2018年版, 第9页。

2. 현대 국가의 구성 특징

국제법상으로 현대국가는 주로 △단일국가, △복합국가 두 유형으로 분류할 수 있다.

단일국가는 중국과 같이 약간 행정구역으로 구성되어 있는 통일된 주권 국가로 유일 헌법, 단수 국적 국민 등 요인이 그 특징인데, 단일국가의 중앙정부는 최고 행정, 입법, 사법 권한을 행사하며, 국가 대내외적 사무를 통일적으로 처리한다.

복합국가는 두 개 이상 구성국이 조직한 국가·국가 연합체인데, 연방(聯邦)국, 방련(邦聯)국 두 유형으로 분류할 수 있다. 연방국은 두 개 이상 구성국이 연방헌법에 근거하여 조직한 국가를 가리키는데, 연방헌법과 입법, 사법, 행정기구가 구성되어 있다. 방련국은 두 개 이상의 구성국이 조약에 근거하여 구성한 국가연합체를 가리킨다. 방련국은 통일적 입법, 사법, 행정기구를 구성하지 않고, 통상적으로 구성국 간 협력을 관할하는 기구를 설립하고 있다.

오늘날, 현대국가는 주권 국가로서 아래 네 가지 필수 요소를 구비하고 있다.

1) 주권. 주권은 인류 사상사적으로 가장 중시되는 최상위 개념이다.[1] 주권은 특정 국가가 자주 독립적으로 대내외 업무를 처리하는 최고 권력이며, 국가를 구성하는 본질적 속성이고, 국가를 여타 단체·기구와 구분할 수 있는 핵심 개념이다. 주권은 절대적 배타성, 불가분할성, 불가양도성을 가진다. 오늘날 국가 고유 권력으로서의 주권은 △대내적으로 최고 절대권력, △대외적으로 자주적 독립권, △방어적 자위권 세 가지 방면에서 잘 나타난다.
2) 영토. 영토는 국가 주권으로 관할하는 구역 범위로 육지, 수역, 심토, 영공을 포함하는데, 영토는 국가가 생존하기 위한 물질 기초이자, 주권을 행사하는 공간이다. 국제법상으로 영토 개념과 국가·주권 개념은 불가분적 관계로 영토 주권은 통상적으로 '국가 주권'과 동의어로 여겨지는데, 특정 국가가 자국 영토 내에서 국가 기능을 행사하는 데 필요한 권력을 의미하며, 다시 말하자면, 국가가 영토 내에서 행사하는 배타적 관할권을 가리킨다. 국가의 영토 취득 방법을 볼 때, 과거 선점, 할양, 간척, 정복 등 전통적 방

---

[1] 참조 : 陈序经:《现代主权论》, 张世保译, 清华大学出版社2010年版, 第3页.

법 외, 현대 국가는 조약 체결, 신생 국가 수립, 유권 기구·국제 기구의 처분, 국가의 일방적인 영토 포기·묵인 등 새로운 방법도 발전시켰다.[1] 영토는 국가 존립에 있어 가장 중요한 존재 기반이자 발전 기반이기에, 각국은 영토 문제에 있어서 어떠한 타협도 하지 않는다.

3) 정권 조직. 정권 조직은 광의적인 의미에서 정부를 가리키는데, 정치적·조직적으로 볼 때, 정부는 국가를 대신하여 정치적 통치, 사회적 관리를 집행하는 조직이며, 주로 입법기구, 행정기구, 사법기구, 군대, 감옥 등 기관·부처를 포함한다. 정권 조직에서 특히, 중앙정부를 조직하는 원칙·방식은 국가 통치 집단의 내재적 사상, 이익 요구를 반영한다. 현대 국가의 정권 조직 형태는 주로 아래와 같은 각기 다른 운영 메커니즘이 존재한다. ① 군주 입헌제. 군주 입헌제는 군주·국왕을 국가원수로 하고, 군주·국왕은 실질적·명목적으로 정권을 장악한다. 군주·국왕은 종신 세습하며, 그가 영위하는 권한은 헌법의 제약을 받는다. ② 민주공화제. 민주공화제는 국가 권력이 국민에게 있음을 강조하며, 선거를 통해 국가기관을 구성하고 임기 제한을 둔다. 민주공화제에서 입법·행정·사법기관은 국가 권력에 대한 분배를 통해 견제한다. ③ 사회주의 민주공화제. 사회주의 민주공화제는 국가의 일체 권력이 인민에게 있음을 강조하고, 선거를 통해 각급 국가기관을 구성하고, 민주집중제의 원칙에 따라 통치 권력을 행사한다. 사회주의 민주공화제를 채택한 국가는 중국(인민대표대회제도), 북한(인민회의제도) 등 국가가 있다.

4) 국민. 국민은 국가를 구성하는 기본 요소이며, 국가가 권력을 행사하는 대상이다. 국제법상에서 주권 국가 권력은 인구 규모와 종족 구성의 영향을 받지 않는다.

위 네 가지 구성요소는 밀접한 관계를 가지는데, 국제법상의 정의에 근거해 보면, 국가는 주권, 영토, 정권 조직, 국민 네 가지 구성요소를 구비한 사회적 실체이며, 이러한 구성요소를 바탕으로 특정한 정치권력을 행사한다. 국가 주권은 절대적인 최고 권력 혹은 최종 권력으로 여겨지는 모든 국가 권력의 원천이며,

---

1) 참조 : 罗欢欣 : 《国际法上的领土权利来源 : 理论内涵与基本类型》, 《环球法律评论》2015年第4期。

구체적으로 정무를 집행하는 권력, 즉 통치권(治權)은 관제권(管制權), 치리권(治理權)이라고도 부른다.

3. 국가 주권과 통치권

현대국가에서 주권을 구성하는 두 가지 핵심 요소는 △대내적 최고 절대권력과 △대외적 자주독립권이다. 주권은 국가의 합법성을 구성하는 관건이며 국가의 고유 권력으로 국가 주권 원칙은 국제법이 침범할 수 없는 기본 준칙이다.

프랑스 철학자 장 보댕(Jean Bodin)은 최초로 '주권'이란 개념을 정립하였는데, 주권을 한 국가가 영위하는 절대적·영구적·불가분적인 법률보다 상위에 있는 최고 절대권력으로 보았다.[1] 국가가 존재하는 기본가치 측면으로 볼 때, 국가 주권의 최고 절대권력은 정치적 권위성에서 나타나는데, 구체적으로 국가 제도 공표, 정치체제 구성권, 입법권, 사법권, 정책 제정권 등 방면에서 나타난다. 또한, 경제 방면에서는 경제 안보, 천연자원·광물자원에 대한 주권, 재정권, 거시경제 결정권 등 방면에서 나타난다.[2]

국가 주권의 자주독립권은 외교권, 국제조약 체결권, 국가안보 수호권 등 방면으로 나타난다. 독립이란 특정 국가가 여타 국가로부터 간섭을 받지 않는 최고 권력으로 독립적으로 국내외 사무를 처리하는 것을 말한다. <베스트팔렌 조약>(Peace of Westphalia) 체결을 통해 각국이 '주권' 개념을 수용하면서부터 국가 주권이 확립·발전하였고, 오늘날 전 세계에는 197개 주권 국가가 존재한다. 주권 국가는 민족 주체가 국가 권력 메커니즘을 구축하고 대내적인 거버넌스, 대외적인 외세 방어를 목적으로 한 국가 기능을 수립한다.

민족국가 주권 메커니즘이 수백 년간 심화 발전하면서, 국가 주권은 각종 영역에서도 상응하는 의미를 가지게 되었다. 글로벌화와 글로벌 거버넌스가 큰 영향을 미치는 오늘날, 주권 국가의 중심적 지위는 큰 도전에 직면하고 있는데, 이러한 영향은 정치 주권, 경제 주권, 문화 주권 등 영역에서 두드러진다.

---

1) Jean Bodin and Julian H.Franklin, On sovereignty : Four Chapters from the Six Books of the Commonwealth, Cambridge : Cambrige University Press, 2003.
2) 참조 : 黃仁伟、刘杰 : 《国家主权新论》, 时事出版社2003年版, 第138页.

1) 국가의 정치 주권은 인도주의 간섭 정책의 도전에 직면하였다. <베스트팔렌 조약>(Peace of Westphalia)에서는 각국 내정 주권에 대한 불간섭을 원칙으로 하였고, 이는 주권이 지니는 상징적 특징이 되었다. 다만, 최근 인도주의 간섭 정책은 각국의 내정 주권에 큰 영향을 주고 있다. 인도주의 간섭 정책은 강대국의 상대적 약소국에 대한 강제적 간섭으로, 설령 인도주의 의도가 존재하더라도 강대국의 자국 이익 목적 역시 배제할 수 없다. 주권 국가의 내정 현안이 강대국의 강제적 간섭을 받는다면, 내정 주권은 침해받을 수밖에 없다. 또한, 국제사회에서 체결할 수 있는 각종 국제조약에 가입·호소할 경우에는 국가 내정 현안을 처리에서도 국제조약의 구속·견제를 받게 되어 원래의 주권 구조를 유지하기 어렵다.
2) 국가의 경제 주권은 글로벌 경제·요소 유동 환경의 도전에 직면해 있다. 경제 글로벌화 가정에서 선진국, 개발도상국, 후진국 간 수익 불균형을 초래하고 있는데, 후진국은 자원 착취를 당하는 경우도 허다해, 일부 국가는 자국의 경제 주권을 침해당했다고 여길 수도 있다.
3) 국가의 문화 주권은 서구적 문화 모델의 무분별한 전파로 인한 도전에 직면해 있다. 경제 글로벌화 흐름에서 글로벌 문화는 동질화를 넘어 획일화되고 있는데, 역사적으로 각국이 다채롭게 발전시켜 온 세계 문화가 갈수록 다양성을 잃고 있다.[1]

위와 같은 상황은 주권의 형태와 내재적 의미가 인류사회 발전 과정에서 동태적으로 변화할 수 있다는 점을 보여준다. 다만, 주권이 민족국가에서의 핵심 권력이라는 본질이 변화하지는 않았고, 주권은 여전히 한 국가의 기반이 되는 절대적 권력이자 국가 존립의 근본이다. 주권이 지니는 정치, 경제, 문화 등 영역에서의 작용이 분할·폐쇄적이지 않으며, 주권이라는 총체적 함의에 기반하여 각기 다른 영역에서 동시적으로 존재하며 상호 내포하는 주권 유기체를 형성한다. 다시 말해, 글로벌화와 글로벌 거버넌스의 빠른 발전에 대응하여, 주권은 각기 다른 영역에서 역할을 조정하고 있지만, 주권이 지니는 본질은 변화하지 않는다. 이는 주권에 기반한 민족국가가 글로벌 거버넌스 체계에서도 여전히 핵심적인 기본 구성 주체이며, 거버넌스에서의 핵심 동력이라는 점을 보여준다.

---

[1] 참조 : 任劍濤 : 《找回國家 : 全球治理中的國家凱旋》, 《探索与争鸣》2020年第3期.

통치권(治權), 즉, 치리권(治理權)은 주권에서 확장된 개념으로 한 국가의 정부가 국가에 대해 거버넌스를 진행하는 권력을 가리킨다. 쑨중산(孫中山)은 일찍이 '치(治)'를 백성을 관리하는 일이라 하고, 군중을 관리하는 일을 집합한 큰 역량을 '치권(治權)'이라고 정의하였다. 치권이 곧 정부권(政府權)이며 정부 자체의 역량을 가리키는 바, 정부를 관리하는 역량을 뜻하는 정권과는 비교된다.[1] 치권은 자체가 합법성을 보유한 정부에 전속하기에 치권을 위반하거나 폐기할 수 없다.[2] 치권은 주권에서 파생한 운용 가능한 권력으로 행정권, 입법권, 사법권, 고시권, 감찰권 다섯 가지 권한을 포함한다. 치권을 행사하는 주체인 정부(중앙정부와 지방정부)는 치권에 기반한 법규를 제정하고 국가에 대한 거버넌스를 진행한다. 정부는 합법성을 필요조건으로 하며, 중앙정부와 지방정부 간에는 상하 종속적 권력 질서 관계가 존재하는데, 지방정부의 치권 행사에 있어서는 주권을 영위하는 중앙정부의 수권(授權)이 필요하다.

민족국가에서 치권과 주권은 변증법적 관계로 주권이 상위, 치권이 하위에서 상호 통일된 전체를 구성한다. 민족국가의 치권은 주권을 바탕으로 구축되어 주권으로부터 합법성을 부여받았고, 민족국가의 주권 또한 치권을 효율적으로 행사하는 과정에서 끊임없이 강화된다. 한 주권 국가에는 오직 하나의 단일한 치권 행사 기관, 즉 정부가 존재하고, 치권은 주권으로부터 파생되어 나온 구체적인 주권 행사 방식이다. 주권은 내핵(內核), 치권은 보호막으로 내외를 구성한다. 주권을 영위한 주체로부터 수권이 없는 치권은 '불법 통치'가 될 수 있고, 치권이 없는 주권은 유명무실하다.[3] 이론상으로는 치권과 주권은 분리 가능하고 치권을 행사하는 주체가 반드시 합법성을 가진 주권 국가일 필요는 없지만, 실질적으로 민족국가 체제에서는 치권과 주권은 강한 불가분성을 가진다.

위와 같은 특징과 요인은 국제사회에서 기본 구성 주체가 되는 국가를 구성하였고, 국가는 단계적으로 심화 발전하면서 최종적으로 민족국가라는 현대 국가의 기본 형태로 발전하여 오늘날 글로벌 거버넌스에서 가장 핵심적인 기본 구성 주체가 되었다.

국가를 본위(本位)로 한 주권과 치권은 국가의 자주 독립성을 보장하는 바탕

---

1) 참조 : 孙中山：《孙中山选集》，人民出版社1956年版，第767-791页。
2) 참조 : [德] 马克斯·韦伯：《论经济与社会中的法律》，[英] 爱德华·希尔斯、马克斯·莱因斯坦英译，张乃根中译，中国大百科全书出版社1998年版，第261页。
3) 참조 : 张笑天：《试论主权治权分离的理论基础与现实可能》，《台海研究》2015年第4期。

이 되지만, 국가를 본위로 하면서 아래와 같은 제약도 나타나고 있다.

1) 지리적 요인에 기반한 국가 경계 구분은 자원 분배 불균형과 국가 간 갈등을 초래한다. 국가 경계의 존재로 인해 국가 간 요소 부존 차이에서 기인하는 자원 분배 불균형이 존재한다. 특히, 천연자원 분포는 초국경적 특성이 있어, 각국은 주권과 치권에 기인하여 초국경적 분할에서 분쟁하기도 하여 국가 간 조율과 협력이 필요한 경우가 있다.
2) 각국 간 나타나는 종합 국력 차이는 국가 간 충돌을 야기한다. 국가 규모가 상이하여 종합 국력 차이가 나타나는데, 강대국은 대외 확장을 추진하여 무력으로 타국을 정복하고 패권을 행사한다. 그 외, 다양한 원인이 국가 간 충돌을 초래하는데, 주로 인접한 지연 국가 간 발생한다. 국가의 중요성과 주체적 지위가 날로 강화되고, 인접한 지연 지역이 각국 대외 연계에 최우선 지역이 되면서, 국가를 본위로 하는 국제지역을 구성한다. 국제지역은 본위로서의 각국이 연계하고 확대하여 구성하는 국가조합체이며, 이로 인해 국제적인 특성을 가진다. 이는 국제지역을 분석하는 중요한 포인트이다.

제2절 국제지역의 구성

'지역'은 단순히 세계, 국가와 비교해서 상대적인 지리적 의미상의 개념에 적용할 수 있고, 국가 외의 사회 주체, 혹은 세계 지연 정치·경제 변화에서 나타난 개념으로서 정치·경제·역사와 지리가 상호 융합하는 과정을 가리키기도 한다.[1]

국가의 관점에서 볼 때, 지역은 초국가적 특성을 가지고 있어 '국제지역(國際區域)'으로도 불리며, 오늘날 많이 쓰이는 국가 내 '지역(地區)'과 구분하기도 한다. 국제지역의 관점에서 볼 때, '지역'은 다수 국가가 공존하는 총제적 공간이며, 지역 내 수많은 초국가적 공동영역, 즉 공공체인(共域鏈)이 존재한다.[2] 공공

---

[1] 참조: 王正毅: 《边缘地带发展论 - 世界体系与东南亚的发展》, 上海人民出版社2018年版, 序言, 第2-3页.
[2] 프랑스 역사학자 페르낭 브로델(Fernand Braudel)은 지역이 아래 세 가지 특징을 구비해야 한다고 했다. (1) 명확한 경계가 있고, 이를 충분히 인정받아야 한다. (2) 도시와 일종

체인은 국제구역을 구성하는 내재적 연계 메커니즘으로 지역 내 각국의 공동 이익과 연관되어 있기에 공동 참여 형태로 공유와 공치(共治)를 추구할 필요가 있다.

1. 지역 연계 : 지연, 인문, 이익

지역 연계는 국제지역이 각기 다른 공동영역에서 진행하는 초국경적 연계를 가리키며, 비교적 강한 공공성을 나타낸다. 지역 연계는 지연적 연계, 환경 연계, 이익 연계, 안보 연계, 인문 연계 등을 포함하며, 이 중에서도 지연적 연계, 이익 연계, 인문 연계는 주요한 연계 형태이다. 이러한 지역 연계는 다수 국가가 공존하는 공간을 구성하며, 지역 내 관계와 지역 간 관계의 발전에 영향을 주고 있다.

1) 지연적 연계

지연적 연계, 즉 지리적 연계는 지리 위치 관계로 형성된 연계로 특수한 내재적 관계와 이익 기초를 가진다. 지연 요소로 구성된 공동영역은 우선적으로 지역 내 각국에 속하기에 뚜렷한 국가 특색을 가진다. 지연적 연계는 자원의 공공성과 공유에 관한 문제가 나타난다. 예를 들어, 하천은 각국이 유역별로 분할 관리하기에 각기 다른 국가 특색을 나타내는데, 수자원은 공공재의 특성을 가지며, 해역은 천연적 연계성을 가지는 등 지연적 연계의 형태가 불가분적인 경우가 많다.

지연적 연계는 지리적 위치를 바탕으로 하여 이웃·인접한 국가 간 상호 연계하고, 이를 토대로 특정 지역 범주를 가지는 국제지역을 구성하는데, 지연적 연계는 주로 아래와 같은 특징을 가진다.

(1) 지리적 위치는 핵심 연계 요소이며, 이를 통해 상호 연계되는 국가는 위치상으로 인접한데, 이는 지연적 연계의 가장 주요한 특징이자 지

의 자본주의(어떠한 형태를 채택하든)를 포함하는 중심이 존재하고, 이러한 중심은 상호 간 대체가 가능하다. (3) 등급이 존재하고, 이러한 지역은 통상적으로 각개 경제의 총합으로 일부는 빈곤하고, 일부는 부유하여 불평등이 출현한다.
참조 : Fernand Braudel, Civilization and Capitalism : The Perspective of the World, Glasgow: William Collins Sons and Co.Ltd., 1984, p.25.

역 연계 형태를 결정하는 직접적 요인이다.
(2) 지연적 연계가 구성한 국제지역은 특정 지역으로 지역 내 각국 간 관계는 각국 대외관계의 주요사안, 즉 주변국과의 관계를 구성한다. 주변국과의 관계 개선·강화는 한 국가의 평화 발전을 근본적으로 보장하며, 특정 지역의 안보·안정과 직접적인 관계를 가진다.
(3) 지연적 연계가 긴밀할수록 강한 지역 특성을 가진다. 긴밀한 지연적 연계는 지역 내 국가 간 상호 교류를 촉진하고, 지연에 기반한 지역 협력 구축에 유리하다.

지연적 요인의 관점에서 볼 때, 지역은 자연적 요인이지만, 정치적·사회적 요인과 관련된 내재적 의미도 가지고 있다. 지연적 연계가 구성하는 지역은 국제적 특성을 나타내는데, 이러한 공동영역에는 지역 내 관계뿐만 아니라 지역 간 관계도 포함한다. 복잡 다양한 지역 내 관계가 존재하지만, 지역 내 국가 간 관계가 가장 주요한 관계이다. 지역 간 관계는 두 개 이상의 각기 다른 국제지역 간 공동영역의 기반 위에서 연계를 진행하는 것으로 연계 영역에서 또 다른 관계를 형성한다. 이러한 복잡 다양한 관계는 지리가 가지는 자연적 속성과 국가가 가지는 속성 간 관계를 보여주는데, 특히, 다양한 관계에서의 균형과 갈등 역시 국제지역학에서 강조하는 지연이 가지는 특수성에서 기인한다.

2) 인문 연계

인문 연계는 국제지역이 민족, 종교, 사상, 문화, 역사 등 상대적으로 눈에 띄는 공통된 인문적 요인를 통해 상호 연계되는 것을 가리킨다. 예를 들어, 같은 민족에 속하는 사람들이 광범위한 지역에서 널리 분포하고, 국경선 획정으로 각기 다른 국가에 거주하기도 한다. 같은 민족끼리의 왕래가 각국 인적교류에 중요한 소통 채널을 제공하고, 민족 특색을 지닌 지역을 구성하기도 한다. 지구상의 수많은 민족이 각기 다른 국가에 흩어져 있는데, 이들끼리는 국가 동질성 외에 지역성을 가진 민족 동질성, 초국가적인 연계가 존재한다. 집체적 공동 신앙으로서의 종교는 통상적으로 특정한 지역 범위를 보이는데, 내면에 대한 영향이 각국 사회 생활에 투영되고, 국가 정치에도 중요한 영향을 미친다. 종교가 초지역적으로 전파되면서 지역 간 연계가 형성되는 경우도 자주 나타난다. 예를 들어, 중동 지역에는 수많은 국가가 존재하지만, 이슬람교의 종교 연계로 보면 하나의 지역으로서의 실질적 존재 의미를 가진다.

【보충 자료】
유대교, 기독교, 이슬람교는 중동 지역의 3대 종교이자, 중동 지역 내 각국을 연계하는 중요 요인이다. 통상적으로, 동일한 종교 신앙을 가진 국가와 사람들 사이에는 종교적 유대감을 형성하기 쉬우며, 상이한 종교 신앙을 가진 국가와 사람들 사이에는 종교 갈등과 충돌이 발생하기 쉽다. 이러한 점에서 볼 때, 종교적 요인은 중동 지역 상호 연계를 촉진하는 중요 요인이자, 중동 문제를 야기하는 근원이기도 하다.

사상·관념 방면에서 볼 때, 특정 사상·관념이 전파되는 가장 직접적인 방식은 인접한 지연 지역을 통하는 것으로, 사상·관념의 초국경적 전파가 끊임없이 누적되면서 지역 특색을 가진 공통적인 사상·관념권을 형성하였다. '서방 국가'라는 어휘로 미국·유럽 국가를 대체하여 지칭하는 것이 엄밀하게 정확하지는 않지만, 이들 국가는 모두 고대 그리스·로마로부터 내려온 공통적인 사상·관념에 대한 동질성과 유대감이 존재한다.

문화는 지역 연계의 중요한 요인으로 유사한 문화 특징을 가진 국가 간 교류는 초국경·초지역적 전파를 통해 장기간 누적되면서 지역 특색을 가진 공통적인 문화권을 형성한다. 어떤 문화가 계승·발전하는데 중심이 되는 지역은 주로 지연 인접성에 의거하기에, 문화 연계는 비교적 강한 지역성을 보인다.

역사 또한 지역 연계에서 중요한 요인이다. 각기 다른 국가·지역은 공통된 역사가 존재하여 '공유하는 역사적 사명'을 가지기도 하는데, 이를 토대로 초국가적·초국경적 연계가 진행되기도 한다. 공통된 역사의 바탕 위에서 지역 연계는 국가·지역에서의 공동 발전 과정과 국가 간 관계를 반영하고, 국가, 민족, 문화의 차이, 국가 간 갈등을 반영하기도 한다.

인문 연계 대부분이 오랜 역사에서 누적해 온 결과로 국제지역 구축에서 중요한 작용을 한다. 인문 연계가 보이는 다양성, 개방성, 전파성, 계승성 등 특징은 각기 다른 국가·지역 간 각종 형태의 다방면 교류를 촉진하여 지역 연계를 강화한다. 인문 교류 과정에서 문화 경쟁이 발생하기도 하기에, 각국은 자국 민족 문화의 주체적 위치를 유지하기 위해 노력한다. 종합하여 볼 때, 국제지역에서의 문화 연계는 국가 간 관계, 지역 간 관계에서의 소통과 이해를 강화하는 데 중요한 작용을 한다.

3) 이익 연계

이익 연계는 공동 이익에 기반하여 진행되는 연계를 가리키며, 국제지역의 이익은 지역 내 국가가 지역 활동에 참여하는 근본적인 동력이자 목적이다. 광의적 의미에서 볼 때, 지역 이익은 지역 내에서 각국이 정치, 경제, 문화 등 방면 발전에서 자국의 공헌과 역할로 확보하는 총체적 이익이다.[1]

이익 연계는 각기 다른 국가·지역이 정치, 경제, 문화, 사회 등 방면 이익에 기반하여 초국가적·초지역적 연계를 진행하는 것이며, 구체적으로 정치 이익 연계, 경제 이익 연계, 문화 이익 연계, 사회 이익 연계 등으로 구분할 수 있다.

이 중에서 경제 연계는 국제지역에서 가장 직접적이고 중요한 연계이며, 지역 경제 발전의 기초는 공동 이익 공유, 즉, 각국 모두가 참여를 통해서 이익을 창출하는 데 있다. 지역 내 관계와 지역 간 관계에서 다양한 형태로 경제 연계를 추진할 수 있는데, 예를 들어, △지역 경제협력기구, 경제공동체 설립으로 시장개방, 정책 협력을 통해 지역 경제화 발전을 이룰 수 있고, △자유무역지대를 구축, 규칙에 기반한 시장개방협정을 체결하여 지역 내 무역·투자 발전을 촉진할 수 있으며, △각국 간 경제 협력을 전개하여 지역 기초 인프라, 통신·전자상거래 네트워크 등을 구축할 수 있다.

지역 내 관계, 지역 간 관계 중 각기 다른 영역에서 이익 연계, 즉 지역 협력 메커니즘 구축이 크게 발전하고 있다. 이러한 지역 메커니즘은 지역 내 참여국(혹은 기구)이 특정 영역에서 상호 관계를 조율하여 이익 극대화를 추진하는 구체적 운영 모델이다. 지역 내·지역 간 참여국(혹은 기구)는

---

[1] 참조 : 程必定主編 : 《区域经济学》, 安徽人民出版社1989年版, 第189页.

지역 협력 메커니즘 구축을 통해서 특정 영역에서의 공동 이익에 대해 조율하고 효율적인 협력 모델을 구축하는데, 이는 지역 협력과 지역통합을 촉진할 수 있다. 다시 말해, 지역 협력 메커니즘은 이익 연계를 기반으로 지역 내·지역 간 참여국(혹은 기구)가 공동 이익을 추구할 수 있는 중요한 협력 모델이자, 지역의 안정적 발전과 상호호혜적 협력을 실현할 수 있는 주요한 모델이다.

지역 협력 메커니즘 구축에 있어서는 아래와 같은 중점 사항이 있다.

(1) 협조, 협상, 공동 번영, 협력을 기본원칙으로 다수 공감대를 기반으로 특정한 아젠다를 수립한다.
(2) 제도적인 보장을 기반으로 하여 협력 고도화, 공감대 확대, 지역 협력의 양적·질적 제고를 목표로 한다.
(3) 최대한 지역 이익을 공유하는 것이 지역 협력 메커니즘 구축의 핵심이다.

지역 정치는 국가 정치의 기초 위에 수립되며, 정치 이익 연계는 공동 정치 제도, 정치적 공감대, 공동 지역 안보 등 방면에 집중된다. 제2차 세계대전이 종식된 후, <유엔 헌장>(Charter of the United Nations)에서 국제지역 정치에 대한 기본적인 규범·원칙을 명확히 규정하였는데, 주요한 내용으로 △국가 주권 독립과 정치 다양성 인정, △평화와 협력에 기반한 상호공존, △개방·포용·상호학습·상호 표방에 기반해 평등하게 참여하는 정치 대화 전개, △지역 대화·협력 메커니즘 구축 등이 있다. 지역 정치는 공동 정치 제도, 정치적 공감대를 바탕으로 하여 각국, 각 지역 간 상호연계를 추구한다. 그 외, 공동 지역 안보 또한 정치 이익 연계의 중요 요인인데, △국가 간 관계에 영향을 미치는 안보 문제, △초국가적 안보 위협 확산 문제, △공동안보 등 현안을 포함한다. 안보의 특성에 근거하여, 지역 안보를 전통적 안보와 비전통적 안보로 구분할 수 있다. 안보 문제 대부분은 위협과 손실이 한 국가에만 국한되지 않고 비교적 강한 지역 특징을 가지고 있는 공동안보 문제의 특성을 가지고 있어, 지역 내 각국, 각 지역이 연계하여 공동으로 대처할 필요가 있다.

문화 이익 연계는 국제지역 연계의 중요 요인이며, 각국, 각 지역이 문화 주도권을 유지하며 문화 충돌을 피하고 문화 패권을 억제하기 위해 진행되는 연계이다. 문화 이익 연계 대부분은 '동질적 특징'을 가진 문화권 내에서 나타나는데, 동일한 문화권에서 다양한 문화의 융합을 통해 선진 문화를 인정·표방한다. 전 세계 주요 문화권은 모두 매우 강한 지역성을 가지고 있다.[1] 동아시아 문화권 연계의 대표 콘텐츠는 유교문화, 불교문화, 한자이다. 라틴 문화권 연계의 대표 콘텐츠는 천주교, 개신교 각 종파 문화, 기독교 가치관 등을 들 수 있다. 이슬람 문화권 연계의 대표 콘텐츠는 이슬람교 문화가 있는데, 이슬람교 신앙, 아랍문자가 포함된다. 인도 문화권 연계의 대표 콘텐츠는 힌두교와 불교문화이다. 동방정교 문화권 연계의 대표 콘텐츠는 동방정교 문화이다. 유구한 역사의 계승·발전은 현대 지역 문화 발전에 지속적 영향을 미치며, 다양한 문화 요소는 지역 특색의 문화 이익을 형성하고, 각 국가·지역이 동일한 문화의 기초 위에 동일한 문화 사상을 형성하게 하여 '공동체적 인식'을 가지게 한다.

정치 이익 연계, 경제 이익 연계, 문화 이익 연계 등 다방면에서의 연계는 각국·각 지역이 초지역적 교류 과정에서 이익 극대화를 실현하기 위해서 지역과 지역 간, 국가와 국가 간 이익 관계를 합리적으로 처리해야 한다는 점을 보여준다. 협력적 이익 관계의 구축은 국가 간 관계, 지역 간 관계를 올바른 방향을 발전하는 데 중요한 작용을 한다.

2. 지역의 공역성 자원

국제지역의 '공역(共域)' 혹은 '동역(同域)'이란 통상적으로 국제지역 내에서 각국이 공유하고 있는 수많은 영역을 가리키는데, 국제지역에서의 공역성(共域性)은 국제지역의 특징과 의미를 더욱 부각시킨다. 자연성 공역은 주로 수자원, 천연자원, 기후, 해역, 공역(空域) 등 공간·영역을 포함한다. 이러한 공역 대부분

---

[1] 예를 들어, 유교 문화권, 이슬람 문화권, 동방정교 문화권, 기독교 문화권은 모두 지역적인 분포 특징을 가지고 있다. 다만, 한 지역 내에서도 타문화권의 확산이 존재하고, 일부 지역은 '비주류' 문화에 대한 배척이 존재하거나 혹은 동일한 문화 계통에서 다른 계파 간의 갈등과 충돌도 존재한다. 예를 들어, 동아시아 같은 지역은 다양한 문화가 병존하고 우호적으로 공존하는 특징을 가진다.

은 각기 다른 국가에 귀속되어 있지만, 공역은 초국가적 존재성을 가지며, 지역 전체 혹은 다수 지역을 관통하기도 한다. 국제지역에서의 공역성을 가지는 자원은 △전속성과 개방성, △독립성과 다원성의 이중적 특성을 보인다. 공역 내에서의 행위 주체는 국가 외에도 다원적인 비국가 행위 주체도 포함하는데, 행위 주체 간 복잡 다원한 동태적 상호작용이 존재한다.

특정 공역에서의 문제를 하나의 독립적 문제·의제로 확립하는 전제는 각국이 문제의 긴박성을 인식하고 공동대처와 해결이 필요하다고 여겨 그 문제를 독립적으로 분리하는 것이고, 이를 전제로 각국은 공역에 기반한 공감대를 형성할 수 있다. 이러한 점에서 볼 때, 공역은 지역 내 각 행위 주체에게 있어 공동 이익 영역이라고 할 수 있다.[1] 공역에 기반한 공동 이익 영역이 존재하기에 지역 거버넌스를 구축하는 기초가 존재한다.

공역은 국제지역에서의 각 행위 주체에게 공동 이익 공간을 제공할 뿐만 아니라, 각 행위 주체에게 공동 이익 수호, 지역 거버넌스 참여 등 방면에서 공동 책임을 부여한다. 공역 거버넌스는 지역 거버넌스에서 중요한 영역이며, 공역 거버넌스 주체로서의 각국은 협력에 기반한 공역 거버넌스 메커니즘·규칙을 제정하여 거버넌스를 진행하는데, 역할·책임 분담을 통해 거버넌스를 위한 각종 지원을 제공한다.

【보충 자료】

란창강-메콩강 유역 수자원 관리 문제는 관련 국가들의 공통된 관심사이다. 라오스, 미얀마, 태국, 베트남, 캄보디아, 중국 6개국은 메콩강 유역을 공역으로 하는 관련 국가로 수자원 안보에 대한 관심에서 출발하여 메콩강 경제권 협력 메커니즘을 확립하였다. 그 외, 태국, 캄보디아, 베트남, 라오스 4개국은 메콩강위원회(Mekong River Commission)를 설립하고, 지역 수자원 협력 법률 체제를 구축하였다. 이러한 협력 메커니즘은 전형적 초지역 공역 거버넌스 모델인데, 각국 이익에 부합하는 수자원 개발 협력 기조를 유지하는데 중점을 둔다.

---

1) 참조 : 管治国 : 《日本参与国际环境制度的绩效研究-基于共域模型的分析》, 外交学院博士学位论文, 2011年.

독립적 문제로서의 공역 거버넌스는 협력 메커니즘 구축, 종합성·협력성 기구 구축을 통해 전개할 수 있다. 비교적 효율적인 방안은 목표지향적인 기능성 거버넌스, 즉 구체적인 현안에 대한 거버넌스 계획을 제정하여 협력하는 것이다. 기능성 거버넌스는 참가국이 공동으로 참여하는 방식을 통해 공동 법규 제정, 관련 협약 체결을 추진하는 것을 가리키는데, 기능형 거버넌스는 강한 선택성과 지향성을 띄고 있다. 하천·수자원 관리, 천연자원 이용·개발, 해양자원·생태 관리, 생태환경 보호 등 자연성 공역에서의 분쟁은 참가국이 공동법규 제정, 관련 협약 체결 등 방식을 통해 지역 거버넌스에서의 목표를 실현할 수 있다. 시장개방, 초국경적 공동안보(밀수, 마약, 테러 등), 인원 유동, 자본 유동 등 공역성이 강한 영역에서도 관련 협약 체결을 통해 지역 거버넌스와 지역 질서 안정을 도모할 수 있다. 협력 메커니즘 구축과 참여에서 볼 때, 기능성 거버넌스는 지역 내 모든 국가가 참가할 필요는 없으며, 관련 협약이나 프로젝트는 추진 초기에는 소수 국가만이 먼저 발기하고, 여타 국가가 후속으로 참가하기도 한다.

3. 지역과 국가

국가가 국제지역을 구성하는 기초이자 기본 구성 주체이며, 국가의 국제지역에 대한 인식과 참여는 국제지역 구축을 위한 관건이다. 하지만, 국가의 존립과 발전은 국제지역으로부터 독립되지 않고 큰 영향을 받는다. 이러한 측면에서, 국가는 국제지역에 속하는 국가이며, 국제지역학 관점에서 출발하여 '지역 내 국가'라는 인식은 실질적 의미를 가진다.

지역 내 국가라는 인식은 국가가 지역에 대한 소속감을 가지게 만든다. 국가의 지연적 위치는 영구적이고 이동·변환 불가한 특성을 가지며, 국가가 가지는 지역에 대한 인식은 일종의 내재적 인식에서 비롯하는데, 지역은 지역 내 각국 공동의 생활 터전으로, 각국은 지역을 보호·유지할 책임을 가진다. 지역이 국가에 늘 혜택을 주지는 못하고, 자연적·인위적 요인은 국가를 위협하기도 하는데, 이는 각국이 지역 협력을 추진하는 원동력이 된다. 지역 내 각국은 협력을 통해 보다 양호한 거버넌스를 구축한다. 지역 협력은 각종 위기, 재난 등 충격 요인에 의하여 만들어지기도 한다.

지역 내 국가라는 인식은 국가가 자국이 속한 지역을 중시하게 만든다. 이러한 지역 내 국가는 자국이 지역과 긴밀하게 연계 되어있고, 지역으로부터 이익을 얻을 수 있다고 인식한다. 국가는 지역에 대한 중요성 인식을 바탕으로 지역이 거버넌스 권한에 필요한 권한, 즉, 국가가 가진 거버넌스 권한의 일부를 지역에 양도하는데, 이는 지역 협력을 전개하는 기초이자, 각국이 적극적·주동적으로 지역 협력에 참가하는 전제조건이다.

지역 내 국가라는 인식은 국가가 지역 이익에 대한 직접적인 인지·기대, 특히, 공역성 영역에 대해 직접적인 인식과 공감대를 가지게 한다. 지역 공동 이익은 지역 내 각국을 긴밀하게 연계시키는 매개체이자, 각국이 지역 협력을 추진하는 원동력으로, 특히, 개방과 상호 의존의 시대에서 더욱 많은 이익을 제공할 수 있다. 이에, 국가는 지역 협력에 대한 적극적인 지원·투자를 진행하려 한다.

지역 내 국가라는 인식은 국가가 지역에 대해 더 큰 책임감을 가지게 할 수 있다. 지역 구성원으로서 국가는 원만한 지역 관계 유지, 지역 자원·환경 보호 등 방면에서 큰 책임감을 가진다. 실제로, 수많은 방면에서 발생하는 문제가 먼저 지역 범위에서 나타나고, 지역 내 국가가 주요 책임을 가지는데, 이 때문에 국가의 지역에 대한 책임감과 책임 의식이 매우 중요하다.

이러한 관계에서 볼 때, 국가와 지역 간 연계 측면, 국가와 지역 각 층위 측면에서 국가와 지역 간 관계를 심화 연구하는 것은 이론 측면에서 국가 와 지역 간 내재적 관계를 이해하는 데 중요한 의미를 가진다.[1] 지역 내 국가에 대한 연구는 국가의 정치, 정책, 대외관계, 특히 국가와 지역 간 관계, 국가가 참여하는 지역 거버넌스 정책과 역할 등 내용을 중점적으로 연구한다. 구체적으로 제도, 정당, 정세 외에 국가의 지역에 대한 인식, 지역 메커니즘 구축을 중점적으로 분석한다. 국가정책에 관한 연구는 국가의 지역 메커니즘 구축·거버넌스에 대한 참가와 지역 발전 과정에서의 영향에 중점을 둔다.

국가와 지역 간 관계는 다양한 영역에서 수많은 요인의 영향을 받는데, 주로 지역 제도, 지역 관계, 각국 정책, 각국 대외관계 등 요인을 포함한다. 지역 제도

---

[1] 참조 : 任曉、孫志强 : 《区域国别研究的发展历程、趋势和方向 – 任曉教授访谈》, 《国际政治研究》 2020年第1期.

건설은 지역 메커니즘 구축의 중요한 내용으로 △지역주의(Regionalism) 이념에 기반한 제도화 건설, △기능주의(Functionalism) 이념에 기반한 메커니즘화 건설로 구분할 수 있다. 지역주의 이념에 기반한 제도화 건설은 지역 내 각국이 설립한 지역 협력 기구가 책임지며, 기능주의 이념에 기반한 메커니즘화 건설은 특정한 지역 협력 기구가 아닌 지역 내 각국 간의 협의, 협약, 원칙 등 방식을 통한다. 지역 협력 기구나 협약 등 협력 모델은 모두 지역 내 참가국에 대한 구속력을 가지며, 참가국은 공통 법규·원칙을 준수해야 할 책임과 의무가 있다. 지역 내 각국 간 이러한 상호협력 움직임으로 국제지역의 특수성이 형성되었고, 지역 내 각국의 변화·발전에 영향을 준다. 통상적으로 제도화 건설 수준이 높을수록 지역 질서가 더욱 안정적이며 지역 내 각국 발전에 유리한 환경이 조성되고 각국 간 관계도 더욱 긴밀하다. 제도화 건설은 지역 각국의 지역관과 지역 동질성을 심화하여 국가가 지역에 더 큰 거버넌스 권한을 부여하는 데 긍정적 영향을 주고, 지역 사무에 더욱 적극적으로 참여하게 한다. 지역에 대한 인식과 역할 측면에서 볼 때, 상호포용적 지역 동질성을 가진 국가들은 지역 메커니즘 구축에서 공감대를 형성하기 용이하며, 이를 기반으로 실질적 협력을 추진한다. 이러한 점에 비추어, 지역에서의 제도화 건설은 △국가의 지역관 구축, △각국 간, 국가 간 상호 교류 관계 발전에 중요한 작용을 한다.

지역 관계 역시 국가와 지역 관계에 영향을 미치는 중요한 영역이며, 관계 구조는 통상적으로 지역 내 관계, 지역 간 관계를 포함한다. 지역 내 관계는 특정 지역 내부에서 형성하는 국가 간, 비국가 행위 주체 간 관계를 가리키며, 양호한 지역 관계는 지역 내 각 행위 주체가 공동 이익을 공유하고, 지역 질서를 공동 구축하는 데 기초한다. 이러한 관계는 지역 내 각국의 발전을 촉진하고 국가 간 평화공존에 유리한 환경을 제공할 수 있다. 양호한 지역 관계를 구현하기 위해서는 지역 내 각국의 자각적인 공동 구축 추진 조치도 필요하여, 지역 내 각국의 발전은 지역 내 각국 간 관계 흐름에 중요한 영향을 미친다. 지역 간 관계는 각기 다른 지역 간 국가, 비국가 행위 주체 간 형성하는 초지역적 관계로, 여기서 국가는 실천적 행위 주체이다.[1] 양호한 지역 간 관계는 국가와 비국가 행위 주체의 협력·상호작용으로 구성되며, 지역 내 국가의 발전에 있어 초지역

---

1) 참조：郑先武：《区域间主义治理模式》, 社会科学文献出版社2014年版, 第50页.

적 활동 공간을 제공하여 각기 다른 지역 내 국가 간 관계 개선에도 중요한 의미를 가진다.

지역 관계는 수많은 요인이 관련되어 있어 복잡 다변한 특징을 나타낸다. 지역 내 관계 구조와 질서는 각종 영향 요인이 변화함에 따라 끊임없이 조정될 수 있는데, 이러한 조정이 안정적일 수도 급진적일 수도 있다. 급진적인 변화는 지역 관계에서의 갈등과 충돌, 심지어 전쟁을 초래할 수도 있다. 강대국이 주도하는 지역 관계·질서는 일시적으로 안정을 유지할 수도 있지만 장기 지속되기 어려운데, 강대국의 몰락으로 지역 관계에서의 구조·질서가 붕괴되기도 한다. 양호한 지역 관계는 협력에 기반한 지역 규칙·법률 기초 위에 수립할 수 있다.

【보충 자료】

지역 질서의 형성은 다양한 역량이 상호작용한 결과로 지역 관계 발전에 직접적인 영향을 미친다. 권력 전이 이론은 통상적으로 지역 강대국의 흥망성쇠와 지역 질서 변화 간 밀접한 연관성이 있다고 보았는데, 즉, 강대국의 굴기는 새로운 지역 질서 구축을 의미하고, 강대국의 몰락은 이러한 기존 지역 질서의 붕괴를 초래할 수 있다는 것이다. 공격적 현실주의 이론은 지역 내 신흥 후발 강대국은 통상적으로 자국을 중심으로 한 지역 질서 구축을 모색하고, 이로 인해 기존 지역 질서와 충돌이 발생한다고 보았다. 자유 제도주의 이론은 강대국의 흥망성쇠 혹은 신흥 후발 강대국 도약이 반드시 지역 질서 전환을 가져오지는 않는다면서, 관련 강대국들은 현 지역 제도의 틀 안에서 경쟁하면서 전략을 수정한다고 보았다.

지역 내 각국은 정치, 경제, 안보, 이익, 문화, 종교, 전략 등 다양한 요인을 고려하여 관련 지역 정책을 제정·실시한다. 각국의 지역 정책은 매우 큰 차이를 보이고, 국가 발전단계에 기인한 국가정책 조정으로 상응하는 변화를 보인다. 통상적으로, 국가는 직접적 이익이 존재하는 지역 현안·지역 제도에 대해서는 적극적인 참여·협력을 추진하지만, 제도적 구속력이 강하거나 국가 발전 전략과 이익이 상충할 경우에 소극적으로 참여하거나 협력 아젠다를 탈퇴하기도 한다.1) 국가정책은 한 국가의 지역 메커니즘 구축 참여 노선·수준·방향에 결정적인 영향을 미치고, 지역 메커니즘 발전 역시 국가정책의 제정·추진에 큰 영향을 미친다. 종합해 볼 때, 지역 내 각국 이익 전반에 부합하는 지역 메커니즘·제도가 지역 내 각국의 적극적인 참여를 이끌어 내는데 용이하며, 강한 지역관을 형성한 지역이 지역 내 각국의 적극적인 참여 정책을 추진한다.

각국 대외관계에서 지역 관계는 매우 중요하며, 대다수 국가는 자국이 속한 지역 내 국가를 가장 유용한 관계로 여기고 여타 지역과는 차별화된 대외관계를 형성한다. 국가 간 관계는 복잡 다양한 요인의 영향을 받아 원만한 관계나 관계 긴장을 조성한다. 국가 간 관계는 동태적으로 변화하며, 국가 간 상호 교류에 따라 변화한다. 통상적으로, 양호한 국가 간 관계는 국제지역 화합을 촉진하며, 긴장된 국가 간 관계는 국제지역의 협력·발전을 저해한다. 국제지역의 구축은 국가 간 관계를 개선하기도 하는데, 예를 들어, 국제지역에서의 제도화·메커니즘화 건설은 국가 간 교류에 협력 플랫폼을 제공하고, 공동법규·절차 제정을 통해 국가 간 관계 개선을 촉진한다.

지역은 객관적 존재 개념으로, 단순한 '추상적 공동체'가 아니다. 국제적 특성을 가진 전체로서의 지역은 다양한 방식으로 연계를 진행하며 다양한 공역을 형성한다. 이러한 공역의 존재, 공역에서의 발전은 지역 차원에서의 관리·거버넌스가 필요하다. 국가는 지역에서의 기본 구성 주체이자 본위이며, 지역 거버넌스에서 핵심적인 역할을 발휘한다. 지역 메커니즘 구축에 참여하는 과정에서 국가와 지역 간 밀접한 상호작용을 하는데, 각기 다른 영역에서 수많은 영향 요인이 존재한다.

---

1) 예를 들어, 1965년 유럽경제공동체(EEC, European Economic Community)는 프랑스가 회의에 불참하면서 '공석' 위기가 발생하였다. 프랑스가 불참한 원인은 유럽경제공동체위원회 위원장이 유럽경제공동체 장관 이사회의 표결 메커니즘을 만장일치 통과제에서 다수통과제로 개정하면서 유럽경제공동체위원회의 권력 확대를 꾀했기 때문이다. 이에 대해, 프랑스 대통령 드골(Charles de Gaulle)은 소극적 반대 정책을 채택했고, 프랑스 駐유럽경제공동체 대표는 6개월 연속 유럽경제공동체 회의에 불출석하였다.
또 다른 예로, 2013년 1월 23일 영국 총리 데이비드 카메론(David Cameron)은 전국민 투표를 통해 영국의 유럽연합(EU, European Union) 탈퇴를 추진할 것이라고 발표하였다. 수년간 준비를 거쳐, 2017년 3월 10일 영국의 '유럽연합 탈퇴(Brexit)' 프로세스가 정식 가동되었다. 2020년 1월 30일 유럽연합은 영국의 유럽연합 탈퇴를 정식 비준하였다.

제3절 국제지역의 정위

국제지역의 정위(定位)는 아래 두 속성을 포함한다.

1) 국제지역은 객관적·실제적 존재 개념, 즉, 다양한 영역의 연계에 기반한 실질적 존재이다. 지역이 가지는 객관적 존재 개념은 불가변적이라는 의미에서 국제지역의 정위를 가늠하는 기초가 된다.
2) 국제지역은 주관적 인식, 즉, 지역에 속한 국가가 가지는 지역에 대한 인식과 입장이다. 지역 내 각국이 각기 다른 인식과 입장을 보일 수 있지만, 지역의 객관적·실제적 존재 기초는 지역 내 각국이 기본적인 동질성에서 공통된 특성이나 공감대를 가지게 하며, 지역 내 각국이 가지는 공감대는 국제지역의 정위를 형성하는 바탕이 된다.

국제지역의 정위에서 가장 중요한 내용은 국제지역에서 기본 구성 주체이자 본위로서의 국가가 어떻게 국제지역의 역할 속성과 특징을 정확하게 인지하는가에 있다. 국제지역의 정위는 지역 연계에서와 유사하게 주로 지리적 공간, 기능, 이념 등 방면에서 지연, 이익, 문화 세 요소에 중점을 둔다. 국제지역의 정위를 각기 다른 방면에서 분석하는 것은 국제지역의 정의, 국제지역의 구분, 국제지역 구분에서의 영향 요인 등 문제를 이해하는 데 큰 도움을 준다.

1. 지연에 기반한 국제지역의 정위

지연은 두 국가 혹은 지역이 지리적 위치상으로 인접하여 발생하는 관계를 가리키며, 이는 국제지역의 정위를 정의하는 기초이다. 한 지역의 형성은 우선 특정한 지리적 범위나 공간에 기반하며, 국제지역은 주로 대지역, 소지역, 세부지역 세 층위로 구분하는데, 구체적으로 대지역은 각기 다른 대륙, 소지역은 각 대륙 지역 내에서의 재구분한 지역, 세부지역은 각 소지역 내 몇몇 국가가 구성하는 지역을 가리킨다. 인접한 지역일수록 상호 교류가 빈번하여 연계 긴밀도가 높은데, 통상적으로 세부지역의 연계 긴밀도가 소지역보다 높고, 소지역의 연계 긴밀도가 대지역보다 높다. 지연에 기반한 국제지역의 정위는 지리적 범주를 넘어서 특수한 내재적 연계와 공동 이익 기반을 가지고 있다.

지연에 기반한 국제지역의 정위는 우선 특정 지리적 범주로서의 지역의 존재성을 명확히 나타내주는데, 통상적으로 국제지역이 형성되는 것은 특정 지리적 범위를 기반으로 하며, 이는 지역의 일반적 의미에서의 속성이다. 지연에 기반해 형성·발전한 지역은 아래와 같은 기본적·특수적 기능을 가진다.

(1) 지역이 일정 범위에서의 공간적 경계를 의미하므로, 민족국가의 지리적 속성을 구분하고 강화한다. 지역이 주로 국가로 구성되었더라도 지역의 지연적 특징은 반대로 국가 경계를 더욱 명확하게 인식시켜 지역 내 국가가 특정한 지역 인식과 지역관을 형성하게 한다.
(2) 지연은 같은 지역 내 국가 혹은 인접 지역에서 상호 교류에 유리한 조건이 되는데, 지연이 가까울수록, 국가나 지역 간 상호 교류는 상대적으로 긴밀하며, 정치, 경제, 안보, 문화 등 영역에서의 지역 협력 가능성도 높아진다.
(3) 지연은 국가 간 관계, 지역 간 관계의 발전에 있어 중요한 영향을 미치는데, 다양한 영역에서의 연계는 다양한 협력 모델이 구축되게 한다. 상호 인접성은 국가 간 상호 협력, 평화공존을 촉진하기도 하고, 패권 경쟁, 강점, 합병 등 목적에서 무력 충돌·전쟁을 야기하기도 한다.
(4) 지연은 지역 내 각국 혹은 각 지역이 공역성(共域性)을 가진 천연자원, 생태환경을 공유하게 하는데, 이러한 공역성 자원은 국가 간 관계의 특성을 바탕으로 한다. 지역 내 모든 국가는 천연자원, 생태환경 등 공역성 자원을 관리·이용할 권리를 가지기에 각국의 종합 분배·관리 협력 필요성에 기인하여 지역 내, 지역 간 각국은 상호 교류 관계를 발전 강화한다.

지연에 기반한 지역 협력은 지연이 인접한 국가·지역에서 진행하고, 협력 방식과 협력 층위가 다양하여, 주로 지역 공동 이익과 관련한 현실적 수요에 기반하여서 지역 협력 메커니즘·지역 협력 기구를 구축할 수 있고, 문제지향적으로 기능성 협력 메커니즘·아젠다·프로젝트를 추진할 수도 있다. 대지역, 소지역 등 모든 층위에서 이미 다양한 협력 모델을 발전시키고 있다.

대지역 층위에서는 지역 협력 목표가 종합성을 가지고 지역 평화 실현에 중점을 두고 있어 이미 유럽연합 같은 다양한 지역 협력 기구를 설립하여 고차원의 지역 종합 거버넌스 기능을 구비하였다.

소지역 층위에서는 이미 아세안 같은 지역공동체 구축을 추진하고 있거나, 자유무역지대 등 기능성 협력 메커니즘을 구축하였다. 세부지역 층위에서는 공동 이익을 도모하며 각국이 실질적이고 성과 지향적인 각종 협력을 전개하고 있는데, 상설 협력 메커니즘을 설립하거나, 하천, 해역 등 공역(共域)에 대한 경제협력 발전 구역 추진 등과 같이 협력 규획을 제정하여 공동협력 아젠다를 수립하고 있다.[1]

지역적 요인으로 인해 인접 국가 간 다양한 방면에서 연계되고 상호 공동 이익이 존재하지만, 여러 가지 갈등도 존재한다. 인접 국가 간에는 실제로 역사 발전 과정에서 발생한 수많은 은원(恩怨)이 있는데, 이로 인해 무력 충돌·전쟁을 야기되기도 한다. 갈등 해결을 위해서는 우선적으로 당사국 간 직접적인 참여로 협상, 담판 등 방식을 통해 갈등을 해소하고 충돌을 예방해야 한다. 장기적인 관점에서 협력 메커니즘이나 협력 기구를 구축하여 공동규칙·질서를 확립해야 하는데, 이러한 시도는 상호 간 관계, 경제 교류, 자원 개발, 환경보호, 인적교류 등 방면에서 협력 거버넌스가 가능하게 한다.

2. 이익에 기반한 국제지역의 정위

국제지역은 복잡하고 초경계적인, 다양한 동질성의 특징을 가진 구조적으로 다차원적인 공간 개념이다.[2] 지역 이익은 현실을 바탕으로 한 영역 개념으로 정치, 경제, 문화, 안보 등 각 영역에서 나타나고, 국가, 기구, 개인 등 각 차원에서 이익 지향적 동기·동력이 존재한다.

국가이익에 기반한 국제지역의 정위는 종합적 의미에서의 지역 구축에서도, 특정 영역 수요에 기반한 기능성 협력 메커니즘 구축에서도 존재하는데, 기능성 협력 메커니즘의 구축은 지연 인접성의 제약을 받지 않는다. 이익에 기반한 국

---

1) 참조 : 宋涛、李玏、胡志丁：《地缘合作的理论框架探讨－以东南亚为例》，《世界地理研究》 2016年第1期。
2) 참조 : 汪晖、王中忱主编：《区域》，社会科学文献出版社2014年版，卷首语。

제지역의 정위는 지역 내 각국, 지역 간 국가가 특정한 공동 목표를 실현하기 위해 지역 현안에 참여함으로써 나타나는데, 일부 지역 협력 메커니즘은 '개방적 지역주의(Open Regionalism)'를 제창하며 여타 지역 국가의 참가를 요청하기도 한다. 실제로 현실적 이익에 기초하여, 한 국가의 지역에 대한 전략은 단 하나의 지역에만 참여하는 것이 아니라, 동시에 다수 지역에 참여할 수도 있다.

이익에 기반한 국제지역의 정위는 지역이 가지는 기능과 역할을 더욱 명확하게 보여준다. 이익에 기반한 지역의 정위는 지역의 정치, 경제, 문화, 종교, 안보, 전략 등 영역에서의 기능을 명확히 하여, 지역 내, 지역 간 국가가 제반 영역에서 직간접적 이익을 공유하는 데 의의가 있다.

1) 이러한 정위는 지역의 기능·역할을 명확히 하여, 지역을 정치 이익 구역, 경제 이익 구역, 문화 이익 구역, 종교 이익 구역 등으로 세분할 수 있다.
2) 동일한 이익 공간을 가지는 국가 간에는 상대적으로 더욱 강한 이익 관련성을 가지고 있어, 이익 분배는 국가 간 관계, 지역 간 관계에서 중요한 영향을 미치는데, 이익 분배 불균형, 이익에 대한 패권 쟁탈 등 국가 간 경쟁·충돌을 야기하기도 한다.
3) 이익에 기반한 국제지역의 정위는 각국이 이익 지향적인 지역 동질성을 형성하여 각국이 역할에 따라 지역 속성을 명확히 인식하게 만든다. 이익에 기반한 국제지역의 정위에 대한 공통된 인식은 국가가 지역 구축에 공감대를 형성하게 하고, 각국이 지역에서의 자국 이익을 명확하게 인식하여, 이를 기초로 협력 조치를 추진하게 한다.
4) 이익에 기반한 국제지역의 정위에 대한 공통된 인식은 각 국가·지역이 공동 구축하는 질서를 바탕으로 메커니즘·제도 구축을 통해 지역이 공유하는 공동 이익을 창출하는 것이 필요하다. 각국의 이익에 대한 공통된 인식은 국가나 지역이 협력을 강화하는 추진력이 된다. 근본적으로 볼 때, 공동 이익 공유는 지역 발전의 기초이며, 수익·발전에서의 균형을 실현하기 위해서는 관련 국가들의 이익 분배 등 문제에 대한 협조, 관리와 거버넌스가 필수적이다.

각기 다른 지역의 이익에 대한 인식을 명확히 하기 위해서는 지역 자원 환경 분포 특징에 근거하여 각기 다른 지역에 대한 발전구획을 설계하여 지역 기능,

3. 문화에 기반한 국제지역의 정위

문화는 주로 민족, 종교, 사상 등 요인을 포함하는 눈에 띄는 지역 특징을 보이는데, 문화에 기반한 국제지역의 정위는 문화 범주적 개념 정의로 문화적 관점에서 지역이 가지는 정위를 인식하는 것이다. 유사한 문화 요인을 가지는 국가·지역은 문화 계승 발전 과정에서 민족권, 종교권, 문명권 등과 같은 지역 특색의 문화권, 문화 구역을 형성하는데, 이러한 문화권은 특정 문화에 기반한 특정 지역이다. 이러한 지역은 지연 요인에 근거하여 구분하는 것이 아니라 주로 문화 동질성에 근거하여 구분된다. 개방성, 다양성, 전파성, 계승성 등 문화의 특징은 문화에 기반한 지역이 지연·이익에 기반한 지역보다 안정적·항구적 전략적 의미를 가지게 한다.

문화에 기반한 국제지역은 국제지역의 정위에 있어 매우 중요한데, 문화가 지역을 구성하는 중요 요인이기 때문이다. 지역 문화는 동질성·주체성을 가지는데, 이는 지역 내 각국이 공동으로 가지는 것이다. 동질성은 문화의 단일성을 의미하는 것이 아니라, 문화 차이에 기초하여 유사한 공유 문화를 형성하는 것으로 공유 문화는 지역 특징을 더욱 선명하게 만든다. 발전 과정에서 지역 내 문화 경쟁하기도 하고, 양질의 문화가 다원 공존하고 상호 학습·표방되면서 지역 문화는 더욱 심화 발전한다. 한편, 각기 상이한 문화 간 악성 경쟁이나 강압적인 자체 문화 선전은 여타 문화를 약화·소멸시킬 수 있는데, 이는 문화 배척, 문화 전쟁을 초래하기도 한다.

지역 관계에서도 문화는 중요한 전략 자원으로 지역 내 각국 협력이나 경쟁에서의 중요 영향 요인이 된다. 문화 동질성과 소속감이 일치한다면 국가 간 협력이 상대적으로 순조로운 반면, 문화 인식·가치가 상충한다면 국가 간 문화 경쟁이 심화된다. 문화에 기반한 지역에서 각국의 각기 다른 이익·가치관이 병존하는데, 각국은 지역 문화 공존·공유 방법을 모색할 필요가 있다. 문화는 지역 이미지를 형성하고, 각국의 문화에 기반한 국제지역에 대한 이미·역할 부여는 지역 문화의 포용적 인식과 동질감을 형성하는 데 도움을 준다.

지역 문화 구축은 각기 다른 문화 간 상호 학습·표방으로 공감대를 형성하고 지역 개방, 포용, 협력의 공존 환경을 구축하여 공동 이익 공유를 제고하는데 의의가 있다. 문화는 교류 촉진, 이해 증진 등 방면에서 특수한 작용을 발휘하며, 각국의 지역에 대한 인지, 이익에 대한 인식을 제고한다. 문화는 지역 발전에서의 메커니즘이자 동력으로 종합적인 지역 구축에서 중요한 작용을 한다. 지역은 문화가 표현되는 공간적 담체(擔體)로 더 나은 발전이 가능한데, 지역 내, 지역 외 관계에서 문화를 구심점으로 더욱 용이한 방법으로 관련 행위 주체들을 연계·소통시켜, 갈등·충돌을 완화할 수 있다.

다만, 각 지역 문화도 매우 큰 차이를 보여 획일적 기준을 통해 지역 문화 우열을 평가하기는 어렵다. 글로벌 시대에서 문화의 전파와 수용은 초국가적·초지역적 특성을 지니는데, 이로 인해 글로벌 보편성을 가지는 문화가 형성된다. 다양한 문제점이 있지만, 지역 문화의 융합과 지역 문화에 대한 수용은 매우 중요한 의미를 가진다.

종합해 볼 때, 국제지역의 정위는 지역이 각기 다른 요인에 기반하여 자체적 지위, 역할, 기능에 대한 인식·역할을 확정하는 것으로, 명확한 지역의 정위에 대한 인식은 지역 발전 방향, 지역 통합 발전에 있어 중대한 영향을 미친다. 지연, 이익, 문화에 기반한 국제지역은 지역에 각기 다른 핵심적·내재적 의미를 부여하여, 국제지역 구축에서 다차원적 관점을 가지게 한다. 다차원적으로 국제지역의 정위를 살펴보면, 국가는 기본 구성 주체이자 본위로서 존재하지만, 국가가 독자적으로 존재하여 모든 현안을 자국 우선시할 수 있지 않기 때문에, 지역 내 각국은 국제지역의 정위에 대한 정확·명확한 인식이 필요하고, 이는 국가와 지역의 올바른 발전에 도움을 준다.

■ 추전 문헌

- Fredik Soderbaum, Rethinking Regionalism, New York : Palgrave Macmillan, 2015.
- [英] 安德鲁·赫里尔:《全球秩序与全球治理》, 林曦译, 中国人民大学出版社2018年版.
- 郑先武:《区域间主义治理模式》, 社会科学文献出版社2014年版.

국제지역학 개론

제4장
국제지역 정치

제1절 국제지역 정치의 기초: 국가 정치
제2절 국제지역 정치와 지역 제도의 구축
제3절 지역 안보와 안보협력

제4장 국제지역 정치

    국제지역 정치는 지리적으로 인접한 국가 간 정치에 대한 간단한 집합이 아니라, 국가를 기본 구성 주체로 형성한 지역 정치 연계와 제도의 구축을 의미한다. 국제지역 정치의 핵심은 정치이지만 경제, 지리, 역사, 인문 등 수많은 요인과 관련이 있다. 지역은 하나의 다영역·다층위적 개념이다. 국제지역 정치는 대체로 국가 정치, 지역 정치 두 층위로 구분한다. 국가 정치는 국제지역 정치의 기초로 지역 내 국가의 정치체제, 국가 거버넌스, 국가 정치 비교 등 내용을 포괄하며, 지역 정치는 주로 지역 내 국가 간 관계, 지역 거버넌스 메커니즘 등 내용을 포괄한다. 국제지역은 비폐쇄적인 복잡한 대외 연계를 보이며, 국제지역 정치는 국가-지역-세계 다층위적 구조를 보인다.

    국제지역 정치라는 구분은 영역 범주에서 기인하는데, 국가 정치에 기반한 지역, 즉, 지역 정치는 국가 정치의 기초 위에 구축되어 있는 한편, 지역 정치에 기반한 국가는 지역 정치의 틀 하에 놓여있기에, 국제지역 정치는 지역 거버넌스 메커니즘 구축·운영의 유기적인 구성 주체가 된다. 국제지역 정치는 국가 정치와 국가 간 정치의 특징, 초국가·초지역적 정치의 특징도 가진다. 국제지역 정치학은 △지역 내 각국의 정치체제와 국가 거버넌스, △국가 간 관계 뿐만 아니라, △지역 정치 제도 구축과 지역 거버넌스, △지역 외 관계도 연구할 필요가 있다. 각국은 정치체제, 정치 거버넌스 등 방면에서 특수성과 다양성을 가지며, 각국은 유사성·동일성도 있지만, 차이와 갈등도 존재한다.

    국제지역 정치에 관한 연구는 각국의 정치 독립성, 연계성, 이익 조율을 중시하면서, 국제지역 정치에서의 갈등, 대립, 이익 충돌 또한 중시한다. 국제지역 정치에서는 협동성과 경쟁성을 동시에 띠며, 평화공존하거나 충돌·전쟁을 야기하기도 한다. 전쟁은 대부분이 지역 정치가 상호작용하여 나타난 결과라고 할 수 있다.

　국가 이익과 지역 공동 이익 간 상호 일치는 국제지역 협력 메커니즘 구축의 중요한 원동력이다. 지역 정치는 강한 유기적 확장성을 가지고 있어 지역 내 각국 연계, 협력 메커니즘 추진으로 나타나기도 하고, 지연 인접성을 초월한 초지역적 연계와 협력 메커니즘 추진으로 나타나기도 한다. 이렇듯, 국제지역 정치를 연구하기 위해서는 국가, 지역, 세계 세 층위를 연계 분석하면서 정치, 경제, 민족, 종교, 사회 문화 등 다양한 요인을 종합 분석할 필요도 있다.

제1절 국제지역 정치의 기초: 국가 정치

　국제지역 정치는 국가 정치의 기초 위에 구축된다. 인류 역사를 볼 때, 국가는 정치적 실체로서 부락, 도시국가, 왕조, 자치연맹, 제국, 민족국가 등 형태로 수천 년을 존속해 왔다. '국가'라는 개념을 중심으로 조직한 민족국가 형태는 17세기 유럽에서 출현하였는데, 최초에는 유럽에 국한한 지역 정치 형태로 오늘날과 같이 민족국가가 세계적으로 보편화되지 않았다. 민족국가가 유럽 지역 정치 형태에서 글로벌적 주류 형태로 변화한 것은 역사 발전 과정에서 민족의식의 각성, 민족주의의 확산, 대항해시대 전개, 해외식민지 시장 개척, 제도 '이식' 등 요인이 복합적으로 작용한 결과였다. 이는 유럽의 '현대성'이 시공간적 차원에서 세계를 지배하는 일방적 과정이었으며, 글로벌화의 정치 영역에서 구현 형태, 즉 민족국가 제도의 글로벌화 과정이었다.

　다시 말해, 민족국가를 기본 구성 주체로 하는 현대 국제체계의 역사는 국가, 지역, 글로벌 정치·경제·문화가 상호작용하여 나타난 결과이자, 국가 정치체제, 국가 거버넌스 방식, 지역 정치 질서, 세계 질서가 점진적으로 변화하는 과정이다. 이로 볼 때, 국가 정치, 지역 정치, 글로벌 정치의 복잡한 관계를 정확히 파악하는 것은 오늘날 현대 세계와 국제관계 흐름을 이해하는 관건이자, 지역 정치 연구를 전개하는 전제조건이다.

1. 민족, 민족주의와 국가 정치

민족과 민족주의는 현대 국가를 구성하는 두 가지 기본 요소이다. '민족(nation)'의 어원은 라틴어 'natio'인데, 원래 의미는 '출생물(a born creature)'로 혈연 또는 종족을 기초로 한 사회공동체를 가리킨다. 민족국가는 근대 이래로 유럽이 자본가계급 혁명이나 민족독립운동을 통해 수립하였으며, 하나 혹은 다수 민족을 국민 주체로 하는 국가 형태이다. 18~19세기 유럽에서의 제국, 왕국과의 차이는 민족국가 구성원이 충성하는 대상이 공통된 동질성을 가진 '동포'와 이들이 형성한 정치체제라는 것이다. 공통된 동질성은 공유하는 역사, 문화, 언어, 정치체제 등 요인에서 기인할 수 있다. 단일민족으로 구성된 국가나 다민족이 동일한 정치체제를 기초로 수립한 국가는 모두 민족국가의 각기 다른 존재 형태이다. [1]

'민족주의'라는 어휘는 애국주의, 민족, 민족성을 포함한 혼합적 개념이다. 칼튼 헤인즈(Carlton Haynes)는 민족주의가 유럽에서 출현한 이후 형성된 대략적 함의를 고찰하였는데, 역사 발전 과정에서의 민족주의는 민족국가 정치연합체를 구축하는 지지 요인이고, 또한, 민족주의는 특정한 정치 당파의 행위 같은 정치 행위이며, 민족 구성원이 자기 민족에 대한 정치적 충성심을 나타내는 인식이라고 보았다.[2] 이렇듯, 민족주의는 주로 공통된 지역성, 문화적 유사성, 외부적 위협의 기초 위에 형성된 자기 민족을 중심으로 하는 사상·이념과 자기 민족을 충성 대상으로 하는 정치적 정서를 가리키며, 이는 민족 독립, 민족 통일, 민족국가의 권력·이익 수호의 정치적 핵심이다.

---

1) 16~17세기 유럽에서의 '민족' 개념의 내재적 의미가 변화하여 한 국가 내 공민을 통칭하게 되었고, 이후에는 '국가(country, state)' 개념과 동의어로 출현하였다. 이로써 유럽에서의 '민족' 개념은 정치적 의미를 가지게 되었고, 특정 정치 조직 혹은 국가를 가리키게 되었다.

2) 민족주의에 대한 <블랙웰 정치학 백과전서>(The Blackwell Encyclopaedia)의 해석은 다음과 같다. "만약 정치에서 이데올로기가 내재적 함의를 규범화하고 세계를 인식하는 데 쓰이는 일반적인 방법이라면 민족주의는 일종의 이데올로기로 오늘날까지 세계에서 가장 강력한 이데올로기이다. 세계를 분석하는 방법인 민족주의는 역사 발전에 대한 해석과 오늘날 정치분석에서 민족의 중요성을 강조하며 민족 특성을 인류 분류의 주요 요인으로 명확히 언급하였다."
참조 : [英] 戴维·米勒, 未农·波格丹诺 : 《布莱克维尔政治学百科全书》, 邓正来等译, 中国政法大学出版社2002年版, 第530页.

유럽에서 초기에 나타난 민족의식 각성과 민족주의 확산은 민심 단결, 사회 통합, 국가 수립에 기여하였다. 1648년 <베스트팔렌 조약>(Peace of Westphalia) 체결 후부터 유럽 민족주의는 대대적으로 발전하였는데, 이는 민족국가가 정치적 실체로 도약하였음을 의미하였다. 1848년 유럽혁명을 계기로 민족주의는 유럽 정치를 대표하는 주류 가치관이 되었고, 민족국가는 왕국을 대체하고 유럽의 주요한 국가 형태로 자리 잡았다. 동시에, 유럽 국가는 세계 여타 지역으로의 정복과 확장을 전제하여 각지 민중들의 민족의식 각성을 끌어내고, 민족주의가 세계적으로 광범위하게 전파되도록 하였다. 제2차 세계대전이 종식된 이후 아시아·아프리카·라틴아메리카 지역에서 연이어 민족해방 운동, 反식민지화 운동이 전개되었고, 현대 민족국가 형태가 세계적으로 보급되어 민족국가는 세계 무대에서의 주요 행위 주체가 되었다. 결론적으로 볼 때, 현대적 의미에서의 민족, 민족주의, 민족국가는 거의 동시적으로 출현하였고, 상호 인과관계가 존재하였다. 민족의식과 민족주의는 민족국가 탄생의 이론적 기초가 되었으며, 민족국가의 탄생은 민족의식과 민족주의의 심화 발전을 촉진하였다.

민족국가는 오늘날 세계 각국의 국내 정치와 국제정치를 운영하는 기본정치 요소이며, 이는 유럽의 '현대성'이 세계 범위로 확산한 데서 비롯되었다. 소위 말하는 '현대성'이란 최초에는 17세기 중엽 유럽에서 이성과 과학적 논리에 기반하여 세계를 인지하는 사유 방식이었다. 유럽 사상가들은 이러한 사유 방식과 지역의 역사·문화적 전통과 융합하여 개체주의, (시장) 도구적 이성, 민족 동질성 현대 사회의 세 가지 기본 구성요소를 발전시켰다. 니콜로 마키아벨리(Niccolò Machiavelli)에서부터 토머스 홉스(Thomas Hobbes), 존 로크(John Locke)에 이르기까지 현대 국가 개념의 보급과 활용으로 유럽 중세 정치의 신학을 바탕으로 한 기반은 점차 약화하였고, 연이어 수백 년 동안 이어진 유럽 국가의 식민지 개척 활동에서 특히 제2차 세계대전이 종식된 이후의 민족독립운동과 탈식민지화 운동으로 인해, 민족국가 제도는 점차 유럽의 지역 정치 제도에서 글로벌적인 제도로 변모하였고, 일각에서는 이를 정치 글로벌화의 구현이라고 보았다.

현대 민족국가는 우선 정치적 실체이며, 국가 정치를 구축하고 합법적 국가 거버넌스를 실현하는 기초이다. 국가 정치는 주로 정부, 정당 등이 국가를 통치하는 행위를 가리키며, 국가 권력을 핵심으로 전개하는 각종 정치, 경제, 법률,

사회 활동을 포함한다. 국가 정치는 정치체제 구축과 국가 거버넌스를 통해 구현되며 각기 다른 정치체제는 각기 다른 거버넌스 방식을 갖는다. 즉, 각기 다른 국가와 지역, 각기 다른 역사 시기에 따라 다양한 정치체제와 거버넌스 방식이 존재한다.

민족국가와 국가 정치의 역사 발전 과정에서 볼 때, 국제지역은 국가 정치의 기초 위에 형성된 지역이며, 지역 정치는 국가 정치의 기초 위에 수립된 것이고, 국가 간 정치 관계의 기본원칙이 국제지역 정치 관계의 주요 원칙을 구성한다.

2. 국가 정치체제와 지역 정치연구

국제지역 정치는 국가 정치를 기초로 하며, 국가 정치체제 비교는 지역 정치연구의 출발점이다. 일반적으로 국가 정치체제는 국가 정부의 조직구조와 관리체제를 가리키며, 각 국가·지역의 정치체제는 시대별로 차이를 보이기도 한다. 한 국가의 정치체제 선택은 각 사회 계층이 국가 정치·경제에서 점하는 지위와 밀접한 연관이 있고, 국가의 지리 환경, 역사·문화 전통, 종교·신앙, 민족 구성의 영향도 받는다. 그 외, 국가 정치체제는 국가가 처한 국제지역 요인의 영향을 받기도 한다. 국제지역에 미치는 영향 요인은 대체로 △물질성 요인, △관념성 요인, △현대화 수준 세 영향 요인으로 구분할 수 있다. 이 중에서, △물질성 요인은 국제지역의 지리적 위치, 자원 부존도, 인구 특성 등을 포함하고, △관념성 요인은 역사, 문화, 언어, 종교·신앙 등을 포함하며, △현대화 수준은 주로 공업화 수준, 경제발전 방식, 종합 국력, 법치 수준, 가치관 등 요인이 있다.

국제지역의 물질성 요인과 관념성 요인은 상대적으로 장기 안정적으로 형성된 구조적 요인이지만, 현대화 수준은 근대에서 현대로 접어드는 전환기에 나타난 새로운 영향 요인이다. 국제지역 정치에서 국가 정치체제는 국가가 속한 지역의 여러 구성요소, 현대화 수준과 전환 순서 등에서의 복합적인 영향으로 유사점과 차이점이 공존한다. 국가 정치체제에서 유사점과 차이점이 공존하는 특성은 지역 정치의 경쟁과 대립의 원인이기도 하지만, 지역 정치협력, 지역 거버넌스, 지역 공동관리를 전개하는 조건이기도 하다. 따라서, 비교연구는 국제지역 정치를 연구하는 주된 방법론이며, 국가 정치체제를 핵심으로 한 비교 분석은 국제지역 정치 연구의 기초이자 핵심이다.

비교연구는 인류가 세계를 인지하는 기본 방법인데, 이러한 방법이 정치 현상 분석에 체계적으로 활용될 때, 정치학에서의 비교 정치 연구를 형성한다. 약 2000년 전 정치학의 선구자이자 고대 그리스 철학자인 아리스토텔레스(Aristotle, 기원전 384~기원전 322)는 정치체계 비교연구의 전형적인 방법을 제시하였다.

아리스토텔레스는 '최고통치권'이 정치체제 유형을 구분하는 근본이며 "정치체제는 도시국가 내 모든 정치 조직의 핵심이며, 그중에서도 특히 정치를 결정하는 '최고통치권'을 조직하는 게 중요하다"라고 했다. 아리스토텔레스는 도시국가를 최고통치권을 장악한 지도자 수와 특성을 기준으로 정치체제의 유형을 구분하였다. 또한, 공공이익을 정치 주체의 우월성을 평가하는 기준으로 삼아, 도시국가의 공공이익 증진 여부를 근거로 정치체제의 우열과 변화를 판단하였다.[1]

정치체제는 국가 정치의 핵심이자, 국가 정치, 통치 형태, 즉 국가 정치체계 조직·운영의 형식이다. 사실상, 시대별로 국가와 지역의 정치체제 또한 차이를 보인다. 예로부터 사람들은 항상 많고 복잡한 정치체제 유형에 대한 정리·구분을 시도했지만, 연구 방법과 관점이 상이하여 일치한 결론을 내지 못하고 있다. 국가 정치의 다양성으로 인해, 모든 국가에 적용할 수 있는 비교 평가 기준과 분류 시스템을 제정하기 어렵다.

통상적으로 활용하는 비교연구 방법은 민주와 전제 같은 이분법인데, 이러한 구분은 지나치게 단순하다. 민주국가로 구분되는 국가 간에도 매우 큰 차이를 보인다. 예를 들어, 인도와 일본의 민주제도는 크게 다르다. 선거제도에 대한 비교 역시 정치 비교연구 방법의 하나인데, 각기 다른 선거제도가 정권에 미치는 영향에 대한 비교를 통해 민주정치에 대한 평가를 하는데, 국가마다 정치권력 구조, 사회구조, 선거방식이 상이하여 정치에 미치는 영향에도 차이가 있다.

또 다른 예로 미국과 영국의 선거제도, 싱가포르와 인도네시아의 선거제도 모두가 큰 차이를 보인다. 전제국가로 구분되는 국가에 대한 분석은 더욱 복잡하여 선거제도를 채택하고 있는 국가 다수가 전제국가로 분류되어 있는데, 분류 기준이 특정 국가 정치체제에 대한 공감도를 바탕으로 하는 경우가 종종 나타

---

1) 참조 : 俞可平：《最好政体与最坏政体－亚里士多德的＜政治学＞及其政体观再评》，《北京大学学报》 (哲学社会科学版) 2020年第一期.

나고, 이러한 분류 기준은 합리성이 부족하다.

결론적으로, 각국의 정치 형태에 대한 비교·분류는 상당히 복잡하다. 모든 국가는 자국 특색의 정치체제와 거버넌스 방식을 가지고 있고, 모든 국가가 각기 다른 권력 구조와 사회구조를 기반으로 운영되고 있다.

【보충 자료】
아리스토텔레스는 정치체제를 도시국가의 본질로 보았고, 정치체제 연구는 정치학 분석의 중점이 되었다. 아리스토텔레스는 각 도시국가의 역사, 법률제도, 통치 방식 등 고대 그리스 도시 국가의 각종 정치체제 형태를 분석하였고, 158개 도시국가의 정치제도에 관한 저서를 집필하였다. 아리스토텔레스는 도시국가에 대한 역사 문헌과 실증자료에 대한 관찰을 토대로 정치사상사에서 최초로 정치체제 구분의 기본 기준을 확립하였고, 고전 정치체제 분류학을 창립하였다.[1]

비교 정치 분석은 국제지역 정치 연구에서 빈번하게 활용하는 방법으로 비교 기준을 어떻게 설정하는지가 핵심인데, 또 다른 평가 기준을 적용하여 비교한다면 완전히 다른 결론이 나오기도 하기 때문이다. 예를 들어, 미시적 관점에서 보면, 중동 지역 각국은 현대화 전환 단계와 현대화 수준이 상이하며, 각국 정치체제 차이 또한 분명하다. 하지만, 거시적·초지역적 관점에서 보면, 중동 지역 각국의 정치체제는 여러 구성요소의 영향을 받아 유사성을 가진 부분도 있다.

국제지역 범위 내에서 국가 간의 정치 비교는 매우 자연스럽게 진행된다. 정치 비교는 통상적으로 두 가지 작용을 한다. (1) 상호 학습·표방으로 좋은 정치 구축 이론과 응용 사례는 널리 전파된다. (2) 상호 비교·경쟁으로 정치제도 구축 방면에서 우위를 가진 국가는 더욱 큰 영향력과 발언권을 가진다. 역사 발전 과정과 현실 사례를 보면 정치 경쟁이 때로는 정치 분쟁의 도구가 되고, 악성 경쟁은 국가 간 갈등·충돌을 초래하기도 한다. 강권 국가는 자국의 정치 이념, 정치제도를 다른 국가에 강요하거나, 폭력적 수단을 이용하여 다른 국가의 정치체제를 변화시킨다.

---

1) 참조 : 张小劲、景跃进：《比较政治学导论》，中国人民大学出版社2008年版，第22页。

3. 국가 거버넌스와 지역 거버넌스

거버넌스는 정치, 경제, 사회, 문화, 대외관계 등 수많은 영역을 포함한다. 글로벌거버넌스위원회(Commission on Global Governance)는 "거버넌스는 각종 공적 혹은 사적 개인과 기구가 공동 사무를 관리하는 수많은 방식의 총합이자, 상충하거나 상이한 이익에 대한 조율이나 연계 행동을 하게 하는 지속 과정이다."[1]라고 정의하였다.

글로벌거버넌스위원회가 내린 개념 정의는 최소한 두 가지 함의가 있다.

1) 거버넌스는 복잡 다양한 관리 방법과 거버넌스 구조로 구성된다. 거버넌스는 정부만의 책임·직능이 아니라, 공적 부문과 사적 부문의 수많은 행위 주체가 공동 이익에 기반하여 공동 행위를 전개하는 것이다.
2) 거버넌스는 지속적·동태적 변화 과정으로 다원적 행위 주체가 이익 조율과 문제 해결을 위해 끊임없이 공동 조치를 취하는 것이다. 거버넌스는 종합성과 지속성이 있으므로, 제도와 체제를 바탕으로 구축해야 한다.

국가 거버넌스는 주로 정부의 직능·행위를 통해 국내 정치, 경제, 사회 등 국내 사무를 종합적으로 관리하고, 사회 내 다양한 행위 주체의 참여를 조율하는 것을 가리킨다. 좋은 국가 거버넌스는 올바른 제도 설계, 양질의 정부 관리, 좋은 정책 제정과 효율적인 시행을 통해 구현되며, 경제와 사회 역시 이를 통해 안정적인 발전을 이루게 되는데, 이를 '양치(良治)'라고 부른다. 이와 반대되는 개념은 '열치(劣治)' 혹은 '실패한 국가'로 부른다.

국가 거버넌스는 복잡한 과정이며, 모든 국가는 각기 다른 국정 상황에 처해있어 거버넌스 방식과 시기별 거버넌스도 차이가 존재한다. 이 때문에 섣불리 한 국가를 '열치'라고 판단해서는 안 되며, 더욱이 자기중심적인 판단기준으로 한 국가의 거버넌스를 간단하게 판단해서도 안 된다. 때로는 '실패한 국가'라는 판단이 강권 국가가 특정 국가에 대해 내정 간섭을 실시하는 근거로도 활용된다.

국가 거버넌스가 국내 사무라고 하더라도 폐쇄적이지는 않다. 국내 거버넌스 역시 외국의 이론과 경험사례 도입할 수 있고, 국가 간에도 상호 교류·표방을

---

[1] Commission on Global Governance, Our Global Neighborhood : the Report of the Commission on Global Governance, Oxford University Press, 1995, p.23.

진행할 수 있으며, 국제기구와 지역 협력 기구 역시 국가 거버넌스 모델과 경험 사례를 적극적으로 홍보할 수 있다. 각국이 처한 국정 상황이 달라 채택하는 방식도 다르지만, 상호 학습·표방은 국가 거버넌스 개선 방면에서 중요한 역할을 한다. 만능의 국가 거버넌스 모델은 세계 어디에도 존재하지 않으며, 거버넌스 모델은 반드시 각국의 국정 상황에 적합해야 한다. 따라서, 자국의 거버넌스 모델을 다른 국가에 강제적으로 이식하는 것은 성공하기 어렵고 부작용이 나타나기도 한다.

【보충 자료】

2001년 10월 미국을 비롯한 일부 국가는 '反테러리즘'을 명분으로 아프간을 침략하였고, 탈레반 정권을 전복시켜 미국 가치관에 기반한 정권을 수립하였는데, 북대서양조약기구(NATO, North Atlantic Treaty Organization) 또한 직접적으로 개입하였다. 하지만, 20년에 걸친 군사 행동에도 탈레반 세력을 완벽히 제거하지 못했고, 아프간 내부 혼란은 여전히 지속되고 있다. 2021년 5월 미국 군대는 아프간에서 철수하기 시작하였고, 미국은 군사적 개입 실패를 선언하였다.

그보다 앞선 1979~1989년 소련이 아프간을 침략하였고, 10년에 걸친 전쟁은 끝내 실패로 돌아갔다. 그 기간 동안 미국과 소련은 아프간에서 세력다툼을 벌였고 미국은 반소련 세력을 양성하였는데, 이는 아프간 국내 정치 구도를 변화시켰고 내부 혼란은 더욱 가중되었다. 역사적으로 볼 때, 1839~1919년 영국은 아프간을 세 차례 침략하였고, 이는 친영 세력을 양성하여 친영 정권을 수립하기 위함이었으나, 끝내 실패로 돌아갔다.

국제지역 거버넌스는 국제지역 내 주권 국가, 국제기구, 지역 행위 주체, 그리고 기타 국제행위 주체가 이익 조율·협력 원칙을 바탕으로 제도 구축, 정책 조율, 메커니즘·아젠다 확립 등 다양한 방식을 통해 국제지역에 대한 공동관리를 실시하는 것을 가리킨다. 지역 거버넌스의 기초는 관련 국가 간 협력이다. 참여 주체로 볼 때, 정부는 주요한 역할을 맡아 메커니즘 구축, 법률 제정, 정책 추진 등 방면에서 주요한 기능을 책임진다. 또한, 정부는 프로젝트 규획과 정책 추진 방면에서 정부 부처, 기업, 개인, 사회단체의 참여를 요청할 수 있다. 사회단체(비정부기구)는 지역 거버넌스의 다양한 영역에서 매우 중요한 역할을 한다. 비정부기구의 참여 형태와 참여방식은 다양한데, 조직에 기반하기도 하고, 다수 단체 간 협력을 통해 전개하기도 한다.

프레드리크 쇠더바움(Fredrik Söderbaum, 2015)은 제도 구축, 메커니즘 설계의 관점에서 지역 거버넌스를 이해해야 한다고 주장하면서, 지역 거버넌스는 정부가 각 영역에서 공식적·비공식적인 규칙 체계를 형성하는 과정이라고 보았다.[1]

게리 괴츠와 캐시 파워스(Gary Goertz, Kathy Powers, 2014)는 지역 거버넌스의 제도적 함의를 더욱 강조하였는데, 지역 거버넌스는 법적 구속력을 가진 문건으로 구성되어 규칙, 규범, 원칙 등 내용을 포함하고 있고, 지역 거버넌스의 조직성은 특정한 관리기구, 의사결정기구, 분쟁 해결 메커니즘을 구비하는 것에 있다고 보았다.[2]

천즈민(陈志敏, 2016)은 글로벌 거버넌스(혹은 지역 거버넌스)를 국제체계에서 주권 국가를 핵심으로 한 각 행위 주체의 공동협력이라고 하며, 공식적 제도와 비공식적 조치를 통해 각자 이익과 정책을 조율하여 글로벌 시대에 인류사회가 직면한 여러 가지 초국가적·국제적 문제에 대응하고 각국이 국가 거버넌스 수준을 제고하도록 지지하는 활동이라고 보았다.[3]

위의 내용에 근거하여 볼 때, 국제관계적 의미에서 국제지역 거버넌스는 최소한 세 층위의 내재적 의미를 포함한다.

1) 국제지역은 거버넌스 구성단위로서 국제관계 내 국제지역 사무에 대한 일반적 관리에 실질적 작용을 하는 정치적 실체를 가리키는데, 예를 들면 아세안(ASEAN, Association of Southeast Asian Nations), 아프리카연합(AU, African Union) 등이 있다. 통합화 수준이 비교적 높은 국제지역 거버넌스 구성단위는 입법 방식으로 국가 주권과 대외적 권한을 공유하고 독

---

[1] Fredrik Söderbaum, Rethinking Regionalism, New York : Palgrave Macmillan, 2015, pp.1-10.
[2] Gary Goertz, Kathy Powers, Regional Governance : The evolution of a New Institutional Form, WZB Discussion Paper, 2014, p.106.
[3] 참조 : 陈志敏 : 《国家治理、全球治理与世界秩序建构》, 《中国社会科学》2016年第6期。

립적 국제법인 자격을 부여받았는데, 유럽연합(EU, European Union)이 바로 그 예이다.1) 이러한 상황에서 국제지역은 국가와 동등한 국제행위 주체로서 독립적으로 지역·글로벌 거버넌스 과정에 참여할 수 있다.
2) 국제지역은 조직 단위로서 추상적인 공동체적 관념의 표현이자, '지역공동체'를 목표로 하는 이행 과정이다. '지역공동체'라는 관념은 지역을 핵심으로 한 지역 동질성과 정치 충성도를 말하는데, 통상적으로 국가의 지역에 대한 동질성을 기초로 국가 간 지역 협력을 추진할 때, 기능 영역에서 정치 영역으로 '스필오버(spillover)'하는 과정에서 점차 형성되는 것이다. '지역공동체'의 형성은 국가가 지역 협력을 대하는 입장, 지역 협력을 추진하려는 영역과 협력 수위에 달려있다. 따라서, 국제지역은 국가보다 주체 의식과 사회적 속성이 크게 약한 편이다.
3) 국제지역은 국제체계, 국가, 개인 등 구성단위와 층위와는 구분되는 자체적으로 보유한 본체론과 기능성 구조가 존재한다. 국제지역은 통상적으로 완벽한 제도적 기구·조직을 구비하고 있어 지역 내 각 행위 주체의 원활한 협력을 보장할 수 있고, 국제지역에서 각종 행위 주체의 정치 관계는 국가 간 정치 관계, 국제체계 내 권력 구조 변화에 영향을 미칠 수도 있다.

결론적으로 국제지역 거버넌스는 인류가 지역을 기본적인 영역으로 하는 정치적 이행 과정이라고 할 수 있다. 지역성을 가진 이러한 정치적 이행 과정은 지역의 지리 환경, 문명 계승, 종족 분포, 국가 제도에 달려있고, 국제지역 범위 내에서 존재, 관념, 이행의 3차원적 융합이다.

---

1) 국제법인 자격은 국제법률 관계에 참가하고 국제법상의 권리와 의무를 부담하는 실체를 가리킨다. 국제법인 자격은 (1) 국제관계에 독립적으로 참가하는 자격, (2) 국제법 권리를 직접적으로 영위할 능력, 주로 외교관계 구축, 국제조약 체결 등으로 구현, (3) 국제법상의 의무를 직접적으로 부담할 수 있는 능력 세 가지 요건을 갖추어야 한다. 위 요건은 상호 밀접한 관련이 있고, 하나도 빠짐없이 모든 요인을 만족해야 한다. 현재 국제사회에서 국제법인 자격을 갖춘 국제행위 주체는 주로 국가이며, 일부 국제기구와 지역 조직도 국제법인 자격을 갖추었다. 유럽통합의 심화 발전으로 <유럽공동체 조약>(The Treaty of the European Community)을 지속 개정하여 유럽공동체(EC, European Community)의 독립적 국제법인 자격을 부여하였다. 위 조약 제302조는 공동체가 유엔에 참여하는 방식을 규정하였는데, 유럽위원회를 유럽공동체의 대표로 하여 유엔 및 산하 전문기구와 합당한 관계를 유지토록 하였다. 위 내용에 근거하여, 유럽공동체는 유엔 내 자신이 포함된 영역에서 유럽공동체 내 각 회원국의 전속 권한을 완전히 대표할 수 있게 되었다.

제2절 국제지역 정치와 지역 제도의 구축

국제지역 정치는 일반적 의미의 국제정치 및 국제관계와는 다르게 지역 내 국가 정치, 지역 내 국가 간 관계, 지역 관계 혹은 지역 내 국가와 지역 협력 기구 간 관계를 모두 포함한다.

1. 국제지역 정치의 삼중적 속성

국제지역 정치는 국제지역 정치는 △국가 정치, △국가 간 정치, △초국가 정치의 삼중적 속성을 가진다.

1) 국가 정치는 지역 정치의 기초이며, 지역 내 각국은 각국만의 정치 제도와 거버넌스 모델을 가지고 있고, 각국 정치는 공동으로 국제지역 정치의 기초를 다진다. 이렇듯, 국제지역은 국가 정치에 기반한 지역이며, 지역 정치는 국가 정치의 기본적 특징을 지니고 있다.
2) 국가 간 정치도 국제지역 정치가 보이는 특징인데, 지역 내 각국은 각국만의 제도 특색, 경제발전 수준, 종합 국력 서열, 역사적 관계에 따라 각기 다른 국가 간 양자 관계를 형성한다.
3) 초국가·범국가적 정치는 공동 이익, 국가 간 상호 협력, 공동 거버넌스에 대한 수요에서 기인하는 국제지역 정치가 보이는 특징인데, 지역 층위에서의 메커니즘 구축과 초국가적 지역 사무에 대한 거버넌스를 통해 지역 층위에서 발생하는 수많은 문제를 해결할 수 있다.

국제정치에서 국가이익과 국가 권력은 국가 간 관계와 지역 정치를 이해하는 핵심이다. 국제관계에서의 고전 현실주의 이론은 '권력에 의해 정의된 이익(interest defined by power)'이란 개념이 국제정치를 이해하는 출발점이자, 국가 간 정치 관계의 기본원칙 중 하나라고 보았다.

【보충 자료】

고전 현실주의 이론의 창시자 한스 모겐소(Hans Morgenthau) 등은 저서 <국가 간 정치: 권력 투쟁과 평화>에서 현실주의의 확립을 국제정치의 기본적인 노선으로 보고 현실주의의 여섯 가지 원칙을 제시하였다. (1) 정치는 인성이 가지는 객관적인 법칙의 지배에 기반한다. (2) '권력에 의해 정의된 이익'이란 개념은 국제정치의 이론 분석에 이성적 분석의 틀을 제공하였다. (3) '권력에 의해 정의된 이익'이란 개념은 보편적으로 적용되는 객관적 범주이며, 그 내재적 의미는 특정한 역사, 정치, 문화환경에 달려있다. (4) 정치 현실주의(Political Realism)는 정치 행위의 도덕적 함의를 파악하고 있으나, 추상적·보편적 도덕 원칙은 국가 행위를 이끌어 갈 수 없다. (5) 정치 현실주의는 특정 국가의 도덕적 희망을 세계 보편적인 도덕 법칙과 동일시하기를 거부한다. (6) 국제정치는 일종의 자주적 영역으로 여타 모든 정치처럼 권력을 위한 투쟁을 추구한다.[1]

국가이익과 권력은 동전의 양면과 같다. 이익은 영구적 일치성을 가지는데, 즉 상호 간 이익을 존중하는 것은 국가들의 공통된 목표이며, 이는 국가 간 상호 간 이익에 기반한 협력이 가능하게 한다. 한편, 권력은 배타적인 특성이 있으며, 국제정치 영역에서 이익은 권력으로부터 정의된다. 국가는 권력을 둘러싸고 경쟁을 벌이므로 국가 간 충돌이 발생한다. 이로 보아, 지역 정치는 국제정치의 일부로서 △국가이익과 권력 투쟁, △대립과 협력의 복잡한 관계를 동시에 가진다.

하지만, 공동 이익에 기반한 지역 협력 정치는 단순히 권력 게임이라고만은 정의할 수 없으며, 공동 이익에 기반한 권력 양도와 권력 공유도 존재한다. 따라서, 지역 정치의 내재적 의미는 주로 국가 간 정치 공존의 원칙과 공동 이익의 공유 메커니즘에 달려있다.

---

1) 참조 : Hans Morgenthau and Kenneth Tompson, Politics among Nations : The Struggle for Power and Peace, New York : McGraw-Hill, 1985, pp.4-17.
　중역본 참조 : [美]汉斯·摩根索 : 《国际间政治：权利斗争与和平》, 徐昕等译, 北京大学出版社2006年版, 第27-42页。

2. 국가 간 정치 공존

국제지역 정치는 국가 간 정치를 기초로 국가를 지리적으로 상호 인접한 국제지역의 틀 안에 두고 국가이익, 지역 메커니즘 구축·운영을 둘러싸고 전개하는 일련의 정치 활동이다. 지역 정치는 국제관계의 구성 부분이지만, 지역 정치는 일정한 특수성을 가지고 있어 일반적인 국제관계와는 다른 지연적 연계, 이익 연계, 문화 연계를 가진다. 이러한 연계는 국가 간 상호 협력, 평화공존을 추진할 수 있고, 패권 투쟁, 강점, 합병 등 동기로 충돌·전쟁을 초래하기도 한다. 지난 과거를 돌이켜 보면, 모든 국제지역에서 혼란과 전쟁이 끊이지 않았던 역사가 있다.

유엔(UN, United Nations)은 지역기구와 지역 거버넌스에 합법성을 부여했기 때문에, 지역 정치의 정치 공존 원칙은 유엔이 규정한 국제법 원칙에 기반·근거할 필요가 있다.[1] 국제지역의 틀 안에서의 국가는 구체적인 지역성 협정과 정책 조치를 준수해야 한다. 현대 지역 정치의 상호공존은 <유엔 헌장>(Charter of the United Nations)을 원칙으로 국가와 인간의 기본권을 보장하는 전제 하에 국가 간 관계를 처리·발전시키며 지역 사무를 처리한다.

1) 주권평등 원칙

국제체계는 총체적으로는 무정부 상태로 볼 수 있지만, 국가 간 정치 행위와 관계는 일정한 질서를 보이는데, 주요 원인은 국가이익 조율을 위한 필요에서 국가 간 정치 공존을 규범화하는 국제법과 기본 행위 준칙이 탄생하였기 때문이다.

국제법은 국가 간 정치 공존의 기본 준칙이자, 국제사회가 공인하는 국가 간 관계에 적용하는 법률적 성질을 지닌 보편적 원칙이다. 현대 국제관계의 기본원칙은 <유엔 헌장>, <유엔 헌장에 기반한 국가들 사이의 우호적 관계

---

[1] <유엔 헌장>(Charter of the United Nations) 제8장 '지역계획' 규정에는 유엔의 목표와 원칙에 부합한다면 아래와 같은 지역계획을 이행할 수 있다. (1) 지역계획이나 지역기구를 통해 국제 평화, 안보 유지와 관련 지역 행동이 필요한 문제에 대응할 수 있다. (2) 각국이 지역성 분쟁을 유엔 안전보장이사회(UNSC)로 상정하기 이전, 지역적 방법을 이용하거나 지역 기관을 통해 해결을 시도할 수 있다. (3) 유엔 안전보장이사회는 직권 내에서 집행하는 조치에 대해 적절한 상황에서 지역적 방법 혹은 지역 기관을 이용하여 지역성 분쟁 등을 해결할 수 있다.

와 협력에 관한 국제법 원칙에 관한 선언>(Declaration on Principles of International Law concerning Friendly Relations and Cooperation among States in accordance with the Charter of the United Nations)에 명시되어 있다. 그중에서 주권평등 원칙은 국제법 기본원칙에서 가장 중요하고 핵심적인 내용이다. 주권평등 원칙은 국가가 각종 기본권리를 평등하게 행사할 수 있고, 국가의 기본권리 행사를 존중하도록 규정하고 있다. 주권평등 원칙은 아래 여섯 가지 요점이 있다.

(1) 각국은 법률적으로 모두 평등하다.
(2) 각국은 모두 주권의 고유권리를 향유한다.
(3) 각국은 타국의 국제 인격을 존중할 의무가 있다.
(4) 각국의 영토 보전과 정치 독립은 침범 받지 아니한다.
(5) 각국은 모두 자국의 정치, 사회, 경제, 문화 제도를 선택할 권리가 있다.
(6) 각국은 모두 자국의 국제적 의무를 이행하고, 타국과 평화적으로 상호 공존할 책임이 있다.

2) 상호불가침 원칙

상호불가침 원칙 역시 현대 국제법이 공인하는 기본원칙 중 한 조항인데, 국제관계에서 어떠한 국가도 무력 혹은 무력적 위협, 또는 어떠한 핑계로 타국을 침범해서는 안 된다는 원칙을 가리킨다. 상호불가침 원칙은 20세기에 형성된 기본원칙이다. 현대 국제법의 관점에서 볼 때, 국가 주권과 영토 보전은 침범하여서는 안 되며, 타국을 침략하는 행위도 국제법상 위법행위에 속한다. 주권평등 원칙을 유지하기 위해서는 상호불가침 원칙을 반드시 확인해야 하며, 국제관계에서 모든 국가는 상호불가침의 의무를 이행해야 한다.

3) 상호 내정 불간섭 원칙

상호 내정 불간섭 원칙은 현대 국제법이 공인하는 기본원칙으로 역사상의 불간섭 원칙에서 시작하여 오늘날의 상호 불간섭 원칙까지 중대한 발전이 있었다. 상호 내정 불간섭 원칙은 주권평등 원칙의 심화 발전으로, 상호 주권 존중, 진정한 주권평등의 실현을 위해서는 반드시 상호 내정 불간섭 원칙이 전제되어야 한다. 상호 내정 불간섭 원칙은 오늘날 공정하고 합리적인 국제질서를 구축하는 데 매우 중요한 현실적 의의가 있다.

다양성의 세계에서 각국은 정치·사회 제도, 가치관, 이데올로기가 상이할 뿐 아니라, 역사적 전통, 종교·신앙, 문화적 배경에서도 큰 차이를 보인다. 이러한 차이점을 각자 인정하고 상호 존중해야만 협력을 강화하고 교류를 확대할 수 있고, 평화공존이 가능하다.

4) 호혜평등 원칙

주권 국가는 국가 규모를 막론하고 모두 평등하다는 원칙은 국가 간 호혜를 실현하는 전제조건이다. 평등권은 예로부터 국가 주권을 가늠하는 중요한 척도였으며, 오늘날 호혜와 결합하여 새로운 기본원칙 중 한 조항이 되었는데, 이는 국제법 평등원칙의 발전이라고 할 수 있다. 호혜평등 원칙의 진정한 의의는 국가 간 관계가 형식상 평등을 강조하는 것에서 더 나아가 실질적인 평등의 구현을 중시하게 되었다는 것이다. 호혜평등 원칙은 주로 국가 경제 관계 방면에서 주권평등 원칙의 구현이라고 할 수 있다.

5) 평화공존 원칙

주권평등 원칙에 대한 존중은 평화공존을 전제로 하고, 각종 사회제도의 공존을 인정해야 하며, 상호 존중, 우호적·평화적 공존, 평화적 수단으로 상호 간 모든 분쟁을 해결하여야 한다. 이는 주권 국가의 정상적 교류, 국제적 평화 유지, 세계 발전 촉진을 위해 필요한 부분이다. 타국 주권과 영토 보전을 존중하지 않고 타국에 대한 침략, 타국에 대한 내정을 간섭하는 행위는 평화공존이라는 국제관계 기본 준칙을 훼손하는 행위이다.

6) 국제분쟁 평화 해결 원칙

국제분쟁 평화 해결 원칙 또한 국제법의 기본 준칙이며, 이 원칙은 국가 간 이견이나 분쟁이 발생할 시 분쟁 당사국은 모두 평화적 수단으로 이를 해결할 의무가 있으며 무력과 전쟁에 호소해서는 아니 됨을 가리킨다.

7) 패권주의 반대

소위 말하는 패권주의(Hegemony)란 강대국이 자국의 경제적·군사적 실력에 의존하여 폭력 혹은 비폭력적 수단으로 약소국에 대한 강압, 타국 내정을 간섭하는 행위, 국제관계를 조종하여 타국, 지역, 심지어 세계를 통제·지배하려는 목적을 달성하려 하는 것이다.

국제법적 관점에서 볼 때, 패권주의는 국가 주권과 국가 기본권에 대한 심각한 유린이자, 국제법에서의 국가 주권 원칙과 여타 기본원칙에 대한 심각한 훼손이다. 또한, 세계 지역 평화, 각국 안보와 안정에 대한 중대한 위협이며, 국제정치, 국제경제의 새로운 질서 구축을 저해하는 장애물이기도 하다.

【보충 자료】

평화공존 5항 원칙(和平共處五項原則)

1953년 12월 31일 중국 국무원 총리 저우언라이(周恩來)는 인도 대표단과의 회담에서 최초로 '상호 영토주권 존중, 상호불가침, 상호 내정 불간섭, 호혜평등, 평화공존' 5항 원칙을 제시하였다. 이후 '상호 주권과 영토 보전 존중, 상호불가침, 상호 내정 불간섭, 호혜평등, 평화공존' 5항 원칙으로 수정하였다. 평화공존 5항 원칙은 중국이 자주 독립적 평화외교 정책을 추진하는 초석이 되었을 뿐만 아니라, 국제관계를 규범화하는 중요준칙이 되었고, 세계 평화 유지와 발전에 중요한 지침이 되었다.

3. 지역 정치 공존

지역 정치와 지역 거버넌스 발전 과정에서 △지역 강대국, △지역 연계성, △지역 법제는 지역 정치 공존 방식에 영향을 주는 세 가지 중요 변수이다.[1] 위 세 가지 변수는 우리가 지역 정치 중에서의 패권 장악·확장, 평등한 참여·협력

---

1) 참조 : 张云 : 《国际关系中的区域治理 : 理论建构与比较分析》, 《中国社会科学》2019年第7期.

등 상이한 정치 공존 방식을 이해하는 데 도움을 줄 수 있다.

지역 강대국은 지역 권력 구조를 결정하는 핵심적 변수이다. 지역 강대국은 지역에서 일방적·다자적 지리·자원 우위를 가지고 있어 지역 거버넌스의 정치적 리더십을 지탱할 수 있고 안정적인 지역 협력 메커니즘을 형성할 수 있다. 지역 강대국은 통상적으로 지역 내 권력 최상단에 위치하며, 지역 정치의 공존 방식과 거버넌스 발전에서 결정적 역할을 한다. 예를 들어, 미국은 북아메리카 지역에서 패권적 지위를 가지고, <북미자유무역협정>(NAFTA, North American Free Trade Agreement)에서 '미국 우선' 정책을 고수하는데, 이는 일종의 패권 주도적 지역 협력 방식이다.1) 지역 내 두 개 이상의 강대국이 존재할 경우, 권력·이익에 대한 경쟁으로 인해 강대국 간 갈등·충돌, 심지어 전쟁이 발생할 수 있는데, 만약 강대국 간 화해와 협력을 실현한다면 지역 정치의 우호적 공존을 도모할 수 있다. 프랑스와 독일은 역사적으로 오랜 기간 전쟁을 치렀지만, 제2차 세계대전이 종식된 이후 화해와 협력을 통해 공동으로 유럽 지역의 연합을 도모하였고, 이는 양국의 장기적·우호적 공존과 유럽 지역의 평화와 발전을 구현하였다.

지역 연계성(Regional Connectivity)은 지역 연계 수준을 가늠하는 중요한 지표로, △물리적 연계(지연적 연계, 생태환경적 연계, 경제적 연계 등), △제도적 연계(법규, 기준, 관리 등 방면에서의 조율·연계·일치), △사회적 연계(인원 유동, 공동안보 의식, 사회 문화 교류 등) 세 방면을 포함한다. 국제지역에서 국가 간 물질적·제도적·사회적 연계성이 강할수록 국가 간 공동 이익, 지역 정치에서의 권력 분배와 제도 구축에 대한 공감대 형성이 더욱 순조롭게 이뤄질 수 있다.

지역 법제는 지역기구의 시스템, 조직 등 제도 형식이 지역 협력 메커니즘 혹은 지역기구 설립을 통해 지역 동질성을 구축하고 공동 이익을 창출하기 위한 교류·협력 규칙을 제정하는 것을 가리킨다. 세계적으로 지역 법제의 형식과 추진 방식은 지역별로 상이하고 다양한 특징을 가진다. 예를 들어, 유럽연합은 유럽 국가의 민주정치 제도, 시장경제, 가치관에 기초하여 법률 제정과 정책 이행을 추진하여 초국가적 법률 지위, 관리 권한 특성을 구비하였으며, 회원국은

---

1) 미국, 캐나다, 멕시코 3국은 1992년 <북미자유무역협정>(NAFTA)을 체결하고 1994년 발효하여, 세계 최대 지역 경제 통합 기구인 북미자유무역지대을 구축하였다. 2020년 트럼프 정부의 '미국 우선' 정책의 주도 하에 미국은 '21세기 최고 수준 무역협정'으로 자평하는 <미국-멕시코-캐나다 협정>(USMCA, United States - Mexico - Canada Agreement)을 정식 발효하였고, 약 20년간 실시해 온 <북미자유무역협정>을 대체하였다.

유럽 지역에 대한 높은 동질성을 가진다. 아시아, 아프리카, 아메리카 지역 모두 대지역 혹은 소지역 층위에서 각종 형태의 지역 협력 메커니즘·기구를 구축하여 지역 정치 공존과 관계 발전을 도모하고 있다.

4. 국제지역 제도 구축

제도 건설은 국제지역 구축에서 중요한 구성 부분이며, 지역기구 설립은 국제지역 제도 건설의 기초이다. 지역 제도 건설은 실질적으로 국가 공동의 지역 신분과 이익에 대한 정의를 통해 공식·비공식적 구속과 상호 간 교류 규칙을 설계·확립하는 과정이다.

지역 제도 건설의 성공 여부는 △사회화와 △제도화 두 과정에 달려있다. 사회화(Socialization)는 국가의 새로운 지역 신분과 이익에 대한 인지과정을 가리키는데, 각국이 관념적으로 지역 신분과 이익에 대한 인식과 공감대를 형성하는 과정이다. 제도화(Institutionalization)는 각국이 새로운 지역 신분과 이익을 자국이 가진 기존 이익구조 안으로 내재화(Internalization)하는 과정과 조약화(법률화)·기구화하는 일련의 과정이다.

지역 신분과 이익이 자국 이익과 일치할 경우, 지역 제도는 지역 협력의 발전을 촉진할 수 있다. 반면, 지역 신분과 이익이 자국 이익과 상충할 경우, 국가 간 분쟁·대립·충돌, 심지어는 전쟁을 유발할 수도 있다. 국제지역 제도 건설의 취지에서 가장 중요한 점은 지역 참여국이 준수해야 할 공동규칙을 제정하여 지역 정치 평화공존의 환경을 조성하고, 지역 안정을 통해 전쟁 방지, 지역 내 각국의 경제발전을 도모하는 것이다. 세계 모든 국제지역의 제도 건설 방식·수준이 각기 다를지라도 그 취지는 기본적으로 동일하다. 현재 모든 국제지역의 제도 건설은 지역 내 안정, 평화, 협력, 발전을 실현하는 것을 취지로 하는데, 이는 지역 발전에도 유리하며 전 세계에도 긍정적 기여를 한다. 이를 통해 국제지역의 제도 건설은 세계의 공정한 정치제도 건설을 위한 기초를 마련해주면서 세계가 평화 발전을 실현하게 하는 중추적 역량이 된다.

> **【보충 자료】**
>
> 　기구(Organization), 제도(Institution), 메커니즘(Regime), 관례(Convention) 네 어휘는 의미상으로 유사한 듯 보이지만 차이가 존재하는 개념들이다. 미국 경제학자 더글러스 노스(Douglass Cecil North)가 내린 정의에 따르면, 제도는 사회적 게임의 규칙(Rules)이며, 인류가 창조한 인간의 상호 교류를 제약하는 행위 프레임이다. 만약 제도가 사회적 게임의 규칙이라고 한다면, 기구는 게임에 참여하는 행위자(Player)이며, 메커니즘은 게임 규칙 운영을 유지하는 공식·비공식적 절차와 과정이고, 관례는 통상적으로 비공식적인 관습과 행위 준칙을 가리킨다.

　제도 건설은 국제지역의 중요한 발전 성과이다. 국제지역 제도 건설에 대한 각국 정부와 공민의 수용과 지지는 지역기구의 설립, 공동규칙 제정, 직권 행사에 합법성을 부여해 주는 중대한 변화이다. 국제지역 제도 건설은 지역 참여국의 자발적 참여과 평등한 협력에 기반하는데, 지역 참여국들은 협력 전개와 공동규칙 제정, 관리 권한 행사를 통해 정치 공존과 사회·경제 발전에 양호한 지역 환경을 조성할 수 있다는 공통된 인식을 가지고 있다. 이렇듯, 국제지역 제도 건설은 지역 내 각국에 양질의 공공재를 제공한다고 할 수 있다.

　지역 정치의 제도 구축 과정에서 법률화와 제도화의 핵심은 권력 양도·공유에 기반한 제도적 조치에 있다. 이러한 권력 양도·공유는 지역 정치의 제도 구축 수준에 따라 다른데, 국가 권력 일부에 대한 양도·공유, 혹은 주권 일부에 대한 양도·공유로 구분할 수 있다. 권력 양도·공유 범위의 차이는 지역통합 수준의 차이를 가져온다. 예를 들어, 자유무역지대, 관세동맹 형태의 제도적 조치는 참여국이 보유한 관세 권력 중 일부 혹은 전부에 대한 양도·공유이며, 통화동맹 형태의 제도적 조치는 회원국이 보유한 통화 주권에 대한 양도·공유이다. 이러한 제도적 조치에서 권력의 양도·공유는 상호보완적이므로, 국가 권력을 양도만 하고 공유하지 않기는 어렵다. 유럽 지역통합 과정에서의 제도적 조치는 단순히 일반적 의미의 지역 협력을 넘어 통합의 지속적인 심화 발전과 초국가적 특성 강화라는 형태로 나타났다.

제3절 지역 안보와 안보협력

　냉전체제의 종식은 장기간 양극 구조에서 압박받던 국제지역의 자주성을 해방하였고, 지역 안보협력은 국제사회에서 나타나는 뚜렷한 특징이 되었다. 대다수 국가는 지역 층위에서의 안보 문제에 주로 관심을 보인다. 이는 대다수 국가가 글로벌 층위에서의 안보 상호 교류를 추진할 종합 국력과 이익 관계를 갖추지 못했고, 지역 층위에서의 안보가 각국 안보에 더욱 직접적인 연관이 있기 때문인데, 이에 지역 안보협력은 국제 안보 메커니즘 구축에서 주요한 내용이 되었다.

1. 지역 안보의 구성

　지역 안보는 지역 내 국가의 안보와 지역성 안보를 포함하는데, 이 두 유형의 안보는 차이점과 연계성이 공존하며, 상호 영향을 준다. 국가의 안보는 수출성(輸出性) 안보와 수입성(輸入性) 안보가 있으며, 지역 내 국가 간 안보는 상호 연계, 상호 영향을 주는데 특히, 중대한 안보 문제에서는 수출성과 수입성이 모두 강하게 나타나 다수 국가에 영향을 미칠 수 있다. 지역성 안보는 지역 내 모든 국가와 관련되며, 이는 전쟁, 자연재해, 전염성 질병, 기후변화, 경제위기, 대규모 사건·사고 등 요인에서 기인할 수도 있다.
　지역 안보는 종합적 안보의 특성을 보이는데, 전통적 군사·정치 영역의 안보는 물론 경제, 사회, 환경, 공민 등 방면의 안보도 포함한다. 지역 안보 문제를 초래하는 요인은 매우 다양하다. 전통적 안보 영역은 주로 국가 간 분쟁, 대립, 무력 충돌과 전쟁, 내란을 포함하며, 비전통적 안보 영역은 주로 경제 안보, 성장 안보, 사회 안정에 대한 위협, 개인 생활, 업무에 대한 위협 등을 포함한다. 안보 문제가 미치는 영향 범위가 소수 국가, 소수 지역에만 관련되기도 하고, 전체 지역이 관련되어 지역성 안보 문제가 되기도 한다.[1]

지역 안보는 단순히 국가의 관점에서만 고려해서는 안 되는데, 이는 국가(정부)만이 유일한 중요 안보 행위 주체라고 볼 수 없기 때문이다. 특히, 비전통적 안보 영역에서 지역기구, 기업, 사회단체, 개인 등을 포함한 각종 비정부조직·기구가 모두 각기 다른 층위에서 중요한 역할을 하고 있다. 또한, 지역성 안보 위협에 있어서 지역기구와 비정부조직·기구는 대체 불가능한 역할을 하기도 한다.

지역 안보는 폐쇄적이지 않고 외부와 직접적이고 복잡한 관련이 있기 때문에, 우리는 지역 안보를 개방적인 태도로 다루고 대응하여야 한다. 지역 간, 특히 인접한 지역 간에는 다방향·다양·다층적 안보가 상호연계, 상호 영향을 주고 있는데, 소수 국가 간 발생하기도 하고, 전체 지역과 연관되기도 한다. 지역 안보는 글로벌 안보와도 밀접하게 연계되는데 특히, 기후변화, 전염병 바이러스 확산, 대규모 살상 무기, 세계대전 등 요인과 같이 모든 국가와 모든 지역에 재앙이 될 수 있는 글로벌 안보 위협을 포함한다. 또한, 지역 안보 메커니즘의 구축은 글로벌 안보 체계의 구축과는 뗄 수 없는 관계이며, 넓게 보면 지역 안보 메커니즘의 구축은 글로벌 안보 메커니즘의 기초이다.

종합적 안보의 관점에서 볼 때, 지역 안보 관계는 군사, 정치, 경제, 사회, 환경 등 영역에서의 안보 상호작용과 연관된다. 각 안보 영역이 각기 특수성을 가지지만, 영역 간 밀접한 관계가 있어 분리하기 어렵다. 냉전체제가 종식된 이후, 비전통적 안보의 중요성이 부각되면서 경제, 사회, 환경 등 영역의 문제가 신속하게 안보화되고 뚜렷한 지역화 특징이 나타나고 있다.

특히, 주목할 점은 신기술을 바탕으로 한 네트워크화 심화 발전 흐름 속에서 네트워크 안보는 정치, 군사, 경제, 사회 각 영역을 모두 포괄한 '일부 영역이 전

---

1) 리차드 울만(Richard Ullman)은 안보 위협에는 주로 두 유형이 있다고 보았다. (1) 한 국가의 주민 생활의 질을 악화시키는 위협으로, 이는 외부 전쟁에서부터 내부 반란, 봉쇄와 제재, 원자재 부족과 심각한 '자연' 재해(유행성 질병, 홍수, 가뭄 등) 등 일련의 혼란·충돌을 포함한다. (2) 국가, 정부 혹은 국가 내부 개인, 비정부 행위 주체(개인, 단체, 기업)의 정책적 선택 공간을 좁히는 위협으로 주로 전쟁 등 군사적 요인이 초래하는 죽음, 물질적 손실을 포함한다.
배리 부잔(Barry Buzan) 또한 인류의 집단적 안보는 주로 군사, 정치, 경제, 사회, 환경 5개 영역의 영향을 받으며, 이는 고립적으로 작용하는 것이 아니라 밀접하게 얽혀있다고 보았다. 군사기술, 무력 사용, 위협 전략에 집중된 연구는 그저 안보 연구의 한 분류에 불과하다. 참조 : Richard H.Ullman, "Redefining Security", International Security, Vol.8, No.1, 1983, pp.133-134 ; Barry Buzan, People, States and Fear : An Agenda for International Security Studies in the Post-Cold War Era, New York : Harvester Wheatsheaf, 1991, pp.26-27.

체에 영향을 미치는' 종합적 안보 문제가 되었다. 이는 현대 안보 구성 구조의 중요한 변화로 국가, 지역, 글로벌 안보를 하나로 통합하였다고 볼 수 있다.

2. 지역 안보 거버넌스

지역 안보 위협의 다발성, 확산성, 종합성, 복잡성으로 인해 안보 대응·거버넌스가 큰 변화를 겪으면서 안보 거버넌스가 아젠다로 수립되었다. 지역 안보 거버넌스는 특정한 함의가 존재하는데, 엘케 크라만(Elke Krahmann, 2003)은 지역 안보 거버넌스가 '공적 행위 주체와 사적 행위 주체가 권위적 중앙 권력이 존재하지 않는 상황에서 구속력을 가진 안보 정책 제정·집행을 통해 이익을 조율하는 것'1)을 가리킨다고 보았다. 아리에 카코위츠와 칼리아 프레스 바나단(Arie M.Kacowicz, Galia Press-Barnathan, 2016)은 지역 안보 거버넌스는 안보 영역에서의 인지, 규칙, 이행을 공유하는 지역과 지역기구를 통해 특정 지역 안보의 제도화를 추진하는 동태적 과정을 가리킨다고 강조하였다.2)

종합해 보면, 지역 안보 거버넌스는 주로 협력을 통해 지역 안보를 위협하는 문제를 공동 거버넌스하는 것을 가리킨다. 지역 안보 문제는 매우 복잡 방대하여 새로운 문제가 끊임없이 출현하기 때문에 거버넌스 방식은 다양성 가지면서 끊임없이 발전하는 과정으로 볼 수 있다. 결론적으로 볼 때, 제도와 규칙에 기반한 거버넌스는 더욱 효과적일 수 있으며, 지역기구를 통해 공동이 준수해야 할 제도·규칙을 제정할 필요가 있다. 비정부 행위 주체 또한 다양한 방식으로 지역 안보 거버넌스에 참여하고, 심지어 특정 영역에서는 중요한 역할을 하기도 한다.

지역 안보 거버넌스의 추진 요인은 내·외부 안보에 대한 위협에서 기인하는데, 안보 위협은 지역 내 참여국이 공감대를 형성하고 능동적으로 협력 조치를 취하여 대응토록 한다. 그러므로 지역 안보 거버넌스는 공동안보와 협력안보의

---

1) Elke Krahmann, "Conceptualizing Security Governance", Cooperation and Conflict, Vol.38, No.1, 2003, p.11.
2) Arie M.Kacowicz and Galia Press-Barnathan, "Regional Security Governance", in Tania A.Börzel and Thomas Risse (eds.), The Oxford Handbook of Comparative Regionalism, Oxford : Oxford University Press, 2016, p.299.

이념과 공감대에 기반한다. 공동안보는 지역 안보협력을 추진하는 공감대적 기초로 각국이 공동 참여하는 안보협력만이 협력안보로 갈 수 있으며, 협력안보는 지역 안보 거버넌스의 주요 형식이다. 다만, 안보 영역이 주권, 정치를 비롯한 여타 민감한 요인과 관련이 있기에 안보 거버넌스는 각 참여국의 수용과 지지 기반 위에 구축되어야 하며, 채택한 조치는 당사국의 이해와 지지를 얻어야 하는데, 이를 위해 대화, 협상, 담판이 필요한 경우가 많다. 특히, 지역 안보 거버넌스를 통한 간섭이 필요할 시 강제성을 띤다면, 당사국의 반대·저항에 부딪혀 새로운 갈등·충돌이 발생할 수 있다. 좋은 지역 안보 거버넌스는 법적 근거와 행사 원칙, 공동 협상으로 제정한 추진 계획과 방안이 필요하다. 지역 안보 거버넌스에서 국내 안보와 관련된 거버넌스는 당연히 당사국이 주도하여 실시한다. 내정 불간섭 원칙은 국가 간 관계의 기본원칙으로 어떻게 지역 안보와 국내 안보 긴 관계를 적절하게 처리하는지는 지역 안보 거버넌스의 중요한 과제이다.

지역기구와 국제기구는 지역 안보 거버넌스의 중요한 버팀목이다. 지역기구의 안보 거버넌스는 공동 참여·협력을 바탕으로 추진되며, 지역기구는 총괄·이행을 책임지고 협상·조율을 통해 공동규칙에 근거하여 집체적 행동을 채택한다. 주목할 만한 점은 위의 집체적 행동은 지역기구가 모든 사무를 이행하는 것이 아니라, 각국 국가 기능부처, 기업기관, 사회단체, 개인을 동원하여 실시하는 경우가 많다.

지역 안보 거버넌스는 중요한 공공재이며, 지역 강대국은 지역 안보 체계 구축에 필요한 막대한 비용을 부담하고, 기술·관리 방면의 지원·이행 조치를 추진할 역량을 갖추고 있으므로 지역 안보 거버넌스에서 중요한 역할을 해야 한다. 과거 강대국이 주도하는 방식과 달리, 지역 거버넌스 협력 이념·원칙에 기반한 강대국의 역할은 협력 규칙의 전제하에 추진되며 강대국이 일방적으로 추진하거나 아젠다를 주도하는 것이 아니라 협력안보 거버넌스의 아젠다를 준수하거나 선도하는 것이다.

지역 안보 거버넌스는 지역 외 국가와 국제기구를 포함한 국제협력을 전개해야 한다. 다만, 지역 외 국가, 특히 지역 외 강대국이 협력 의사를 가지고 참여하는 것이 아니라, 일방적인 자체 방식으로 직접적인 간여를 하기도 한다. 이러한 간여 의도는 강대국 자체 이익을 보호하기 위하거나, 주도적 위치를 쟁탈·유지하기 위한 목적이다. 세계 초강대국 미국은 '세계 경찰'을 자처하며 미국 주도적인 전략적 사고를 가지고, 여타 국가·지역에 직접적으로 간여하고 '안보'를 명분으로 심지어 타국에 대한 침략까지 일삼아 안보 대상국 내부 불안정을 초래한다. 이라크, 시리아, 아프가니스탄 등 중동 지역 국가는 미국의 직접적인 간여로 인해 장기간 안보 위기에 빠져 국가와 국민이 막대한 손실을 보았다.

3. 지역 안보 거버넌스의 메커니즘

지역 안보 거버넌스 메커니즘은 관련 행위 주체가 외교적 조율을 통해 각종 안보 관련 사안에 관해 결정하는 일련의 정치, 안보협력, 이와 관련한 협의성 조치를 가리킨다. 지역 안보 거버넌스 메커니즘의 목표는 대화, 협력 등 평화적 방법으로 정치와 안보 관계를 조정하여 정치·안보 위기 발생, 충돌 심화를 방지하는 것이다.[1] 지역 안보 거버넌스 메커니즘의 확립은 지역 안보 거버넌스의 제도화를 의미하며, 이는 지역기구가 자체 이념, 목표, 원칙을 전략계획, 정책, 이행으로 구현하게 하여 지역 안보의 공급에 영향을 준다.[2]

안보협력의 특성과 기능 차이에 근거하여, 지역 안보 거버넌스 메커니즘은 △집단방위 메커니즘, △강대국 협조 메커니즘, △집단안보 메커니즘, △협력안보 메커니즘 네 가지 형태로 구분할 수 있다.

집단방위(Collective Defense) 메커니즘은 일반적으로 양자·다자 군사동맹으로 구현되며, 일종의 대항 의식에서 발생한 안보 메커니즘이다. 군사동맹은 두 개 이상의 관점이 유사한 국가들로 구성된 배타적 조직으로 비교적 협소한 의미의 안보를 추구한다. 군사동맹은 내부 역량을 정합하여 잠재적 안보 위협에 대응하는데, 군사동맹 참가국이 타국으로부터 어떠한 공격을 당할 경우, 모든 군사동맹 참여국이 연합하여 반격할 수 있다. 각 군사동맹 참가국이 이행해야 할 연맹에 대한 의무와 참여국 간 군사협력은 조약의 형식으로 더욱 명확하게 규정한다. 냉전 시기 미국이 주도한 북대서양조약기구(NATO)와 소련이 주도한 바르

---

[1] 참조 : 李大光 : 《国际机制与区域安全 - 兼论东北亚区域安全机制构建》, 军事科学出版社 2010版, 第39页.
[2] Arie M.Kacowicz and Galia Press-Barnathan, "Regional Security Governance", in Tania A.Börzel and Thomas Risse (eds.), The Oxford Handbook of Comparative Regionalism, Oxford : Oxford University Press, 2016, p.305.

샤바 조약기구(WTO, The Warsaw Treaty Organization)는 이러한 집단방위 메커니즘의 전형적인 사례이다.

강대국 협조 메커니즘은 지역 내 강대국이 다자주의 원칙에 근거하여 지역 안보 사무를 협력·관리하는 것을 가리키며, 주로 강대국 간 관계를 조율하여 강대국 간 충돌을 방지한다. 강대국 협조는 집체 행동 원칙을 기초로 하지만, 각 강대국이 공식적 역할·의무 요구에 의해 참여하는 것이 아니라 비공식적 담판으로 분쟁 해결에 협조한다. 19세기에 나타난 '유럽 협조'는 강대국 협조 메커니즘의 대표적인 사례이다. 이 시기 영국, 프랑스, 러시아, 프로이센, 오스트리아 등 유럽 열강은 지역 내 각국이 준수해야 할 공동규칙을 제정하여 유럽 지역 사무를 협력 관리하였다. 강대국 협조는 불안정한 경우가 많았고, 상대 국력, 이익 변화의 영향을 받는 경우가 빈번했다.

집단안보(Collective Security) 메커니즘은 집체적 역량으로 잠재적 위협을 경계·제지하는 것을 목표로 한다. 집단방위 메커니즘과는 달리, 집단안보 메커니즘에서 각국은 특정 대상에 대한 방어 의무를 가지는 것이 아니라, 미지의 위협 행위에 대응하는 의무를 가진다. 집단안보 메커니즘의 안정적인 구축·운영은 특정 강대국이 메커니즘을 주도하지 않도록 견제하는 것에 달려있는데, 모든 국가가 안정적 국제질서 유지에 대해 기본적으로 공통적 관점을 가지고, 주요 국가 간에도 최소한의 정치적 단결과 공동의 가치관이 존재한다.[1] 제1차 세계대전이 종식된 이후 창설된 국제연맹(League of Nations)과 현존하는 유엔(UN) 안보 메커니즘은 모두 집단안보 메커니즘의 특성을 가지고 있다.

협력안보(Cooperative Security) 메커니즘은 공동안보에 대한 인식, 평등한 참여와 기능성 협력 강화를 강조한다. 협력안보는 지역이 직면한 공동 위협에 대항하는 것을 목표로 하며, △전통적 군사 위협, △테러리즘, 환경파괴, 전염성 질병 등 비전통 안보 영역의 위협을 포함하는데, 각 참여국은 협력 행동을 통해 안보 위협을 완화·해소·소멸시킨다. 협력안보 메커니즘은 지역 내 각국 간 '대화와 협력 분위기'에서 상호 신뢰 관계를 구축하여 군사적 역량을 위협 제거의 도구로 활용하려는 의도를 억제하는데, 이를 위한 가장 중요한 프로젝트가 예방성(豫防性) 외교와 비공식 대화이다.[2] 예방성 외교는 비공식 대화, 알선, 제3자 중

---

1) Charles A.Kupchan and Clifford A.Kupchan, "Concerts, Collective Security, and the Future of Europe", International Security, Vol.16, No.1, 1991, pp.124-125.

재 등을 포함하는데, 예기치 못한 습격의 가능성을 낮출 수 있다. 비공식 대화는 주로 비정부기구, 전문가·학자 등 비국가 행위 주체가 각 지역 포럼에서 안보 문제에 대해 의견을 피력하는 것을 가리킨다. 현실에서 △유럽안보협력기구(OSCE, Organization for Security and Co-operation in Europe), △상하이협력기구(SCO, Shanghai Cooperation Organization), △아시아태평양안보협력회의(CSCAP, Council for Security Cooperation in the Asia Pacific), △아세안지역안보포럼(ARF, ASEAN Regional Forum)은 모두 협력안보의 특성을 가진 지역 협력 메커니즘이다.

현재까지 세계적으로 수많은 지역 안보 기구, 안보협력 메커니즘이 설립되었는데, 아래 세 가지 유형으로 분류할 수 있다.

1) '안보 기구'. 안보 기구의 전통적 주요 형식은 군사동맹이다. 예를 들면, 북대서양조약기구(NATO)는 대항성을 가지는데, 제2차 세계대전이 종식된 이후 소련이 주도하는 바르샤바조약기구(WTO)에 대항하여 미국, 캐나다, 유럽이 체결한 군사 그룹이다. 비대항성을 가지는 새로운 유형의 지역 안보 기구는 생겨나고 있다. 예를 들어, 상하이협력기구(SCO)는 협력안보를 요지로 회원국 간 협력을 통해 공동안보와 협력안보에 기반한 지역 안보 관계와 안보 질서를 구축하고 있다.

2) '협조성 지역 안보 기구'. 유럽안보협력기구(OSCE, 전신은 유럽안보협력이사회) 등 협조성 지역 안보 기구는 주로 회원국 간의 정치·안보 현안을 조율하여 회원국 간 충돌이 발생하는 것을 방지하는데, 비교적 성숙한 지역 조직 기구와 권한 행사 규칙을 구비하고 있다.

3) '지역 안보협력 포럼 플랫폼'. 예를 들어, 아세안지역안보포럼(ARF)은 아세안이 발의하여 지역 내, 지역 외 국가에 참여를 요청하여 지역 안보 문제에 대한 토론과 협상을 진행한다. 아시아태평양안보협력회의(CSCAP)는 주로 아시아-태평양지역 안보 문제에 대한 토론을 진행하고 의제에 대한 연구와 사상적 교류를 통해 각국 정부의 의사결정에 필요한 의견을 제시한다.

---

2) 참조 : [澳] 克雷格·A.斯奈德 : 《当代安全与战略》, 徐纬地等译, 吉林人民出版社2001版, 第143-144页。

【보충 자료】

　　북대서양조약기구(NATO)는 1949년 창설된 미국이 주도한 군사 안보 기구로 현재 30개 회원국이 있다. 해당 기구는 전통적 군사 안보협력 기구로서, 주적과의 군사적 대항(냉전 시기 바르샤바조약기구와 대항)을 전개하고, 타국에 대한 직접적인 군사 간여(관련 국가는 보스니아 헤르체고비나, 아프가니스탄 등)를 진행한다.

　　상하이협력기구(SCO)는 2001년 창설되었고 현재 회원국 8개국, 옵저버국 4개국, 대화 파트너국 6개국이 있다. 냉전체제가 종식된 이후 설립된 새로운 형태의 지역 안보협력 기구로 공동안보와 협력안보를 이념으로 지역 내 비전통적 안보 위협에 대응하는 것을 주요한 목적으로 한다. 협력안보 아젠다 제정을 통해 협력안보 정책 조치를 추진하고 안보 대화를 전개하여 지역 내 안보와 발전 환경을 수호한다.

　　아세안지역안보포럼(ARF)은 아세안이 발기하여 1994년부터 개최되어 오고 있는데, 현재 참여국은 27개국으로 동아시아 국가, 미국, 러시아, 유럽연합 등 국가·지역을 포함하며 지역 안보를 위한 비공식 대화와 협상 플랫폼이다. 외무장관 회의를 중심으로 신뢰 구축 조치, 예방성 외교 전개, 충돌 해결 토의 세 단계로 진행된다.

　　현실에서 수많은 지역기구가 전문적인 안보 거버넌스 기구는 아니더라도 지역 안보와 관련된 직능을 수행하고 있다. 예를 들어, 아프리카연합(AU, African Union)은 아프리카 지역의 안보를 유지하고 안보 조율, 간여, 유지 등 필요한 직능을 행사하고 있다. 아프리카연합은 지역기구로서 대대적으로 아프리카 경제성장도 도모하면서 아프리카자유무역지대(AfCFTA, African Continental Free Trade Area) 등을 구축하였다. 유엔은 지역 안보 거버넌스에서도 매우 중요한 작용을 하는데, 군비 억제, 핵 확산 방지에서부터 충돌 예방, 평화 유지, 평화 구축, 전후 재건까지 유엔은 지역 안정을 위협하는 일련의 안보 문제 거버넌스에 참여하였다.

　　그 외, 유엔은 지역기구에 대한 전문 교육과 법규 지원을 통해 지역기구가 지역 안보 거버넌스 방면에서 더욱 적극적인 역할을 발휘하게끔 한다.

결론적으로 볼 때, 협력안보는 새로운 지역 안보 거버넌스 메커니즘이며, 공동안보, 협력안보를 이념, 평등한 협력 참여를 원칙, 종합적 안보 문제를 대상으로 하여 정부 관련 부처, 기업, 사회단체, 개인, 국제기구가 공동으로 참여하는 안보 거버넌스 체계를 구축하려 한다.

■ 추천 문헌

- [英] 巴里·布赞、[丹] 奥利·维夫：《地区安全复合体与国际安全结构》，潘忠岐、孙霞、胡勇、郑力译，上海人民出版社2010版。
- 李大光：《国际机制与区域安全 —— 兼论东北亚区域安全机制构建》，军事科学出版社2010年版。
- 耿协峰：《新地区主义与亚太地区结构变动》，北京大学出版社2003年版。

국제지역학 개론

제5장
국제지역 경제

제1절 지역 경제 연계
제2절 지역 경제 메커니즘
제3절 지역 경제 분업

제5장 국제지역 경제

지역 경제는 지리적으로 인접한 국가·지역이 장기간 경제·사회 활동 과정에서 대외무역, 자본 유동, 기술 이전, 인적교류, 정책 추진 등 각종 요인의 상호작용으로 인해 점차 유기적 경제 종합체를 형성하는 것을 가리킨다. 지역 경제를 구성하는 기본 요소는 주로 △각국 간 경제 연계 방식과 메커니즘, △지역분업 기초와 모델, △정부 정책 방향과 조치 등을 포함한다. 정치, 경제, 역사, 문화, 종교 등 방면의 차이로 인해 각 지역 경제는 각자의 특색을 띠면서 상호 경쟁하고 공동 번영을 이뤄내기도 한다. 지역 경제와 글로벌화는 밀접하게 연계되어 있지만 본질적인 차이도 존재한다. 지역 경제와 글로벌화는 상호 촉진적이지만 상호 제약할 가능성도 있다. 지역 경제와 글로벌화에 대한 각국 정부와 국민 인식의 동태적 변화는 지역 경제와 글로벌화 간 상호작용 방식과 관계 결과에 영향을 미친다. 위에서 언급한 주제를 중심으로 하여 본 장에서는 지역 경제 연계의 동기와 결정요인, 지역 각국 경제의 연계 메커니즘, 시장과 정부 정책 주도 하의 지역 경제 분업과 글로벌화와의 관계에 관해 토론하고자 한다.

제1절 지역 경제 연계

세계은행(World Bank)은 개발도상국의 빈곤 해결과 지속 가능한 공동 번영 방안을 모색하는 국제기구이다. 세계은행은 세계 모든 국가의 통계자료를 수집·처리하는데, 각국 데이터를 아래 7개 조로 통합한다. (그림5-1)

1) 동아시아와 태평양국가
2) 동유럽과 중앙아시아(러시아와 튀르키예 포함)
3) 라틴아메리카와 카리브해 국가
4) 중동과 북아프리카
5) 남아시아
6) 사하라 이남 아프리카
7) 고소득 국가(미국, 유럽연합 회원국과 일본 포함)

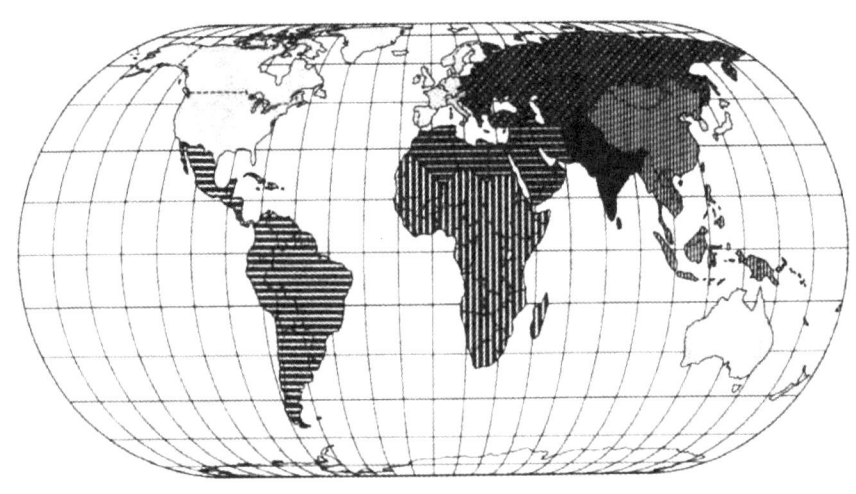

그림5-1. 세계은행의 지역분류

비고 : EAP=동아시아와 태평양국가, ECA=동유럽과 중앙아시아국가,
LAC=라틴아메리카와 카리브해 국가, MNA=중동과 북아프리카 국가,
SAS=남아시아 국가, SSA=사하라 이남 아프리카 국가,
High=고소득 국가

위와 같은 세계은행의 분류에 근거해 볼 때, 현실 경제 세계는 다수의 큰 규모의 불연속적인 '덩어리 형태' 지역으로 '분할'되어 있음을 알 수 있다. 글로벌

경제가 이러한 덩어리 형태의 특징을 보이는 원인은 다양한 요인이 있는데, 예를 들어 △요소 부존도, △천연자원 분포 및 기후의 선천적 차이, △역사, 문화, 제도에서 나타나는 각기 다른 발전 과정, △정치, 군사 방면에서의 중대사건 등을 포함한다. 이 중에서 지역 내 각국 간 무역, 투자, 자본 유동, 기술 이전, 인적교류 등 형태로 형성된 긴밀한 경제 연계는 핵심적·결정적 영향 요인이며, 본 장에서는 이 부분을 집중적으로 분석한다.

1. 지역에 기반한 지연적 경제 연계

세계 경제가 뚜렷한 지역적 특징을 나타내는 것은 인접 국가 경제 간의 지연적 연계에서 기인한다. 세계 경제 발전 과정은 지리적 위치가 인접할수록 국가 간 무역 규모가 더욱 크다는 것을 보여준다. 이 법칙은 물리학에서 아이작 뉴턴(Isaac Newton)이 제시한 두 물체 사이의 상호 간 인력은 두 물체 질량의 곱에 정비례하며 두 물체 간 거리의 제곱에 반비례한다는 만유인력의 법칙과 유사하다. 1969년 노벨경제학상 수상자인 네덜란드 경제학자 얀 틴베르헨(Jan Tinbergen)은 1962년 무역 중력 모형을 통해 양자 무역 유량을 분석하였는데, 국제무역에서도 두 국가의 무역 규모가 두 국가의 경제총량에 정비례하고 두 국가의 거리와 반비례하는 '만유인력의 법칙'이 존재한다는 것을 증명하였다.

【보충 자료】

$$X_{ij} = K \frac{(Y_i)^a (Y_j)^b}{(1 + eD_{ij})^f}$$

위 공식은 무역 중력 모형의 기본공식이다. 이중에서 X_{ij}는 양국의 무역 유동량, Y_i와 Y_j는 각각 i국과 j국의 경제총량(GDP), D_{ij}는 i국과 j국 간의 거리, K와 e는 상수, a와 b는 계수를 나타낸다. 위 공식은 i국의 j국에 대한 수출 총량의 크기, i국과 j국 간 무역 총량의 크기는 i국과 j국의 경제총량(GDP)과 정비례 관계이며, 양국 간의 거리와 반비례 관계라는 것을 설명한다.

유럽, 동아시아, 북아메리카는 세계적으로 지역 경제 연계가 가장 긴밀하면서 특징이 가장 명확한 세 지역이다. 유럽 지역을 예로 들어 보면, 독일은 지연적·인구적으로 중심에 있고, 유럽 최대의 재화·서비스 수출국이다. <표5-1>은 독일 10대 수출시장, 독일의 수출 대상국의 GDP 총량, 독일과의 거리 정보를 제공한다. <표5-1>을 통해 알 수 있듯이 독일 최대의 수출시장은 명확한 지역성을 보인다. 2018년 상위 10대 수출시장은 8개 이웃 국가 중 6개국(룩셈부르크, 덴마크 제외)을 포함하였는데, 대다수는 경제 규모가 작은 소국이다. 미국, 중국은 독일과의 거리는 멀지만 큰 무역 규모를 가지는 원인은 두 국가의 경제 규모가 크기 때문이다. 독일의 대외의존도를 살펴보면, 이웃 국가에 대한 전체 의존도가 미국과 중국에 대한 의존도보다 높게 나타난다. 따라서, 만약 무역대상국 경제 규모의 영향을 배제한다면 지연이 한 국가의 무역대상국을 결정하는 핵심 요인이라고 할 수 있다.

표5-1. 독일 10대 수출시장(2018년)

	국가	독일 수출 (백만 달러)	독일 수출의 對무역대상국 의존도(%)	독일과의 거리 (km)	GDP (십억 달러)
1	미 국	135,287	8.7	6,410	205,290
2	프랑스	124,560	8.0	875	27,879
3	중 국	110,548	7.1	7,352	138,948
4	네덜란드	107,619	6.9	574	9,141
5	영 국	97,154	6.2	912	28,607
6	이탈리아	82,461	5.3	1,183	20,858
7	오스트리아	76,809	4.9	523	4,555
8	폴란드	74,802	4.8	518	5,871
9	스위스	64,312	4.1	668	7,051
10	벨기에	52,428	3.4	648	5,427

데이터 출처: 세계은행, CEIC 데이터베이스

동아시아, 동남아시아, 북아메리카 지역에서 각국의 무역대상국 또한 유럽 지역과 유사한 특징을 가진다. <표5-2>은 중국, 일본, 한국, 말레이시아, 태국 등 동아시아와 동남아시아 5개국, 미국, 캐나다, 멕시코 등 북아메리카 10개국의 10대 수출시장(국가·지역)을 보여준다. <표5-2>에서 알 수 있듯이 동아시아, 동남아시아 5개국의 상위 10대 수출시장(국가·지역)에서 미국이 경제 규모 요인으로 인한 특수성을 가진 점 외에 대다수는 지역 내 국가·지역이다. 북아메리카 지역을 볼 때 미국, 캐나다, 멕시코 또한 서로가 가장 중요한 무역대상국이다.

표5-2. 2018년 동아시아, 동남아시아, 북아메리카 주요 국가 10대 수출시장 비교

(단위: 억 달러)

	동아시아, 동남아시아 지역					북아메리카 지역		
	중국	일본	한국	말레이시아	태국	미국	캐나다	멕시코
1	미국 (4,807)	중국 (1,440)	중국 (1,622)	싱가포르 (344)	중국 (301)	캐나다 (2,989)	미국 (3,376)	미국 (3,708)
2	중국 홍콩 (3,037)	미국 (1,406)	미국 (733)	중국 (344)	미국 (278)	멕시코 (2,650)	중국 (174)	캐나다 (143)
3	일본 (1,476)	한국 (525)	베트남 (486)	미국 (225)	일본 (247)	중국 (1,203)	영국 (148)	중국 (71)
4	한국 (1,095)	중국 타이완 (424)	중국 홍콩 (460)	중국 홍콩 (185)	베트남 (129)	일본 (750)	일본 (95)	독일 (71)
5	베트남 (842)	중국 홍콩 (347)	일본 (306)	일본 (171)	중국 홍콩 (124)	영국 (662)	멕시코 (55)	한국 (49)
6	독일 (782)	태국 (323)	중국 타이완 (208)	태국 (141)	말레이시아 (116)	독일 (577)	독일 (47)	스페인 (47)
7	인도 (770)	싱가포르 (234)	인도 (156)	인도 (90)	호주 (107)	한국 (563)	한국 (40)	브라질 (43)
8	네덜란드 (733)	독일 (209)	필리핀 (120)	베트남 (85)	인도네시아 (102)	네덜란드 (494)	네덜란드 (39)	인도 (41)
9	영국 (573)	호주 (171)	싱가포르 (118)	한국 (83)	싱가포르 (92)	브라질 (395)	인도 (32)	일본 (41)
10	싱가포르 (501)	베트남 (164)	멕시코 (115)	호주 (83)	필리핀 (78)	중국 홍콩 (375)	중국 홍콩 (30)	콜롬비아 (35)

데이터 출처: CEIC 데이터베이스

인접한 지연 지역은 무역 전개에 있어 유리한 조건을 가지는데, 이는 주로 교역 비용 절감 등 요인에서 기인한다. 한 국가에서 다른 국가로 재화·서비스를 수출하는데 관련 비용을 지불해야 한다. 국제무역은 대체로 운수비용, 정보비용, 유통비용, 리스크 비용, 협상 비용, 시간 비용, 관세 비용 등 교역비용을 포함한다. 재화가 목적지에 도달하기 전 반드시 포장, 적재·하역, 운수, 검사, 조립, 전시 등 일련의 과정을 거친 뒤에야 소비자·도매상에 판매할 수 있다. 마케팅·애프터 서비스 네트워크를 구축하기 위해서 수출기업은 반드시 수출 대상국 언어를 사용하여야 하며 수출 대상국의 법률, 제도, 사회 문화에 익숙해야 한다. 위에서 언급하는 관련 비용은 '거리'가 멀어짐에 따라 더욱 증가하는데, 이는 물리적 거리이기도 하며, 정치, 문화, 사회적 거리이기도 하다. 일반적으로 양국 간 물리적 거리와 교역 비용은 정비례 즉, 양국 간 거리가 가까울수록 지급해야 하는 교역 비용이 적어지므로 동일한 무역조건에서 교역 비용이 가장 낮은 이웃 국가를 선택하여 무역이 이뤄진다.

지연적 접근성은 지역 경제 연계의 기본적·결정적 요인이다. 다만, △요소 부존도, △경제발전 수준, △정책·제도 추진의 차이로 인해 각 지역 경제 연계는 뚜렷한 차이를 보인다. 유럽 지역 선진국 간에는 경제발전 수준과 산업구조가 유사하여 수평적 경제 연계가 형성되어 있다. 하지만 동아시아 국가들은 경제발전 단계가 상이하므로 경제발전 수준 격차가 매우 크고 산업구조가 선명한 상호보완적 특징을 보이는데, 이에 따라 점진적으로 국제분업에 기반한 수직적 지역 경제 연계를 형성하였다. 북아메리카 지역에서는 미국의 경제적 우위가 현저하여 미국의 주도 아래 중심-확산형 지역 경제 연계가 형성되었다. 이와 비교해 볼 때, 라틴아메리카, 아프리카, 중동 등 지역 각국은 자원 수출에 의존하고 있고, 국제분업에 기반한 지역 경제 연계는 유럽, 북아메리카, 동아시아 지역만큼 긴밀하지 못한 상황이다.[1]

그 외, 지역화와 글로벌화의 흐름 속에 세계적으로 수많은 초지역적 경제 연계가 형성되었다. 초지역적 경제협력에서 양자 협력의 예로는 중국과 칠레, 스

---

[1] 위에서 언급한 지역 내에서 중심이 되는 브라질, 나이지리아, 사우디아라비아 3개국을 예를 들어 보면, 이들 3개국의 상위 15대 수출입 대상국 중 지역 내 국가는 각기 4개국, 3개국, 2개국이다. 구체적으로 브라질은 아르헨티나(4위), 칠레(6위), 멕시코(7위), 콜롬비아(14위)가 있으며, 나이지리아는 남아프리카공화국(8위), 코트디부아르(10위), 가나(15위)가 있고, 사우디아라비아는 UAE(5위), 바레인(8위)이 있다.

위스, 페루, 코스타리카, 아이슬란드 등의 국가와 체결한 자유무역협정을 들 수 있고, 다자 협력의 예로는 브릭스(BRICs) 국가 협력 메커니즘, '일대일로(一帶一路) 이니셔티브' 등을 들 수 있다. 협력 형태를 살펴보면, 각 유형의 초지역적 자유무역협정 등은 메커니즘적 특징이 매우 강하고, 중국 - 아프리카 협력포럼(FOCAC, Forum on China - Africa Cooperation), '일대일로 이니셔티브' 등은 메커니즘적 특징이 약하다.

2. 발전에 기반한 지역 경제 연계

제2차 세계대전이 종식된 이후, 아시아, 아프리카, 라틴아메리카 세 지역의 식민지·부속국이 연이어 독립하여 주권 국가가 되었다. 빈곤했던 약소국의 역사를 되풀이 하지 않기 위해 독립 주권 국가의 최우선 과제는 빈곤 퇴치와 경제 발전이었다.

아르헨티나 경제학자 로알 프레비쉬(Raúl Prebisch)의 세계 경제 '중심-외곽' 체계이론의 영향으로 라틴아메리카를 중심으로 한 수많은 개발도상국은 내향성 수입대체 발전 전략을 채택하였고, 관세·비관세 장벽 등 무역 보호정책을 통하여 국내 생산으로 특정 공업 제품 수입을 대체하고 국내 신흥 민족 공업의 발전을 촉진하여 자국 경제가 자주 독립적 발전의 길로 나아갈 수 있도록 하였다. 하지만, 이러한 폐쇄적인 발전 전략이 개발도상국의 지속적인 발전을 도모하기에는 역부족이었다. 오히려 경제적 유인(Incentive)과 경쟁이 결핍한 수입대체 발전 전략은 생산·소비에서 시장의 왜곡을 야기하였다. 이로 인해 경제성장은 악화일로의 길을 걷게 되었고 그렇게 라틴아메리카 지역은 '잃어버린 10년'을 맞게 된다.

장기적으로 수입대체 발전 전략을 고수해 온 라틴아메리카 지역과 비교해 볼 때, 동아시아 지역 내 일부 개발도상국·지역은 수입대체 발전 전략을 적시에 조정하였는데, 외국의 자본·기술 도입, 자국의 저렴한 노동력 활용하여 노동집약적 제품을 생산·수출하는 수출지향적 발전 전략을 선택하였다. 이는 최종적으로 큰 성공을 거두었고, 세계은행은 '동아시아의 기적(East Asia Miracle)'이라고 평가하였다. 사실상 '동아시아의 기적'은 한 국가·한 지역의 성공이 아닌 동아시아 지역 전반에서의 성장이었다.[1] 개방적인 발전 환경 속에서 후발 개발도상국·지역은 문화 유사성을 가진 이웃한 선발전 국가로부터 상대적으로 쉽게 성공 경험을 학습할 수 있었기 때문에, 지역 내 각국 경제의 선순환과 공동 발전을 실현할 수 있었다.

동아시아 지역은 각국이 육지와 해양으로 연계되어 천연적·지연적 연계를 형성한다. 동아시아는 이러한 역사적으로 연계 발전의 기초가 있었지만, 근대에 접어들어 서구열강의 끊임없는 침탈과 일본의 대대적인 확장으로 인해 끊임없이 분할되고 산산조각났다. 제2차 세계대전이 종식된 이후, 세계는 미국·소련의 패권 경쟁으로 인해 두 진영으로 분열되었고, 반세기에 달하는 냉전은 동아시아 국가를 진영 차이로 인한 지속적 분열·대치 상태에 빠뜨렸다. 이로 인해, 1990년대 초 냉전체제가 종식되기까지 동아시아는 지역으로서의 존재감이 매우 미미하였다.

동아시아 지역 내 각국이 연이어 추진한 개방형 발전 전략으로 동아시아 경제 지연 분할에 변화가 나타났다. 일본은 제2차 세계대전 이후 수출지향적 발전 전략을 가장 먼저 추진하였고, 불과 십여 년 만에 선진국 대열에 재진입하였다. 일본의 뒤를 이은 '동아시아 네 마리 용(Four Asian Dragons)'은 연이어 수출지향적 발전 전략을 채택하여 일본으로부터 산업 이전을 받았고, 초기 단계의 지역분업을 형성하였다. 그 후, 동남아시아 지역 일부 국가 또한 앞다퉈 개방형 발전 전략을 채택하여 일본이 주도하는 동아시아 지역분업에 참여하였다. 개혁개방 실시 이후, 중국은 적극적으로 세계 경제와 융합하였고, '양두재외, 대진대출(兩頭在外, 大進大出 원자재 공급원과 판매 시장을 해외에 두고 외국의 기술, 관리 방법, 자금 등을 대량으로 유치하면서 국내에서 생산된 완제품을 대량 수출하여 외화를 벌어들이는 경제 발전 전략)'이라는 수출지향적 발전 전략에 기반하여 동아시아 지역 각국 경제와 긴밀한 지역 연계를 형성하였다. 이렇듯, 발전지향적 동기, 시장 메커니즘에 기초한 경제 체인은 대다수 동아시아 지역 내 국가·지역을 긴밀하게 연결시켰고, 지역성 발전 프레임과 이익 공동체를 형성하였다.

---

[1] 동아시아는 지연 지역으로 주로 동북아시아와 동남아시아 지역을 가리킨다. 지역화 발전 추세에 따라 인도, 오스트레일리아, 뉴질랜드 등 국가가 동아시아 협력 메커니즘에 가입하였으며, 지연 경제 지역으로서 동아시아의 범주는 확대되었다.

동아시아 지역의 발전적 경제 연계는 개방과 지역 협력을 통해 자국 경제를 발전하길 희망하는 모든 국가, 특히 낙후 국가·지역에 이상적인 이론 사례를 제공하였다. 요약해 볼 때, 20세기 후반 동아시아 지역 내 경제 연계와 발전은 세 가지 주요한 특징을 보인다.

1) 수출지향적 발전 전략. 각국은 모두 수출지향적 발전 전략 채택하였고, 이는 지역 경제 연계의 전제와 기초를 형성하였다.
2) 지역 발전의 지속성. 발전 과정에서 선진 경제국(지역)와 후발 경제국(지역) 간 연속적·안정적 차이를 유지하면서 '네 마리 용'이 일본을 추격하고, 아세안과 중국이 '네 마리 용'을 추격하는 동태적 경제 공간을 형성하였다. 각국 경제를 연계하는 기초는 각국 제조업이 시대적 흐름에 따라 '수입 → 국내 생산으로 수입 대체→수출을 통한 산업화 심화 발전→사양산업화'의 동태적 변화 과정에 직면하는 데 있다. 다시 말해, 한 국가에서 특정 제품에 대한 수입이 일정 기간 지속된 후, 그 국가는 자체적으로 그 제품을 생산하는데, 생산이 확대되면서 국내에서 수입대체가 일어나고 기술 축적과 비교우위가 생겨나 다시 수출 산업화로 나아간다는 것이다.
3) 시장 의존도. 미국·유럽을 최종 완성품의 수출시장으로 삼는 의존도가 매우 높다. 간단히 말하자면, 동아시아 선진 경제국(지역)은 지역 내 기타 후발 경제국(지역)에 중간재를 수출하고, 후발 경제국(지역)에서 가공 조립하여 최종적으로 미국·유럽 선진국으로 최종 완성품을 수출하고 있다. 학계에서는 동아시아 지역의 이러한 국제분업에 기반한 경제 연계와 계단식 발전 모델을 보편적으로 '기러기 편대 모델(flying-geese model)'이라고 부른다.

동아시아 지역의 발전적 경제 연계는 정태적 모델이 아니라 동태적 모델이다. 21세기 이후 중국 경제의 빠른 성장과 산업구조 고도화에 따라, 동아시아 지역분업 구조는 나날이 네트워크화와 복잡 다양화되고 있으며, 기러기 편대 모델이 점차 전환되어 '동아시아 생산 네트워크(East Asian production network)'라고 불리는 지역분업모델로 심화 발전하였다. 새로운 지역 생산 네트워크는 기러기 편대 모델 구도에서 발전하였으나, 산업 간 분업의 본질적 속성을 변화시켰고, 산업 내 분업, 제품 내 분업을 기반으로 한 지역 생산과 분업 구조를 형성하였다. 이러한 구조에서 초국가적 생산 과정의 분산화, 각국 경제 통합이 동시적으로 나타나고 있으며, 핵심적 특징은 부속품 등 중간재가 각 생산 단계에서 반복적 수출을 통해 더욱 정밀한 가공을 진행하는 과정이 최종 완성품 수출 단계까지 지속된다는 것이다.

3. 지역 경제 연계에서의 비교우위

자국이 가진 비교우위를 발휘하는 것은 각국이 지역 경제 연계에 가입하는 전제이자 기초이다. 비교우위는 국제무역학에서 매우 중요한 개념으로, 양국 간 노동생산성의 차이가 모든 상품 생산에서 같지 않기 때문에 각국은 자국이 비교우위를 가진 제품을 집중적으로 생산·수출하여야 한다는 것을 가리킨다. 즉, 두 제품 중 우위가 강한 것이나 두 제품 중 열위가 약한 것을 택함으로써 양국 모두 노동력을 절약할 수 있고 전업화 분업을 통해 노동생산성 제고할 수 있다.

각 시대별·지역별로 각국이 자국이 가진 비교우위에 근거하여 지역 경제에 참여하는 구현 형식과 연계 방식 또한 차이가 존재한다. 1990년대 이전, 지역 경제 연계의 주요 형태는 제품 분업인데, 각국은 자국의 비교우위에 근거하여 각기 다른 유형의 제품 혹은 동일 유형이지만 다른 특징·등급·품질을 가진 제품을 생산하였으며, 지역 내 각국 경제를 연계하는 것은 무역·투자였다. 선진국 간에는 수평적 분업 형태(예로 유럽연합)를 형성하였고, 선진국과 개발도상국 간에는 수직적 분업 형태(예로 동아시아)를 형성하였다. 다만, 모든 분업 형태에서 제품 생산의 공급체인이 비교적 간단하고, 주로 자국과 대상국에 집중되어 있었다. 수평적 분업 형태를 예로 들어 보면, 통상적으로 다국적 기업은 자국에서 대상국으로 자본재·부속품을 수출하고, 대상국의 저렴한 노동력을 활용해 조립·생산하여 최종적으로 제3국이나 자국으로 최종 완성품을 수출하였다.

1990년대에 접어들어 기술력이 끊임없이 향상되고 경제 글로벌화가 신속하게 발전함에 따라, 국제분업이 나날이 심화하면서 지역 산업체인과 글로벌 산업체인이 점차 국제분업의 주도적인 형태가 되었다. 새롭게 나타난 지역 경제 연계의 형태는 제품 분업과 생산요소 분업의 통합이다. 한 기업이 국제분업에 참여하는 매개체에는 이제 제품만이 아니라 제품 생산에 필요한 각종 생산요소도 포함한다. 선진국은 자본·기술을 제공하고, 개발도상국은 자원과 노동력을 제공한다. 다국적 기업은 효율·이윤 극대화 원칙에 기반해 각국이 가진 지리적 우위와 비교우위에 따라 국제무역, 대외직접투자를 통하여 생산요소에 대한 효율적 분배, 유기적 조합으로 지역·글로벌 생산 네트워크를 구축한다. 선진국은 일반적으로 이러한 지역 경제 연계에서 주도적인 위치를 점하여 독점적 이익을 획득한다. 반면, 개발도상국은 요소 분배에서의 주도권은 없지만, 외자 유치를 통해 자국의 자본 부족을 해결할 수 있고, 선진 기술과 관리 제도를 도입하여 자국 경제의 빠른 성장을 도모할 수 있다.

제품 분업과 생산요소 분업에서의 심화 발전은 비교우위를 창출하는 데 도움을 주며, 기존 생산활동에서 제외될 수도 있는 국가들이 지역분업에 참여할 수 있게 한다. 예를 들어, 3×2 모델에서 3개국(각각 1, 2, 3으로 표기)이 A와 B 두 가지 제품을 생산하며, 개당 평균비용을 각각 a_1, a_2, a_3과 b_1, b_2, b_3, 제품 A와 제품 B의 상대가격을 R로 표시한다고 가정하자. 만약 $(a_1/b_1)<(a_2/b_2)<R<(a_3/b_3)$라고 가정한다면, 이는 국가1이 제품 A의 생산에서 가장 큰 비교우위를 가지며, 국가3이 제품 B의 생산에서 가장 큰 비교우위를 가진다는 것을 의미한다. 전통적 비교우위이론에 근거해 보면, 이때 지역분업모델은 바로 국가1이 제품 A를 전문적으로 생산하고, 국가3이 제품 B를 전문적으로 생산하며, 국가2는 분업에서 제외되는 것이다.

하지만 지역분업이 끊임없이 심화 발전하면서 제품 생산 체인이 확장되고 생산요소 분업은 하나의 국가에서 다수 국가로 확장되어 국가2가 가진 잠재적 비교우위가 활성화될 수 있다. 예를 들어, 현재 제품 A의 생산이 그 부속품인 C와 D의 생산으로 나눠진다면 기타 조건이 변화하지 않는 조건, 즉 국가3의 생산 조건이 변화하지 않는다고 가정하고 이때 국가1과 국가2를 관찰해보자. 만약 국가1과 국가2가 생산하는 부속품 C와 D의 비용을 각각 c_1, c_2, d_1, d_2라고 하고 $(c_1/d_1)<(c_2/d_2)$라고 가정한다면, 이는 국가1이 부속품 C의 생산에서 비교우위를 가지고 있고, 국가2가 부속품 D의 생산에 비교우위를 가지고 있음을 의미한다. 비교우위의 원리에 근거해 볼 때, 국가1은 부속품 C를 전문적으로 생산하고, 국가2는 부속품 D를 전문적으로 생산할 수 있다. 이처럼, 국가1, 국가2, 국가3 모두가 지역분업에 참여하게 되고, 자국의 비교우위에 근거해 제품 생산 체인 내 각기 다른 생산 파트에 진입하여 각자의 상대 수익을 얻을 수 있다.[1]

【보충 자료】

　비교우위 이론은 주로 비교적 낮은 기회비용을 가진 우위 하에 생산과 무역을 진행하는 것이 양자에게 모두 유리하다는 것을 증명한다. 해당 이론은 데이비드 리카도(David Ricardo)가 최초로 제시하였는데, 핵심 사상은 한 국가가 자국의 상대우위가 비교적 큰 제품을 전문적으로 생산하고, 국제무역을 통해 자국이 상대우위를 가지지 못한 제품을 수입한다면 이익을 얻을 수 있다는 것이다.

　경제 글로벌화의 빠른 발전으로 글로벌 밸류체인(GVC)이 새로운 국제 분업 형식으로 점차 자리 잡았다. 이에 따라, 새로운 생산 구조가 형성되었는데, 전통적으로 한 국가 범위 내에서 집중적으로 제품을 생산하던 것이 각기 다른 생산 파트로 나누어졌고, 국가별 비교 비용에 근거하여 이러한 생산 파트를 전 세계 다수 국가·지역에 널리 분산시켰다는 것이다. 따라서, 글로벌 밸류체인은 통상적으로 '국경을 초월한 공장'으로 불리는데, 핵심적 특징은 생산과정의 국제성과 매매 과정의 '계약화'를 들 수 있고, 이러한 매매 관계 또한 국가 간 경계를 초월한 것이다. 글로벌 밸류체인은 밸류체인의 확장에 기반하여 비교우위 이론이 하나의 통합된 다수 국가 프레임에서 새롭게 국제 분업을 해석하게 해준다.

4. 지역 경제 연계의 효익

기업이 해외 시장에 진출하는 본질은 이익 추구이며, 마찬가지로 국가 간 지역 연계를 강화하는 목적 또한 경제 이익 극대화를 실현하기 위함이다. 긴밀한

---

1) 글로벌 밸류체인의 빠른 발전은 보다 많은 국가가 자국의 비교우위에 근거하여 국제분업에 참여할 수 있게 하였다. 이러한 변화로 나타난 중요한 흐름은 전체 무역에서 중간재 무역이 차지하는 비중으로 평가하는 밸류체인 무역의 증가이다. 1980~2018년간 세계무역 총액에서 밸류체인 무역이 차지하는 비중이 39.5%에서 49.3%까지 증가하여 10%p 가까이 향상되었다. 이중에서도 동아시아 지역의 변화가 가장 뚜렷한데, 1980년 동아시아 무역총액에서 밸류체인 무역이 차지하는 비중은 36.3%에 불과하여 유럽연합의 44.5%, 북아메리카의 44.5%보다 낮았다. 하지만, 2005년 동아시아 밸류체인 무역의 비중이 15.8%p 대폭 증가하여 52.1%를 기록하였고, 유럽연합의 47.3%, 북아메리카의 45.2%를 초월하였다. 2017년 동아시아 밸류체인 무역은 더욱 상승하여 54.8%를 기록하였다.

지역 경제 연계는 각국이 더욱 넓은 범위에서 자원 배분 최적화를 실현하고, 자국 산업의 비교우위를 충분히 발휘하며, 우위 상호보완을 통해 지역분업 협력을 강화, 본국 수익은 물론 지역 전체 수익을 향상하는 데 도움을 준다. 중국은 30년 가까운 폐쇄적인 계획경제를 추진하였으나, 1978년말 덩샤오핑(鄧小平)은 중국을 대외 개방의 길로 이끌었다. 이후 40여 년간 발전 과정을 살펴보면 개혁개방 초기 중국은 주로 자국의 저렴한 노동력을 기반으로 동아시아의 산업 분업에 참여하였고, 동아시아 지역 각국(지역)의 자본재·부속품을 수입하여 조립·생산 후 미국·유럽 등 선진국 시장으로 재수출하였다. 이 과정에서 자본이 끊임없이 축적되었고, 노동력이 풍부해졌으며, 기술 수준이 꾸준히 향상되어 빠른 경제성장을 이루었다. 또한, 중국경제의 비교우위가 점진적으로 노동집약적 산업에서 자본집약적·기술집약적 산업으로 전환되도록 유도하였다. 이렇듯, 동아시아·글로벌 밸류체인에서 중국의 지위는 꾸준히 상승하고 있다.

중국의 경제성장은 동아시아 지역분업 발전의 덕을 보았으며, 국내 경제 규모가 신속히 확대됨에 따라 중국은 동아시아 지역 각국의 경제발전을 이끄는 중요한 '기관차'로 점차 변모하였고, 동아시아 지역 경제 통합의 핵심 추진 동력이자 '접착제'가 되었다. 동아시아 지역 각국은 중국이 가진 거대한 내수 시장을 자국의 경제성장 원천으로 삼아 지역분업을 끊임없이 심화 발전시켰고, 개방적·글로벌적 특징을 보이는 지역 산업체인 분업 체계를 형성하였다. 중국은 일본, 한국, 중국 타이완 지역으로부터 첨단 부속품을 수입하고, 아세안 국가으로부터 원자재·저단 부속품을 수입하며, 홍콩 지역과 싱가포르로부터 기술적 지원을 제공받아, 중국에서 가공·조립하여 최종 완성품을 다시 글로벌 시장으로 수출하였다. 이러한 분업 체계 구조에서 형성된 무역 구도를 일반적으로 '삼각무역(triangular trade)'이라고 부른다.

지역 개방과 긴밀한 경제 연계는 자본 유치와 기술 유입, 취업과 재정수입 증가에 도움을 주어 경제성장을 이끈다. 충분·지속적인 자본 공급이 보장되지 않는다면, 지속 가능하고 안정적인 경제성장을 이룰 수 없다. 외국자본이 유입되지 않는 상황에서 한 국가의 자본 공급은 오로지 자국의 저축 능력과 주민의 저축 성향에 의해서만 결정되는데, 이러한 저축 능력은 자국 주민의 소득수준과 직접적 연관성을 가진다. 후진국의 입장에서 자본의 공급과 수요는 큰 갭이 존재하기도 하는데, 이때 외국자본 유치는 중요한 발전 수단이 될 수 있다. 개방

전략을 통해 지역 경제 연계에 참여하는 것이 자국의 자본 부족을 보완할 조건을 마련해준다는 것은 의심할 여지가 없다. 다만, 외국자본의 진입은 높은 이윤을 추구하기 위한 것이므로 자국 정부는 반드시 적합한 경영환경을 조성하려 노력하고, 외국자본이 낮은 투자 리스크를 기반으로 당사국 경영보다 높은 이윤을 얻을 수 있도록 보장해 주어야 한다.

기술 또한 한 국가의 지속 가능한 발전을 지탱하는 핵심 요소이다. 기술은 제품 생산 과정에서 축적한 지식, 기교, 숙련성을 가리키며, 발명·창조는 기술 진보의 원천이다. 기술 진보·기술혁신은 일정한 요소 투입량으로 더욱 많은 제품을 생산할 수 있게 하며, 기술 진보를 통해 현재 노동력과 자본의 생산성을 제고할 수 있다는 것을 의미한다. 하지만, 세계 과학 기술의 발전은 극도 불균형하여, 절대다수의 기술 성과는 모두 선진국이 장악하고 있다. 위와 같은 상황에서 개발도상국이 선진국으로부터 기술을 도입하는 것은 자국 기술 수준을 신속히 향상시킬 수 있는 지름길이었다. 선진국의 입장에서는 기술 수출과 확산으로 자국에서 이미 성숙기에 접어든 생산 기술을 상대적으로 낙후된 지역 외 국가로 이전함으로써 기술 유입국의 경제성장을 촉진하고 해당 산업 경쟁력을 지속 유지하여 높은 수익을 창출할 수 있다.

경제 연계를 통해 지역성 수익 공유와 리스크 분산 메커니즘을 형성할 수 있고, 집체적으로 협력하여 글로벌 경쟁에서 유리한 위치를 점할 수 있는데, 이는 약소국에게 특히 중요하다. 아세안이 바로 국가 정합을 통해 지역의 국제 영향력을 강화한 대표적 성공 사례다. 1967년 태국, 인도네시아, 싱가포르, 필리핀 4국 외무장관과 말레이시아 부총리는 <아세안 선언>(The ASEAN Declaration)을 체결하여 '아세안(ASEAN, 또는 동남아시아국가연합)'을 설립하였고, 이어 브루나이, 베트남, 미얀마, 캄보디아가 가입하였다. 20세기 말에 이르러 아세안은 10개 회원국을 포함하고, 전체 동남아시아 지역의 연합을 실현하였다. 당시 동남아시아 지역 각국은 사실상 경제 규모가 매우 작다는 이유로 국제사회에서의 지위가 높지 않았고 국제질서와 국제경제 구도에 미치는 영향이 매우 미미하였지만, 아세안으로 연합하여 한 목소리를 내고 공동의 행동을 취하면서 세계 시스템에서 매우 중요한 역할을 하게 되었다. 동아시아 지역 협력에서 아세안의 역할은 특히나 뚜렷하다. 아세안이 없었다면 오늘날의 동아시아 지역 협력도 없었을 것이라고 해도 과언이 아니다. 동아시아 지역 경제총량에서 아세안이 차지하는 비중이 비록 10%에 불과하지만, 아세안은 줄곧 동아시아 지역 협력에서 주도적 위치를 점하고 있으며 '아세안+1(10+1)', '아세안+3(10+3)', <역내포괄적경제동반자협정>(RCEP) 등 지역 메커니즘에서도 핵심적 역할을 하고 있다.

경제 이익 외에도 지역 경제 연계의 심화 발전은 정치, 사회, 인문 영역에서도 광범위한 스필오버(spillover) 효과를 보이고 있다. 지역 경제 연계를 발전하게 하는 기초적인 추진 동력은 자발적 시장 메커니즘이지만, 각국 경제 융합이 끊임없이 강화되고 유·무형의 제도 장벽이 점차 생겨나면서 지역 경제 연계의 심화 발전을 제약하는 장애 요인이 되었다. 정치 협조와 제도 협력이 부족한 상황에서 심화 발전하는 지역 경제 연계는 단일국가 경제위기가 지역성 위기로 확대되는 촉발제가 되기도 하였는데, 1997년 아시아 금융위기가 바로 전형적 사례이다. 위에서 언급한 시장 메커니즘의 결함으로 각국 정부는 정치협력 강화와 지역성 제도 구축만이 지역 경제 연계에서의 수익 극대화를 실현할 수 있다는 것을 점차 인식하였다. 이로 인해, 1990년대 이후 경제 연계 외에도 정치 영역의 대화 협력 메커니즘과 제도 건설이 세계적으로 각 지역 내에서 대폭 증가하였는데, 유럽연합의 정치적 정책 결정 메커니즘 설계, 동남아시아 지역 공동체 구축 등을 예로 들 수 있다.

지역 경제 연계는 각국의 사회·인문 교류를 촉진한다. 다국적 기업의 국제직접투자는 통상적으로 국경을 초월한 인적교류를 동반하고, 문화적 속성을 갖춘 각국 상품 무역 또한 각국 국민의 상호 이해와 정서적 유대감을 강화하여 상호 교류의 수요를 확대시킨다. 최종적으로 정치협력, 경제 연계, 사회·인문 교류가 꾸준히 활발해지면서 지역 내 각국 국민의 지역 동질성도 강화될 수 있다. 유럽과 동아시아 지역을 예로 보면, 유럽 경제 통합은 반세기에 걸친 심화 발전 과정에서 유럽의 정치, 경제, 안보 상황을 근본적으로 변화시켰고, 유럽인으로서의 지역민의 신분·문화 동질성을 끊임없이 강화하였으며, 이는 유럽통합 심화 발전의 내재적 동력이 되었다. 동아시아 지역민의 지역 동질성은 지역 경제의 긴밀한 연계에 따라 부단히 강화되고 있다. 전쟁과 식민 지배의 영향으로 동아시아 지역 각국은 과거 장기간 분쟁과 분열 상태에 있었는데, 때마침 무역·투자를 주요 동력으로 한 산업 분업과 경제협력이 각국을 점차 하나로 연계시켰고 각국 국민의 지역 의식이 점차 형성되었다. 특히, 기존에 분리되어 있던 동북아시아와 동남아시아는 밀접한 지역분업 네트워크의 영향으로 통일된 동아시아 지역 의식과 지역 동질성을 점차 형성하고 있다.

제2절 지역 경제 메커니즘

　지역 경제는 각종 시장 메커니즘과 제도 추진을 통해 연계한다. 시장은 자원 분배의 기초적 수단이며, 지역 내 각국 경제를 연계하는 주요한 방식이다. 경제 글로벌화의 배경 속에서 시장은 주로 가격 메커니즘과 경쟁 메커니즘을 통해 각국 기업이 다국적 경영을 진행하여 이윤 극대화를 실현할 수 있도록 유도한다. 시장 메커니즘 최적화와 기업의 합리적 분배를 실현하기 위해 각국은 △개방적 발전 정책 제정, △이웃 국가와의 경제무역 협력 전개, △자유무역협정 체결, △공동시장 구축 등 방식을 통해 지역 내 정책 조율과 제도 추진을 강화하고 각국 경제 연계를 도모한다.

1. 지역 경제 메커니즘 연계

　무역 교환은 지역 경제의 가장 기본적 연계 형식이다. 각국은 기후, 지리, 천연자원, 노동력 기술 수준 등 방면에서 요소 부존도 차이가 있고, 제품 생산에서도 비용 차이가 발생한다. 동아시아 지역을 예로 들자면, 일본, 한국 등 국가는 과학 기술이 발달하여 정밀화된 제품 생산에서 비교우위를 가지고 있다. 이와 달리, 중국, 베트남 등 국가는 노동력 임금 수준이 낮아 노동집약적 제품 생산에서 비용 우위를 가지고 있다. 인도네시아, 필리핀 등 국가는 천연자원이 풍부하고 농업이 발달하여 자원 집약적 제품, 농산품 생산에서 비교우위를 가지고 있다. 시장 메커니즘에 의해 일본, 한국은 자본과 기술집약적 제품을 생산·수출하고, 중국, 베트남은 노동집약적 제품을 생산·수출하며, 인도네시아, 필리핀은 자원 집약적 제품, 농산품을 수출한 자발적인 지역분업 구도가 형성되어 있다. 물론 이러한 무역 분업이 불변한 것은 아니며, 각국 비교우위의 변화에 따라서 동태적으로 조정된다. 최근 들어, 중국 수출 제품 구조가 고도화되면서 노동집약형 다국적 투자가 점차 베트남, 캄보디아 등 동남아시아 지역 후발 국가로 이전되고 있는 것은 이러한 변화의 전형적 사례이다.

기업의 다국적 투자·경영은 지역 경제 연계를 심화 발전시키는 주요한 지렛대이다. 통상적으로 볼 때, 창업 초기에 있는 기업은 모두 국내 경영을 선택하지만, 기업 실력이 꾸준히 향상되고 국내시장이 점차 포화하면서 혁신적 기업가들은 해외 시장으로 눈길을 돌린다. 이러한 기업은 지연적·문화적 인접성에서 기인하여 일반적으로 자국과 인접한 국가·지역으로 다국적 경영을 추진하고 지역 생산 네트워크를 구축한다. 오늘날 전 세계 발전 구도를 살펴보면 유럽연합, 동아시아, 북아메리카는 지역 생산 네트워크 중에서 가장 집중적·발전적인 3대 지역이며, 각 지역에는 모두 핵심 국가가 존재한다.

정부 간 정책 조율·협력은 지역 경제 연계의 안정적인 발전을 촉진하는 중요한 수단이다. 지역 경제 연계가 끊임없이 심화 발전함에 따라 아래 두 제약 요인이 나타나기 시작했다.

(1) 국가 간 각종 제도·비제도적 차이. 정치체제, 경제 제도, 발전 정책, 문화 전통 등 방면에서의 차이로 인해 각국의 시장 운영 방식과 기업 경영환경은 비교적 큰 차이를 보인다. 지역 경제 연계가 비교적 낮은 수준에 머무르고 시장 잠재력이 큰 발전 초기에는 이러한 차이가 기업 경영에 중대한 영향을 미치지는 않는다. 하지만, 경쟁이 치열해지고 국가 간 경제 융합이 끊임없이 심화하면서, 각국 간 시장과 거버넌스의 차이가 선명해지는데, 이는 지역 경제 연계의 심화 발전에 장애 요인이 된다.

(2) 시장 맹목성이 초래하는 불균형 발전과 이로 인한 리스크 상승. 시장은 각국 경제를 연계하는 가장 기본적인 형식이지만, 어느 정도의 맹목성도 존재한다. 다국적 기업은 이윤 극대화의 원칙에 근거하여 국제화 경영을 추진하지만, 대상국에서의 사회적 책임을 간과하여 국가 간 혹은 대상국 내부에서의 불균형 발전을 초래하기도 한다. 초국가적 자본 이동은 감독 관리가 부족하여 금융위기의 도화선, 국가 간 위기 확산의 촉매제가 되기 쉽다. 따라서, 위와 같은 제약 요인이 가지는 부정적 영향을 완화·극복하기 위해서 각국 정부는 협력을 강화하고 목적성이 있는 정책을 채택하여 협조하면서 지역 경제 발전·연계의 안정적·장기적 발전을 도모해야 한다.

자유무역협정 체결, 공동시장 구축은 지역 경제 연계가 더욱 높은 수준으로 심화 발전하기 위해 반드시 거쳐야 하는 노선이다. 정부 간 정책 조율은 지역 내 국가 간 시장 마찰을 완화하는 데 도움을 주긴 하지만, 관세와 여타 제도적인 장벽을 제거하지는 못한다. 제도적 차원에서의 지역 협력만이 효율적으로 각국 시장 통합과 공동법규 제정을 추진하여 지역 경제 연계 수준을 보다 높일 수 있다.

유럽 지역은 가장 먼저 지역 협력을 추진하였는데, 1950년대 유럽석탄철강공동체(ECSC, European Coal and Steel Community) 설립에서 1970년대 유럽경제공동체(EEC, European Economic Community), 1990년대 유럽연합(EU, European Union), 2000년 이후 유로화(Euro) 탄생까지 지역 협력 수준을 꾸준히 제고하였다. 1980년대 이후 북아메리카 지역 또한 지역 협력을 추진하였고, 1992년에는 <북미자유무역협정>(NAFTA)을 공식 체결하였다.1) 유럽과 북아메리카에서의 지역 협력 영향으로 전 세계 기타 지역의 지역 협력 또한 우후죽순으로 증가하였고 세계 경제의 지역화 특징은 갈수록 뚜렷해졌다. 2020년 11월 15일 중국, 일본, 한국, 오스트레일리아, 뉴질랜드, 아세안 10개국을 포함한 15개 회원국은 <역내포괄적경제동반자협정>(RCEP) 체결에 대한 협상을 완료하였는데, 이로써 전 세계에서 최대 인구 규모, 최대 경제무역 규모, 최고 발전잠재력을 가진 자유무역지대가 탄생하였다.

2. 정부정책과 협력 메커니즘

지역 경제 연계 강화와 각국의 공동 이익 극대화 실현을 위해 상호 인접한 국가 간에는 정부 정책 제정, 지역 협력 메커니즘 구축 등 방식을 통해 무역 편리화 추진, 생산요소 공동시장 구축, 재정·금융정책 협조 등 지역 협력 모델을 수립할 수 있다.

정부 정책은 주로 무역정책, 지역 정책, 산업정책, 재정·금융정책 등을 포함한다. 무역정책은 무역·투자를 통해 재화·생산요소 유동을 촉진하고 지역성 무역 체인을 구축하여 '무역 창출(Trade Creation Effect)', '무역 전환(Trade Diversion Effect)'

---

1) 2018년 11월 30일 미국, 멕시코, 캐나다 3개국 지도자는 아르헨티나 수도 부에노스아이레스에서 <미국-멕시코-캐나다 협정>(USMCA)을 체결하여 <북미자유무역협정>(NAFTA)을 대체하였다.

효과를 강화한다. 지역 정책은 편향성을 가진 지역 발전 정책으로 공간적 속성을 가지고 주로 지역 협조와 발전 문제를 해결한다. 예를 들어, 유럽연합(EU)은 구조 기금, 어업지도 금융 수단, 결속기금 등을 활용하여 회원국 중 경제 발전이 상대적으로 낙후한 국가의 경제 발전을 효율적으로 도왔고, 유럽연합 내 부유국과 빈곤국 간 발전 격차를 크게 좁혔다. 산업정책은 지역 협력에서 요소 분배 최적화를 주요 목표로 하는 정책 조치이며, 지역의 비교우위를 이용한 산업 공간 규획은 산업 분업 체계 형성을 도모한다. 또한, 지역 협력은 기초 인프라, 초국경 투자 등 자본 융통과도 관련된다. 재정·금융 정책은 주로 지역 협력의 구체적인 프로젝트 추진을 위해 투자·융자 정책 프레임을 제공하는데, 다수 국가의 공공 재정, 정부 주권 기금 등 국제자본과 민간 자본을 포함한다.

지역 협력 메커니즘은 특정한 지역 협력 전략 목표를 실현하기 위해 확정한 구체적인 협력 형식과 이에 상응하는 보장 체계, 운영 준칙 등 제도적 프레임을 가리킨다. 지역 협력의 형식은 협력 수준에 근거하여 △낮은 수준의 비제도적 협력 조치와 △높은 수준의 제도적 협력 조치로 구분할 수 있다.

낮은 수준의 비제도적 협력 조치는 아시아태평양경제협력기구(APEC, Asia-Pacific Economic Cooperation)를 예로 들 수 있는데, 아시아 지역에서 높은 수준의 정부 간 경제협력 메커니즘으로써, 그 설립 취지는 △경제성장과 발전 유지, △회원국 간 경제 상호의존 촉진, △개방적 다자 무역체제 강화, △지역의 무역·투자 장벽 제거, △지역민의 공동 이익 수호에 있다. 다만 아시아태평양경제협력기구는 구속력을 가진 제도화 협력 조치는 마련하지 않았으며, 개방, 자원, 협상, 발전, 호혜와 공동 이익을 강조하였는데, 이 중에서 자원이 가장 핵심이다.

높은 수준의 제도적 협력 조치는 유럽연합(EU), 아세안(ASEAN), 남미공동시장(MERCOSUR, Mercado Común del Sur) 등을 예로 들 수 있는데, 주로 지역 내 각국이 △공동의 협조 기구 구축, △통일된 경제무역 정책 제정, △상호 간 무역장벽 제거를 통해 점차 지역 공동의 협조 발전과 자원의 최적화 분배를 실현하여 경제무역 발전을 촉진한다.

보장 체계와 운영 준칙 등 제도적 프레임은 특정한 협력 목표를 실현하기 위해 구축하는 지역 협력 프레임을 가리키는데, 구체적으로 각급 대화 메커니즘, 전문가 회의, 협조위원회, 프로젝트 추진팀 등을 포함하며, 주로 상설 의사결정,

소통, 협조, 집행, 감독 기구를 통해 지역 협력의 안정적인 발전을 보장한다. 현존하는 지역 협력 프레임을 볼 때, 비교적 성숙한 지역 협력 프레임은 통상적으로 △최고 의사결정 메커니즘(정상회의), △일상 협조 메커니즘(장관급 회의), △사무 추진 메커니즘(고위급회의), △전문 업무 자문 메커니즘(전문가위원회와 전문 업무팀), △상설업무 메커니즘(사무국), △협력기구 외의 대화 메커니즘(포럼, 서밋) 등을 포함한다. 지역 발전 단계, 발전 노선 의존성, 문화 전통 등 요인의 영향을 받아 각국이 지역 협력에 참여하는 이익 동기와 사고 논리가 불일치할 수도 있는데, 이로 인해 각기 다른 지역 협력 모델이 생겨나기도 한다.

지역 협력 과정에서 목표 이익과의 괴리, 관련 이익 보장에 대한 불확실성 등과 같은 상황이 빈번하게 나타나는데, 이러한 상황을 적시에 해결하지 않으면 지역 경제협력의 존립과 발전에 영향을 줄 수 있다. 그러므로 효율적 조율 메커니즘의 구축은 매우 중요하다. 일반적으로 효율적 조율 메커니즘은 △협상 메커니즘, △중재 메커니즘, △보상 메커니즘을 포함한다. 협상 메커니즘은 전문기구를 설립하고 협상 과정에 출현하는 각종 문제를 적시에 해결하는 것을 가리킨다. 중재 메커니즘은 권위적 기구를 설립하여 협상을 통해 해결하지 못한 지역 협력 문제를 중재 기구에 이관하여 판결하는 것을 가리킨다. 보상 메커니즘은 낙후한 지역과 이익 분배에서 불리한 지역에 대한 원조·보상을 진행하는 것을 가리킨다.

3. 자유무역지대와 지역 경제 통합

지역 경제 통합은 지리적으로 비교적 인접한 두 개 이상 국가 간 구축한 경제연합 혹은 지역성 경제기구를 일컫는다. 무역장벽 철폐 수준이나 지역통합 목표 수준에 근거하여, 통상적으로 △우대 무역 조치, △자유무역지대, △관세동맹, △공동시장, △경제동맹, △완전 경제 통합 6가지 형식을 포함한다.

지역 경제 통합은 1980년대 이래로 이어져 온 세계 경제 발전의 명확한 특징 중 하나이다. 1948~1994년 <관세 무역 일반협정>(GATT, 세계무역기구의 전신)은 모두 124건에 달하는 지역 무역 협정 추진 안건을 통보받았다. 1995~2000년 세계무역기구(WTO, World Trade Organization)는 130건을 통보받았으며, 그중에는 재화·서비스 무역을 포함하였다. 기체결한 협정 214건 중에서 2000년 기준 134건이 발효되었다. 전체적으로 1990년대 지역 무역 협정 추진 안건은 3배가 증가하였다. 21세기에 접어들어, 이러한 수치는 더욱 증가하며, 2019년 말에 이르러 전 세계는 이미 345건에 이르는 자유무역협정을 체결하였고, 약 90%에 달하는 세계무역기구 회원국이 최소한 한 개 이상의 지역 무역 협정에 참여하였다.

가장 성공적인 지역 제도적 협력은 유럽통합 추진이다. 1951년 프랑스, 독일, 이탈리아, 벨기에, 네덜란드, 룩셈부르크 6개국은 공동으로 <유럽석탄철강공동체 설립조약>(The Treaty establishing the European Coal and Steel Community)을 체결하여 유럽 지역 협력의 장을 열었다. 위 조약은 서유럽 지역 주권 국가 간 통합 추진 과정에서 체결한 구속력을 가진 최초의 입법 문건인데, 유럽석탄철강공동체(ECSC)가 공동시장, 공동목표, 공동기구에 기초한다고 명확하게 규정하였고, 이 세 가지 '공동'은 사실상 훗날 유럽공동체(EC)와 오늘날 유럽연합(EU)이 확립한 장기 발전 목표의 바탕이 되었다. 1968년 7월 1일 유럽 지역통합은 자유무역지대 단계를 뛰어넘어 관세동맹을 구축하였으며, 1993년 유럽공동시장(European Common Market)을 구축하였다. 1999년 1월 1일 유로화가 순조롭게 출범하면서 11개 회원국에서 경제·통화동맹을 우선적으로 구축하였다. 이후 발전 과정에서 여러 차례 기복이 있었고, 특히 글로벌 경제위기는 유럽통합에 큰 타격을 주었다. 그럼에도 불구하고 유럽 지역통합 추진 과정은 각 회원국의 경제발전에 강한 성장 동력이 되었으며, 각국의 경제성장과 금융위기 극복을 돕는 안정 장치가 되었다.

비교적 높은 수준의 통합을 유럽 지역 사례 외에 현재 기타 지역의 경제 통합은 기본적으로 모두 자유무역지대(Free Trade Area) 단계에 머물러 있다. 자유무역협정은 두 개 이상 국가(독립 관세 지역 포함)가 세계무역기구 관련 규칙에 따라 상호 간 무역자유화 실현을 위해 추진하는 지역성 무역정책을 가리킨다. 자유무역협정을 체결하는 국가가 형성한 지역을 '자유무역지대'라고 부른다. 자유무역협정의 전통적 함의는 체결국 상호 간 화물 무역 관세와 비관세 장벽을 취소하는 것이다. 하지만, 21세기에 접어들어 자유무역지대는 새로운 변화가 나타났고, 변화 내용은 화물 무역자유화에 국한되지 않고, 서비스 무역·투자, 정부 구매, 지식재산권, 기술 표준 등 더욱 다양한 영역에 대한 상호 승인하는 내용을 포함한다. 이러한 광의의 자유무역지대는 '경제협력협정'으로 불리기도 한다.

자유무역지대가 빠르게 발전할 수 있었던 것은 주로 각 회원국 간 자원, 산업 등 요소 부존도에서의 차이가 상호 간 시장 진입과 투자 유치를 확대하려는 수요를 촉진하였기 때문이다. 자유무역지대 본연이 가지는 경제효과는 회원국 제품에 대한 우대조건을 제공하였고, 자유무역지대의 추진은 회원국에 무역 창출, 무역 이전, 경쟁 촉진 등 효과를 가져오는데, 이로 인해 국가 간 자발적·안정적 경제무역환경과 공정경쟁의 플랫폼을 마련할 수 있다. 자유무역지대는 회원국 간 협력에 도움이 되며 국제경쟁에 대응하는 능력을 강화한다. 강대국은 자유무역지대 구축을 통해 지역 내지 전 세계에서의 영향력을 강화할 수 있으며, 약소국은 강대국과의 자유무역협정 체결을 통해 순조롭게 강대국 시장에 진입하여 제품 수출과 대외투자 등에서의 장점을 취할 수 있다.

글로벌 다자 무역 협상이 장기간 큰 진전을 가져오지 못하면서, 자유무역지대가 빠르게 발전하였다. 세계무역기구의 의사결정은 '협상 일치'의 원칙을 따르는데, 신흥시장 국가의 굴기, 세계무역기구 협상 의제의 지속적인 증가로 인해 세계무역기구 현 회원국 165개국은 협상의제에 대한 공감대를 형성하기가 어려워졌고, 2001년 협상을 시작한 '도하 라운드(Doha Development Round)'는 현재까지도 어려움에 직면해 있다. 이와 달리, 자유무역지대 구축은 좁은 범위 내에서 각국이 이익과 입장 충돌을 조율하므로 오히려 빠르게 발전할 수 있었다. 그 외, 세계무역기구 관련 규정에서는 회원국이 자발적 의사에 기초하여 자유무역협정을 체결할 수 있도록 허용하였는데, 이는 자유무역지대가 빠르게 발전하는 동력이 되었다.

4. 기업전략과 생산 네트워크

기업은 지역 경제 연계와 경제 통합의 주요한 미시적 행위 주체이다. 기업 규모가 끊임없이 커지고 더 큰 시장, 더 좋은 자원, 더 높은 이윤을 추구하면서, 기업은 국경을 초월한 두 개 이상 국가에서 생산, 판매, 서비스 등 국제화된 경영활동을 할 동기를 얻게 되고 지역·글로벌 전략에 근거하여 생산 배치를 진행하고 있다.

외부 경쟁 환경이 끊임없이 변화함에 따라 기업의 국제화 발전은 통상적으로 세 발전 단계를 거치게 된다. (1) 첫 단계는 경계 확장과 통합을 통해 지역적·세계적으로 경쟁력을 구축하는 외생적 발전을 실현하는 것이다. (2) 두 번째 단계는 기업 내부의 자원·능력 축적을 통해 내생적 발전을 실현하는 것이다. (3) 세 번째 단계는 내부와 외부를 모두 고려한 네트워크화 발전을 실현하는 것이다.

글로벌화와 밸류체인의 수직적 분해가 갈수록 심화하면서 네트워크화는 기업 발전의 중요한 수단이 되었다. 다국적 기업이 추진·구축한 지역·글로벌 생산 네트워크의 빠른 발전은 이러한 네트워크화 발전이 지역 경제 통합과 경제 글로벌화의 중요한 매개체가 되도록 하였다.

동아시아 지역의 지역 생산 네트워크 발전 사례를 살펴보면, 지역 내, 지역 외 선진국에서의 다국적 기업은 생산, 마케팅, 혁신 등 방면에서 다중 분산과 최적화 배치를 통해 현지 기업 및 해당 지역 다른 국가 분야별 공급기업들과 분업하여 복잡한 지역 및 글로벌 생산 네트워크를 구축하였다. 이 중, 정보통신과 소비재·전자산업에서의 다국적 생산 네트워크의 빠른 발전이 가장 대표적이다. 이러한 발전의 주요 원인은 위와 같은 산업의 생산 단계는 고도로 분산시킬 수 있고, 각 단계는 표준화가 잘 이루어져 있으며, 단계별로 기술 집약도의 차이가 매우 크기 때문이다. 또한, 이러한 제품 단위 가치별 운송비용이 비교적 저렴하여 국제분업 생산방식을 채택하기에 적합하고, 세계적으로 각기 다른 지역으로 각 생산 단계를 분산 배치할 수 있다. 동아시아 지역 국가 간 기술 차이와 생산요소 차이는 바로 이러한 분업 방식의 요구에 부합하였다.

5. '호연호통'과 공간 스필오버 효과

'호연호통(互聯互通, 상호 연결과 소통)'은 최근 몇 년간 지역 경제 연계 강화를 가리키는 중요한 개념으로 떠올랐다. 당초 이 개념은 통신 영역에서 주로 사용되었는데, 일반적으로 통신망 간 물리적 연결을 통해 통신기업의 사용자가 다른 통신기업의 사용자와 상호 통신, 각종 통신서비스를 공유하는 것을 가리켰다. 하지만, 2010년 아세안이 발표한 <아세안 호연호통 종합 계획>(Master Plan on ASEAN Connectivity 2010)과 2013년 중국이 제시한 '일대일로(一帶一路)' 이니셔티브'에서 '호연호통'이 핵심 내용으로 언급되면서, 이 용어는 점차 새로운 의미를 부여받게 되었다.

<아세안 호연호통 종합 계획>에 따르면 '호연호통'은 주로 상호 지탱하는 △물리적 연계, △제도적 연계, △인문적 연계 세 영역을 포함한다. 물리적 연계(Physical Connectivity)는 하드웨어 연계로서 주로 교통, 통신, 전력, 에너지 등 기초 인프라 건설을 포함한다. 제도적 연계(Institutional Connectivity)는 소프트웨어 연계로서 무역 절차의 간소화, 무역규칙의 통일 등 무역·투자, 서비스의 자유화, 편리화를 촉진하는 수단을 포함한다. 인문적 연계(People to People)는 인적교류의 연계로 비즈니스 인원 유동, 초국경 교육, 여행, 문화교류 등을 포함한다.

호연호통은 주로 '규모의 경제(Economy of Scale)' 효과와 무역 창출 효과를 통해 지역 경제의 연계를 도모한다. 호연호통 중에서도 특히 기초 인프라 호연호통은 지역 경제 통합이 직면한 기초 인프라 병목 현상을 해결하고, 규모의 경제가 보다 큰 지역 내에서 실현될 수 있도록 도움을 준다. 지역 협력을 논할 때, 사람들은 통상적으로 먼저 제도적 건설, 즉 호연호통의 소프트웨어 연계에 관심을 가진다. 제도적 지역 협력의 목표는 각국이 수립한 관세·비관세 장벽 등의 장애물을 제거하여 상호 분리되어 있던 기존 민족국가들을 '단일한 시장과 생산기지'로 통합하여 지역 내 생산 경영활동에 종사하는 기업이 더 큰 규모의 경제를 실현하는 것이다. 다만, 제도적 장애 요인을 제거한다고 해서 경제 통합이 직면한 자연적 장애 요인을 자동으로 제거하는 것은 아니다. 반대로, 제도적 협력 협정의 확립은 기초 인프라 호연호통의 수요를 더욱 부각시켰다. 물리적으로 빠르고 편하게 연계된 지역만이 제도적 장치의 우위와 지역 협력에서 규모의 경제 효과까지 더욱 효과적으로 발휘할 수 있다.

아세안의 사례를 보면, 2002년 아세안의 자유무역지대가 수립될 무렵 회원국 6개국 평균 관세율은 이미 0~5%까지 낮춰졌었고, 전통적인 관세는 지역 내 무역의 주요 장애 요인이 아니었다. 다만, 아세안은 다양성이 매우 강한 지역으로 국가별 경제발전 수준, 기초 인프라 발전 수준 격차가 매우 크다. 선진적 항구 도시국가 싱가포르는 이미 현대적 지하철망이 잘 갖추어져 있고 항구와 공항은 세계의 주요 경제 허브와 연결되어 있다. 반면, 라오스는 현재까지도 전국을 대표할 만한 철도노선이 없다. 이러한 상황에서 제도적 장애 요인을 제거하더라도 낙후된 기초 인프라는 여전히 지역시장의 형성에 장애 요인이 된다. 따라서 아세안은 호연호통을 지역통합 구축을 추진하기 위한 중요내용으로 수립하고, 기초 인프라 영역의 호연호통을 통해 제도적 호연호통의 협력 잠재력을 끊임없이 확대하려고 노력한다.

　호연호통의 심화 발전은 지역 내 각국의 더 많은 민중이 지역화 추진 과정에 참여하게 하여 소비자 집단 규모를 확대할 수 있다. 또한, 기초 인프라 호연호통이 구축한 새로운 교통 경로, 운수 방식, 그리고 제도적 호연호통이 가져오는 무역·투자 자유화와 편리화는 무역에서의 관세, 물류, 시간 등 비용을 크게 절감시키고, 제품이 가지는 무역 가능성을 변화시켜 국제무역 규모 확대와 발전을 촉진할 수 있다. 호연호통의 범주 확대 및 심화 발전은 과거 경제·상업 중심과 떨어져 있던 지역이 지역통합 추진 과정에 참여할 수 있게 하여 새로운 분업을 탄생시키고 새로운 국제무역을 창출할 수 있다. 그 외, 사람 간 호연호통 또한 '무역 창출 효과'를 창출할 수 있다. 인적교류가 이뤄지는 과정에서 언어 교류, 문화·교육, 종교·신앙, 생활·풍습, 가치관과 세계관 등 다양한 영역에서의 상호작용을 통해 신뢰를 형성하게 되므로 무역·투자의 기회를 가져다줄 수 있다.

　'규모의 경제 효과'와 '무역 창출 효과'는 지역 내 국가 간 경제 연계를 더욱 긴밀하게 만들어 준다. 생산·가공이 더욱 넓은 범위에서 진행됨에 따라 노동, 자본 등 생산요소를 더욱 효율적으로 활용하게 되면서 각국 경제가 선순환의 성장 궤도로 진입하는 데 기여한다. 공간 경제학에 따르면, 한 국가의 경제성장은 대부분 확실한 스필오버 효과를 가진다. 이러한 스필오버 효과는 주로 수출입 무역, 해외직접투자, 인적교류 및 각종 교류 활동을 통해 발생하는 △시장의 스필오버 효과, △기술의 스필오버 효과, △지식의 스필오버 효과, △네트워크의 스필오버 효과 등으로 나타난다. 대상국 입장에서 국제분업에 참여하는 기업은 '실천을 통한 학습(Learning by Doing)'을 통해 더욱 선진적인 생산 기술을 습득하여 혁신을 도모하고 경쟁력을 강화할 수 있다. 생산과 경영과정에서 발생하는 기술의 스필오버 효과, 지식의 스필오버 효과, 정보의 스필오버 효과는 혁신을 촉진하는 데 기여하고 최종적으로는 더 높은 수준의 경제성장과 발전을 이끈다.

【보충 자료】

　　경제성장의 스필오버 효과는 통상적으로 '공간 스필오버 효과'로 불린다. 거시적 관점에서 볼 때, 한 국가의 경제성장이 타국 경제 발전에 영향을 미치는 방식은 주로 제품·생산요소의 이동과 다국적 생산 네트워크를 통해 구현된다. 국가 간 제품 이동과 생산요소 이동은 주로 수출입 제품 무역, 국제 노동력 이동, 국제 자본 이동으로 나타난다. 제품·생산요소의 국제 이동 외에도 지식과 기술 또한 국경을 초월한 이동과 스필오버를 구현한다. 중간재 무역, 노동·기술 요소 이동, 자본 이동은 통상적으로 국가 간 경제 연계가 끊임없이 심화됨을 증명한다. 한 국가의 경제성장은 무역, 투자, 생산 네트워크 등 방식을 통해 지역 내 기타 국가의 경제성장에 긍정적 스필오버 효과를 발생시킨다. 스필오버 효과는 매우 강한 지역성을 가지고 있는데, 활성화된 경제국(지역)은 일반적으로 주변 국가·지역에 혜택을 줄 수 있다. 경제가 발달한 도시의 발전은 주변 국가·지역의 발전에 긍정적인 효과를 준다. 경제 번영은 집합 효과를 발생시켜 경제활동의 스필오버 효과를 유도하며 주변 국가·지역은 가장 큰 수혜자가 될 수 있다.

제3절 지역 경제 분업

1. 지역에 기반한 경제 분업

　　긴밀한 경제 연계와 협력 메커니즘의 작용 하에 지역 내 국가 간에는 통상적으로 일정 수준의 경제 분업을 형성한다. 국제분업은 자본, 재화, 서비스가 국가 간 이전하는 것과 관련된다. 각국 간 물리적 거리, 지리적 위치에서 차이가 존재하기 때문에 이러한 국제적 유동은 운수비용의 차이를 가져오는데, 이로 인해 지리적으로 인접한 국가일수록 국제분업 네트워크를 형성하기가 훨씬 유리하며, 북아메리카, 유럽, 동아시아 등 지역 모두가 대표적인 사례이다. 기술 진보가 운수비용을 크게 낮췄지만, 지난 수십 년 동안 세계 경제 발전의 지역적 특징을 볼 때, 물리적 거리가 여전히 국제분업을 결정하는 핵심 요인 중 하나라는 것을 여실히 보여준다. <그림5-2>는 1980~2018년까지 대표적 경제권인 동아시아, 북아메리카, 유럽연합 세 지역에서의 부품·소재 무역의 흐름을 나타내는데, 국제 분업의 지역화 특징이 잘 나타난다.

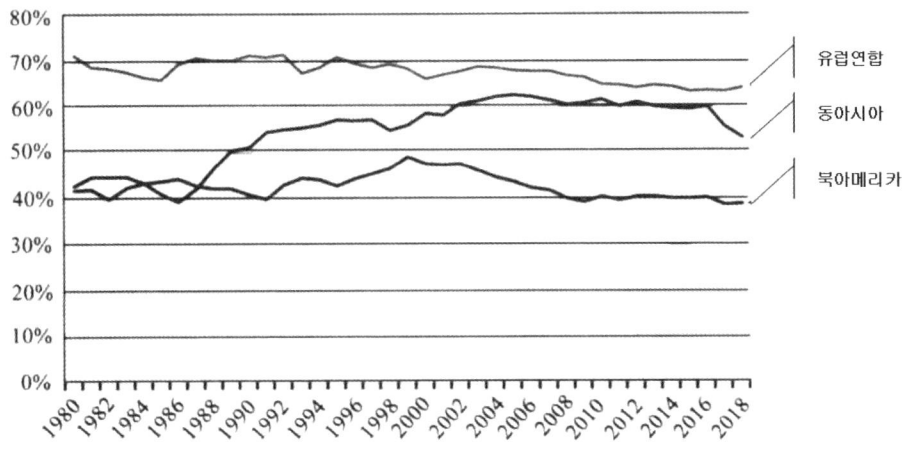

그림5-2. 동아시아, 북미, EU 지역 내 밸류체인 무역 비중 비교

자료출처: 일본 독립행정법인 경제산업연구소, http://www.rieti-tid.com

유럽연합(EU)은 글로벌 경제총량이 가장 큰 지역 경제 주체이며, 지역 내 밸류체인 무역이 차지하는 비중(전체 무역 비중에서 중간재 무역이 차지하는 비중으로 평가)이 60% 이상을 차지하는데, 이는 해당 지역 내 국가 간 긴밀한 경제 연계와 분업 상황을 반영한다. 유럽연합과 비교했을 때, 동아시아 지역은 지역 통합 수준은 낮지만, 매우 빠르게 발전해 왔다. 동아시아의 지역 내 밸류체인 무역이 차지하는 비중은 1980년 36.3%에서 2005년 52.1%까지 15.8%p 상승하였다. 글로벌 금융위기의 발생은 단기적으로 동아시아 밸류체인의 성장세를 지연시켰지만, 2010년 이후 다시 상승하여 2018년에는 53.5%를 기록하였다. 북아메리카의 지역 내 밸류체인 무역이 차지하는 비중은 상대적으로 가장 낮지만 몇몇 년도를 제외하고는 줄곧 40% 이상을 유지하고 있다.

지역분업의 핵심은 상호 간 시장을 제공하고 각국 경제가 '규모의 경제'를 실현하는 것인데, 이는 국제무역과 지역 경제 통합 관련 이론에서 이미 입증된 바 있다. 하지만, 지역분업 협력은 전적으로 가격 메커니즘에만 의존하여 자체 실현될 수 없으며, 반드시 당사국 간 관련 협의를 통해서 추진되어야 한다. 이러한 협의는 정부 간 협의뿐만 아니라 기업 간 협의도 포함하는데, 예를 들어, 주로 기업 간 협의 위주로 진행되며, 다국적 지분투자, 기업 국제 합병, 상품 무역, 전문적 생산 협의, 합작 연구개발 등은 모두 협의성 국제분업의 중요한 수단이다. 지역분업에서 각 참여국은 반드시 협의를 통해 상대적으로 균등한 경제 이익을 확보해야 하며, 그렇지 않으면 협력이 성사되기 어렵다. 협의 이행의 용이성을 고려할 때, 경제 발전 수준이 유사한 국가일수록 협력이 더욱 쉽게 성사된다.

2. 글로벌화와 지역 경제 연계

글로벌화와 지역화는 세계 경제 발전에서 병존하는 두 추세이다. △글로벌화는 각국과 지역의 상호의존도가 끊임없이 상승하는 역사 발전 과정이며, 경제적 측면에서 글로벌화는 재화, 노무, 자본의 국제 유동과 생산의 국제 확장을 의미한다. △경제 글로벌화는 주로 무역의 자유화, 금융의 국제화, 생산의 일체화로 나타난다. 무역의 자유화는 경제 글로벌화를 선도하고, 금융의 국제화는 핵심 단계이며, 생산의 일체화는 글로벌화 심화 발전의 산물이다. 세계무역기구(WTO), 국제통화기금(IMF, International Monetary Fund), 세계은행(WB, World Bank)은 경제 글로벌화의 '세 주축'으로 불리는데, 거시적 측면과 제도적 측면에서 경제 글로벌화의 발전을 촉진한다. 특히, 세계무역기구의 다자간 무역협상 메커니즘은 1947년 시작부터 1993년까지 총 여덟 차례의 협상을 통해 관세·비관세 장벽 대폭 해소, 차별적 무역장벽 제거, 무역 투명성 강화, 국제무역 분쟁 처리 등 방면에 있어 큰 성과를 낸 글로벌화 추진 과정의 핵심적인 동력이다. 다만, 글로벌 금융위기의 영향으로 최근 경제 글로벌화 추진이 다소 둔화하였고, 보호무역주의와 反글로벌화 역행 현상이 나타나고 있다.

글로벌화와 달리 지역화는 주로 세계적으로 인접한 국가 간 경제가 나날이 융합되고 통합되는 것으로 나타나는데, 이는 지역 경제 연계의 산물이다. 지역화의 빠른 발전은 글로벌화로부터 큰 영향을 받았다. 경제 글로벌화는 장기적인 추세로 주된 추진 동력은 기술 진보인데, 이는 국제무역, 자본, 노동력 이동, 국제직접투자를 더욱 편리하게 하였다. 이러한 흐름 속에서 각국 기업은 국경을 초월할 강한 경제적 유인을 가지고 국제분업에 참여하게 된다. 한 국가가 참여하는 국제분업은 우선적으로 긴밀한 지역 경제 연계를 형성하는 데서 나타난다. 따라서, 글로벌화는 각국 개방을 추진하는 관점에서 지역화와 지역 경제 연계의 발전을 촉진하는데, 다시 말해 지역화는 경제 글로벌화로 나아가는 하나의 단계라고 볼 수 있다.

글로벌화는 역으로 지역화 발전을 가속한다. 글로벌화는 세계 경제가 나타내는 장기적 추세이지만 발전 과정이 순탄하지만은 않았다. 개별 국가에 있어 글로벌화는 종종 '양날의 검'으로 여겨진다. 국내 정책 결정과 상응하는 제도가 합당하다면 글로벌화는 국가 경제의 지속적·포용적 성장을 촉진한다. 하지만, 국내 정책 결정이 불합당하고 경제 제도가 상호 부합하지 않는다면, 글로벌화는 경제·사회 발전에 부정적 영향을 미칠 수도 있다. 이 또한 지난 수십 년 동안 글로벌화가 끊임없이 추진되는 과정에서도 反글로벌화 목소리가 여전히 사라지지 않고 글로벌 금융위기 이후 나날이 격화되는 주요 원인이다.

글로벌화가 경제 및 사회에 미치는 부정적인 영향에 대해 지역화 발전 과정에서 지역 경제 연계를 통해 협력·대응하고, 이를 줄여나가는 것이 많은 국가가 선택하는 대안이 되었다. 지역 내 각국이 메커니즘·제도 연계(자유무역지대 혹은 관세동맹)를 통해 지역성 경제그룹을 구축하는 것은 이중적 특성이 존재한다. 대내적으로는 관세·비관세 장벽 제거를 통해 회원국 간 무역 증가, 국가 간 생산 전문화, 국제분업의 세밀화·고도화를 촉진하여 지역 경제 연계를 더욱 긴밀하게 한다. 대외적으로는 무역·투자 전환 효과로 회원국과 비회원국 간 경제무역 관계가 상대적으로 약해지면서 경제 글로벌화 추진을 억제하여 세계 경제의 지역화 특징을 더욱 선명하게 한다.

국제분업은 국민경제 내 노동 분업이 일정 단계까지 발전한 이후 국가 경계를 초월한 세계적인 확장으로 구축되는 국가 간 생산 전문화 협력이다. 국제분업은 국제무역과 국제직접투자를 통해 실현된다. 지역 경제 분업은 국제분업의 구성 부분이며, 각 지역의 경제 분업이 복잡하게 얽혀서 국제분업을 구성한다.

국제분업의 최초 형태는 제2차 세계대전이 발발하기 이전 식민 체계 하에서 종주국과 식민지·반식민지·부속국 간 형성된 완성품과 원료 생산을 위주로 하는 불평등한 수직적 국제분업이었다. 반면, 오늘날 국제분업의 주요한 특징은 각국이 주권평등을 전제, 자국 비교우위를 기초로 정책과 시장개방을 통해 국제무역, 투자, 생산에 참여하는 것이다. 선진국은 자본·기술에 기반한 우위로 자본·기술·지식집약형 산업을 집중 발전시키며, 개발도상국은 통상적으로 노동력 비용 우위에 기반하여 노동집약형 산업을 집중 발전시킨다. 이러한 분업 구조를 산업 간 수직적 분업 구조라고 부른다.

경제 글로벌화의 국제분업은 다층위적·다원적 특징을 보여주는데 산업 간 분업에서 산업 내 분업, 다시 제품 내 분업으로 심화 발전하였고, 이는 오늘날 국제분업의 주요한 형태이다.

산업 간 국제분업은 주로 각기 다른 산업에서 분업을 진행하는 것으로, 이로 인해 다양한 요소집약형 산업이 각기 다른 지역에 클러스터(Cluster)를 형성하도록 한다. 산업 내 국제분업은 분업이 동일한 산업 내부의 동질·이질적 제품의 각기 다른 생산 파트에서 진행되는 것으로, 동일 제품의 차별화 분업과 산업 내부 생산망의 각기 다른 생산 파트, 즉 기술 파트, 생산 파트, 마케팅 파트 등 간 분업을 포함한다.

제품 내 국제분업은 주로 분업이 동일한 제품의 다른 공정 절차나 부속품에서 이뤄진다. 제품 내 분업의 끊임없는 심화 발전은 글로벌 밸류체인의 발전·확장을 촉진하였고, 글로벌 밸류체인에 기반한 제품 내 국제분업 체계는 이미 세계적으로 가장 주요한 분업모델이 되었다. 과학 기술 혁명이 빠르게 발전하고 선진국 노동력 비용이 상승하는 상황에서 다국적 기업은 생산 파트를 파편화하고 유동적으로 각 생산 자원을 배치한다. 부가가치가 비교적 낮은 생산 파트를 개발도상국의 전문화된 생산기업에 아웃소싱하고, 부가가치가 비교적 높은 핵심 부속품, 연구개발, 마케팅 등 파트는 국내에서 진행함으로써 지역·글로벌 밸류체인 분업 체계를 형성하였다.

이러한 분업모델은 부속품 위주의 중간재 무역의 빠른 성장을 가져왔다. 국제분업 발전 초기의 산업 간, 산업 내 국제분업과 달리, 제품 내 분업은 각 참여국의 기술·요소 부존도에 대한 요구 조건이 낮은 편이다. 독립적인 산업체인 없이 특정 파트의 생산 조건만 갖추었지만 밸류체인을 주도하는 기업의 요구 조건에 부합하는 국가 역시 제품 내 분업에 참여할 수 있어 국제분업 체계의 외연 확장을 가져왔다. 주로 요소 부존도의 차이에 기반한 전통적 국제분업과 달리, 새로운 국제분업의 심화 발전은 요소 부존도 차이, 전업화 능력, 교역 효율성에 대한 종합적 평가로 나타난 결과물이다. 이러한 국제분업 체계에서 대부분의 분업 이익은 다국적 기업과 그 기업이 속한 국가가 소유하지만, 개발도상국 입장에서는 글로벌 밸류체인 분업에 효율적으로 참여하는 것 또한 자국 경제성장을 추진하는 중요한 루트이다.

글로벌 밸류체인이 오늘날 국제분업을 주도하는 주요 형식이 되어가는 상황에서 지역분업은 글로벌 분업과 밀접하게 연관되어 있다. 전반적으로 볼 때, 국제분업이 뚜렷한 지역성을 가지고 있지만, 지역을 초월한 글로벌 분업 또한 빠르게 성장하고 있어 지역분업과 글로벌 분업은 유기적으로 융합되며 시너지 효과를 낸다. 전 세계적으로 동아시아, 북아메리카, 유럽 이 세 지역은 내부적으로 복잡한 생산 분업 네트워크를 형성하였기에 글로벌화와 지역화가 동반 발전하였고 지역적 특색 또한 더욱 선명하다. 반면, 라틴아메리카, 아프리카, 중동 등 지역은 지역 내 분업이 발전하지 못하여, 지역 외 의존도 또한 더욱 선명하게 나타난다.

3. 지역 경제 분업의 경쟁과 독점

지역분업이 심화 발전하면서 지역 내 국가 간 경제 연계가 나날이 밀접해지고 있다. 무역·투자를 통해 지역분업 체계가 점차 형성되면서 각국은 자국의 비교우위를 바탕으로 지역 생산 네트워크에 참여하여 더욱 큰 국제시장 공간에서 자원 배분 최적화와 생산 효율성 향상을 실현하고 있다.

각국 자원 부존도와 생산요소의 차이에 기초한 지역 경제 분업은 본질적으로는 일종의 '협력-경쟁' 구조이다. 각국은 전문화된 분업을 통해 상호 협력하여 이익 극대화를 추구한다. 또한, 분업 체계에서 주도권을 장악하기 위해 상호 경쟁한다. 동북아시아 지역 내 중국, 일본, 한국 간 분업 사례를 예로 들자면, 3국은 서로에게 중요한 경제무역 협력 파트너이다. 중국은 노동력 자원 경쟁우위가 특출하고, 일본과 한국은 기술집약형 산업 영역 경쟁우위를 가지고 있다. 따라서, 동아시아 지역분업 체계의 형성 과정에서 중국, 일본, 한국은 상호보완적 관계이다. 중국은 산업체인의 로우앤드(Low-end) 구간에 있으며, 일본과 한국은 산업체인의 첨단기술 파트에서 강한 경쟁 관계에 있다.

최근 몇 년간 중국의 경제력이 꾸준히 강해지고 기술 수준이 나날이 향상되면서 글로벌 산업체인에서의 위치도 동반 상승하였는데, 이로 인해, 세 국가는 더 많은 영역에서 경쟁 관계를 형성하게 되었다. 그러나 경쟁의 심화가 제로섬(Zero-sum) 게임을 의미하는 것은 아니다. 각국은 차별화된 생산, 분업 협력을 추진하여 효율성을 제고하고 비용을 절감하며, 선의의 경쟁을 통해 최종적으로 공동 번영을 실현할 수 있다.

동아시아, 북아메리카, 유럽은 지역분업 발전이 가장 긴밀한 세 지역이다. 구체적으로 살펴보면, 동아시아 지역분업은 개방성과 글로벌성이 더욱 뚜렷하다. <그림5-3>은 경제협력개발기구(OECD)가 국가 간 투입산출분석(ICIO)에 근거하여 평가한 북아메리카, 유럽, 아시아 주요 국가 제조업 산출(가로축)의 기타 국가 투입(세로축)에 대한 의존도이다.

예를 들어, 가로축 상의 영국과 세로축 상의 중국이 상응하는 수치 4.8%는 영국 제조업 총생산의 4.8%가 중국 제조업의 직간접적 투입에 의존한다는 것을 의미한다. 위의 그림을 통해 우리는 아래의 뚜렷한 두 가지 특징을 발견할 수 있다.

1) 국제분업은 선명한 지역적 특징을 가진다는 것이다. 세 지역(북아메리카 공장, 유럽 공장, 아시아 공장) 내에서 상호 의존도가 지역 외 국가에 대한 의존도보다 훨씬 높게 나타난다. 각 지역 내에서는 미국, 독일, 중국이 지역분업의 중심 역할을 하고 있다.
2) 동아시아의 북아메리카와 유럽에 대한 중간재 무역 의존도와 비교할 때, 동아시아에 대한 북아메리카와 유럽의 의존도는 더욱 높다. 다시 말해, 북아메리카와 유럽에 비교해 볼 때, 동아시아 지역의 분업 체계는 더욱 강한 글로벌적 특징을 갖고 있다. 특히, 중국은 글로벌 무역과 생산 네트워크에서 절대적·주도적 위치에 있는 진정한 세계의 공장이다. 평균적으로 중국의 제조업 투입은 각 주요 국가 제조업 생산의 3.6% 이상을 차지한다.

제3절 지역 경제 분업

지역	국가	북미공장			유럽공장								아시아공장									
		미국	캐나다	멕시코	독일	영국	프랑스	이탈리아	스페인	튀르키예	네델란드	스위스	중국	일본	한국	인도	중국타이완	오스트레일리아	인도네시아	브라질	러시아	사우디아라비아
북미공장	미국		1.6	1.6	1.0								6.5	1.2	1.0							
	캐나다	14.1		1.4	1.2	0.5							7.2	1.2	1.1				0.5			
	멕시코	15.5	1.0		1.7			0.6	0.6				14.3	2.3	2.6	0.7	1.1				0.6	
유럽공장	독일	1.6				1.0	2.0	1.9	1.1	0.6	1.3	1.0	4.6	0.9	0.6						0.8	
	영국	2.6	0.5		3.9		1.6	1.2	1.0	0.6	1.0		4.8	0.6	0.6	0.6						
	프랑스	2.4			5.7	1.2		2.3	1.9		0.8	0.6	4.1	0.6							0.5	
	이탈리아	1.1			4.9	0.8	2.3		1.6	0.8	0.8	0.6	4.6		0.7	0.6					1.2	
	스페인	1.2			4.5	1.2	3.3	2.3			0.6	0.8	4.6	0.6	0.6	0.6						
	튀르키예	1.1			2.1	0.6	0.8	1.2	0.8				5.0		1.3	1.0					2.0	
	네델란드	1.8			5.0	1.2	1.2	0.9	0.7				3.7	0.7							0.9	
	스위스	2.4			8.2	1.6	1.9	3.1	1.1	0.6	0.7		5.2	0.9		0.5						
아시아공장	중국	1.5			0.9									1.9	3.0		1.9					
	일본	1.4			0.7								6.3		1.2	0.6						
	한국	2.9			1.8			0.5					16.4	4.4		0.6	1.8				0.6	
	인도	2.1			0.9	0.5							7.2	0.9	1.5		0.5				0.7	0.5
	중국타이완	2.7			1.3								13.8	6.4	3.4	0.6			0.8		0.6	
	호주	1.8			1.0								7.1	2.2	1.5		0.5					
	인도네시아	0.9			0.5								7.4	2.1	1.9	0.6	0.7					
	브라질	2.2			1.0								4.6	0.5	0.6	0.6						
	러시아	1.0			1.9		0.6	0.8					5.7	0.8	0.8							
	사우디	1.3			1.8	0.9	0.5						3.8	0.6	1.0	1.0						

그림5-3. 세계주요경제체 제조업의 타국(지역)투자의존도(단위:%)

데이터출처: Richard Baldwin, Rebecca Freeman, "Supply Chain Contagion Waves: Thinking ahead on Manufacturing 'Contagion and Reinfection' from the COVID Concussion", VOX CEPR Policy Portal, April, 2020.
http://woxeu.org/article/covid-concussion-and- supply-chain-contagion-waves.

지역 경제 분업에서 다국적 기업은 무역·투자의 주요 행위 주체로 이들은 지역 내 자원을 효율적으로 분배하여 이윤 극대화를 실현한다. 기술, 자금, 관리 방면에서의 우위를 점하는 다국적 기업은 지역 산업체인의 구축·관리 과정에서 주도적인 위치를 차지하여 독점적 권력을 장악하기도 한다. 다국적 기업은 여타 기업들과의 비대칭적 관계를 활용하여 산업체인 생산과정에서 가치 창출 방식, 거점, 시점, 분배 등 요인을 결정할 능력을 갖추고 있다. 또한, 다국적 기업은 기술 독점 우위, 내부화 우위를 활용하여 기술 설계, 생산 공정, 마케팅 네트워크 등 파트에서 장벽을 구축하여 자신이 장악하고 있는 산업체인 내 다른 기업들이 선진기술을 획득하지 못하도록 저지하고 이들 기업이 글로벌 밸류체인의 로우앤드 구간에 머무르도록 한다.

각국 기업이 산업체인을 주도하는 기업으로부터 통제를 받더라도 지역 산업체인에 참여하는 것이 자신에게 지식, 시장, 그리고 가치 있는 경쟁 자산을 확보하는 수단이기도 하다. 지역분업에 참여하는 개발도상국 기업은 후발주자 우위를 바탕으로 다국적 기업의 공급상이 되어 주도기업이 장악하고 있는 글로벌 시장에 진입할 수 있고, 이를 통해 일정한 분업 수익을 획득·축적하고 글로벌 밸류체인에서 자신의 분업 위치를 제고할 수 있다. 이 과정에서 개발도상국이 기존 보유한 천연자원, 노동력 등 기초 생산요소는 효율적으로 개발·활용될 수 있으며, 제품 내 분업은 기술·자본 등 생산요소 축적을 가속하면서 비교우위 고도화를 촉진한다. 비교우위의 동태적 고도화를 실현하기 위해서 개발도상국 정부는 우대정책 제공, 경영환경 최적화 등 방법으로 자국 기업과 경제가 지역 밸류체인에 융합하는 데 적극적인 역할을 할 수 있다. 자국 비교우위의 끊임없는 축적·전환에 따라 정부는 노동력 기술 향상, 자본 효율성·총요소 생산성 제고 등 방법을 통해 밸류체인에서 자국 기업의 영향력 확대를 시도할 수 있다. 또한, 정부는 장려 정책을 활용하여 자국의 혁신 활동을 유도하고, 밸류체인에서 자국의 지위 향상을 도모하며, 혁신을 통해 자국 중심의 밸류체인을 구축할 기회를 조성한다. 이로 인해, 글로벌 밸류체인에서도 더 이상 추종 기업이 아닌 선도 기업으로 성장할 수 있다.

4. 지역 경제 분업 효익과 부의 분배

지역분업은 효율과 이익을 높이는 데 기여한다. 각국의 비교우위와 요소 부존도 차이로 인해, 분업에서 얻는 수익은 통상적으로 모든 국가에 균등 분배되지 않는 경우가 많다. 특히, 생산요소에 기반한 지역 산업체인 분업의 환경에서는 각국의 비교우위가 주로 산업 밸류체인의 특정 파트에서 나타난다. 한 제품의 생산은 여러 국가의 생산요소가 융합하여 이루어진 결과일 수 있다. 따라서, 한 국가가 국제분업에서 얻는 이익은 그 국가가 무엇을 수출입하는지에 의해 결정되지 않고, 그 국가가 어떠한 층위의 국제분업에 참여하는지, 무슨 생산요소, 어떠한 층위의 생산요소로 국제분업에 참여하는지, 그리고 전체 산업 밸류체인을 어느 정도 장악하는지에 따라 결정된다.

일반적으로 선진국 기업은 주로 자본·기술집약형 제품의 생산과 서비스에 종사하며, 개발도상국 기업은 대부분 노동집약형 제품의 생산에 종사한다. 비록 지역 산업체인 분업 구도가 국가와 지역의 경계를 허물었지만, 선진국 기업은 오랫동안 쌓아온 자본·기술 우위를 바탕으로 제품의 연구개발과 판매에 집중하거나 중요 설비 및 핵심 부품의 생산을 담당하며, 이를 통해 지역 산업 밸류체인에서의 통제적 지위를 장악하고 독점적 이익을 확보한다. 반면, 개발도상국 기업은 주로 가공·조립 등 단순한 노동집약형 생산 파트에 종사하며 상대적으로 적은 이윤만을 얻는다.

비록 개발도상국이 얻는 정태적 이익은 상대적으로 적지만, 동태적 관점에서 볼 때 지식, 기술, 관념 등 요소는 강한 스필오버 효과가 있다. 따라서, 제품 밸류체인이 지속적으로 세분화하면서 개발도상국이 지역 밸류체인에 참여하여 얻을 수 있는 동태적 수익은 매우 크다. 특히 중요한 점은 개발도상국이 다국적 기업이 주도하는 생산 분업 체계에 융합되면서, 통상적으로 다국적 기업이 개발도상국 현지 기업의 '부품공급' 생산능력을 향상하기 위해 제공하는 생산 설비 양도, 생산 기술 지도, 보조적 기술지원 등 혜택을 받을 수 있다는 점인데, 이는 개발도상국의 기술 진보에 매우 긍정적 요인으로 작용한다. 이러한 국제분업의 새로운 발전 추세는 개발도상국 발전에 도움이 되는 새로운 전략적 기회라고 볼 수 있다.

결론적으로 인접 국가 경제의 지연적 연계, 대외무역, 자본 유동, 기술 이전,

인적교류, 정책 추진 등 다양한 요인들이 상호작용하면서 글로벌 경제는 전형적인 지역 블록화 특징을 나타내고 있다. 가격 메커니즘과 경쟁 메커니즘은 지역 경제 연계의 기본적 수단이며, 개방적 발전 전략과 지역 내 정책 협조, 각종 제도는 인접 국가 간의 지역 경제 협력을 더욱 강화한다. 긴밀한 경제 연계와 협력 메커니즘의 상호작용으로 지역 내 각국 간에는 일정한 경제 분업 구도가 형성되는데, 구체적인 분업 형식은 각 지역의 자원 부존도, 각국의 발전 특성, 협력 형태의 차이에 따라 달라진다. 지역 경제 분업은 본질적으로 일종의 협력-경쟁 구조를 보인다. 각국은 상호 협력하여 전문화된 분업을 통해 이익 극대화를 추구하고, 분업 체계에서 주도권을 장악하기 위해 상호 경쟁한다. 통상적으로 선진국이 지역분업에서 주도권을 장악하지만, 개발도상국 정부는 국내 경영환경 최적화, 노동력 기술 향상, 자본 효율성 제고 등 관련 정책 수단을 추진하여 자국 경제를 선진국 다국적 기업이 주도하는 분업 생산 체계에 융합시킬 수 있다. 또한, 이러한 발전 과정에서 점차 자국의 영향력을 확대함으로써 매우 큰 동태적 이익을 얻을 수 있다. 지역화와 글로벌화는 병존하는 세계 경제의 큰 흐름이다. 지역화와 글로벌화는 서로 시너지 효과를 내지만, 상호 제약 가능성도 존재한다. 지역화는 경제 글로벌화로 나아가는 하나의 단계이며, 개방적 지역 협력은 글로벌화의 순조로운 발전에 기여한다. 반대로, 글로벌화는 각국의 개방을 추진함으로써 지역화와 지역 경제 연계 발전을 촉진하지만, 효과적인 거버넌스가 부재한 글로벌화는 오히려 독이 되어 反글로벌화를 야기하는 유인이 되고, 나아가 역으로 지역화 추진을 가속할 수도 있다.

■ 추천 문헌

- [英] 比特·迪肯：《全球性转变 — 重塑21世纪的全球经济地图》，刘卫东等译，商务印书馆2009年版。
- 世界银行编：《2009年世界发展报告：重塑世界经济地理》，胡光宇译，清华大学出版社2009年版。
- 张蕴岭、李冬新：《东北亚经济概览》，世界经济出版社2019年版。

국제지역학 개론

제6장
국제지역 문화

제1절 국제지역 문화 연계
제2절 국제지역 문화의 역사 계승
제3절 국제지역 문화 동질성

제6장 국제지역 문화

문화에 관해서는 수많은 정의가 존재하고 시대, 지역, 국가에 따라 내재적인 함의도 각기 다르게 나타난다. 고대 중국인들은 문화를 '문치(文治)와 교화(教化)'라고 일컬었고, 현대 중국인들은 '인류사회의 역사 발전 과정에서 창조된 모든 물질적 자산와 정신적 자산, 특히 사회적 이데올리기를 가리킨다'라고 보았다.(어원출처: <사원(辭源)>) 고대 중국인들은 문화가 인류사회를 구축하는 중요한 구성 부분이며, 그 기능은 사회를 다스리고 민중을 교화하는 것이며, 이는 동태적이고 목표지향적인 어휘라고 정의하였다. 반면, 현대 중국인들이 내린 정의는 주로 문화의 내재적 의미와 사회적 이데올로기로서의 특수한 존재를 통틀어 가리키고 있다.[1]

국제지역 문화는 광범위한 인류 발전과 독특한 생활 방식(예로 특정 국가·민족의 사회적 유전, 사회적 풍속·관습, 사회적 가치체계, 행위규범 등을 지칭할 수 있음)뿐만 아니라, 구체적인 지적 작품·활동(예로 문학예술 작품, 도시 계획, 대표건축물, 예절·의례 등)까지 포함하며, 앞서 언급한 각 영역 간, 특히 각기 다른 국가·민족 간, 다양한 영역 간의 연관성(예로 문화 전파와 영향, 문화 차이와 융합 등)을 강조한다.

---

1) 레이먼드 윌리엄스(Raymond Williams)는 문화를 아래 세 가지 측면의 함의로 포괄하였다. (1) 18세기 이후 사상, 정신, 미학 발전의 일반적인 과정을 묘사하는 데 활용한다. (2) 인류의 발전과 특수한 생활 방식, 그리고 양자 간의 관계를 표시하는 데 활용한다. (3) 지적 작품·활동, 그리고 양자 간의 관계를 묘사하는 데 활용하는데, 특히 예술 방면에서 음악, 문학, 회화 등이 있다.
참조 : [英] 雷蒙·威廉斯 : 《关键词：文化与社会的词汇》, 刘建基译, 三联书店2005年版, 第101-109页.

제1절 국제지역 문화 연계

국제지역 문화라는 개념은 변화의 과정을 거쳐왔다. 그 내재적인 의미와 존재 방식은 특히, 다양한 지역 문화 간 관계, 각기 다른 시대, 지역에 따라 명확한 차이와 변화가 존재한다. 예를 들어, 유럽 지역 문화와 동아시아 지역 문화는 서로가 고대의 낯선 단절에서 오늘날의 공감으로 변화해 왔는데, 이는 국제지역 문화가 변동하고 있는 개념이라는 것을 보여준다. 따라서, 현재 논의되고 있는 지역 문화는 거시적 관점에서 인류사회의 역사 발전 과정에서 창조된 모든 물질적 자산과 정신적 자산이라는 내재적 의미를 포함하면서, 동시에 미시적 관점에서 지적 작품·활동을 의미하기도 한다. 개념의 복잡성과 다양성은 지역 문화 연구가 '문화권', '문화 지역', '문화유형' 등과 같은 수많은 개념만 관련된 것이 아니라, 물질, 제도, 정신, 사회관계, 예술, 풍속·습관 등과 같은 측면 문제와도 연관된다는 것을 보여준다.

1. 국제지역 문화 연계의 방식

문화 연계는 지역 연계의 중요한 구성 부분으로, 주로 △인접한 지연 지역 관계에 기반하여 생성된 연계, △언어·문화의 동질성에 기반하여 생성된 연계, △경제 보완성에 기반하여 생성된 연계가 있다.

인접 지연 지역 관계에 기반한 분류는 세계를 크게 유럽 문화권, 러시아 문화권, 북아메리카 문화권, 남아메리카 문화권, 아프리카 문화권, 오세아니아 문화권, 카리브해 문화권, 동아시아 문화권으로 구분할 수 있다.

언어·문화의 동질성에 기반한 분류는 세 가지 방법이 있다.

1) 사용하는 민족 언어에 근거하여 구분하는 방법으로 세계를 크게 영어 문화권, 슬라브어 문화권, 한자 문화권으로 구분할 수 있다.
2) 종교 문화·신앙에 근거하여 구분하는 방법으로 세계를 크게 기독교 문화권,

이슬람교 문화권, 유대교 문화권, 불교 문화권으로 구분할 수 있다.
3) 문화유형에 근거하여 구분하는 방법으로 세계를 크게 화교 문화권, 아프리카계 문화권, 라틴계 문화권으로 구분할 수 있다. 범위가 큰 지역 문화 분류를 더욱 세분화할 수도 있는데, 예를 들어, 동아시아 문화권은 동남아 문화권, 동북아 문화권으로 분류할 수 있다.

이 외, 문화권 구분은 또 다른 두 가지 특징이 있다.

1) 인접한 지연 지역 관계에 기반하든, 언어·문화의 동질성에 기반하든 양자 간에는 어느 정도의 중첩성이 존재한다. 예를 들어, 인접한 지연 지역 관계에 기반하여 구분한 지역 내에서도 언어·문화의 동질성과 경제무역으로 연계된 다른 지역들이 존재한다.
2) 문화 구분의 내재적 의미는 일종의 포괄적 지칭으로 절대 단일·획일적인 것이 아니며, 문화권 내에는 또 다른 이질적인 문화 형태도 존재한다. 즉, 동일한 문화권 내에서도 다양성과 공존성이 특징으로 나타나고 있음을 알 수 있다. 예를 들어, 불교 문화권 내에서도 기독교, 이슬람교 등 여타 종교가 동시 존재할 수 있다.

문화권 구분에서 위와 같은 두 가지 특징은 각 지역 문화 간 일정한 차이가 존재한다는 것을 보여준다. 사실상 이러한 차이로 인해 각기 다른 지역 문화를 구별·비교할 수 있어, 상호 간 연계와 협력의 내재적 계기를 찾을 수 있다. 따라서 각 문화권에서 존재하는 차이는 매우 중요한데, 이러한 차이로 인해 지역 문화는 상호보완 방식으로 교류할 수 있어 안정적이고 상호호혜적인 연계 모델을 형성한다.

하지만 각 문화권에서 존재하는 차이를 인정하는 것이 지역 간 문화가 반드시 확연하게 달라야 한다는 것을 의미하는 것은 아니다. 오히려 표면적으로 매우 큰 차이를 보이는 지역 문화 간에도 더 높은 층위에서는 같은 문화에 속하거나, 매우 높은 유사성을 가지기도 한다. 이러한 관점에서 문화권의 연계는 결국 동질성이나 내적 관련성에 의존한다. 문화 요인과 구조·성질이 같거나 유사하다면, 문화적 수요의 유사성을 높이며 내적 관련성을 보다 쉽게 형성할 수 있다. 이러한 문화권의 동질성은 모두가 같거나 유사한 형식으로 나타나는 것은 아니며, 다른 형식을 통해 차이성으로 나타나는 경우도 빈번하다.

2. 민족성에 기반한 지역 문화 연계

지역 문화를 구성하는 요소는 언어, 종교, 민족, 풍속, 건축, 음식, 복식, 예술 작품, 경제활동 등으로 다양하다. 이러한 요소는 모두 시각, 청각, 촉각 등 감각 기관을 통해 인지할 수 있는 외면적 요소이다. 또한, 사상 관념, 가치 지향, 미적 취향 등과 같이 분석과 판단이 필요한 잠재적 요소도 있다. 민족성에 기반한 지역 문화 연계는 다양한 지역 문화 연계 중 하나이다. 이러한 연계를 구성하는 요소는 외면적 요소와 잠재적 요소가 있으며 외면적 요소 내 잠재적 요소를 포함하기도 한다. 민족성에 기반한 지역 문화 연계와 그 흐름은 주로 잠재적 요소에 의해 결정되며, 외면적 요소는 그 외적 표상(表象)이다.

민족성은 특정 민족이 오랜 기간 공동으로 생활하면서 누적·계승된 민족 특성으로, 그 지역 문화의 구성요소와 일치하는데, 여기에는 외면적 요소인 언어, 복식, 음식, 풍습, 예술 작품, 경제활동을 비롯하여 잠재적 요소인 사상·도덕, 가치 관념, 미적 취향 등도 포함된다. 민족 특성은 특정 민족을 분별하는 주요 표상이며, 각기 다른 민족을 구분하는 주된 근거이기도 하다. 민족성에 기반한 지역 문화는 일반적으로 다수 민족이 공동으로 구성한다. 특정 지역 문화 범위 내에서 각기 다른 민족은 각자 구별되는 특색이 있으므로, 이들 민족 간의 연계에는 공통된 기초가 필요하다. 이러한 기초는 각 민족이 추구하는 자체 발전의 수요를 충족시켜야 하며, 각 민족 연합체의 공통적인 요구도 충족시켜야 한다. 따라서, 특정 지역 문화 범위 내에서 각 민족 간의 연계 방식은 다양하다. 연계 초기에는 경제무역 교류를 시작으로 하여 각자의 발전과 협력을 위한 계기를 찾는다. 이러한 협력을 기반으로 다양한 방면에서 연계와 협력의 가능성을 모색한다.

지역 문화 연계는 복잡 다변하고 불확실한 요소들이 존재한다. 예를 들어, 특정 지역 문화 범위 내에서도 모든 민족이 동일한 형태와 실력을 갖추는 것은 불가능하다. 오히려 각 민족의 인구 규모, 교육 수준, 지리 환경, 자원 부존도, 생산성 수준, 생산관계, 가치 지향 등 방면의 차이로 인해 민족 간 실력의 격차가 발생하며, 이로 인해 경쟁, 갈등, 심지어 분쟁이 야기되기도 한다.

전체로서의 지역 문화는 동질성이나 관련성이라는 내재적 의미와 특징을 가지며, 각기 다른 국가, 민족, 종교 문화로 구성된 개체로서의 지역 문화는 각기 다른 내재적 의미와 특징을 가진다. 우수한 지역 문화는 상호 간 존중, 포용, 상호 표방에서 나타난다. 사실 각 국가, 민족, 종교 문화 내부에서도 차이가 존재하므로, 각국이 상호 존중하고 화목하게 공존하는 관계를 맺어야만, 지역 문화의 동질성과 개별성이 모두 긍정적인 방향으로 발전할 수 있다.

민족성에 기반한 지역 문화 연계는 외연적으로 형성, 발전, 변화의 과정을 거치는데, 각 민족 간 문화 연계가 형성한 내재적 의미와 방식은 다를 수 있다. 일반적으로 볼 때, 이러한 연계의 대부분은 경제무역 영역을 '기점'으로 시작하여, 언어, 음식, 풍속, 문학·예술 등 여타 사회적, 문화적 영역으로 점진적으로 연계가 확대되었다. 경제무역에 비해 후자의 연계가 더욱 심도 있고 광범위하다. 이러한 연계 과정에서 성문화된 법규 또는 비성문화된 연계 규칙과 추진 전략이 점차 형성된다. 각 민족 간에는 기본적으로 이러한 '규칙'과 '전략'에 따라 교류하는 것이 관례화되었다. 그러나 이러한 '규칙'과 '전략'에 기반한 '연계'는 각 민족 간 각기 다른 입장으로 인해 변화를 겪기도 한다.

【보충 자료】

민족 문화는 다양한 특징을 가진다. 이러한 특징은 특정 민족이 처한 시대·환경과 연관되는 시대성과 지역성을 가지고 있다.

예를 들어, 중국 고대 문화는 농경문화로 실용 정신을 강조하며 '경작하는 만큼 수확을 얻는다'라고 믿는다. 중국 고대사회는 노예제 국가가 씨족 혈연 유대로 연계된 종법제 국가를 대체한 것이 아니라, 가족이 국가로 확대된 일종의 '가족-국가 일체'의 사회 국면을 형성한 것으로, 논리·도덕이 주도적 위치를 점하는 민족 문화로 발전하였다.

고대 유대민족의 문화 특징의 하나는 국가 멸망으로 나타난 분산성이다. 유대민족은 그들의 종교 신앙과 문화 계승으로 2000여 년을 유지하며 오늘날에 이르렀다.

고대 인도 문화는 명상 중에서 인간과 우주 공간의 관계를 정립하고, 이러한 관계에 근거하여 사회질서를 구축하여 인도 사회 내 차별의식과 이와 연관한 사회계급, 즉 카스트제도를 탄생시켰다.

민족성에 기반한 지역 문화 연계의 다양성과 불안정성은 그 연계가 내재한 풍부함과 상호 관계의 복잡성에 영향을 준다. 경제무역 교류를 예로 들면, 민족성에 기반한 지역 문화 연계는 민족 경제의 구조적 보완에 이바지할 뿐만 아니라, 다른 관계의 연관성과 상호 교류도 촉진한다. 표면적으로 보면 경제무역 교류는 주로 각 민족 간의 물질 수요와 문화 수요로 인해 발생하는 일종의 연계이다. 그러나 내재적으로 보면 이러한 연계가 단순한 경제무역 교류만을 증대하는 것에 그치지 않고, 양자 간의 법률·법규, 행정 명령, 문화적 관념, 가치 취향, 민속·풍습 등 요인의 교류도 동반한다. 다시 말해, 간단한 무역 교류의 이면에는 다양한 문화적·심리적·정치적 요인이 담겨 있다는 것이다. 이는 곧 각 민족 간 연계·교류가 반드시 충분한 이해와 존중을 바탕으로 이뤄져야 한다는 것을 의미한다. 더불어, 이러한 연계는 어느 한쪽의 민족 가치를 위배하거나 법률·법규를 위반해서는 안 되며, 자기 민족의 문화 관념, 가치 취향, 민속·풍습 등을 상대에게 강제해서도 안 된다. 모든 연계는 이성적·합리적·합법적인 범위에서 양측의 의사를 존중하며 진행해야 한다.

민족성에 기반한 지역 문화 연계의 다양한 요소 중에서 문화 전통은 매우 중요한 위치를 점하고 있다. 한 민족이 '민족'이라고 불릴 수 있는 이유는 다른 민족과는 차별화된 문화 표현 형식을 갖고 있기 때문이다. 이러한 표현 형식에는 고유의 언어, 문학, 음악, 민족 특색을 가진 예절, 명절, 제례 등이 포함된다. 이러한 표현 형식 중 일부는 관련된 민족 간 동일하거나 유사할 수도 있고, 상이하거나 모순될 수도 있다. 동일하거나 유사한 특징을 마주할 때 사람들은 친근감을 느끼지만, 자기 민족과 상이한 특징을 마주할 때에는 거부감을 느끼기 쉽다. 따라서, 각 민족 간 연계는 이러한 정서적 호불호를 피해야 하고, 상호 존중, '구동존이(求同存異)'의 원칙을 바탕으로 양자 간 연계 과정에서 가능한 한 다른 민족의 장점을 자기 민족의 문화에 흡수하도록 해야 한다. 민족 문화 전통이 적대 관계에 처해 있지 않는 한, 각 민족 간에는 상호 연계의 가능성이 존재한다. 설령 특정 역사 시기에서 적대 관계에 놓여 있었다고 할지라도, 민족 간의 지역 문화 연계는 민간 교류 혹은 제3자를 통한 간접적인 방식으로 이뤄질 수 있으며 '구동존이'를 통해 전개될 수 있다.

민족성에 기반한 지역 문화 연계는 '지역성'에 중점을 둔다. 민족 간의 지역 문화는 국가를 경계로 하는 것이 아니며, 각 민족 문화 간의 연계는 대부분 민족 간의 접경지역에서 더욱 많은 유사성, 차이성, 중첩성, 혼합성 등 특성이 나타난다. 예를 들어, 언어·문자의 유사성, 풍속·습관의 유사성, 음악·예술의 수렴성, 미적 심리의 유사성 등이 민족 간 연계에 영향을 주고, 많은 연계가 여기에서 비롯된다. 위와 같은 유사성, 상이성, 중첩성, 혼합성 등 특성은 민족 간 문화 교류가 활발해지면서 수렴하여 일치하는 방향으로 변화할 수 있다.

3. 국제지역 문화권

국제지역 문화권은 동일하거나 유사한 문화 전통 혹은 문화적 특성을 가진 문화 집단으로 구성된 지역을 의미한다. 지역 문화권은 여러 가지 측면에서 구분이 가능하다. 우선 지리적 위치, 문화 전통 등에 근거하여 구분할 수 있고, 언어·문자, 종교·신앙 등에 근거하여 구분할 수 있다. 예를 들어, 우리가 흔히 알고 있는 유교 문화권, 영어권 국가 문화권, 이슬람교 문화권, 불교 문화권 등은 위의 기준에 근거하여 구분한 것이다. 이러한 지역 문화권의 존재 방식 또한 다양한데, 특정 지역에 국한되어 있기도 하고, 지역, 언어, 종교·신앙을 초월하여 존재하기도 한다. 예를 들어, 동아시아 문화권은 지리적으로는 동아시아 지역에 국한되어 있지만, 언어와 종교·신앙을 초월한 지역 문화권에 속한다.

혹자는 지역 문화권 성립의 바탕은 그 지역의 중심 문화, 즉 그 지역의 중심 지역만이 문화를 창조하고 나머지 주변 지역은 문화를 전파하기만 할 뿐이라고 보기도 한다.[1] 그러나 반드시 그렇다고는 할 수 없다. 문화권의 중심 지역이 문화를 창조하고 지역의 중심 문화가 될 수 있을지에 대한 여부는 △해당 중심 문화가 유구한 역사와 깊은 문화 전통을 가졌는지 뿐만 아니라, △해당 중심 문화가 지속 발전할 동력과 능력을 갖추고 있는지, △주변 지역의 우수한 문화 전통을 흡수하여 주변 지역과 평화공존할 수 있는지에 달려있다.

예를 들어, "오직 문화권의 중심 지역만이 문화를 창조할 수 있다"라는 주장이 성립한다고 하더라도, 이는 단지 지역 문화권이 특정 시기에 문화를 창조하

---

[1] 참조 : 林艺、刘涛 : 《区域文化导论》, 清华大学出版社2015年版, 第4页。

는 역할을 했다는 것을 가리킨다고 할 수 있다. 시대가 발전하고 인간의 창의력이 향상되어 문화의 전파경로가 다양하게 발전하면서 비중심 지역도 문화권 중심 지역의 전통을 표방하여 자신만의 고유한 문화 콘텐츠를 창조할 수 있다. 또한, 자신이 창조한 문화 콘텐츠를 문화권 중심 지역을 포함한 다른 지역에도 전파하여 문화권의 중심으로 점차 이전하는 현상이 나타난다. 예를 들어, 영어권 국가 문화권은 원래 영국을 중심으로 한 지역 문화권이었다. 해당 문화권의 문화는 최초 영국에 의해 창조되었으나, 사회가 발전하고 시대가 변화하면서 미국, 남아프리카, 오스트레일리아, 뉴질랜드 등과 같이 영어를 사용하지만 문화권의 중심이 아닌 국가들도 독특한 문화 콘텐츠를 창조하였고, 각자만의 개성을 가진 영어권 지역 문화권의 중심 또는 하위 중심을 형성하였다. 또 다른 예를 보면, 과거 동아시아 한자 문화권에서 일본, 조선, 베트남 등 국가는 모두 중국의 한자와 사상 문화를 도입하였다. 일본은 한자에서 기인한 독특한 특색을 가진 일본 문자와 일본 사상 문화를 창조하였고, 조선과 베트남은 한자를 활용하지 않고 자국의 문자와 자국 중심의 문화를 창조하였다. 그럼에도 불구하고 문화권의 전통 요소가 완전히 사라진 것은 아니며, 다양한 방식으로 현대 지역 문화 체계 발전에서 융합·구현되어 왔다.

【보충 자료】

세계에는 △기독교 문화권, △이슬람교 문화권, △유교 문화권 3대 국제 문화권이 있다. 기독교 사회는 주로 유럽, 아메리카, 오세아니아 등 지역에 분포하고, 이슬람 사회는 주로 아시아 서부, 남부, 북아프리카 등 지역에 분포하며, 유교 사회는 주로 동아시아 지역에 분포한다.

유교 문화권은 중국과 유교 사상 문화가 전파되고 주도적인 역할을 하는 국가를 가리키며, 주로 동아시아 지역에 분포한다. 이 중에서 일부 국가는 과거 한자를 주요 언어로 삼고 중국의 거버넌스 방식을 표방하여 중국과 밀접한 관계를 유지하였다. 유교 문화권은 기독교 문화권, 이슬람 문화권과 다른데, 유교 문화는 종교가 아니며 사상으로써 국가 거버넌스와 사회적 행위에 대한 인도와 교화 작용을 한다.

지역 문화권 내에서의 연계는 점차 강화되거나 약화하는 변화 과정을 보인다. 어떤 시기에는 정치적·경제적 이익이나 법률 집행 등 요인으로 인해, 문화권 내 일부 국가 간 구동존이를 추구하고 같은 지역 내 문화권과의 연계를 최대한 발전 시킨다. 예를 들어, 제2차 세계대전이 종식된 이후, 유럽 지역 문화권 내 국가들이 정치, 경제, 법률, 문학, 군사 등 다양한 영역에서 적극적으로 협력한 것은 지역 문화권 연계가 강화되는 과정을 반영한 것이다. 그러나 또 다른 시기에는 지역 문화권 내 일부 국가들이 자국의 문화 전통·가치를 지나치게 강조하거나, 자국의 경제 이익에만 지나치게 집중하면서 지역 문화권 내의 문화교류를 방해하기도 한다. 예를 들어, 최근 영국이 추진한 '브렉시트(Brexit)' 계획은 유럽 지역 문화의 동질성을 일정 부분 훼손하였고, 유럽통합 과정을 저해하여 유럽 지역 문화권에서의 갈등을 초래했다.

지역 문화권 연계에 대한 구축을 볼 때, 지역 문화권에 속한 각기 다른 국가·민족이 해당 지역에 대해 가지는 문화 동질성은 매우 중요하다. '지역 문화 동질성'이란 용어는 다양한 의미를 지닌다. 철학적 측면에서 '지역 문화 동질성'은 일종의 '동일성'을 의미하는데, 즉 모순된 양자도 동일한 성질을 공유하고 있으므로, 상호 불가분한 연계나 상호 연결·흡수·침투하려는 성향을 보이는 것을 의미한다. 문화 심리적 측면에서 '지역 문화 동질성'은 자기 국가·민족을 정확하게 정의할 수 있고, 타국·타민족을 정확하게 인식하여 타국·타민족, 심지어 다른 뿌리를 가진 문화를 포용할 수 있는 일종의 심리 혹은 능력을 의미한다.

【보충 자료】

지역기구는 지역 문화 발전을 추진하는 데에서 두 가지 방면의 노력이 필요하다. (1) 회원국의 문화를 보호하고 지지해야 한다. (2) 지역 공동 문화의 발전을 도모해야 한다.

예를 들어, <리스본 조약>(Treaty of Lisbon) 제167조에서는 "유럽연합은 회원국 문화에 대해 지지, 협조, 지원하여 유럽 공동 문화유산의 계승을 도모하고 회원국 문화 기구 간 교류와 협력을 촉진한다.", "지역 공동 문화의 발전을 도모하기 위해 '유럽 유산일', '창조형 유럽', '유럽 문화 도시' 등의 프로젝트를 설립한다."라고 명확하게 규정하고 있다.

지역 문화 동질성은 국가와 지역 간 관계도 중시해야 한다. 지역은 여러 국가의 집합이므로, 지역 문화는 각국 문화를 종합한 것인데, 이러한 종합은 각기 다른 문화의 독립성을 내포하면서 지역적 공통성도 가지고 있다.

1) 특정 지역 내에는 역사와 전통을 바탕으로 각기 다른 국가 간에도 동일하거나 유사한 문화가 존재한다.
2) 각기 다른 문화 사이에는 상호 교류와 상호 표방을 통해 융합적인 문화 공유가 생겨날 수 있는데, 이는 지역 문화권의 기초이자 특성으로 지역 문화 동질성은 과정이자 결과이다.

△결과로써의 지역 문화 동질성은 해당 문화권 내에서 각 국가·민족이 노력을 통해 창조한 공동 자산으로 볼 수 있고, △과정으로써의 지역 문화 동질성은 해당 문화권 내에서 각 민족과 국가가 교류, 적응, 경쟁, 표방을 통해 상호 간 이해와 신뢰를 끊임없이 증진하는 과정으로 볼 수 있다. 실질적으로 지역 문화권이 구현하는 것은 풍부한 내재적 의미를 가진 종합적 관계와 질서이다.

4. 글로벌화된, 지역화된 문화 연계

경제 글로벌화의 급속한 발전은 문화의 글로벌화를 가져왔고, 세계 각 국가·민족 간 문화교류에 활력을 불어넣었다. 하지만 경제 글로벌화와 달리, 문화 글로벌화는 초기 단계에서 쌍방향·다방향적이거나 대칭적이지 않고, 오히려 일방적이거나 비대칭적인데, 선진국이 개발도상국과 후진국으로 강력한 문화를 수출하는 양상을 보이기도 한다. 상대적으로 일방적인 초기 단계에서 일부 선진국은 문학, 영화, 예술 등 다양한 방식을 통해 자국의 문화, 문예사상, 가치 취향, 예술 기법 등을 일부 개발도상국과 후진국으로 수출하며, 이들로 하여금 자국의 문화와 이념을 받아들이도록 한다. 이러한 관점에서 볼 때, 문화 수출의 본질은 문화 이입을 의미하며, 그 결과는 수입국이 문화적인 충돌과 거부감을 들게 하고, 일부 영역에서 수입국이 갖는 본래의 문화적 현상을 변화시켜 기존 문화의 동질성과 순수성을 소멸시킨다. 선진국은 경제적 이익을 모색하면서 수입국의 미적 가치 취향, 문화 질서에 영향을 미치거나 통제하여 수입국의 문화 메커니즘과 문화 구조를 점진적으로 변화시키려는 목적을 달성한다.

각국의 발전에 따라, 문화 글로벌화 연계는 점차 균형을 이루기 시작하여 쌍방향·다방향적 문화 상호작용이 나타나기 시작했다. 이러한 상황에서 나타난 문화 글로벌화의 뚜렷한 특징은 문화의 △자주성과 동질성, △공존과 교차, △동화와 융합이 동시 존재한다는 것이다. 위와 같은 새로운 특징은 수출국과 수입국의 문화 구축과 이행 방식을 크게 변화시켰고, 문화 글로벌화의 전체적 구도와 흐름도 변화시켰다. 강력한 문화, 주도적인 문화로 인식되던 서방 문화가 질타와 부정을 받고 어려움에 직면하면서 문화 다양성은 더욱 빠르게 발전하고 구현되었다.

다양한 문화 수용 모델 가운데 문화 교차는 글로벌화 과정에서 나타나는 중요한 현상이다. 문화 교차는 다양한 요인이 작용하여 형성되는 일종의 문화 형태로 △전통문화와 현대문화, △후진 문화와 선진 문화 간 융합과 공존을 예로 들 수 있다. 문화 교차의 결과로 사회적 인식, 문화 형식, 가치 취향, 전파 방식 등이 다원화되면서 민족 문화의 순수성과 단일성이 일정 부분 충격을 받거나 훼손될 수 있다. 또한, 문화 교차가 기존 문화의 구조를 일정 부분 확대하고 내재적 의미를 더욱 풍성하게 만들어 기존 문화의 질적 제고를 이끄는 효과도 갖는다.

문화 교차가 문화 혁신을 추진하는 중요한 수단이자 경로인 이유는 일부 '우수'하다고 여겨지는 문화가 표방되거나 수용되기 때문이다. 전반적으로 볼 때, 이러한 의미에서의 문화 교차는 지역화된 문화 연계에서 더욱 쉽게 발생하고, 지역 문화의 특징을 한층 더 강화한다. 이는 지리적 위치, 문화 전통, 언어·문자, 종교·신앙, 민족 심리적 동질감 등 여러 측면에서 지역 문화 연계가 선천적으로 가지는 편의성에서 기인한다. 따라서, 문화 전통의 유사성, 지역의 인접성, 전파의 편리성, 정치적 및 경제적 상호 수용성 등 요인은 이질적 문화가 유입될 시 나타나는 갈등·충돌을 일정 부분 완화하여 문화 교차가 더욱 순조롭게 진행되도록 한다. 결론적으로 이질적 문화는 기존 문화의 표현 형식과 형태 구조에 일정 부분 영향을 미치지만 기존 문화를 완전히 대체하기는 어렵다. 왜냐하면 해당 지역 사회 역시 이질적 문화가 기존 문화의 지위를 대체하는 것을 방지하기 위해 갖은 노력을 기울이기 때문이다.

지역화된 문화 연계와 글로벌화된 문화 연계는 상호보완적인 관계에 놓여있다. 지역화된 문화 연계는 글로벌화된 문화 연계의 일부분이며 지역화된 문화 연계가 글로벌화된 문화 연계로부터 영향을 받거나 일정 부분 제약을 받더라도, 글로벌화된 문화 연계가 주도할 수는 없다.

지역 문화는 매우 강한 내재적 능동성을 가지는데, 일반적으로 지역 간 경제 교류를 바탕으로 상호작용하며, 민족 문화의 근원, 문화 전통, 언어와 문자, 풍습 등을 매개로 정상적 국제환경에서 외부 세계 영향을 받지 않고 독자적인 문화를 형성할 수 있다. 다만, 강력한 서방 문화와 강권 정치가 나타나면서 지역 문화 연계는 글로벌화된 문화 연계처럼 발전 과정에서 여타 요인의 영향을 받지 않고 완전히 독립적으로 진행되는 것이 아니라 끊임없는 조율과 갈등 속에서 전개되고 있다. 지역화된 문화 연계와 글로벌화된 문화 연계 간의 이러한 상호 연관성과 상호 영향을 주는 관계는 오늘날 문화 연계의 중요한 형태이다.

제2절 국제지역 문화의 역사 계승

국제지역 문화의 역사 계승은 아래 두 주요 방면을 포함한다.

1) 국제지역 문화 자체의 역사로, 여러 세대를 거쳐 창조·축적을 통해 점차 형태를 갖춘 후 변화를 겪으며 최종적으로 형성된 일련의 문화적 상징이다.
2) 국제지역 문화 속에서 생활하고 있는 민중이 자신의 문화 역사 형태를 계승하는 것으로, 민족의 생존과 문화의 지속성을 통해 온전하게 보존·발전되어 최종적으로 민족성과 문화적 특색을 구현하는 상징적 매개체로 발전하였다.

이 두 가지 방면은 상호보완적이며 혼연일체가 되어 함께 지역 문화의 역사 계승의 장을 열었다.

역사와 계승 두 가지 중에서 국제지역 문화의 역사는 지역 연계를 하나로 묶어주는 '연결 고리'라는 점을 간과해서는 안 된다. 역사는 다양한 방식과 강도로 지역 내 각 국가·민족 간 연계에서의 과거, 현재, 미래를 '연결'하였고, 지역의 평화로운 교류 환경 조성과 조화로운 발전을 실현하는 데 매우 중요한 역할을 한다.

국제지역 문화의 역사는 일정한 시·공간적 범위를 가진 국가별·민족별 문화와 상호연계의 역사이며, 역사적 근원과 시기별 발전·변화를 포함한다. 거시적 관점에서 지역 문화 역사의 내재적 의미는 풍부 다양한데, 여기에는 지역 환경, 경제 상황, 국가·민족의 문화정책, 국민 생활 방식과 여가 생활, 인문 전파와 교류, 종교, 민족, 언어·문자, 문학·예술, 복식, 음식, 미적 취향, 가치 취향 등 일반적인 문화 역사의 다양한 측면을 모두 포함한다. 이 모든 것은 지역 문화 역사의 고찰 내용과 연구 범주에 속한다.

지역 문화 역사 또한 옥석이 섞여 있는 개념으로 현대 사회 발전, 지역 문화 생태 건설, 민중 생활에 있어 유익한 요소와 유해한 요소를 동시에 포함하고 있다. 따라서, 우리에게는 유익한 요소를 취하고 유해한 요소를 거를 줄 아는 지혜가 필요하다.

1. 역사 문화의 지역 교류

지역 역사 문화는 한순간에 형성된 것이 아니라, 지역 연계 과정에서 형성, 발전, 변화, 수용 또는 공존 등 오랜 단계를 거쳐 장기간 축적·계승된 문화이다. 이는 이러한 역사 문화가 매우 강한 축적성과 안정성을 가지면서 지역성과 차이성을 가지게 하였다. 다만, 전반적으로 볼 때, 지역 역사 문화에는 지역 질서를 유지하려는 집단의식이 본디 존재하는데, 이는 개별 주체 간 공동 이익을 충족시키기 위한 필수적 요소로 지역 교류에서 지역 연계를 강화하는 역할을 한다.

역사 문화의 지역 교류는 주로 아래 두 가지 측면의 문제와 연관된다.

1) 특정 역사 문화가 지역 교류의 범위 내에 있는지 확정하는 것이 필요하다.
2) 이러한 역사 문화를 교류하는 방식·방법 또는 경로를 선택해야 한다.

종합해 볼 때, 현대 사회 발전, 지역 문화의 상호호혜, 조화로운 생태계 구축, 국민 복지 증진 등 방면에 도움이 되는 사안은 적합한 방법과 수단을 통해 올바른 방향으로 발전시킬 수 있다. 또한, 전체의 이익과 목표를 위해 다른 양식과 신앙을 가진 역사 문화를 최대한 포용하고, 교류·융합을 통해 구동존이, 평화

공존의 목표를 달성해야 한다. 역사 문화의 지역 교류는 유구한 역사가 있는데, 이처럼 유구한 교류의 역사는 특정 지역 내 각 국가·민족이 상호 연계하고 상호작용하는 과정에서 함께 써 내려온 서사이다.

지역 문화교류의 방식은 크게 △민간 교류와 △공식 교류로 구분할 수 있는데, 이 두 방식은 서로 다른 유형에 속한다. 민간 교류 방식은 지역 문화교류의 기초로서 자연적으로 형성된 방식으로 민의를 대표한다. 공식 교류 방식은 이러한 민간 교류 방식의 기초 위에 세워진 일종의 '구조물'로 민심과 민의에 순응하여 구축된 '거처'이다. 이 두 방식은 차이가 존재하지만, 그 목적과 목표는 동일하여 상호 보완하며 조화를 이룬다.

역사 문화의 지역 교류는 다방면·다층위적인 교류이다. 통상적으로 이러한 교류는 일상생활에서의 음식, 복식, 종교, 언어·문자, 문학·예술, 미적 취향, 가치 취향 등 일반인의 생활 방식을 통해 구현된다. 일반인의 생활 방식은 매우 다양한데, 여기에는 앞서 언급한 것 외에도 역사적으로 지역 내 사람들이 사용하던 언어·문자, 현지 생활에 적합한 주거 형태, 신체 건강에 유익한 음식·요리, 미적 취향을 구현하는 복식·소재·색상·재봉 방법 등 요소도 포함되며, 이러한 요소는 문화 지역 교류의 기본 내용을 구성한다. 이와 대조되는 더욱 높은 층위의 요소, 예를 들어 종교, 문학예술, 사상·관념, 미적 취향, 가치관 등은 역사 문화 지역 교류의 중요한 내용이다. 사실 궁극적으로는 이처럼 높은 층위의 요소들이 교류 방향과 교류 형식을 결정한다. 종합해 볼 때, 위에서 언급한 요소들은 공동으로 문화 지역 교류의 장을 형성한다. 상호 영향과 상호작용을 하는 과정에서 이러한 요소들은 직간접적으로 지역 내 각 국가·민족 간 정서를 더욱 긴밀하게 하는 역할을 하여, 해당 지역 문화의 '교류 생태환경'을 조성한다.

이렇게 구축한 지역 문화교류 모델 중에서 음식과 복식은 역사 문화 지역 교류에 속하며, 특히 지역 내 민간 역사 문화 교류의 두 가지 기본 영역이다. 역사 문화에서 전승된 음식에 관한 지식과 조리법은 지역 내 여러 민족의 동질성을 강화하는 데 대체 불가한 역할을 하였고, 역사 문화 지역 교류의 기본 영역이 되었다. 주목할 만한 점은 음식 문화 자체도 변화의 역사를 가진다는 점이다. 지역 내 각 민족의 식습관은 다채로운데, 입맛의 지역성과 민족성은 지역 음식 역사가 중점적으로 관심을 두는 두 가지 특성이다. 지역성은 지역이 띠는 자연

조건에 따라 형성되는 독특한 식습관을 강조하는데, 예를 들면 남부의 열대지역에 거주하는 사람들은 매운 음식을 선호하는 성향을 보인다. 민족성은 각 민족이 종교적 신앙이나 민족 특성에 따라 형성된 독특한 식습관을 중시하는 것인데, 예를 들어, 유대인은 반드시 청결한 음식을 섭취해야 한다고 강조한다.

복식은 인류문명의 상징이자 인류 생활을 구성하는 주요 요소이다. 복식은 인간의 물질적 생활 욕구를 만족시킬 뿐만 아니라, 특정 시기에서 특정 국가·민족의 자원 부존도, 생활 수준, 미적 취향 수준도 반영한다. 복식에 사용되는 소재, 색상, 스타일, 액세서리 등 요인은 특정 시대의 시대적 특색과 선호를 반영한다. 또한, 특정한 지역 내에서 시대별로 유행하는 복식 변화는 당시 지역 문화가 복식 방면에서 상호작용하고 유행하는 흐름을 반영한다. 젊은 층에서 유행과 신선함을 추구하는 선천적 특성은 미적 취향이 동일하거나 유사한 민족 간 상호 모방이나 상호 교류하려는 심리를 유발하는데, 이는 직간접적으로 지역 내 문화 수용 혹은 동화를 촉진한다. 하지만, 종교 문화가 지배적인 일부 지역에서는 민족 복식이 종교적·민족적 특징을 강하게 나타내는데, 이러한 특징은 함부로 변경하거나 무시할 수 없다. 따라서 이러한 지역에서는 복식 방면에서의 역사 문화 교류가 다소 제약을 받는다.

역사 문화의 수많은 측면에서의 지역 교류 중 음식과 복식이 생활 속 연계와 교류 방면에서 중요한 역할을 한다고 본다면, 종교, 문학·예술 두 가지 요소는 지역 정서를 배양·응집하는 데 중요한 역할을 한다고 할 수 있다. 종교는 사회 발전이 일정 단계에 접어들면서 발생하는 문화 현상으로 일종의 특수한 이데올로기이다. 종교의 원시적 의미는 인간이 초자연적인 사물에 대한 두려움으로 인해 언어와 행동으로 경외를 표현하는 의식을 의미하며, 이를 바탕으로 점차 개인에서 집단으로, 나아가 민족 또는 국가 차원의 일련의 의례 의식으로 발전하였다. 모든 종교 단체는 자체의 신앙, 교리, 의례를 가지고 있으며, 조직성은 매우 중요한 특징 중 하나이다. 종교가 가지는 배타성의 특징으로 인해, 지역 간에는 동일하거나 유사한 종교 신앙을 가진 개인, 민족 혹은 국가 간 소통과 교류가 상대적으로 용이한데, 이들 사이에는 동일하거나 유사한 종교·신앙이 존재하므로 공동의 화제가 존재하기 때문이다. 반대로 동일하거나 유사한 종교 신앙을 가지지 않는다면, 이러한 소통과 교류에서 서로 간의 '접점'을 찾기 위해 더

많은 노력과 에너지를 소비해야 할 수도 있다.

　종교의 배타성과 비교해 볼 때, 문학·예술은 상대적으로 평화적·포용적인 특징이 있다. 일반적으로 문학·예술은 크게 네 가지 유형으로 분류할 수 있는데, 구체적으로 △언어 예술(시가, 산문, 소설, 희곡 등), △공연 예술(음악, 춤, 서커스, 마술 등), △조형 예술(회화, 서예, 조소 등), △종합 예술(연극, 곡예, 영화 등)이 있다. 문학·예술은 사회생활과 정신적 가치 추구를 직간접적으로 반영하는 정서적 형식이며, 역사 문화 지역 교류에서 매우 중요한 역할을 하며, 심미적 방식을 통해 소통의 가교 역할을 한다.

　문학·예술 작품의 창작과 공연은 정치, 법률, 도덕, 종교, 철학, 과학 등 여타 사회영역과 마찬가지로 당시 시대와 해당 민족 또는 국가의 정치, 법률·법규, 문화 체제, 생산관계 등 다양한 요소의 영향을 크게 받는다. 문학·예술 작품은 생동감 넘치는 언어와 예술적 이미지를 통해 독자와 관객에게 영향을 주며 시대정신과 가치 전달의 역할을 담당한다. 지역 내에서의 소설, 시, 영화, 연극, 회화 등 문학·예술 작품은 전형화 과정에서 서로 끊임없이 창작의 영감을 흡수하여 후대에 풍부한 문화유산과 학습의 모범을 남기고, 역사 문화의 지역 내 연계에 지속적인 영향을 주는 유대적 작용을 한다.

2. 역사 문화의 개별적 특징

　지역 연계의 관점에서 볼 때, 역사 문화의 개별적 특징은 일반적 의미의 개별적 특징 외에도 지역 연계와 관련된 독특한 특징을 가진다. 일반적 의미에서 역사 문화는 두 가지 내재적 의미가 있다.

1) 역사 문화는 역사적으로 다양한 사상 문화, 관념 형태 등 문명이 누적·계승하여 형성된 일종의 민족적 특성이다.
2) 역사 발전 과정에서 민족 간 상호 학습과 융합으로 형성된 일종의 문화 가치 체계이다.

　이러한 의미에서 역사 문화의 개별적 특징은 △민족적 독창성, △역사적 누적성, △자아 연속성과 자아 갱신성, △문화 동질성과 상호 융합성을 가진다. 일반적 의미의 개별적 특징 외에도 지역 연계적 의미에서의 역사 문화의 개별적 특징은 △민족 간의 차이성, △민족 간의 융합성, △민족 간의 공통성이 있다.

역사 문화의 민족적 독창성은 초기부터 다른 민족의 문화를 학습 표방한 것이 아니라, 주로 각 민족이 독자적으로 창조하여 누적·계승하여 점진적으로 형성된 것을 의미한다. 하지만 예외도 존재한다. 예를 들어, 미국의 역사 문화는 독창성을 찾아보기 어려운데, 미국의 역사 문화는 대부분 유럽 식민지 개척자, 특히, 영국 식민지 개척자들로부터 이어져 왔기 때문이다. 어떤 의미에서 이러한 미국의 역사 문화는 사실 식민지형 지역 문화 연계로부터 파생된 또 다른 모델이며, 식민지 확장으로부터 형성된 지역 연계의 역사 문화라고 할 수 있다.

중화민족의 역사 문화 발전은 역사 문화의 개별적 특징이 임의로 형성된 것이 아니라, 특정한 자연 지리적 환경, 사회 발전, 시대 정신, 민족심리 등 요인과 밀접한 관련이 있음을 보여준다. 세계 4대 문명 발원 중 하나인 중화민족은 폐쇄적인 대륙 지역에 위치하였고, 그 문화는 농경사회를 기반으로 구축되었다. 농경사회로부터 비롯된 생활 방식, 사고방식, 가치 취향 등 요인은 중국 역사 문화의 시발점과 개별적 특징이 실질적인 수확을 중시하는 실용 정신, 안정을 추구하고 모험을 반대하는 태도, 인륜을 중시하는 생활 정서, 융합·순환 반복과 항구적 변화 등 관념을 가지도록 하였다. 이러한 관념은 융합·변화를 거치며 동화력, 융합력, 연속력, 응집력을 가진 독특한 민족적 특색을 가진 역사 문화를 점차 형성하게 하였다.

사회 발전의 관점에서 볼 때, 중국 고대 역사 발전 과정은 여타 문명 발원지와는 다른데, 중국은 노예제 국가가 씨족 혈연 유대로 연계된 종법제(宗法制) 사회를 대체한 것이 아니라, 가족 혈연 유대로 연계된 씨족 부락이 국가로 발전한 일종의 '가족-국가 일체'의 구도를 형성하였다. 이는 혈통 친소에 따라 친밀도를 구분하는 종법 문화로 발전하였고, '존군(尊君)'과 '중민(重民)'이 상호융합하는 독특한 정치 관념으로 발전하였다.

세계 여타 민족과 마찬가지로 중국 고대 시기에도 원시 종교와 천명(天命), 귀신에 대한 절대적인 숭배가 존재하였다. 하지만 중국 문화의 실용적 특징으로 인해 중국 문화가 이러한 영역으로 심화 발전하지 못했고, 종법제 사회의 도덕 관념이 확립되고 원시 종교의 사상 관념은 빠르게 쇠퇴하면서 유교가 주도하는 역사 문화 형태가 점차 형성되었다. 이처럼 유구한 역사 속에서 형성된 자족성과 포용성이 강한 문화 전통은 강한 생명력과 영향력을 가진다. 한(漢)나라와 당(唐)나라 시기 국력이 강성하고 백성들이 부유했다는 점은 모두가 아는 사실이다.

대외적 측면만 보더라도 풍부하고 다채로우면서 성숙하고 안정적이던 중국 문화 또한 세력이 매우 강한 영향권을 형성하였는데, 그 영향 범위는 일본, 북한, 한국뿐 아니라, 미얀마, 싱가포르, 태국, 베트남, 말레이시아, 인도네시아 등 중국 주변 국가·지역을 포함하였으며, 모든 국가가 크고 작은 영향을 받았다. 중국 문화의 영향은 아시아 지역에만 국한된 것이 아니라, 북아메리카 지역의 미국, 유럽 지역의 영국, 프랑스, 이탈리아 등 국가에도 확산되었다. 미국 저명 시인 에즈라 파운드(Ezra Pound)는 20세기 초 <시경>(詩經), <고시 19수>(古詩十九首), 도연명(陶淵明), 이백(李白) 등의 시에 대한 연구를 통해 중국 고전 시가의 훌륭함을 발견하였고, 이를 바탕으로 20세기 시가 연구에 심오한 영향을 준 '이미지즘 시가' 개념을 제시하였다.

현대사회로 접어들면서 교통의 편리화, 연락 수단의 신속화·다양화로 인해 각 국가·민족 간 문화교류가 빈번해졌고 오늘날에 이르러서는 이러한 문화교류가 일상생활에서의 필수적 구성요소가 되었다. 이러한 각 국가·민족 간 교류 확대는 인류 문화를 더욱 다채롭게 만들었지만, 피할 수 없는 문제도 초래했다. 외래문화의 무분별한 유입으로 각국의 역사 문화가 전례 없는 충격과 도전을 받게 되었고, 역사 문화의 개별적 특징 또한 검증과 재조정의 위기에 직면하였다.

일부 자족성과 포용성이 강한 역사 문화는 신속·효율적으로 조정하여 외래문화의 유익한 요소를 자발적 흡수하고, 이를 기존의 고유한 역사 문화에 융합시켜 결국 자기 민족의 역사 문화 내 구성 부분으로 만든다. 중국 역사 문화는 본토 문화를 기반으로 하면서 외래사상 중 유익한 부분을 흡수하였는데, 유교, 불교, 도교를 유기적으로 융합하여 중화민족의 사상 근간으로 만들어낸 것이 바로 그 좋은 사례이다. 한편, 비교적 역사가 짧거나 발전이 느린 국가는 자국의 역사 문화가 외래문화의 영향을 받기 쉬워 문화 유입과 문화 융합이 이러한 국가의 새로운 역사 문화가 가지는 개별적 특징이 되는 경우가 많다.

3. 역사 문화의 상호 표방

역사 문화는 각 국가·민족이 오랜 발전 과정에서 형성한 하나의 자산이자 인류가 공동 발전·진보하는데 필요한 정신적 자산이므로 반드시 존중하고 아껴야 한다. 물론 각 국가·민족의 역사 문화가 고정불변하거나 정체된다는 것을 의미하지는 않는다. 반대로 역사 문화는 상대적 안정성을 가지면서 일정한 유동성과 개방성의 특징도 가진다. 이는 역사 문화의 발전이 상호 표방성을 띠게 한다. 상호 표방은 각 국가·민족 간 상호 존중, 호혜 공존, 공동 발전을 이루는 중요한 원동력이자 효과적인 방법이다.

각기 다른 국가·민족은 자신만의 독특한 역사 문화를 가지며, 문화는 선천적 우열이나 아속(雅俗)의 차이가 없고, 일부는 그저 사회 형태 및 역사 발전과 관련된 특징일 뿐이다. 혹자는 모든 국가·민족의 문화는 모두 장단점이 존재하며, 상호 간 교류와 표방을 통해서만이 상호 이해를 증진하고 상호 학습을 심화할 수 있다고 말한다. 예를 들어, 국가 간, 민족 간 필요한 문화교류와 표방이 부재한다면, 어떠한 문제에 대해서 상호 간 오해와 배척을 유발하기 쉽다. 따라서, 평화적·안정적으로 발전하는 세계는 인류 역사 문화의 교류와 상호 표방 속에서만 구축할 수 있다.

세계 문화는 다양하며 각기 다른 문화는 각자가 속한 지연 환경, 인문 환경에 뿌리를 두고 있다. 문화의 다양성과 상호공존, 상호 표방을 강조하는 것은 상호 존중을 바탕으로 상호 학습, 상호 수용하는 것을 가리킨다. 상호 표방에서의 중점은 서로의 장점은 학습하고 단점은 보완하는 것인데, 다른 국가·민족의 역사 문화 중에서 유익한 요소를 수용하면서 자신의 역사 문화 유산을 개량하여 자신의 문화에 생명력을 불어넣고, 각 국가·민족의 공동 발전을 도모할 수도 있다.

역사 문화 상호 표방의 내재적 의미는 매우 다양하다. 각 국가·민족의 언어·문자, 음식, 복식, 여가·오락에서부터 종교, 문학·예술, 가치 취향, 심미·심리 등 영역에 이르기까지 역사 문화와 관련한 모든 방면이 역사 문화 상호 표방의 내용에 속한다. 오늘날 사료를 통해 확인 가능한 중국과 외국 간 문화교류 상호 표방 역사에서 알 수 있듯이, 문화교류에서 주도적인 위치를 점하거나 깊은 인상을 남기는 것은 주로 언어·문자, 종교·사상, 문학·예술 등 영역에서의 상호 표방이다.

예를 들어, 중국과 일본 양국 간 상호 표방 역사는 비교적 오래되었는데, 대략 4세기 후반부터 일본이 제조한 물품에서 한자가 발견되기 시작했고, "그 시기부터 한자는 점차 일본인 생활의 일부분이 되었고 일본 문화의 일부분이 되었다."[1]라고 할 수 있다. 또한, 중국 문화는 역사적으로 다른 국가 문화의 영향을 받기도 하였다. 인도에서 형성된 불교가 중국으로 전파된 것은 광범위하고 큰 영향력을 가졌던 문화교류 상호 표방 사례의 하나로 일본, 조선, 베트남 등 국가에도 깊은 영향을 주었다.

불교가 중국으로 유입된 시기는 대략 2000년 전 한나라 시기였다. 불교의 전파는 일상생활이나 문학·예술 등 모든 방면에서 중국 사회에 큰 영향을 미쳤다. 예를 들어, 오랜 시간 동안 중국인들은 보편적으로 '전생내세(轉生來世)', '육도윤회(六道輪回)'라는 설법을 믿었고, 문학 작품 중에서는 '인과응보(因果報應)' 사상을 어디에서나 쉽게 찾아볼 수 있었다.

<문심조용>(文心雕龍)은 남조 시대에 집필한 최초의 문학 이론 저서로 중국 문학 이론 비평사에서 엄격한 체계성을 가졌다고 평가받는데, 여기에서도 불교 사상의 흔적이 뚜렷이 존재한다. 수·당 시기 이후 출현한 '변문(變文)'도 불교에서 최초 기원하였으나, 이후 점차 종교 사상에서 벗어나 민간 예술인의 설창(說唱) 형태로 발전하였다. 물론 불교가 중국 문화에 미친 영향 또한 완전히 복제된 형태는 아니었고, 역시 중국 문화에 의해 선택, 수용, 융합, 제거의 과정을 거쳤다. <문심조용>에는 불교 사상 외에도 유교 사상, 도교 사상도 혼재한다. 따라서, <문심조용>은 유교, 불교, 도교 세 문화 사상과 예술 관념이 완벽히 융합 반영된 전형적인 사례라고 할 수 있다.

진정한 문화교류 상호 표방은 모두 이러한 융합과 재창조성의 특징을 가진다. 예를 들어, 일본 선종(Zen) 또한 종합과 재창조의 산물이다. 선종은 인도의 불교와 중국의 선종(禪宗)을 하나로 융합하여 일본 민족 문화의 한 정신 명맥으로 심화 발전하였다. 사람들 사이의 교류가 나날이 증가함에 따라 이러한 역사 문화 상호 표방 역시 빈번해지고 심화하였으며, 심지어 몇몇 역사 문화가 혼합

---

[1] 참조 : 王曉平：《中外文学交流史·中国-日本卷》, 山东教育出版社2015年版, 第3页。

되어 근원을 찾기 어려운 경우도 있었다.

예를 들어, 20세기 미국 저명 생태주의 시인 게리 스나이더(Gary Snyder)가 창작한 대자연을 주제로 한 시가는 그가 번역한 '한산시(寒山詩)'의 영향을 받았다고 한다. '한산시(寒山詩)'는 중국 당나라 시기 고승 한산(寒山)이 창조한 시가로 근대 이후 일본 등 국가로 전해졌다. 하지만 게리 스나이더는 시가를 번역한 후 바로 일본으로 넘어가 1956~1968년 동안 거주하였고, 선종을 전문적으로 연구하기 위해 게리 스나이더는 일본에서 3년간 출가하였다. 1984년 게리 스나이더는 미국 작가 대표단의 일원으로 중국을 방문하여 중국 문화와 중국 문학이 1950~60년대 그의 창작에 큰 영향을 미쳤다고 하였다. 그 당시 게리 스나이더의 언급에서의 문화와 문학은 중국 문화, 중국 문학, 일본 문화, 일본 문학을 동시에 포함하고 있었다.

【보충 자료】

유교, 불교, 도교는 중화 전통문화의 정수이자 지주로 불리는데, 유교, 도교는 중국에서 기원하였고 불교는 인도에서 유입되었다. 3교 사상체계와 배경은 달랐지만, 중국 대륙에서 평화공존하고 확대 발전하며 상호 간 경쟁 상황에서도 상호 수용과 융합을 거쳐 끊임없이 심화 발전한 점은 세계 문화의 다양성과 상호 수용적 발전의 전형적인 사례라고 할 수 있다. 중화 문화는 본디 다양성의 기초와 화합 공생의 전통을 가지고 있어, 각 교의 사상, 각 민족 문화 관습은 모두 중화 문화의 구성 부분이 되었고, 각자 근본으로 하는 인문 지리적 기초 위에 모두 발전·계승될 수 있었다.

역사 문화의 상호 표방은 그 △자체적 발전 규율과 △시대적 요구를 가진다. △자체적 발전 규율은 특정 역사 문화 상호 표방이 특정 역사 발전단계에서 한 국가·민족이 자체 발전의 본능적 수요에 의해서 민간 교류 방식으로 알게 모르게 감화하면서 점진적으로 완성되는 것을 가리킨다. △시대적 요구란 한 국가·민족이 당시 사회 발전의 수요에 의해 목적성을 가지고 다른 국가·민족의 선진적 역사 문화에서 어떤 측면이나 요소를 수용·도입하여 자신의 문화 건설을 촉진하는 것을 가리킨다. 다만 역사 문화 상호 표방은 늘 역사 존중, 타국 역사 문화 존중, 진정성과 선의 표현에 기반하여 진행된다. 상호 표방은 구동존이의 자세로 자기 국가·민족의 문화 발전, 세계 각 국가·민족의 공동 발전을 이롭게 하는 것을 기본원칙으로 한다.

제3절 국제지역 문화 동질성

국제지역 문화 동질성은 주로 한 지역 내에 생활하는 사람들이 해당 지역 내 각 국가·민족이 공동생활에서 확립한 기본가치와 기본 내재적 의미에 대한 동질성을 가지는 것을 가리키는데, 이 중에는 사상, 신앙, 부호, 의례, 민속, 언어 행위, 교류 방식 등 각종 요소가 포함된다.

지역 문화 동질성은 아래 두 가지 방면을 포함한다.

1) 지역 내 문화가 역사적 근원, 지역 공간 관계 등 수많은 방면에서 어느 정도 동일성을 가진다는 점을 인정하는 것이다.
2) 동질성을 형성하는 과정에서 자기 국가·민족 문화와 다른 국가·민족 간 차이를 식별하고, 이러한 식별을 통해 자신이 동질성을 가지는 부분에 대해서 자신과 다른 국가·민족 간 효율적 연계를 구축해 자기 국가·민족 문화의 지속적인 발전을 보장하는 것이다.

국제지역 문화 동질성은 민족 동질성과 국가 동질성의 중요한 기초이며, 지역 연계와 발전을 위한 계기를 마련하여 지역공동체를 구축하는 정신적 유대감을 형성한다. 각 국가·민족은 모두 자신만의 문화적 배경을 가지고 있으며, 각자 서로의 문화를 존중하면서 다른 국가와 민족의 우수한 문화를 자발적으로 수용하는데, 이는 자기 국가·민족 문화 발전에 도움이 된다.

문화 동질성은 민심의 흐름에 기반하여 국가 동질성, 정치적 동질성과는 구별되지만, 밀접한 연계성 또한 존재한다. 차이점은 동질성의 내재적 의미와 방식에 있다. 문화 동질성은 사람들의 체험, 인지, 수용을 바탕으로 사회적 민의의 기반과 오랜 시간 축적된 역사를 가지며, 일종의 자연적 발전 과정의 결과로 여겨진다. 이와 달리, 국가 동질성, 정치적 동질성은 모두 법률에 기반한 전제와 인식이다. 연계성으로 볼 때 세 가지 동질성은 상호 지탱하는데, 문화 동질성은 국가 동질성, 정치적 동질성에서의 중요한 사회적 민의 기반이다.

1. 다원적 문화의 교류와 동질성

세계 문화는 다원적인데, 이러한 다원적 특징은 주로 문화 자원, 문화의 내재적 의미, 문화 형식, 문화 가치 취향 등 다양한 방면에서 나타난다. 역사와 지역이라는 두 가지 측면에서 볼 때, △유구한 역사를 가진 국가와 신흥 국가 간, △연해 국가와 내륙 국가 간에는 각기 다른 발전 역사와 인문 지리 환경 등 요인으로 각기 다른 정도의 문화 차이가 존재하는데, 이에 대한 교류와 수용이 발생한다.

동질성이 발생하는 전제는 교류이다. 다시 말해, 각 국가·민족의 교류 과정에서 문화교류는 중요한 위치에 있으며, 이는 다원적 문화 세계의 공동 발전을 도모하는 효율적인 방법이다. 사람들은 교류를 통해 상호 간 이해와 우의를 증진할 수 있다. 따라서 교류가 없으면 발전도 없으며 오히려 오해나 적개심을 야기하기 쉽다.

교류란 일종의 선의를 가진 소통이다. 교류의 기본 준칙 중 하나는 상대방 문화를 이해·존중하는 것이며, 선의로 상호 간 문화 차이를 대하는 것이다. 다시 말해, 교류는 자신의 관점을 타인에게 강요하는 것이 아니다. 상호 존중하지 않고 상대방이 특수한 문화를 가지고 있다는 이유로 공격하는 것이 아니라, 구동존이의 태도로 대화를 전개하면서 최대한의 문화 동질성을 찾는 것이다. 따라서, 문화교류와 문화 동질성 간 관계는 상호보완적이다. 문화 동질성은 국가·민족 간 성공적인 교류의 기초이자, 문화교류를 추진하는 중요한 바탕이다. 하지만 문화교류는 문화 동질성의 출발점이자 방법이기도 하므로, 문화교류가 없다면 문화 동질성의 목적도 달성할 수 없다.

문화교류라는 수단으로 국가·민족 간의 문화 동질성을 얻을 수 있는 이유는 주로 사람들이 교류 과정에서 상호 간 문화의 공통점과 차이점을 발견하게 되고, 이러한 공통점과 차이점을 가진 문화가 자신의 문화를 심화 발전하는데 중요한 보완 작용을 한다는 것을 충분히 인식하게 하기 때문이다. 다만, 우리는 현실에서의 문화교류가 이론상의 문화교류와는 완벽하게 일치하지 않는다는 점을 직시해야 한다. 구체적으로 볼 때, 현실에서의 문화교류는 △평등 교류와 △불평등 교류가 있을 수 있다. 평등 교류는 각 국가·민족 간 진심 어린 상호 존중이 있는 교류이며, 이러한 교류는 평등을 기반으로 구축된다. 반면, 불평등 교류는 주로 강권 국가가 추진하는 교류로 교류라기보다는 강압적 문화 수출이라고 표현하는 것이 더욱 적합하다. 강권 국가는 '문화교류'라는 미명을 내세워 상대국에게 자신의 문화 논리와 문화정책을 수용·신봉할 것을 강요하면서, 상대국이 자국의 문화 논리와 준칙에 근거하여 문화정책을 제정하고 문화 업무를 전개할 것을 요구하기도 한다. 식민주의와 後식민주의를 신봉했던 국가들은 모두 강권주의적 문화 논리에 근거하여 자신들의 문화 지침을 강요하였고, 다양한 방식과 수단을 활용하여 공공연하게 약소국가·민족의 문화를 멸시하였다. 또한, 그들은 자신들의 문화적 인식과 가치 취향을 약소국가·민족에게 강요하여, 이들에게 강대국 문화에 대한 열등감을 조성하고 맹목적으로 식민주의자들의 문화를 추종하게 하였다.

2. 국제지역 문화 동질성의 특징

국제지역 문화 동질성은 문화와 정신이 유기적으로 결합이며, 일정한 이익 관계가 존재하는데, 문화와 정신, 이익 간 관계는 매우 밀접하여 떼려야 뗄 수 없다. 문화와 정신의 결합은 목적성이 존재한다. 이러한 목적성은 궁극적으로 특정한 의미에서의 이익 관계를 가리킨다. 결합은 여러 가지 목적성을 가지는데, 동질감을 통해 지역 내 여타 국가, 여타 민족과의 연계를 강화하고, 자기 문화의 내재적 의미를 발전시켜 자기 문화의 지역 내 위상을 높이며, 지역 주변 환경을 융합해 자기 국가·민족의 발전에 유리한 환경을 만들 수 있다. 이는 어떤 의미에서 이익 수요를 내포하고 있다.

물론 국제지역의 문화 동질성은 이념적 동질성에만 그치지 않고 구체적인 형태를 통해 나타나야 한다. 일반적으로 볼 때, 이러한 동질성은 주로 지역 내 각

국가·민족의 일상생활과 국가 층위에서의 정책·법령 등 방면의 구체적인 집행 과정에서 나타난다. 일상생활에서의 동질감이란 주로 언어·문자, 음식, 복식, 사회관습, 문학·예술, 문화 가치 취향, 미적 취향 등 다방면에서의 상호 교류와 상호 표방을 포함하는데, 일상생활에서 다른 국가·민족의 문화에 대해 높은 동질감을 가지는 것을 가리킨다. 정책·법령 등은 △정부 기구 간 우호 교류에 대한 허가, △상대국의 다양한 제품 기준에 대한 수용, △상대국의 음식, 복식, 문학·예술, 문화 사상 등 방면에서의 심도 있는 소통·교류 등을 포함한다. 일상생활로 대표되는 민간 층위의 문화 동질감이나 정부의 의지로 대표되는 공적 층위의 문화 동질감은 맹목적이거나 근거 없는 동질감이 아니라, 역사적 근원, 특정 지역 공간과 관련된다. 따라서, 지역 문화 동질감의 특징은 아래 몇 가지 측면에서 나타난다.

1) '민간성'. 국제지역 문화 연계는 최초에는 민간에서 시작되었는데, 즉 지역 문화교류의 초기 단계에서는 주로 민간이 주도하는 형식으로 나타났다. 초기 단계 지역 문화 연계는 주로 지역 내 접경지역에서 발생하였고, 한 국가·민족 구성원이 다른 국가·민족 구성원과 자발적인 문화교류와 왕래를 하였기 때문에 국제지역의 문화 연계가 민간에서 시작된 것은 필연적이라고 할 수 있다. 이러한 자발적 특성은 지역 문화의 민간성에 기초를 다져주었다. 지역 간에서 진행하는 각 국가·민족의 민간 상호 교류, 상호 표방은 각자의 역사 문화 성과를 더욱 풍부하게 하였으며, 상호 간 문화 동질성의 형성·발전을 촉진하였고 덕분에 장점을 광범위하게 흡수하여 더욱 다채로운 민족 문화를 창조하였다. 지역 문화 동질성에 대한 민간 교류와 상호 표방은 대부분 자발적으로 이루어졌으며 은연중에 감화된 것인데, 즉 쌍방이 상호 간 대표적 특징을 자기 문화 속으로 자연스레 수용·융합한다는 것이다. 이러한 민간성은 바로 지역 간 문화 동질성의 기초이다.

2) '제도화'. 국제지역의 문화 동질성은 초기 단계에서 형성 경로, 동질성의 깊이·범위가 불확실하며, 동질성에 대한 인식도 불안정하기 때문에, 일정 수준으로 발전한 이후에는 정부나 민간 기구가 정책·법령과 같은 형식으로 이를 제도화할 필요가 있다. 제도화는 일부 동질성의 내재적 의미와 형식을 '불간섭' 또는 행정 법령 등 방식으로 확인하는 것을 의미한다. 예를 들어,

△상대국의 언어·문자에 대한 학습 장려, △상대국의 음식, 복식, 관습, 민속 의례에 대한 수용, △영화, 문학 등 예술 작품에 대한 유통 허용, △상대국의 학력·학위 상호 인정과 평등한 학술 교류 추진 등을 포함한다.

3) '구축성'. 모든 민족은 타민족과는 다른 역사 문화적 뿌리와 문화적 특성을 가진다. 문화 동질성은 자국의 역사 문화적 뿌리와 문화적 특성을 확인하고 자신과 다른 문화와 관계를 구축하는 기반 위에 형성된다. 이러한 의미에서 '구축성'은 차이를 확인하고 수용하는 과정이라고 할 수 있다. 이 과정에서 유사점이나 차이점을 가진 국가·민족은 효율적 문화교류를 위해 다른 국가·민족 문화의 유익한 부분을 수용하는 과정에서 자국의 문화적 뿌리와 문화적 특징을 확인하면서 다른 문화적 뿌리와 문화적 특징을 인정하는 태도로 다른 국가·민족과의 문화적 동질감 관계를 형성해야 한다. 구축성은 일종의 특수한 구축을 의미하는 것으로, 자기 국가·민족 문화의 구축만을 가리키는 것이 아니라, 자기 국가·민족 문화에 기반하면서 다른 국가·민족 문화의 정수를 수용·학습하는 것을 가리키며, 이러한 양자 간의 대화 교류 과정에서 새로운 유형의 국가·민족 문화가 구축된다.

4) '가소성(可塑性)'. 문화 동질성은 국가·민족 문화교류의 수요, 지역·국제 형세의 변화로 인해 내부에서 외부로 확대되고 갈수록 심화하는 복잡 다변한 발전 과정이다. 국가·민족 차원에서 지역·국제 형세가 평화로운 시기에는 문화 동질성의 발전도 순조로운 편이고, 불안정한 시기에는 문화 동질성의 발전은 정체·훼손될 수 있다. 이러한 의미에서 문화 동질성은 양면성을 가진다고 할 수 있다. 문화 동질성은 어떠한 내재적 수요를 동기로 하여 자발적으로 나타나기도 하며, 어떠한 외부적 요인에 의해 구현 혹은 훼손될 수도 있다. 하지만 지역 또는 국제 형세의 변화 양상과 무관하게 민간의 문화 동질감이 존재한다면 국가와 민족 간의 문화 동질성은 완전히 소멸하지는 않는다. 역사적으로 지역 문화 동질성이 일정 부분 퇴보하는 경우도 있으나, 이러한 퇴보는 일시적인 것으로 지역, 국제 형세가 호전되면 양자는 다시금 상호 간 문화 동질감을 형성하는 궤도로 돌아와 구축 과정을 지속해 나가게 된다.

5) '복합성'. 문화 동질성은 하나의 큰 덩어리가 아닌 층위와 규모에 따라 구분된다. 민간에서의 문화 동질성은 상대적으로 낮은 층위에 속하는 동질성으로, 이는 우선적으로 가정, 부락, 민족 등 사회 기본 층위에서 시작된다. 사회가 발전하면서 문화 동질성은 점차 마을, 사회단체, 사회 계층·계급, 지역, 국가 층위의 동질성으로 높아진다. 각 층위에서 인원수, 동질성의 깊이가 다르므로 문화 동질성에는 규모 문제가 존재한다. 따라서, 문화 동질성은 매우 복잡한 문제이며, 각기 다른 층위과 각기 다른 규모의 복합체라고 할 수 있다. 더욱 복잡한 특징은 동질성에 대한 사람들의 인식이 영구불변한 것이 아니라 지역과 시기에 따라 동태적으로 변화한다는 것이다. 예를 들어, 일부 사람들은 현재 A라는 동질성을 가지고 있지만, 미래에는 B라는 동질성을 가질 수 있다. 또 다른 예로, 일부 사람들은 단일한 문화 동질성을 선택할 수 있지만, 다른 사람들은 다양한 문화 동질성을 선택할 수 있어 선택의 다원화와 불확정성이 나타난다. 위에서 언급한 두 가지 사례는 층위, 규모, 다원성으로 나타나는 복합성이 현대 사회 문화 동질성의 대표적인 특징이라는 것을 보여준다.

3. 문화 자주와 문화 동질성

문화 자주와 문화 동질성은 모두 국가·민족의 이익과 밀접한 연관을 가진다. 문화 자주는 자기 국가·민족의 문화 동질성에 대한 인식과 수용이자, 한 국가·민족이 독립적으로 존재하고 종족이 존속할 수 있도록 하는 내부 조건과 기본 준칙이다.

한 국가·민족이 자주적 문화를 잃는다는 것은 곧 그 국가·민족이 근본적으로 자기 국가·민족의 공통된 역사 기억을 말살시키거나 부정한다는 것을 의미하는데, 타국의 문화 식민 지배를 허용한다면 다른 국가·민족과 평등한 문화교류를 할 수 있는 기반을 상실하게 된다. 문화 동질성은 이러한 면에서 상충한 함의를 가진다.

1) 자기 국가·민족 문화에 대한 한 국가·민족의 자아 인지와 전략 수립을 가

리킨다.
2) 다른 국가·민족 문화에 대한 일종의 수용을 가리킨다.

만약 전자의 동질성이 민족 문화의 자신감으로 표현된다면, 후자의 동질성은 지역 내 각기 다른 국가·민족이 지역 역사 문화를 공유하게 하여 지역 내 문화의 공동 발전을 촉진한다. 문화 자주와 문화 동질성은 얼핏 똑같은 개념인 듯 보이지만, 문화 자주가 존재하지 않는다면 문화 동질성을 언급할 수 없고, 문화 동질성이 존재하지 않는다면 다른 국가·민족과의 교류 및 상호 표방과 같은 활동을 전개할 수 없다.

문화 자주의 본질은 자기 국가·민족 역사 문화 전통에서 다른 국가·민족과는 다른 내재적·핵심적인 요소를 계승·유지하는 것이다. 문화 자주의 내재적 의미는 매우 다양한데, 일반적으로 크게 두 가지 방면을 포함한다.

1) 자기 국가·민족의 역사 문화 전통을 계승하고, 자기 국가·민족의 핵심 가치관념을 견지하며, 자기 국가·민족의 문화 체계를 구축하고 발전시켜 나가는 것이다.
2) 다른 국가·민족과의 문화 관계를 잘 유지하며, 다른 국가·민족과의 문화교류, 상호 표방의 방법을 모색하여, 다른 국가·민족과의 문화교류와 상호 표방의 경로를 마련하는 것이다.

현실에서 문화 자주를 실질적으로 추진해야 하는데, 즉 이론적으로 자기 국가·민족의 핵심 가치관을 제창하고 발전시키는데 머무르지 않고, 역사문물, 문화 명승고적, 무형 문화유산 등과 같은 자기 국가·민족의 문화 자산을 확실하게 보호할 수 있어야 한다. 결론적으로 문화 자주는 자기 국가·민족의 우수한 역사 문화 정신, 미적 취향, 가치 취향을 계승·발전시키고 전통문화와 현대문화 간의 관계를 정확하게 조율하는 것이다.

지역 연구의 관점에서 문화 동질성의 내재적 의미는 크게 두 가지 방면이다.

1) 자기 국가·민족의 문화적 동질성을 정확하기 인식하고 전략을 수립하여 자기 국가·민족의 핵심 가치에 대한 동질성을 형성해야 한다.
2) 자기 국가·민족 문화와 다른 국가·민족 문화 간 차이를 구분해야 한다. 사실 이 두 가지 방면은 문화 동질성의 내재적 의미이자, 문화 동질성 형성

과정에서의 두 가지 방면이기도 하다.

이 두 방면에서 자기 국가·민족에 대한 문화 동질성 형성이 가장 우선적이고 기본적인 부분이다. 만약 자기 국가·민족의 핵심 가치관과 역사 문화에 대한 확신이 전제되지 않는다면, 이러한 동질성은 다른 국가·민족 문화의 문화 유입으로 변질되어 역행 동화가 일어날 수 있다. 이로 인해 자기 국가·민족 문화를 결속시키는 정신적 유대감을 상실하여 자신의 정신적 토대와 문화적 근원을 공고히 유지해 갈 수 없게 될 것이다.

4. 전통문화와 현대문화 동질성

현대문화는 전통문화를 선별하는 과정에서 확대 발전해왔다. 이러한 관점에서 보면 전통문화는 현대문화의 출발점이며, 한 국가와 민족 문화의 기본가치체계를 대표하고 한 국가와 민족을 다른 국가·민족과 구분하는 근본이라고 할 수 있다. 한 국가와 민족이 만약 자신의 전통문화를 바탕으로 하지 않는다면 국가나 민족으로 불릴 수 없다. 마찬가지로 한 국가와 민족의 발전이 정체되어 자신의 전통문화에만 머무른다면, 현대적 특색을 갖춘 문화를 구축하지 못하여 다른 국가·민족들과 대등하게 경쟁할 수 없다. 현대문화는 자기 국가와 민족의 전통문화를 적절히 선별하고 선도적인 국가·민족의 문화를 표방하면서 발전해 온 일종의 새로운 활력을 갖춘 신흥 문화이기 때문이다.

전통문화는 국가를 세우는 근본이지만, 전통문화를 구성하는 내용 또한 매우 복잡하여 수많은 장단점이 혼재한다. 따라서, 전통문화를 맹목적으로 계승하기보다는 적절히 선별하는 과정이 필요하다. 즉, 전통문화 중에서 낙후하고 현대사회의 발전을 저해하는 내용은 도려내고, 민족 신분, 민족 핵심 가치관, 민족정신, 민족 문화를 대표할 수 있는 내용은 계승하는 것이다. 예를 들어, 문화 문물 중에서 현대사회 인식에 부합하는 우주관, 인생관, 가정 윤리관, 정치 윤리관, 생태 사상, 의술, 독자적인 특색을 가진 민족 건축, 문학예술, 전통공예 등이 있다.

물론 한 민족의 현대문화는 아무런 노력 없이 이뤄진 것이 아니라, 전통문화의 계승을 기반으로 발전한 것이다. 이는 전통문화가 현대문화의 근간이며 현대

문화의 발전을 보장하는 역할을 한다는 것을 의미한다. 현대문화는 발전 과정에서 불온한 외래문화의 침투나 동화를 피하기 어려운데, 전통문화는 이러한 상황에서 민족 문화 정신을 고취하고 현대문화 발전의 방향성을 제시하는 역할뿐만 아니라, 외래문화의 폐해를 분별하고 차단하는 역할도 한다. 따라서 전통문화에 대한 현대문화의 동질성은 주로 전통문화 중에서 민족 동질성과 민족정신을 대표할 수 있고 현대 사회 발전 방향에 부합하는 핵심 가치관과 문화의 내재적 의미에 대한 동질성을 가리키며, 이는 전통문화에 대한 맹목적 수용이나 인정을 뜻하는 것이 아니다.

현대문화와 전통문화의 차이는 앞서 언급한 내용에만 나타나는 것이 아니라, 이에 대한 이해와 표현, 운용에서도 나타난다. 우리는 현대문화와 전통문화의 차이를 명확히 이해하고, 그 차이를 어떻게 다룰 것인지를 확실히 해야 한다. 다시 말해, 우리는 현대문화를 발전시키기 위해 국가·민족 문화 동질성을 정의하는 전통문화를 포기해서는 안 되며, 전통문화를 계승하기 위해 현대문화의 발전을 제약해서도 안 된다. 전통문화와 현대문화는 불가분의 일체로 전통문화는 한 국가·민족의 신분적 바탕이며, 현대문화 발전 방향을 적절히 통제하고 현대문화 발전을 촉진하는 주요한 원동력이다. 현대문화 또한 전통문화의 계승을 기반으로 발전해 온 것이며, 전통문화에 대한 일종의 확장 발전이기도 하다. 따라서, 현대문화와 전통문화 간에는 내재적 연계와 함께 특성상 차이도 존재한다.

5. 현대문화의 지역 교류

제2차 세계대전이 종식된 후, △식민주의 체계 붕괴, △민족독립운동 확산, △글로벌화, 지역화의 형성·발전을 거쳐오면서, 현대문화는 많은 우여곡절을 겪었고 더욱 복잡 다양한 양상을 띠게 되었다. 수많은 신흥 국가·민족은 자기 국가·민족 문화를 중건하고, 다시금 자기 민족의 목소리를 내며 세계 문화 영역에서 자신들의 영향력을 추구하고 있다.

이로 인해 서방 국가가 세계 문화를 주도하는 구도는 무너졌고, 현대문화 지역교류 또한 '시대적 요구'에 따라 빠르게 발전하기 시작했다. 특히, 21세기에 접어 들면서 지역 범위 내에서의 현대문화 교류는 세계 문화교류의 중요한 구성 부분이 되었고, 그 필요성과 중요성도 나날이 부각되고 있다.

현대문화 지역 교류가 나날이 번영하는 것은 기뻐할 만한 일이다. 이는 각국이 모두 자주독립할 수 있는 자산과 기반을 갖추었다는 것을 보여주는 것이기 때문이다. 다시 말해, 모든 국가가 자기의 민족 문화가 세상에 알려지지 못하고 홀대당하는 상황에 머무르지 않고, 내부에서 외부로, 세계로 나아가는 자신감을 가지게 되었다는 것이다. 과거와 다른 점은 △현대문화의 교류가 상호 존중, 평등 호혜, 상호 표방과 공동 발전을 중시하고, △역사 전통과 현대 수요의 융합을 존중하며, △교류에서의 정책적 연계, 법규 제정을 더욱 중시한다는 것이다. 이러한 의미에서 지역 문화 교류는 국제문화 교류에 전형적인 경험사례를 제공하고 있다고 할 수 있다.

【보충 자료】

아세안(ASEAN)은 지역 내 문화교류 협력을 중시하여 전문적인 문화·정보 위원회를 설립하였고, 문화 주간, 청년 문화 페스티벌, 문화 예술 페스티벌 등 행사를 개최하며, 각국 국민 간의 상호 이해 증진과 단결 강화를 도모하였다. 또한, 문화 창작 지원, 문화산업 발전에 관한 정책 제정을 추진하여 아세안의 국제적 문화 영향력을 확대하였다.

아세안 공동체는 경제공동체, 안보공동체, 사회문화공동체를 기반으로 구축되었다. 이 중에서 사회문화공동체는 사람을 근본으로 인권을 보장하고, 사회 발전과 환경보호를 결합하여, 지역민들의 삶의 질을 제고하면서 사회 발전과 문화 발전을 밀접하게 연계하였다.

모든 국가·민족의 문화정책은 그 국가·민족의 문화적 이익, 염원, 요구, 목적을 반영하고, 그 국가·민족의 이데올로기를 집중적으로 나타내기에 현대문화의 가치 취향을 우선 고려해야 한다. 일반적으로 볼 때, 가치 취향은 아래 두 가지 조건을 만족해야 한다.

1) 거시적 관점에서 지역 내 각 국가·민족의 현지 문화교류의 기본원칙을 준수해야 한다.
2) 지역 내 각 국가·민족의 핵심 이익을 고려해야 한다. 위 두 가지 조건을 만족하여야만, 현대 문화 교류가 조화롭게 발전할 수 있다.

그 외, 문화 예술, 신문·출판, 방송·영화, 문화재 등을 포함한 현대문화 자체 생존과 발전의 수요에 따라, 현대문화 지역 교류 또한 자체적 특징과 발전 규율을 준수해야 한다. 이러한 의미에서 볼 때, 현대문화 지역 교류의 형식은 유연·다양해야 하며, 각기 다른 상황에 맞게 적절하게 조정할 필요가 있다. 결론적으로 문화교류의 기본원칙을 준수하며 현대사회 발전에 적합한 내용과 유연·다양한 형식으로 교류를 전개하는 것이 지역 내 국가·민족 간의 연계를 강화하고, 각 국가·민족의 현대문화 발전을 촉진하며, 각 국가·민족의 우호적 교류를 증진하는 데 도움이 된다.

■ 추천 문헌

- 柯平、张旭鹏：《文化研究理论》， 社会科学文献出版社2014年版。
- 林艺、刘涛：《区域文化导论》，清华大学出版社2015年版。
- 汪民安：《文化研究关键词》，江苏人民出版社2020年版。

국제지역학 개론

제7장
국제지역 관계

제1절 국제지역 관계의 구성
제2절 국제지역 관계의 특징
제3절 지역 외부 관계

7장 국제지역 관계

국제지역 관계의 기초는 국가이며, 국가의 행위와 국가 간 관계는 큰 맥락에서 지역 관계의 구조와 특성을 결정한다. 지역 관계는 복잡한 다층위적 구조를 보이는데, △지역 내 국가 간 관계, 지역기구와 지역 내 국가 간 관계도 존재하고, △지역 내 국가와 외부의 관계, 지역과 지역 외 국가의 관계, 지역과 지역 간 관계, 다수 지역 간 관계 등 지역과 외부의 관계도 존재한다.

제1절 국제지역 관계의 구성

1648년 이래로 민족국가는 점진적으로 국제관계에서 가장 중요한 행위 주체가 되었다. 민족국가는 현대 국가 체계의 가장 중요한 기본 구성 주체이며, 민족국가의 주권평등은 현대 국가 관계의 기본원칙이다.

민족국가는 모두 하나의 특정한 지역에 속해 있으며, 지리적으로 인접한 몇몇 국가는 역사, 문화, 경제 등 방면 연계에 기반하여 독특한 지역 관계를 형성한다. 포괄적으로 보면, 지역 관계 구성의 기초는 주로 국가 간 관계, 민족 관계, 역사 관계, 종교 관계, 문화 관계 등을 포함한다.

1. 국가 간 관계

국가는 국제체계에서 행동 능력이 가장 강한 행위 주체이자 국제사회를 구성하는 기본 구성 주체이다. 국가가 여타 사회단체와 구분되는 가장 중요한 특성은 국가가 주권을 영위한다는 것이다. 주권은 한 국가가 자기 관할 지역에 대해 영위하는 배타적 성격의 정치권력으로, 대외적으로는 국제적 자주독립권으로 나타난다. 주권은 모든 국가가 국제법적인 의미에서 평등하다는 것을 의미한다.

국제지역은 국가와 세계의 중간적 층위(層次)에 존재하는데, 국제지역은 국가의 본질적 지위를 기반으로 구축되었다. 지역은 각기 다른 형식으로 존재하는 국가의 조합이며, 국가 간 관계는 지역 관계를 구성하는 가장 중요하고 견고한 기반이다.

지역 관계의 중심은 지역 내 국가 간 관계이다. 지역 내 국가 간 관계의 구조, 제도화 수준, 국가 간 이익 관계의 안정성 등 요인은 이를 기반으로 구성된 지역, 소지역의 국제사회에서의 행위 능력에 영향을 미친다. 지역 내 국가 간 관계가 지속 발전하고 국가 간 협력 수준이 높아지면서 국가 간 응집력이 강화되는 것은 국제관계에서 지역 개념이 더욱 중요해지게 된 기초와 전제가 되었다. 이는 지연적 요인을 기반으로 한 동질성 인식을 강화하였고, 지역 개념에 대해 견고한 물질적·정신적 기반이 되었다.

각기 다른 지역 간 관계는 △각기 다른 국가 간 관계, △각기 다른 지역기구 간 관계 두 층위를 포함한다. 양자는 차이점이 있지만, 긴밀한 관계를 맺고 있다. 종합적으로 지역 간 관계는 각기 다른 지역의 국가 간 관계를 바탕으로 구축된다. 국가 간 관계가 양호하다면 지역기구 간 관계도 양호하며, 그렇지 않다면 반대로 나타난다. 하지만, 지역기구 간 관계는 회원국 간의 관계와는 어느 정도 독립적이며, 자체 발전 변화에서의 논리가 존재한다. 지역기구 간 우호적 관계와 지역 차원의 협력 강화는 회원국 간 관계 발전을 촉진할 수도 있다.

2. 민족 관계

민족은 역사 발전단계를 거치면서 형성된 안정적인 공동체이다. 일반적으로 민족은 역사적 근원, 생산방식, 문화, 풍속·관습, 심리적 동질성 등에서 공통된 특징을 가지며, 매우 강한 지역 분포적 특징을 가진다. 민족은 하나의 공동체로써 객관성과 주관성을 동시에 가지는데, △객관성은 지역, 언어, 종교, 공통된 역사 근원 등 방면에서 나타나며, △주관성은 사람들의 민족성에 대한 인식과 정서에서 나타난다. 민족 내부에는 계급, 신분격차, 각종 이익 세력과 언어, 종교 등 방면에서의 차이가 존재하며, 이러한 요인들은 민족 내재적 의미의 다양성을 구성하는 민족 문화 존재와 발전의 원동력이다.

각 민족의 역사 발전 과정에서 현대국가는 점차 국제체계 중 가장 강력한 행위 주체로 발전하였다. 이 과정에서 국가와 민족은 상호 교차·중첩, 상호 영향을 미치게 되었다. 현대 민족국가는 17세기 유럽 지역에서 발원하였지만, 현대 유럽 지역의 국가 경계와 민족 경계가 완전히 일치하지는 않는다. 민족국가는 민족이 그 안에 '거주'하는 주요한 정치공동체이다. 국제사회에서 △한 국가 내에 다수의 민족이 존재하거나, △하나의 민족이 다수 국가 내에 존재하는 현상이 광범위하게 나타난다. 예를 들어, 중국계, 힌두스탄계, 러시아계, 독일계, 멕시코계, 말레이시아계, 폴리네시아계 등 민족들은 각기 다른 국가에 분산되어 분포하지만, 여전히 응집력을 갖춘 민족으로 여겨진다.

민족주의는 특수하고 강력한 이데올로기로 국내 정치나 국제관계에서 매우 강력한 생명력을 가지고 있고, 국제지역 관계에 영향을 주면서 국가 간 관계를 더욱 복잡하게 만든다. 또한, 한 민족이 다수 국가에 분포하는 상황은 보편적이기 때문에 민족 연계는 국가 간, 국제지역 내 인적교류의 중요한 수단이 되기도 한다.

민족은 민족국가에 대한 정치적 동질성 강화는 물론, 지역에 대한 동질성에도 특수한 영향을 미친다. 모든 사람들은 다양한 차원에서 동질성을 가지고 있는데, 국가 동질성, 지역 동질성은 사람들의 동질성이 구현되는 중요한 영역이며, 이 중에서 지역 동질성의 형성, 사회화, 내면화는 지역주의의 발전을 촉진한다.

3. 역사 관계

역사는 인류사회의 발전 과정을 다룬다. 역사의 발전·변화는 후대 사람들의 사고방식, 선호 가치, 행위 결정에 영향을 주고 큰 틀을 잡아준다. 공통된 역사 경험은 사람과 사람 사이에 상통하는 문화 체험, 유사한 정서, 사물에 대한 유사한 이해·인식을 형성한다.

지역 내 국가 간에는 특수한 '공유하는 역사'가 존재한다. 이는 지역 민족국가 간 역사적 잠재의식을 연계하는 유대이자, 역사분쟁을 초래하는 중요한 원인이기도 하다. 역사는 과거 사실의 객관적 존재이며, 각국은 모두 자국 관점에서 역사를 기록하는데, 이는 지역 역사의 중요한 구성 부분이 되기도 하다.

제2차 세계대전이 종식된 이후, 아프리카, 동남아시아, 태평양 제도 등 지역 각국이 식민주의에 반대했던 역사 발전 과정은 이들 국가 간 상호 교류에서의 유대를 강화하였으며, 아프리카연합(AU, African Union), 아세안(ASEAN, Association of Southeast Asian Nations), 태평양제도포럼(PIF, Pacific Islands Forum) 등 지역기구 설립에 중요한 추진 동력을 제공하였고, 지역기구들의 초기 운영 과정에서 중요한 작용을 하였는데, 이에 회원국들은 '구동존이(求同存異)'하면서 지역기구를 활용하여 공동의 수요와 이익을 만족시킬 수 있었다.

【보충 자료】

지역 협력에서의 '아세안 웨이(ASEAN Way)'는 아래 4가지 기본원칙을 포함한다.

(1) 내정 불간섭 원칙. 아세안은 모든 회원국의 독립을 존중하여 회원국의 내부 사무에 간섭하지 않는다.
(2) 조용한 외교 원칙(The Principle of Quiet Diplomacy). 만약 회원국 간 충돌 발생 시, 온화한 외교가 우선적 선택 방안이다. 긴장 관계 심화를 방지하기 위한 회원국의 '체감도'는 중요한 정책 고려 사항이다.
(3) 무력 불사용 원칙. 아세안 회원국 간 갈등 해결에 무력을 사용하지 않는다.
(4) 공통된 인식을 통한 의사결정 원칙. 모든 사안은 협상 일치의 기반 위에 토론을 진행함으로써 가장 적합한 해결 방안을 모색한다.

위 기본원칙의 수립은 아세안이 여타 지역기구와는 다른 행위 방식을 형성하게 하였으며, 아세안은 이를 통해 성공적으로 회원국 간 평화를 유지하였고, 국제사회에서 아세안의 영향력을 확대하였다.

지역 내 국가의 과거 성공적인 협력 사례는 해당 지역 내 국가들이 국제사회에서 더욱 큰 역할을 할 수 있다는 확신과 해당 지역이 자신들의 협력 모델이

성공할 수 있다는 확신을 심어주면서 이를 국제사회에 적극 홍보하게 하였다. 예를 들어, 동남아시아 지역 각국은 동아시아 지역 협력을 추진하는 과정에서 큰 성공을 거두었는데, 이는 각국의 아세안 발전에 대한 자신감을 크게 심어주었으며, 동남아시아 지역 각국이 모두 인정하는 '아세안 웨이(ASEAN Way)'를 조금씩 형성하였다.

4. 종교 관계

종교는 일종의 특수한 사회적 이데올로기이다. 종교·신앙은 종교·신앙 내 어떤 체계에 대한 사람들의 공통된 인식과 경외심으로, 오늘날 세계적인 주요 종교는 천주교, 기독교, 이슬람교, 힌두교, 불교, 도교 등이 있다. 종교·신앙과 그 전파는 뚜렷한 지역적 특징을 보인다. 글로벌화 발전 과정에서 종교 전파의 지역적 제약이 감소하긴 했지만, 동질성과 관계성의 지역적 특징은 여전히 뚜렷하다.

종교와 정치의 관계는 매우 복잡하다. 종교·신앙은 법률과 사회규범에 영향을 미칠 수 있고, 심지어 특정 국가의 정권 형태에도 영향을 미치는데, 정교 합일(政敎合一)의 정치제도를 채택한 일부 국가가 이러한 사례이다. 대다수 종교는 특정 지역 범위에 기반하여 집단적 공동 신앙으로써의 내재적 방식으로 여러 국가의 사회생활에 스며들어 국가 정치에 중대한 영향을 미친다. 또한, 종교는 초지역적으로 전파되어 다수 지역이 연계되기도 한다.

종교의 세계적인 분포 형세는 지역 간 협력 방식에 영향을 미칠 수 있다. 예를 들어, 유럽 지역 국가는 기독교, 천주교를 주로 믿고, 중동 지역 국가는 이슬람교를 주로 믿으며, 동남아시아 지역에서는 이슬람교, 불교, 천주교, 힌두교가 모두 영향을 미친다. 만약 두 지역이 유사한 종교·신앙을 가진다면, 이는 두 지역이 지역 협력을 전개할 수 있는 중요한 정신적 유대를 조성하여, 해당 지역 간의 협력이 더욱 견고한 정신적 유대에 기반하여 구축되도록 한다. 예를 들어, 중동 지역 각국에서는 각기 다른 종교 분파 간 대립과 전쟁이 끊이지 않고 있다. 결론적으로 볼 때, 지역 협력은 주로 지역 내 국가 간 공동 이익을 기반으로 구축되며, 각기 다른 문화와 문명, 종교 간의 상호 교류, 상호 표방에 도움을 주기도 한다.

5. 문화 관계

　문화는 사회 구성원이 공동으로 가지는 사회생활의 다양한 영역에 관한 기본적인 인식이며, 이는 사회생활의 구체적 내용과 기본적 행위규범을 포함한다. 문화는 공유성을 특징으로 하며, 공유되는 모든 개념, 가치관, 행위 준칙을 포함한다. 문화는 정태적 존재가 아니며 끊임없이 동태적으로 변화한다. 또한, 계승성과 확산성을 가지는데, 문화는 이러한 계승성을 통해 유지·발전하고, 확산성을 통해 전파·이전하기도 한다. 또한, 문화는 매우 강한 국가, 민족, 종교 등 요인에서의 특징을 가지며, 뚜렷한 지역성도 가진다.

　글로벌화 발전으로 인해, 각기 다른 문화 배경을 가진 사람들 간의 교류 왕래가 매우 빈번해졌는데, 사람들 간의 교류는 물질적 의미뿐 아니라 문화적 의미도 내포한다. 이러한 교류 과정에서 인류 문화는 서로 유사한 문화 간 융합이 나타나기도 하고, 서로 다른 문화 간 대립이 발생하기도 한다. 또한, 일부 지역 문화는 지역적 특색과 타문화와의 차이를 더욱 강조하기도 한다. 문화의 차이는 다양한 동질성을 형성하는 데 기여하고, 급변하는 현대 사회에서 사람들에게 일종의 정신적 귀속과 위안을 느끼게 한다.

　문화의 국제적인 전파는 장기간 누적·계승 발전 과정으로 지역 특색을 가진 문화권을 형성할 수 있는데, 서유럽 문화권, 동유럽 문화권, 이슬람 문화권, 동아시아 문화권, 인도 문화권, 태평양 문화권 등이 바로 그 사례이다. 문화권의 존재는 지역 내 지역기구의 형성과 지역 협력 발전에 도움을 줄 수 있다.[1]

---

[1] 미국학자 새뮤얼 헌팅턴(Samuel Phillips Huntington)은 1990년대 문명충돌론을 제시하였다. 헌팅턴은 글로벌 정치의 가장 위험한 문제를 각기 다른 문명 그룹 간의 충돌이라고 보았다. 헌팅턴은 당대 문명을 중화 문명, 일본 문명, 이슬람 문명, 서방 문명, 라틴아메리카 문명, 아프리카 문명 등 몇 가지 유형으로 분류하였는데, 헌팅턴의 이러한 문명에 대한 분류는 학계에서 큰 논쟁을 불러왔다. 이 문제를 둘러싼 논쟁은 문화가 국제지역의 경계, 지역 내 교류, 지역 간 교류에 영향을 미치는 중요한 요인이라는 것을 객관적으로 보여준 사례다.
　참조 : [美] 萨缪尔·亨廷顿：《文明的冲突与世界秩序的重建》, 周琪等译, 新华出版社2002年版, 第29-32页。

제2절 국제지역 관계의 특징

지역 관계는 주로 △지역 내 국가 간 관계, △지역 전체가 구축한 관계로 나타난다. 지역 내 국가 간 관계는 주로 한 국가와 타국 간 관계이고, 각국이 주도하여 구축하는 관계이며 자국 이익 최대화를 지향한다. 지역 전체가 구축한 관계는 주로 각국이 협력을 통해 구축한 지역 조직 관계인데, 각국은 지역 메커니즘에 속하여 공동 이익 실현을 목표로 한다.

이상적인 국가 간 관계는 평화공존이지만, 현실에서 국가 간 관계는 매우 불안정하다. 복잡 다양한 원인으로 국가 간에는 수많은 갈등·분쟁이 나타나는데, 특히, 강대국의 확장과 침탈은 전쟁을 초래하기도 한다. 지역 협력은 지역 내 국가의 새로운 형태의 관계이며, 지역 협력은 국가 간 관계 개선하고 지역의 공동 이익을 창출하게 하므로 평화 발전을 실현하는 데 도움이 된다.

역사적으로 볼 때, 지역 관계는 동맹, 쟁탈, 대립의 뚜렷한 특징을 보이는데, 전쟁을 초래하고, 심지어 세계대전을 일으키기도 한다. 지역 협력의 초기 원동력은 지역의 평화, 안정, 발전을 추구하는 데서 기인하였는데, △지역 내 경제무역 관계 강화를 통해 경제 이익을 창출하였고, △지역 내 갈등·충돌 조율을 통해 지역 안보를 증진하였으며, △협력을 통해 초국가적 범죄 소탕, 자연재해 대응 등 지역 안보 환경을 개선하였으며, △연합을 통해 국제사회에서 지역과 지역 국가의 협상력 및 발언권을 확대하기도 하였다. 이렇듯, 지역 협력은 오늘날 세계 발전의 중요한 흐름이 되었다.

유럽은 일찍이 전쟁이 끊이지 않던 지역으로 두 차례 세계대전이 발발한 적이 있었지만, 제2차 세계대전이 종식된 이후 지역 협력을 통해 장기적인 평화와 발전을 실현하고 있다. 동남아시아 지역 각국은 아세안(ASEAN)을 설립하여 상호 간의 정책 협조를 강화하고 국제사회에서 단결된 목소리를 내려 노력하고 있다. 동아시아 지역 협력에서 아세안은 어떤 국가도 대체할 수 없는 역할을 하여, 다수 '아세안+' 등 다양한 모델의 지역 대화 협력 메커니즘도 구축하였다.

1. 차이성과 이익 갈등

지역 내 국가 간에서 존재하는 큰 차이성과 복잡한 이익 관계는 지역 내 관계를 매우 복잡하게 만들고, 다양한 지역 관계가 각기 다른 성질과 특징을 가지게 만든다.

세계를 유럽, 아프리카, 아시아, 아메리카, 오세아니아 5개 대륙으로 구분할 수 있다. 대지역 층위에서 국가 간 차이는 매우 뚜렷한데, 예를 들어, 아시아는 46개 국가·지역을 포함한다.[1] 각국은 정치제도, 경제발전 수준, 사회구조, 민족·종교 등 방면에서 큰 차이를 보이는데, △사회주의 국가와 자본주의 국가, △선진국과 후진국, △인구 십여 억의 대국과 인구 수십만의 소국, △이슬람교, 불교, 힌두교, 유교 사상이 혼재하며, 각기 다른 국가에 복잡한 영향을 미친다. 아시아 지역은 동남아시아, 동북아시아, 남아시아, 중앙아시아, 서아시아 등 많은 소지역으로 분류되며, 소지역 내와 소지역 간에는 뚜렷한 국가별 차이와 이익상의 불일치도 나타난다.

차이성은 국가 간 관계와 지역 내 관계의 발전에 중요한 영향을 미치면서 관계를 더욱 복잡하게 만들고 이익상의 갈등을 심화시키는데, 때로는 갈등·충돌을 야기하는 치명적 원인이 되기도 한다. 현실에서 대부분 갈등·충돌은 지역 내 국가 간 발생하며, 일부 지역은 오늘날까지도 충돌과 전쟁이 끊이지 않고 있다. 그렇다면 다양한 요인에서 비롯되는 갈등·충돌을 어떻게 해결할 것인가? 전쟁은 갈등·충돌에 대한 최종적 해결 방식이 아니며 후환을 남길 수 있으므로, 당사국 간 대화·협상을 통해 화해 협정 체결, 분쟁 보류를 추진하는 것이 가능한 방안일 것이다. 당사국 간 화해나 공감대를 달성하기 어려운 상황에서는 지역기구의 개입 등 제3자가 개입하기도 하며, 심각한 상황에서는 유엔 평화유지군이 개입하여 갈등·충돌 확대를 방지하고 해결 방법을 모색하는 데 필요한 조건을 마련하기도 한다.

지역 관계의 관점에서 지역기구는 차이성과 이익 문제로 발생하는 갈등·충돌을 해결하는 데 있어서 긍정적인 작용을 한다. 전반적으로 볼 때, 지역 협력은

---

[1] 사이프러스(Cyprus)는 지리적으로 아시아 지역에 속하지만, 역사·문화·정치적으로는 오히려 유럽 지역의 일부로 2004년 유럽연합에 가입하였다. 튀르키예는 유럽과 아시아 두 대륙을 관통하는 국가로 대부분 국토가 아시아에 속해 있지만, 문화적 자아 동질성은 유럽에 속한다. 본문에서는 이 두 국가를 유럽 지역에 포함한다.

지역 내 개방을 도모할 수 있고, 경제, 인원, 문화의 교류를 촉진하며, 상호 간 이해 증진, 상호 표방을 확대하여 운명공동체 의식을 점차 강화한다. 지역 협력이 창조한 공동 이익은 모두가 함께 유지해야 할 공공자산이 되었는데, 이를 위한 지역기구의 개입, 간여, 거버넌스는 일정한 초국가적 성질을 가지고 있어 각 회원국의 존중·인정을 받고 있다. 따라서, 협력 기구가 구축된 지역은 대체로 안정적인 지역 관계를 보인다.

2. 국제지역 관계의 구조

지역 협력의 조직 형태, 메커니즘화 수준, 협력 깊이와 주요 영역은 해당 지역의 국가 관계, 특히 지역에서 가장 영향력을 가지는 국가 간 관계의 중요한 영향을 받는다.

지역 내 국가의 실력이나 영향력 분포는 아래 몇 가지 주된 구조가 있는데, △한 국가가 주도적 위치에 있는 구조, △두 국가가 주도적 위치에 있는 구조, △세 개 이상 국가가 대체로 상당한 실력을 지닌 구조, △주도적 국가가 없거나 각기 다른 국가가 각자 영역에서 각자 우위를 가진 구조가 있다.

미국은 아메리카 지역에서 강력한 실력 우위를 점하고 있어 아메리카 지역 협력에서 장기간 주도적 위치에 있다. 1820년대 미국은 먼로주의(Monroe Doctrine)를 제창하며, 미국이 유럽 열강 내부 문제를 불간섭하고 유럽 열강도 아메리카 지역 문제에 간여하는 것을 불허한다고 강조하였다. 먼로주의를 추진·이행하는 과정에서 유럽 지역 국가의 아메리카 지역에서의 영향력은 크게 줄어들었지만, 미국의 아메리카 대륙 문제에서의 주도적 위치는 더욱 공고해졌다.

아메리카국가기구의 설립 과정에서 미국의 주도적 역할이 특히 돋보이면서 아메리카국가기구(OAS, Organization of American States)의 많은 방안은 미국의 정책을 반영하였다.[1] 다만 제2차 세계대전이 종식된 후 민족해방운동이 전

---

1) 예를 들어, 1962년 1월 제8차 아메리카 국가 외무장관 협상 회의에서 '마르크스·레닌주의를 신봉하는 회원국은 범아메리카 체계와 함께할 수 없다'라는 이유로 2/3 다수(쿠바 반대, 멕시코, 브라질, 아르헨티나, 칠레, 에콰도르, 볼리비아 기권)로 쿠바 정부를 아메리카국가기구에서 퇴출하고 쿠바와 무기, 군사 장비 무역 일절을 중단하는 내용의 결의를 통과시켰다. 1965년 제10차 아메리카 국가 외무장관 협상 회의에서는 '범아메리카 평화유지군'을 도미니카로 파병하는 결정을 함으로써 도미니카에 대한 미국의 간섭을 합법화하였다.

례 없이 확산하는 상황에서 라틴아메리카 지역 국가가 적극적으로 자국 주권과 독립을 확립하면서 아메리카국가기구에 대한 미국의 통제력이 약해지고 있는 추세이다.

【보충 자료】

　1890년 4월 14일 미국과 라틴아메리카 17개국은 미국 워싱턴 D.C.에서 범아메리카 제1차 회의를 개최하여 아메리카공화국국제연맹(International Union of American Republics)과 그 상설기구 아메리카공화국 통상사무국(Commercial Bureau of the American Republics) 설립을 결정하였는데, 이는 아메리카국가기구의 전신이다. 이후 아메리카 대륙 국가는 약 5년마다 한 차례의 회의를 개최하고, 아메리카 대륙 국가 간 체계를 구축하였다. 1910년 아르헨티나 부에노스아이레스에서 개최한 범아메리카 제4차 회의에서 '범아메리카연맹(Pan-American Union)'으로 개칭하였다. 이후 1923년 칠레 산티아고에서 개최한 범아메리카 제5차 회의에서 <범아메리카 조약>(Pan-American Treaty)을 체결하였다. 1938년 범아메리카 제8차 회의가 페루 리마에서 개최되었고, 아메리카 각국 안보가 위협을 받을 시 각국 외무장관이 대책 회의를 개최하기로 약속하면서 범아메리카 외무장관 회의 메커니즘이 구축되었다. 1948년 콜롬비아 보고타에서 개최된 범아메리카 제9차 회의에서 <아메리카국가기구 헌장>(Charter of the Organization of American States)을 통과시켰고, '아메리카국가기구(OAS, Organization of American States)'로 개칭하였다.

　아메리카국가기구의 설립 취지는 △아메리카 대륙의 평화와 안전 강화, △회원국 간 평화적 분쟁 해결 보장, △회원국 피침략시 지원 행동 추진, △회원국 간 정치, 경제, 법률문제 해결 모색을 통해 각국 간 경제, 사회, 문화 협력을 촉진하고 아메리카 국가의 통합 절차를 가속 추진하는 것이다.

　프랑스와 독일은 유럽 대륙에서 강한 실력을 지닌 두 국가인데, 프랑스와 독일의 화해와 협력은 서유럽 연합의 기초가 되었다. 유럽연합(EU, European Union)과 그 전신의 형성·발전·변화 과정에서 프랑스와 독일의 협력은 줄곧 핵심적인 요인이었다. 프랑스와 독일의 관계에서 독일은 서유럽에서 가장 강력한 경제 주체로 핵심적인 지연 전략 위치를 점하고 있다. 프랑스는 서유럽의 정치 대국이며, 유엔 안전보장이사회(UNSC, United Nations Security Council) 상임이사국이자 핵을 보유한 군사 강국이기도 하다. 제2차 세계대전이 종식된 이후 오랜 기간 프랑스와 독일의 실력 구조는 매우 강한 상호보완성을 보였으며, 두 국가의 협력은 유럽 지역 각국의 협력에서 중요한 선도적 역할과 추진 역할을 하였다.

프랑스와 독일의 협력이 장기간 안정적으로 높은 수준을 유지하면서 서유럽 협력은 냉전 시기와 냉전 이후 국제환경의 복잡한 변화를 겪었음에도 여전히 심화 발전하고 있으며, 동유럽의 급변, 소련 해체, 독일 통일 등 지정학적 충격의 영향도 받지 않았다. 그러나, 유럽연합(EU)의 지속적인 확대와 회원국 수의 대폭적인 증가(영국 탈퇴 후에도 27개 회원국)에 따라 프랑스와 독일의 주도적인 위치가 일정 부분 희석되면서 두 국가가 유럽연합의 발전 방향을 선도하던 역할은 다소 약화하였다.

일부 지역에서는 실력이 대등한 다수 국가가 공존하여, 한 국가 혹은 두 국가가 주도하는 구도를 형성하기는 어려운데, 장점은 각국이 충분히 자국의 주장과 관심사를 표현할 수 있다는 것이지만, 협력을 추진하는 주도 국가가 부재하다는 것이 각국 간 정책 협조를 어렵게 만들어 해당 비용을 증가시키거나 심지어 각국 간 지역 협력 주도권에 대한 쟁탈을 초래한다. 유럽연합(EU) 내 영국, 프랑스, 독일 간에는 이견이 존재하여 영국은 유럽연합이 추진하는 초국가적 연합에 대해 소극적 태도를 보였고, 이에 따라 영국은 '△상호 간 인원, 재화에 대한 통관 검사 취소, △인원, 재화의 유동 자유화 심화 추진'을 내용으로 한 <셍겐협정>(Schengen Agreement)과 유로화(Euro) 체계에도 가입하지 않았으며, 2016년 국민투표를 통해 유럽연합 탈퇴를 결정하였다.

아세안(ASEAN)은 주로 협상 일치의 방식을 통해 의사결정을 진행하면서 기구 운용은 주로 회원국의 수용과 자각에 의존한다. 아세안의 협력이 모든 회원국의 차이성에 주목하면서, 동남아시아 지역통합 과정은 비교적 더디게 진행되고 일부 내부 문제는 효율적 해결 방안이 부재하다.

반면, 아프리카연합(AU, African Union)은 매우 야심 찬 장기 목표를 가지고 있는데, 화폐통합, 연합 방어 체계 구축, 초국가적 기구 설립을 포함하고 있고,

최종 목표는 '아프리카합중국'을 수립하는 것이다.[1] 하지만, 회원국이 매우 많아 주도 국가의 강력한 추진이 부재하여 협력 과정이 매우 더디게 진행되고 있다. 아프리카대륙자유무역지대(AfCFTA) 협정은 이미 2019년 5월 발효되었으나, 모든 회원국이 참여하는 것은 아니며 추진 과정에서도 여러 문제점이 발생하고 있다.

지속 가능한 발전의 관점에서 볼 때, 지역 회원국이 평등하게 참여할 권리를 보장하고 지역 거버넌스 제도를 구축하는 것은 지역 관계를 더욱 안정적으로 나아가게 하며 지속 가능한 발전을 실현하도록 한다. 강대국의 주도적 역할에 의존하는 지역 관계는 갈등을 초래할 수 있으며, 지역 협력의 심화 발전이 어렵다. 따라서, 지역 내 갈등·충돌을 해결하기 위해서는 지역기구의 역할이 강대국 주도의 간섭보다 더 합리적이라고 할 수 있다.

3. 지연적 특징

지연 정치가 연구하는 것은 공간 분포 등 지리적 요인이 정치, 경제, 군사, 외교 전략 등에 미치는 영향이다. 현대 기술 진보가 상품·자본·인원의 초국가적 교류를 편리화하였지만, 지리적 요인은 여전히 국가 행위, 국가 간 관계에 영향을 주는 중요 요인이다. 군사적으로 볼 때, 산맥, 하천, 해양 등 모든 자연 지형적 요소가 역량의 확장에 영향을 준다. 경제적으로 볼 때, 국토 면적, 지리적 거리, 자원 분포, 출해항(出海口) 존재 여부 등 요인이 국가 간 경제 관계에 영향을 준다. 지연 정치 이론에서 한 국가의 역량이 미치는 영향은 목적지와 본국 간 거리의 증가에 따라 감소한다. 특히, 대국 역량의 대외적 투사는 거리 증가에 따라 확연하게 감소하는데, 이는 국제관계에서의 기본적인 사실이다. 또한, 일부 국가는 지리적 교통요충지와 허브 위치에 자리하여 특수한 영향력을 가진다.

---

1) 아프리카연합(AU, African Union)은 55개 회원국이 있으며 정치, 경제, 군사를 통합한 범아프리카 정치 실체이다. 아프리카연합의 전신은 1963년 5월 25일 설립한 아프리카통일기구(OAU, Organization of African Unity)이다. 1999년 아프리카통일기구 제4회 특별 정상회의에서 <시르테 선언>(Sirte Declaration)을 통과하였고 2001년 아프리카연합을 설립할 것을 결정하였다. 2002년 7월 9~10일 아프리카연합 제1회 정상회의를 개최하고 아프리카연합의 설립을 공식 선포하였다.

서방 국가의 관계사를 보면, 대륙 국가와 해양 국가 간 대외정책의 중대한 차이를 발견할 수 있다. 서방 국가가 세계 패권을 쟁탈하는 과정에서 '해양 권력론'과 '대륙 권력론'의 관점이 생겨났고, 해양 패권과 대륙 패권의 행위 모델이 생겨났는데, 이는 모두 지리적 요인이 국가전략을 포함한 국가 행위에 미치는 영향을 반영하고 있다.

【보충 자료】

해양 권력론은 19세기 말에서 20세기 초에 거쳐 창립된 세계 해상 강국의 해양 패권 쟁탈, 해외 세력 범위 확장에 관한 해군 전략 이론이다. 해양 권력론은 해양을 장악하는 자가 세계무역 나아가 세계의 부를 장악한다고 여겨, 해양은 해상 강국이 경쟁하고 충돌하는 주요 영역이 되었다. 해상 강국은 강력한 해군을 양성하여 해상 활동의 자유를 획득해야 했다.

대륙 권력론은 제1차 세계대전 직전 영국 정치지리학자 해퍼드 매킨더(Halford John Mackinder)가 제시한 이론이다. 그는 최초로 대륙 권력과 해양 권력을 구분하였고, 육상 교통수단의 발전으로 유라시아 대륙의 '심장지대(Heart-land)'가 가장 중요한 전략 지역이 될 것이라고 예상했다. 이러한 판단은 세계정치에 심오한 영향을 미쳤으며, 히틀러(Adolf Hitler) 독일의 지연 전략에도 직접적인 영향을 미쳤다. 해양 권력론과 대륙 권력론은 모두 대국이 세계 패권을 쟁탈하는 관점에서부터 제시되었고, 모두 그 내재적인 결함이 존재한다.

아세안(ASEAN)은 해양 국가와 대륙 국가로 구성되어 있다. 인도네시아, 필리핀, 말레이시아, 동티모르, 싱가포르는 해양 국가에 속하고, 베트남, 미얀마, 태국, 캄보디아, 라오스는 인도차이나반도에 위치하며, 라오스를 제외한 나머지 국가들은 연해 국가로 해륙국가의 특징을 가진다. 오랜 발전 과정에서 각기 다른 지리적 위치는 각국의 풍토, 문화, 경제 이익, 안보 이익, 심지어 대외정책에도 영향을 미친다. 지역 외 관계에서 볼 때, 동남아시아 지역 국가는 유라시아 대륙 동남 방향의 경계 지대에 위치하여, 중국, 일본, 한국, 러시아 등 국가와의 복잡한 관계에는 휘말리지 않았다. 따라서, 상대적으로 초탈한 입장에서 동북아시아 지역 주요 국가와 협력을 진행하면서 동아시아 지역 협력에서의 중심 위치를 확보하였다. 또한, 아세안은 태평양과 인도양의 교차 지대에 위치하고 말라카해협이라는 전략적 요충지를 장악함으로써 아세안은 동아시아 지역 외 미국, 오스트레일리아, 인도 등에서도 매우 중요하고 대체 불가의 전략적 가치를 가지게 되었는데, 아세안은 이러한 연계를 통해 협력 범위를 광범위한 지리적 공간으로 확대하고 있다.

【보충 자료】

아세안(ASEAN)은 다양한 형식의 지역 협력 메커니즘을 앞장서서 구축하였다. '아세안+'의 기본 틀을 바탕으로, 중국, 일본, 한국, 인도, 오스트레일리아, 뉴질랜드와 각기 '아세안+1' 대화 협력 메커니즘과 자유무역지대를 구축하였다. 또한, 중국, 일본, 한국과 '아세안+3' 대화 협력 메커니즘을 구축하면서 통화금융 협력 메커니즘 '치앙마이 이니셔티브(CMI, Chiang Mai Initiative)'를 확립하였고, 아세안+3 거시경제조사기구(AMRO, ASEAN+3 Macroeconomic Research Office)를 설립하였으며, 중국, 일본, 한국, 오스트레일리아, 뉴질랜드, 인도, 미국, 러시아와 '동아시아정상회의(EAS, East Asia Summit)'를 출범시켰다. 그외에도 아세안에 앞장서서 출범시킨 아세안지역안보포럼(ARF, ASEAN Regional Forum), 아시아유럽정상회의(ASEM, Asia-Europe Meeting), 그리고 라틴아메리카, 아프리카와도 다양한 대화 협력 메커니즘을 구축하고 있다.

군소도서국가연합(AOSIS, Alliance of Small Island States)은 지리적 특징이 매우 뚜렷한 초지역적 정부 간 기구이다. 2020년 말 기준, 유엔 경제사회이사회(ECOSOC, United Nations Economic and Social Council)는 52개 군소도서 개발도상국 명단을 제시하였는데, 이들 국가는 카리브해, 태평양, AIMS(아프리카·인도양·지중해·남중국해) 3개 지역에 분포되어 있다. 위의 각 지역에는 지역성 협력 기구인 카리브공동체(CARICOM, Caribbean Community), 태평양도서국포럼(PIF, Pacific Islands Forum), 인도양위원회(IOC, Indian Ocean Commission)

가 각기 존재하며, 수많은 군소 도서 개발도상국은 이러한 협력 기구의 회원국이다. 그 외, 대다수 군소 도서 개발도상국은 군소도서국가연합의 회원국이다.1)

군소도서국가연합(AOSIS)은 관련 국가가 많고 회원국의 지리적 분포가 광범위한데, 본질적으로 매우 느슨한 국제기구로써 회원국 간 응집력·집행력도 강하지 않아 글로벌 정치 경제에 미치는 영향력이 미미하지만, 글로벌 기후 변화 문제 등 일부 영역에서 각국의 입장이 일치해 국제무대에서 지구온난화를 해결하기 위한 신속한 조치를 호소하고 있다. 군소도서국가연합은 유엔 기후변화협약 일련의 중요 회담과 유엔 지속가능발전목표 정상회의 등 고위급 국제회의에서 자체적인 노력과 명확한 입장, 적합한 담판 전략을 보여주면서 국제사회의 이목을 집중시키고 있으며 국제회의 결과 문건에서 많은 권익을 쟁취하였다.

남아시아는 1985년 12월 7일 남아시아지역협력연합(SAARC, South Asian Association for Regional Cooperation)을 설립하였고, 방글라데시, 부탄, 인도, 몰디브, 네팔, 파키스탄, 스리랑카, 아프가니스탄 8개 회원국이 있다. 남아시아지역협력연합은 인도양에 위치하며, 회원국 중에는 해양 국가, 내륙 국가가 모두 존재하는데, 지연, 정치, 역사 등 원인으로 인해 내부 갈등이 많고 복잡하다. 남아시아지역협력연합은 지역 협력에서 <남아시아지역협력연합 무역특혜협정>(SAARC Preferential Trading Arrangement)을 실시하고 남아시아 자유무역지대를 구축하는 등 성과를 냈지만, 여러 요인으로 인해 지역 경제 통합 발전의 목표를 실현하는데 어려움을 겪고 있다. 남아시아지역협력연합의 응집력과 거버넌스 능력에는 많은 제약이 존재하여, 지역 외 국가와의 관계를 발전시키는 데 있어서 아세안처럼 자신을 중심으로 다층위적 관계 메커니즘을 구축하고 선도적 역할을 발휘하기는 어렵다.

인도는 남아시아 지역 내 가장 큰 대국으로 영토, 인구, 자원, 군사력 등 방면에서 절대적 우위에 있고, 지리적으로도 지역 전체의 중심에 위치하여 아세안,

---

1) 군소도서국가연합(AOSIS)은 1991년 설립되었고, 그 정위(定位)는 유엔 프레임 하에서 군소 도서 개발도상국의 목소리를 대변하는 그룹으로 지구온난화, 해수면 상승 등의 주요 문제에 관심을 갖고 있다. 군소도서국가연합의 설립은 군소도서국가의 국제정치 위상을 제고하였는데 회원국 중 37개국이 유엔 회원국으로 유엔 회원국 총수의 약 20%를 차지하기 때문이다. 이들 국가의 지리 면적 총합은 대략 77만 ㎢이고 인구 총합은 4000만 명이다. 그중 쿠바 인구가 가장 많고 파푸아뉴기니의 면적이 가장 넓다. 군소도서국가연합은 전체면적이 크지 않고 인구 총합도 많지 않지만, 그 영해와 경제수역의 면적 총합이 무려 지구 표면의 1/5에 달한다.

동아시아 국가와 연계하는 '동진(東進) 전략'과 아랍, 아프리카 국가와 연계하는 '서진(西進) 전략'을 제정·추진하고 있다. 하지만 지역 내 갈등에서 기인하는 제약으로 특히, 인도-파키스탄 충돌은 해결에 난항을 겪고 있어 인도가 지역기구에서 선도적인 역할을 발휘하는 데 어려움이 있다.

인도양과 인도의 지연적 중요성으로 인해 지역 외 국가 특히 미국, 일본 등 강대국은 적극적으로 인도양 지역에 개입하고 있다. 미국은 '인도-태평양 전략(Indo-Pacific Strategy)'을 제시하고 미국, 일본, 오스트레일리아, 인도 4국 안보 메커니즘을 추진하고 있는데, 그 취지는 미국이 주도하는 지역 전략 협력 메커니즘을 구축하는 데 있다. 남아시아 지역의 자주성 결핍으로 인해, 지역 외 대국의 개입과 전략 방향 설정은 지역 내 관계와 지역 외 관계를 포함한 남아시아 지역의 관계를 더욱 복잡하게 만들고 있다.

4. 이익 구도와 지역 관계

국가는 지역 협력의 기본 구성 주체이며 국가이익을 수호하는 것은 각국 대외정책의 기본적인 출발점이다. 주권 국가의 국가이익은 국가 생존 보장, 영토 보전 수호, 국민 경제발전과 복지 증진, 정권 체계의 자주성 확보 등 내용을 포함한다. 국가이익은 중요성에 따라 핵심 이익, 중요이익, 일반이익으로 구분할 수 있다. 지역 내 각기 다른 주권 국가 간 이익 관계의 조합은 지역의 이익 관계 구도를 형성하며, 이는 지역 관계에 중대한 영향을 미친다.

지역 이익 구도에서는 지역 국가이익이 얼마나 일치하는지가 가장 중요하다. 국가이익 일치성 수준이 높다면 국가 간 갈등을 완화하는데 도움이 되고 지역 협력의 응집력을 증대할 수 있지만, 반대로 국가이익 일치성 수준이 낮다면 지역 협력을 추진하기 어렵고 기형성된 지역기구의 응집력·집행력 약화를 초래한다. 이익 갈등이 더욱 심화한다면, 기형성된 지역기구가 퇴화하는 등 지역 협력의 퇴보를 초래한다.

지역 내 국가 간 국가 규모, 정치제도, 경제 발전 수준, 민족, 종교, 사회 문화 등 방면에서 현저한 차이가 존재한다면 국가 간 이익의 분화를 초래하기 쉽다. 국가 간 이질성은 해당 국가 간 상호 신뢰, 소통의 원활성에 영향을 미쳐

오해를 낳고 정책 조율의 난도를 증가시킨다. 지역 내 국가 간 강한 동질성은 상대적으로 일치한 이익 구조를 형성하고 정책 소통과 협조를 촉진하며 상호 신뢰 수준을 향상하는 데 유리하며 지역 협력의 꾸준한 성장에도 도움이 된다.

유럽연합(EU)은 세계에서 통합 발전 수준이 가장 높은 지역인데, 유럽연합이 이와 같은 성과를 낼 수 있었던 이유는 유럽 지역 국가들의 강한 동질성에 기반하여 설립되었기 때문이다. 유럽연합 회원국 수가 비교적 많아 영국 탈퇴 이후에도 여전히 27개 회원국이 존재하며 국가 간 국토 면적, 인구, 경제력 등 방면에서의 차이가 존재하나, 많은 영역에서 유럽연합 회원국들의 강한 동질성을 유지하면서 지역 협력에 관한 제도 정비와 규정 기준에서도 회원국의 동질성을 보장하고 있다.

유럽이사회(European Council)는 1993년 6월 덴마크 코펜하겐에서 한 국가의 유럽연합 가입 자격을 평가하는 기준인 '코펜하겐 기준(Copenhagen criteria)'을 제정하였는데, 해당 기준은 △정치 방면에서 회원 후보국의 안정적인 민주제도, 인권 존중, 법치실시, 소수민족 보호, △경제 방면에서 회원 후보국의 올바른 시장경제 운영, △법률 방면에서 회원 후보국의 유럽연합 법률 내 공법, 규칙, 정책 수용을 요구하고 있다.

한 국가가 유럽연합(EU)에 가입하는 데는 비교적 긴 협상 과정을 거친다. 튀르키예의 사례를 예로 들면, 일찍이 1963년 튀르키예는 유럽공동체(EC, European Community) 가입 의사를 전달하여 그해 유럽공동체의 연락국이 되었다. 1987년 튀르키예는 유럽공동체 가입을 신청하였고, 1995년 유럽 관세동맹에 가입하였으며, 1999년에는 유럽연합 회원 후보국이 되었다. 2005년부터 유럽연합 가입에 관련된 협상을 시작하였으나, 현재까지도 여전히 튀르키예가 유럽연합에 가입 가능한 시기를 알 수 없다. 튀르키예는 유럽, 아시아 두 대륙을 관통하므로 지리적 위치와 지연 전략적 의의가 매우 중요하다. 튀르키예의 가입은 유럽연합이 유럽, 아시아 사이의 핵심 요충지를 장악하게 하여 경제, 군사 방면에서 유럽연합이 매우 중요한 의미를 갖도록 한다. 하지만, 튀르키예와 유럽은 각기 다른 문화를 가진다. 튀르키예 사람들 대부분은 이슬람교를 신봉하는 반면, 유럽연합 회원국 사람들은 기독교가 주를 이룬다. 튀르키예는 지역 강대국으로서 유럽연합 가입 이후 다양한 방면에서 정책 독립성을 유지하려 하는데, 이러한 요인은 튀르키예가 유럽연합에 가입하는데 어려움을 더하고 있다.

스위스, 노르웨이, 아이슬란드는 정치, 종교, 문화 등 방면에서 유럽연합(EU)과 하나로 융화되어 있으나, 각기 다른 이익 요인으로 인해 유럽연합에 가입하지 않고 있다. 중립국 스위스가 유럽연합에 가입하지 않는 주된 원인은 유럽연합 가입 후 중립성과 독립성을 상실할 것이라는 우려 탓이다. 노르웨이는 일부 주권을 국제기구에 이양하길 바라지 않고, 자국 해역 내에서 어업권에 대한 통제를 지속하길 바란다. 아이슬란드의 상황은 더욱 복잡한 편이다. 아이슬란드는 자국 해역 내 어업권에 대한 통제를 지속하길 바라기에 유럽연합 가입에 줄곧 소극적이었지만, 2008년 말 아이슬란드에서 금융위기가 폭발하면서 유럽연합 가입에 대한 아이슬란드 정부의 관심이 크게 높아졌고, 이후 아이슬란드는 유럽연합 가입 신청서를 제출하면서 가입 협상 과정이 순조롭게 진행되었다. 하지만 시간이 지나면서 유럽연합 가입에 대한 아이슬란드의 관심이 크게 떨어지면서 결국 유럽연합 가입 신청을 철회하였다. 이와 같은 사례들은 이익 요인이 지역 협력에 미치는 직접적인 영향을 보여준다.

이와 대조적으로 아세안(ASEAN), 아프리카연합(AU, African Union), 아시아태평양경제협력체(APEC)는 회원 가입 신청을 받는 과정에서 회원국 가입 기준이 비교적 간단하며, 주로 지리적 요인에 기반하여 고려한다. 하지만 이는 지역기구 내부 회원국 간의 이익 격차가 큰 상황을 초래하여, 지역 협력의 심화 발전에 일정 부분 영향을 미친다.

한 지역 내에서 심각한 이익상의 갈등이 존재한다면, 이는 지역 협력 추진에 더욱 불리한 영향을 가져올 수 있다. 예를 들어, 동아시아 지역에서 중국, 일본, 한국은 정상회의를 포함한 지역 협력 메커니즘을 구축하였지만, 중국과 일본 간, 한국과 일본 간 역사 인식에서의 갈등이 존재하여 오랜 기간 실질적인 협력을 추진하기 어려웠다. 아시아-태평양 지역에서 아시아태평양경제협력체(APEC) 내 경제력이 가장 막강한 중국과 미국 간 마찰이 증가하면서 두 국가 간 갈등이 아시아-태평양 지역의 경제협력에 영향을 미쳤고, 아시아태평양경제협력체가 예상 목표치를 달성하는 데 어려움을 겪었다.

이익적 관점에서 국제적 위기는 지역 협력에 매우 복합적인 영향을 초래하는데, 지역 위기는 지역 내 국가의 위기의식을 고취하여 지역 내 국가가 협력의 필요성과 가치를 더욱 명확하게 인식하도록 하므로 지역 협력을 추진하는 중요한 동력이 될 수 있다. 1997년 아시아 금융위기 이후 동아시아 협력의 신속한 추진은 위기를 동력으로 삼은 대표적인 협력 사례이다.

하지만 지역 위기는 지역 내 국가 간 이익 갈등을 증가시킬 수도 있어 지역 내에서 더 큰 갈등을 형성할 뿐만 아니라, 지역 내 국가가 '각자 자기 눈앞의 이익'만을 추구하는 결과를 초래하기도 한다. 2015년 이후 유럽이 국가채무 위기, 이민 위기, 난민 위기 등 다양한 영역에서 문제에 직면하고 유럽 지역 다수 국가가 경제적 어려움을 겪게 되자, 유럽 지역 국가 간 갈등과 이견이 확대되었는데, 이 시기 유럽통합의 추진은 큰 난항을 겪었고, 심지어 영국의 유럽연합(EU) 탈퇴를 야기하여 유럽연합 협력 발전 과정에 꽤 큰 충격을 주었다.

5. 지역 협력 제도

지역 협력 기구의 관리와 규칙·제도는 지역 관계에 큰 영향을 미친다. 미국 국제정치학자 스티븐 크래스너(Stephen Krasner, 1983)는 국제 메커니즘을 일련의 암묵적 혹은 명확한 원칙, 규범, 규칙과 의사결정 절차라고 정의하였는데, 국제 메커니즘을 구성하는 요인들이 어떤 국제관계 영역 내에서 융합되어 행위 주체가 이러한 요인을 둘러싸고 일치한 예측을 형성한다고 하였다. 이 중에서 △원칙은 사실, 인과관계에 관해 논란이 없는 신념, △규범은 권리와 의무에 근거하여 정의한 행위 기준이면서 행동을 위한 구체적 규정 혹은 금령, △규칙은 행위에 대한 규정 혹은 금지, △의사결정 절차는 집체적 선택을 결정·집행하는 현행 방안을 의미한다.[1] 미국 국제정치학자 로버트 코헤인(Robert Owen Keohane)은 국제제도를 각종 규칙과 규범이 상호 연계된 복합체라고 보았다. 또한, 미국 경제학자 더글러스 노스(Douglass C.North, 1990)는 제도가 사회적 게임 규칙 혹은 더욱 학술적으로 말하자면 인간이 창조한 인간과 인간 간 상호작용에 활용하기 위해 만들어낸 프레임이라고 보았다.[2] 지역 협력에서 각기 다른 제도적 장치는 지역

---

1) 참조 : Stephen D.Krasner (ed.), International Regime, New York: Cornell University Press, 1983, p.2.
2) 참조 : Douglass C.North, Institutions, Institutional Change and Economic Performance, Cambridge: Cambridge University Press, 1990, p.3.

관계의 성질과 내용에도 영향을 미친다.

　지역 협력은 정치협력, 경제협력, 안보협력과 기타 영역에서의 협력을 포함하는데, 이 중에서 특히 지역 경제협력은 상대적으로 쉽게 공동 이익을 창출할 수 있는 지역 협력의 핵심이다. 지역 경제협력은 때로는 지역 경제 통합의 명목으로 진행되어 시장개방 추진, 자유무역지대 구축, 수준 높은 지역 협력 전개를 통해 지역의 종합 거버넌스를 실현하게 하고 초국가적 지역 거버넌스 제도를 구축할 수 있게 만든다.

　지역 안보협력은 지역 내 각국이 협력을 전개하는 중요한 영역으로 협력 형식이 다양하다. 예를 들어, 집단안보, 동맹, 안보공동체 혹은 조약 체결, 지역 규칙 확립 등의 방식으로 위기관리 능력을 강화하는 기능성 협력이 있고, 그 외 안보 대화 등도 전개한다.

　집단안보 메커니즘에서 각 참여국은 평화가 깨지는 것을 모든 참여국의 공통적 문제라고 여겨 다른 국가의 안보를 모든 국가의 안보라고 여긴다. '집단안보' 개념의 가설은 국가가 무력 사용 혹은 무력 위협 수단을 포기하는 방식으로 국가이익을 실현해야 한다는 것인데, 모든 국가는 이 원칙을 위반한 침략 국가에 대해 집단적 제재를 가하여 국제 평화와 질서를 유지한다. 또한, 집단안보의 유지는 유엔의 주요 설립 취지 중 하나이다. 지역 측면에서 주권 국가도 연합하여 집단안보를 추구할 수 있다. 제2차 세계대전이 종식된 이후 미국-소련 두 진영이 냉전 대치하는 상황에서 아프리카 신생 독립 국가는 자국의 정치, 경제 이익, 안보 안정을 유지하기 위해 국가 간 협력과 대화를 전개하였다. 아프리카연합(AU, African Union)의 장기 목표는 화폐통합, 연합 방어체계 구축, 초국가적 기구 설립 등이 있는데, 안보 영역에서의 협력은 지역 집단안보의 내재적 의미를 가진다. 아프리카연합은 군사적 역량에는 한계가 있지만, 아프리카연합의 평화유지군이 아프리카 지역에서 여러 차례 군사행동 전개하였는데, 예를 들어, 수단공화국으로 파견하여 다르푸르 분쟁을 해결하는 데 도움을 주었고, 소말리아에서 평화유지 임무를 수행하기도 했다.

　북대서양조약기구(NATO, North Atlantic Treaty Organization)는 유럽과 북아메리카를 초월한 대형 군사동맹 기구이며, 제2차 세계대전이 종식된 이후 서방 진영 군사적 전략동맹의 상징이다. 냉전 시기 북대서양조약기구와 소련이 주도하여 창설한 바르샤바조약기구(WTO, The Warsaw Treaty Organization)는 대립적인 양대 군사 그룹이었다. 소련이 해체하면서 바르샤바조약기구는 해산하였으나, 북대서양조약기구는 여전히 건재하다. 북대서양조약기구의 주요 편제는 북대서양이사회, 국방 계획위원회, 계획분석위원회, 상임대표 이사회, 국제사무국, 군사위원회가 설치되어있다. 북대서양이사회(North Atlantic Council)는 회원국 국가 정상, 정부 수반, 외무부 장관, 국방부 장관으로 구성되는 북대서양조약기구의 주요 의사결정기구이다. 군사위원회(Military Committee)는 북대서양조약기구의 최고 군사지휘기구이며 산하 유럽연합군 최고사령부, 미국-캐나다 지역 연합 방공 계획팀 등을 두고 있다. 프랑스, 스페인, 아이슬란드 외에 모든 회원국은 본국 군대 일부를 파견하여 북대서양조약기구의 통일된 지휘를 받게 하고 있다.

【보충 자료】

1949년 4월 4일 미국, 캐나다 영국, 프랑스, 이탈리아, 네덜란드, 벨기에, 룩셈부르크, 포르투갈, 덴마크, 노르웨이, 아이슬란드는 미국 워싱턴 D.C.에서 <북대서양조약>(North Atlantic Treaty)을 체결하고, 북대서양조약기구(NATO, North Atlantic Treaty Organization)의 설립을 결정하였다. 같은 해 8월 24일 각국은 비준 절차를 완료하였고, 북대서양조약기구는 공식 설립되었다. 가장 최근 가입한 회원국은 2020년 3월 27일 가입한 북마케도니아로 현재까지 북대서양조약기구는 유럽과 북아메리카 30개 회원국이 존재한다. 해당 조약은 회원국이 침공을 받는 것이 확인되면 다른 회원국이 즉각 대응할 것을 규정하였다. 또한, 해당 조약은 참전에 대해 각국 정부의 수권이 필요 없이 각국 부대가 자동 참전하는 것으로 해석된다. 다만, 이 조항은 '9.11' 테러 발생 이전까지 활용된 적이 없었다. 냉전체제가 종식된 이후, 북대서양조약기구는 일찍이 해적 소탕 작전을 협력 수행하였는데, 유엔의 요구에 따라 아덴만, 아프리카 주변과 인도양의 해적을 소탕하였고, 2011년 유엔 안전보장이사회 1973호 결의안에 근거하여 리비아 상공을 비행금지구역으로 설정하기도 하였다.

지역 협력 제도 구축은 지역 협력 발전 수준을 반영하는 중요한 지표이다. 제도 변화의 중요한 특징은 제도가 일정한 자아 지속성을 가진다는 것이다. 한 제도가 구축된 후에는 자체 강화 메커니즘이 형성되어 제도 발전 과정에서 노선 편향적 특징을 보인다. 제도 발전 과정의 노선 편향적 특징은 기존 제도와 관련 제도, 행위자의 관념, 강력한 조직과 이익단체 등 다양한 요인의 영향을 받는다. 대다수 제도 변화는 노선 편향적 특징을 보이는데, 이는 제도의 변화 과정이 단일 제도의 변화에만 국한되지 않고, 다른 제도의 변화도 초래하기 때문이며, 이에 따라 제도 변화에 대한 저항이 비교적 강하여 제도 변화가 더욱 어려워지는 것이다.

어떠한 제도의 추진에는 기득 이익 세력과 이익 손실 세력이 존재하여, 제도의 조정은 이익 전망·예측의 불확실성을 초래한다. 또한, 행위자는 안정과 자신의 이익 등 다양한 방면을 고려하고 때로는 적극적으로 현행 제도를 유지하려 한다. 그 외, 이익 세력과 단체의 강력한 저항 또한 제도 변화 과정에서 노선 편향적 특징이 나타나는 중요 원인이다. 어떤 제도의 설계는 막대한 초기 비용을 필요로 하고, 제도가 형성되면 제도에 적응하는 단체와 이익을 얻는 단체가 생겨나는데, 이러한 이익 세력과 단체는 현행 이익을 지속적으로 확보하기 위해 현행 제도를 적극적으로 수호한다. 설사 더욱 효율적인 새로운 제도가 존재하더라도 그들이 수긍할지는 미지수이다.

지역 제도 구축 후에는 일종의 '제도 점성(粘性)'이 나타날 수 있는데, 이로 인해 제도의 변화가 어려워지고, 이러한 제도의 지속성은 국제적 경쟁과 이익구조 변화가 발생할 때에만 강한 충격을 받을 수 있다. 제도는 글로벌 환경이 비교적 안정적인 상황에서는 쉽게 변화하지 않는데, 특히 이미 구축된 제도는 대체·폐기하기 쉽지 않다. 유럽, 동아시아, 아프리카, 아메리카 등 세계 각기 다른 지역의 제도는 모두 각자의 특성이 존재하여 단순히 동일화되는 추세가 나타나지 않으며, 지역 협력의 초기 추진 내용이 해당 지역 협력의 장기 노선, 발전모델에 적지 않은 영향을 준다.

제3절 지역 외부 관계

지역과 지역기구가 국제관계에서 나날이 중요한 역할을 발휘하고 그 주체 의식과 능동성이 끊임없이 강화되면서, 일부 지역기구는 점차 과거 주권 국가만이 발휘하던 직능을 발휘하기 시작했다. 이러한 상황에서 지역과 외부의 관계는 과거와는 다른 특징을 보이고 있다.

1. 국제지역 관계의 외부 관련성

지역과 외부의 관계는 아래 몇 가지 주요 상황과 관련되는데, △한 지역·지역기구와 다른 지역·지역기구 간 관계, △한 지역·지역기구와 지역 외 국가, 특히 지역 외 대국 간 관계, △다수 지역·지역기구 간 관계를 들 수 있다. 이 중에서 가장 중요한 것은 한 지역·지역기구와 다른 지역·지역기구 간 관계이며, 이 관계는 심화 발전하여 '지역간주의(Inter-regionalism)'로 불리기도 한다.

한 지역·지역기구와 다른 지역·지역기구 간 관계는 때로는 지역기구 대 지역기구의 관계로 나타나는데, 그 구현 형태는 두 개의 서로 다른 지역기구 간 협력·대화를 촉진하여 설립하는 각종 메커니즘이 있으며, 그 핵심은 지역·지역기구가 일종의 국제행위 주체가 되어 정치, 경제, 안보, 문화 등 영역 국제사무에서 점차 실체적 역할을 발휘하는 것이다. 유럽연합(EU)은 전 세계 140여 개 국가에 대표단이 파견하였고, 이들 대표단은 영국을 제외한 여타 주재국에서 완전한 외교적 지위를 가진다.

지역간주의는 각기 다른 지역 혹은 소지역의 주권 국가와 지역기구, 혹은 새로운 지역 프레임이나 기존 지역 프레임 하에서 제도화된 대화·협력을 전개하는 것이다. 지역간주의는 글로벌화와 지역화라는 상충된 역량이 공동 작용한 결과로, 이 자체가 글로벌화와 지역화 발전의 중요한 원동력이 될 수 있다. 오늘날 대외관계 전개 과정에서 지역기구의 의지와 역량이 끊임없이 강화되고 있으며, 때로는 각기 다른 이익 동기·전략에 기반하여 다양한 추진 전략을 제정하고 상응하는 조치를 채택한다. 우리는 유럽연합과 동아시아, 유럽연합과 아세안의 관계를 사례로 대외관계 확장에서 지역간주의의 중요성과 특징을 분석해 보고자 한다.

1) 유럽연합과 동아시아의 관계

1990년대 이래로 유럽연합(EU, European Nations)은 자체적인 아시아와 동아시아 정책을 점진적으로 형성하였고, 아시아와 동아시아 지역을 대상으로 하여 중요정책 문건 4건을 발표하였다. 1994년 유럽연합이 발표한 <新 아시아 전략을 향해>(Towards a New Asia Strategy) 제하 첫 번째 아시아 정책 문건은 유럽연합과 아시아의 경제 관계를 강화하여 아시아의 안정, 경제발전, 법치를 촉진하고, 이를 통해 세계 경제에서 유럽연합의 선도적 지위를 확고히 할 것을 제안하였다. 해당 문건은 유럽연합의 아시아 정책에 대한 경제 지향성을 부각시켰다. 2001년 유럽연합이 발표한 <유럽과 아시아:파트너십 강화를 위한 전략 프레임>(Europe and Asia: A Strategic Framework for Enhanced Partnerships) 제하 두 번째 아시아 정책 문건은 핵심 정책 목표를 유럽연합과 아시아의 정치, 경제 관계를 강화하고 광범위한 유라시아 연계로 아시아 지역의 평화·안보를 도모하는 것이라고 명시하였다. 이외, 해당 문건은 인권 보호, 민주, 양치와 법치를 강조하였고, 관련 국제포럼에서는 아시아 국가와의 파트너십과 연합을 통한 아시아와 유럽의 상호 이해 제고를 강조하였다. 해당 문건은 유럽연합의 경험사례를 여러 차례 언급하였는데, 사실상 아시아가 유럽연합의 경험사례를 학습·표방하길 희망하는 의미가 있었다. 1990년대 유럽연합의 아시아 정책은 단순히 경제 이익을 우선으로 했지만, 21세기에 접어들어 경제, 정치, 안보를 다 같이 중시하며 아시아에서 유럽연합이 경제, 정치, 안보 영역에서 더욱 중요한 역할을 발휘할 수 있기를 희망한다는 것을 나타냈다.

이후 국제정세의 변화에 따라, 2007년 유럽연합(EU)은 최초로 동아시아 지역을 대상으로 전문적인 중요문건 <유럽연합 외교와 안보 정책 동아시아 가이드라인>(Guidelines on the EU's Foreign and Security Policy in East Asia)을 발표하였는데, 해당 문건에서는 경제와 안보 영역에서 동아시아의 중요성을 강조하였다. 2012년 유럽연합은 두 번째 <동아시아 가이

드라인>을 발표하였다. 이 두 <동아시아 가이드라인>은 모두 유럽연합의 핵심 이익과 동아시아의 안보가 밀접한 관련이 있음을 강조하고 있다. 유럽연합은 다자주의를 강조하면서, 아래 조치를 통해 동아시아 안보와 안정을 도모한다.

(1) <유엔 헌장>에 근거하여 평화를 유지하고 국제 안보를 강화한다.
(2) 규칙에 기반한 국제질서를 도모한다.
(3) 인권, 법치를 발전·강화하고 인권, 자유를 존중한다.
(4) 대규모 살상 무기의 확산을 방지한다.
(5) 지역통합을 추진한다.
(6) 협력성·지속가능성이 있는 정책을 추진하여 글로벌 문제에 대응한다.
(7) 시장진입 조건과 투자 조건을 개선하여 양자 무역·투자를 강화한다.

유럽연합(EU)은 동아시아 지역에서 아세안의 역할을 중시하며, 지역 평화와 안보에서 지역통합 과정의 중요성을 강조한다. 특히, 유럽연합은 아세안과 아세안을 중심으로 한 다자제도가 동아시아 지역 협력에 가져오는 공헌을 중시한다. 유럽연합은 두 <동아시아 가이드라인>에서 지역통합을 자체 아시아 외교 안보 정책의 목표 중 하나로 언급하였다. 2016년 유럽연합이 발표한 두 번째 글로벌 전략 문건 <비전 공유, 공동 행동 : 더 강한 유럽-유럽연합 외교와 안보 정책의 글로벌 전략>(Shared Vision, Common Action: A Stronger Europe)에서 협력성 지역 질서에 대한 유럽연합의 지지와 동아시아 지역 내 아세안의 중심적 위치를 특별히 강조하였다.[1]

유럽연합(EU)은 관련 정책 문건 발표 외에도 동아시아 지역에서 큰 공

---

[1] Commission of the European Communities, Toward a new Asia Strategy, Brussels, 13 July, 1994, https://eur-lex.europa.eu/legal-content/EN/TXT/PDF/?uri=CELEX: 51994DC0314&from=en; Commission of the European Communities, Europe and Asia : A Strategic Framework for Enhanced Partnerships, Brussels, 4 September, 2001, https://eur-lex.europa.eu/LexUriServ/LexUriServ.do?uri=COM:2001:0469:FIN: EN:PDF; Commission of the European Communities, Guidelines on the EU's Foreign and Security Policy in East Asia, Brussels, 14 December, 2007, https://www.consilium.europa.eu/uedocs/cms_data/docs/pressdata/ en/misc/97842.pdf; Commission of the European Communities, Guidelines on the EU's Foreign and Security Policy in East Asia, Brussels, 15 June, 2012, https://www. eeas.europa.eu/archives/docs/asia/docs/guidelines_eu_foreign_sec_pol_east_asia_en.pdf; Euro- pean Union, Shared Vision, Common Action : A stronger Europe-European Union's Foreign and Security Policy, https://eeas.europa.en/archives/docs /top_stories/pdf/ eugs_review_web.pdf

헌을 하였는데, 그중 하나가 바로 인도네시아 아체(Ache) 분쟁 해결에 도움을 준 사례이다. 유럽연합은 인도네시아 정부와 아체 분리주의 단체 '자유아체운동(GAM)' 간 평화 협정 담판 과정에서 적극적인 역할을 하였다. 이후 유럽연합은 평화 감찰단을 파견하여 평화 협정의 이행을 감독하였고, 이 과정에서 일부 아세안 회원국은 유럽연합이 주도한 평화 감찰단에 참여하였다. 아체 평화 감찰단의 주요 임무는 아체 분리주의 단체의 무장을 해제하고 인도네시아 정부군의 철수를 감독하여 '자유아체운동' 무장 세력 인원들이 아체 사회에 새롭게 융화될 수 있도록 협조하는 것이었다. 감찰단은 위의 임무를 순조롭게 완수하였는데, 이는 유럽연합이 아시아에서 최초로 주도적으로 추진한 위기관리 행동이었다. 유럽연합은 아체 평화 감찰단이 임무를 완수한 후에도 경찰 육성, 발전 협력, 인도주의 원조 등에서 아체 지역에 대한 지원을 지속하면서 아체 지역의 위기 해결과 평화 건설에 중요한 공헌을 하고 있다.

2) 유럽연합과 아세안의 관계

유럽연합(EU)과 동아시아의 관계는 지역기구 대 지역 관계로 볼 수 있지만, 유럽연합과 아세안(ASEAN)의 관계는 전형적인 지역기구 대 지역기구의 관계이다.

유럽연합(EU)과 아세안(ASEAN)은 세계적으로 통합 수준이 비교적 높은 대표적인 양대 지역기구이다. 이들은 모두 다자 수단을 통해 국제협력을 추진하는 데 노력하고 있으며, 지역통합을 평화, 안정, 번영, 글로벌 문제에 대응하는 효율적인 방안으로 여기고 있다. 상호 인접하지 않고 각자 강한 대표성을 가지는 지역성 국제기구로서의 유럽연합과 아세안은 국제 현안에서 나날이 중요한 역할을 맡고 있다. 이 두 기구 간 관계 발전에서도 특히 두 기구 간 제도화 협력은 지역 간 관계의 전형적 사례로 여겨지며 국제사회의 주목을 받고 있다.

지역기구와 지역기구 간 관계는 주권 국가 간 관계와는 분명한 차이가 있다. 유럽연합(EU)과 아세안(ASEAN)의 관계 발전은 기구 내외 다방면의 영향을 받으므로, 지역기구 내 각 회원국, 기타 지역기구 회원국 간의 미묘

한 관계도 조율할 필요가 있다. 국제기구로서의 이 두 지역기구는 자원 배분 방면에서 주권 국가처럼 효율적이지 못하며, 의사결정 메커니즘과 효력이 주권 국가보다 현저하게 떨어진다. 유럽연합, 아세안 두 기구가 매우 강한 협력 의사를 표시하지만, 협력 범위, 협력 영역, 협력 깊이에서는 여전히 큰 제약이 있다.

또한, 유럽연합(EU)과 아세안(ASEAN)은 협력 추진 과정에서 두 기구 간 실력과 추진력 비대칭 문제가 존재한다. 유럽연합은 회원국의 전반적인 국력이 강하고 어느 정도 초국가적 특색을 가진 지역 행위 주체로 회원국으로부터 부여받은 권한이 강하여 정치, 경제 등 영역에서 제도화 협력을 추진하고 있다. 반면, 아세안은 회원국의 전반적인 국력이 약하고 국가 주권과 내정 불간섭 등의 원칙을 더욱 중시한다. 아세안은 국제기구로서 회원국으로부터 부여받은 권한이 약하여 회원국 정책 협조 방면에서 큰 어려움이 나타난다.

1977년 아세안 제10차 외무장관 회의에서 아세안(ASEAN)과 유럽경제공동체(EEC)의 공식 협력에 대한 공감대를 달성하였고, 두 지역기구는 공식적 대화 관계를 구축하였다. 1980년 3월 말레이시아 쿠알라룸프르에서 개최된 제2차 유럽경제공동체-아세안 장관급 회의에서 <유럽공동체-아세안 협력 협약>(Cooperation Agreement between Member Countries of ASEAN and European Community Kuala Lumpur)을 체결하였다. 이는 유럽공동체와 기타 지역기구가 체결한 최초의 국제협약이다.

1990년대에 이르러 두 지역기구의 협력이 점차 심화 발전하면서 몇 가지 문제에 대한 이견이 또한 나타나기 시작했다. 이 시기 인권, 동티모르, 미얀마 문제는 두 지역기구 간 논쟁의 중점이 되었다. 1991년 유럽연합-아세안 제9차 장관급 회의에서 유럽연합(EU)은 인권 문제와 경제협력 문제를 연계해야 한다는 입장을 굽히지 않았고, 이는 두 지역기구의 논쟁을 가열시켰다. 하지만 전반적으로 유럽연합과 아세안(ASEAN)은 논쟁을 자제하는 분위기였다. 이후 1994년 유럽연합-아세안 제11차 장관급회의에서 유럽연합과 아세안은 다시금 경제협력을 강화하면서 대화의 활력을 되찾았다. 1996년 유럽연합 15개국과 유럽연합위원회는 아세안 7개국, 중국, 일본, 한국 3개국과 공동으로 아시아유럽정상회의(ASEM, Asia Europe Meeting)

를 창설하고, 태국 방콕에서 제1회 정상회의를 개최하였다. 그 후 2년마다 아시아유럽정상회의를 개최하면서 유럽연합과 아세안은 점차 양자 대화의 주요 플랫폼이 되었다.

1997년 아세안(ASEAN)은 미얀마의 가입 신청을 받아들였고, 이는 유럽연합(EU)의 반대를 불러일으켰다. 이로 인해 당해 유럽연합-아세안 장관급 회의가 중단되면서 두 지역기구 간 관계가 최악의 상황으로 치달았지만, 두 지역기구는 여전히 아시아유럽정상회의(ASEM) 등 다자 포럼을 통해 대화를 유지하였고, 2000년 이후 정상적인 관계를 다시 회복하였다. 2003년 1월 유럽연합과 아세안 제14회 장관급회의에서 심도 있는 대화 재개의 중요성을 숙고하였고, 양자, 소지역, 지역, 다자 층위의 협력을 더욱 강화하기로 결정하였으며, 경제와 발전 협력, 정치 대화와 협력이 유럽연합과 아세안 관계의 핵심 주제라고 언급하였다.

2012년 7월 유럽연합(EU)은 <동남아시아 우호협력조약>(TAC, Treaty of Amity and Cooperation in Southeast Asia)에 가입하여 최초로 해당 조약에 가입한 지역기구가 되었다. 이는 유럽연합의 아세안(ASEAN)에 대한 중시와 동남아시아 지역 평화, 안보, 안정 촉진에 대한 약속을 보여주었고, 유럽연합과 아세안 양자 관계의 중요한 상징이 되었다. 2016년 1월 유럽연합은 최초로 駐아세안 대사를 임명하였고, 인도네시아 자카르타에 유럽연합 駐아세안대표부를 설립하였다. 당해 6월 유럽연합은 <비전 공유, 공동행동 : 더 강한 유럽 - 유럽연합 외교와 안보 정책의 글로벌 전략>(Shared Vision, Common Action: A Stronger Europe) 제하 글로벌 전략 문건을 발표하였고, 유럽연합이 아세안 각 회원국, 아시아 기타 전략적 협력 파트너와 자유무역협정을 적극 추진하겠다고 언급하였다.

유럽연합(EU)과 아세안(ASEAN) 관계의 발전 과정에서 지역과 지역 간 관계의 몇 가지 특징을 발견할 수 있다.

(1) 기본 구성 주체의 복잡성. 지역의 본질은 민족국가의 집합이며, 그 규모는 기본 구성 주체로서의 민족국가보다 크지만, 민족국가와 같은 강력한 조직 기구가 부족하며 집행 능력이 떨어진다. 지역과 지역 간 관계에서 지역·지역기구는 외부 지역과 내부 구성원 간의 양면 게임

(Two-level Game)이 존재하는데 다양한 방면에서 어려운 조율 과정을 거쳐야만 대외관계의 일치성·연속성을 보장할 수 있다.

(2) 관계의 비대칭성. 국가 간 관계에서 국력의 비대칭성은 보편적 현상이다. 지역 관계에서도 이러한 비대칭성이 뚜렷한데, 이는 국제사회에서 강한 집행력을 가진 지역·지역기구가 많지 않은 점과도 연관이 된다. 유럽연합(EU)과 아세안(ASEAN)의 관계에서 볼 때, 유럽연합은 전체적인 역량이 매우 강하며 자체 지역 발전 모델이 매우 성공적이라고 여기고 있고, 자유, 민주, 인권 가치관 등 방면에서 특히 강한 자신감을 보이며, 대외 교류 과정에서 자체 지역 협력 모델, 가치관, 인권 기준을 선전하려는 의도가 다소 강하다.

(3) 높은 자발성과 낮은 강제성. 지역과 지역 간 협력에서 실력의 비대칭이 존재하더라도 한 지역이 다른 지역을 향해 행동을 강제하는 것은 매우 어려운 데, 이는 지역기구를 구성하는 회원국인 주권 국가에 대한 강제력이 부족하기 때문이다. 지역 간 협력에서 실력이 약한 지역기구는 실력이 강한 지역기구가 주는 압박을 거절할 수 있고 큰 대가를 치르지 않아도 된다. 지역 간 협력에서의 양자는 상호 존중의 태도를 가져야 하는데, 지역 간 협력이 양자의 강한 자발적 의사에서 비롯된 결과이기 때문이다.

(4) 협력의 낮은 제도화 수준. 지역·지역기구는 본디 일정 범위 내 민족국가 간 협력의 산물이며, 지역이 대외협력을 추진할 시 일반적으로 지역 내 회원국 간 협력만큼의 수준에 도달하기 어렵다. 이러한 관점에서 볼 때, 지역과 지역 간 추진하는 협력의 대부분은 제도화 수준이 높지 않은 협력이다.

(5) 경제협력과 정치 대화는 중점영역. 민족국가 간 협력과는 달리, 지역과 지역 간 협력은 협력 과정에서의 난관을 극복하기 어려워 양자는 협력이 어려운 영역은 종종 보류하는 방안을 채택한다. 안보 영역에서 두 지역기구 간 협력 강화는 쉽지 않지만, 경제 영역에서 정례화된 대화와 일정 수준의 경제협력은 상대적으로 용이하며, 정례화된 대화는 지역 간 협력의 출발점이 되기도 한다.

(6) 지역간주의의 형태는 지역의 기초 구조에 의존. 지역 내 응집력·동질성이 강할수록, 지역제도가 성숙할수록, 지역간주의의 영향력이 더욱 강하다. 지역통합 수준이 가장 높은 유럽연합(EU)은 지역 간 협력에서의 성과가 가장 뚜렷한데, 관련된 협력 메커니즘은 △유럽연합-아프리카연합(AU, African Union) 정상회의, △유럽연합-라틴아메리카·카리브국가공동체(CELAC, Community of Latin American and Caribbean States) 정상회의, △아시아유럽정상회의(ASEM), △유럽연합-남미공동시장(MERCOSUR) 자유무역협정, △유럽연합-리우그룹(Riogroup) 장관급회의, △유럽연합-ACP(아프리카·카리브해·태평양지역국가그룹) 공동의회 총회, △유럽연합-지중해연합(Union for the Mediterranean) 협력 메커니즘, △유럽연합-아세안 협력 메커니즘 등이 있다.

지역 간 관계의 발전은 지역 협력 자체가 일정 수준에 도달한 이후의 산물이며, 지역간주의는 더욱 광범위한 지역화를 촉진할 수 있고, 이 또한 지역주의 발전을 추진하는 중요한 동력이 된다. 그 외, 유럽연합과 아세안 간 협력 등 지역과 지역 간 협력은 협력 참여 지역 간 동질성을 강화하는 데 도움을 준다.

지역 간 협력이 각기 다른 두 지역과 연관되면서 협력의 효율성을 약화하지만, 글로벌 층위의 협력과 비교해 볼 때, 관련 행위 주체의 수 또한 크게 감소하므로 두 지역 간의 공동 이익을 더욱 쉽게 모색할 수 있고, 협력의 공감대도 달성할 수 있다. 이러한 관점에서 지역간주의는 글로벌 메커니즘보다 더욱 효율적이며, 글로벌화의 중요한 동력이 되기도 한다.

2. 국가 본위에 기반한 지역 대외관계

글로벌화와 지역화가 큰 발전을 이루었지만, 민족국가는 여전히 국제체계에서 가장 기본 행위 주체인데, 지역 내 협력이든 지역 간 협력이든 그 배후의 가장 큰 추진 동력은 민족국가로부터 나온다. 지역과 외부의 관계에서 국가의 본위적 역할은 무시할 수 없다.

지역간주의 측면에서 볼 때, 지역과 외부의 관계는 △한 지역·지역기구와 다른 지역·지역기구 간 관계뿐만 아니라 △한 지역·지역기구와 다른 주권 국가 특히, 지역 외 대국 간의 제도화 교류와 그 관계를 포함한다. 이는 지역 기구·그룹과 한 국가 간 혼합적 차원으로 △유럽연합(EU)과 미국, △아세안(ASEAN)과 중국 등의 협력관계를 들 수 있다. 이러한 관계는 국가와 국가 간 관계, 지역과 지역 간 관계와도 차이가 있다. 민족국가와 지역·지역기구는 속성이 명확하게 다른 국제관계 내 실질적 주체이지만, 1990년대 이후 이들 간 관계가 빠르게 발전하며 국제사회에서 지역·지역기구의 역할이 크게 중요해졌다.

민족국가와 지역·지역기구 간 협력에서 민족국가와 지역통합 수준이 비교적 높은 지역기구와의 협력이 더욱 빈번하게 나타나는데, 유럽연합(EU)과 일본 간 관계가 그 전형적인 사례이다. 1983년 유럽공동체(EC)와 일본은 정치 대화를 전개하기 시작하였다. 1991년 7월 유럽연합과 일본은 네덜란드 헤이그에서 첫 정상회의를 개최하고 <유럽연합-일본 관계 공동선언>(Joint Declaration on Relations between The European Community and its Member States and Japan)을 체결하여 전면적인 양자 관계 발전을 위한 지도 원칙, 공동목표, 정기 협상제도를 확립하였다. 2015년까지 유럽연합과 일본은 24차례 정기 정상회의를 개최하였다. 1995년 5월 유럽연합 외무장관 회의에서 <유럽과 일본 : 다음 단계>(Europe and Japan: the next steps) 제하 정책 문건을 통과시켰다. 1997년 6월 유럽연합-일본 정상이 네덜란드 헤이그에서 개최한 회의에서는 무역마찰 해결과 각 영역의 대화·협력 강화, 특히 정치 영역에서 협력의 중요성을 강조하였다. 2001년 12월 제10차 유럽연합-일본 정상회의가 벨기에 브뤼셀에서 개최되었다. 해당 회의에서는 아프가니스탄 원조, 反테러리즘, 세계 경제 형세, 양자 무역 강화 등 내용이 포함된 연합성명을 발표하였고, '유럽연합-일본 협력 10년(Decade of Japan-Europe Cooperation)' 기초문건이 되는 추진계획을 비준하였다. 2018년 7월 유럽연합-일본은 <유럽연합-일본 경제협력 파트너 관계 협정>(EU-Japan Economic Partnership Agreement)을 체결하였으며, 해당 협정은 2019년 2월 1일 정식 발효되었다.

아세안(ASEAN) 또한 민족국가와의 협력 방면에서 매우 적극적이다. 아세안은 매년 대화 협력 파트너(중국, 일본, 한국, 오스트레일리아, 뉴질랜드, 미국, 러시아, 캐나다, 유럽연합 포함)와 대화 회의를 개최하는데, 아세안은 중국, 일본, 한국, 인도, 오스트레일리아, 뉴질랜드와 각각 아세안 '10+1'의 자유무역지대 협력을 전개하고 있다. 1997년부터 아세안과 중국, 일본, 한국 정상은 최초로 비공식 회의를 개최하였다. 하지만 2020년 11월 COVID-19 바이러스의 대유행으로 제23회 '아세안-한중일(10+3) 정상회의'는 화상회의 형식으로 진행되었다.

초지역적 협력에서 국가 본위 성향이 더욱 뚜렷하게 나타나는 협력은 각기 다른 두 지역 내 일부 국가 사이에서 진행하는 선명한 '주권 국가' 색채를 띠는 협력 모델이다. 이러한 협력에서 지역 내 국가 간의 대화·협력 메커니즘은 △참여국의 국가 주권에 대한 존중을 바탕으로 주권의 부분적 양도를 모색하지 않고, △긴밀한 동맹체제나 협약 기구의 구축을 시도하지 않으며, △명확한 목적과 낮은 운영비용으로 협력 추진이 빠른 국가 그룹을 구축한다. 이와 같이 선명한 주권 국가 색채를 띠는 지역 협력은 △중국-아프리카협력포럼(FOCAC, Forum on China-Africa Cooperation), △중국-아랍협력포럼(CASCF, China-Arab States Cooperation Forum), △중국-태평양도서국경제발전협력포럼(China-Pacific Island Countries Economic Development and Cooperation Forum), △중국-라틴아메리카·카리브국가공동체포럼(CCF, China-CELAC Forum) 등 중국이 추진하는 지역 간 협력 메커니즘에서 보편적으로 나타난다.

초지역적 협력 메커니즘으로서 중국과 중·동유럽 국가 지도자 회의 메커니즘이 띠는 주권 국가 간 협력의 속성은 매우 명확하다. 이 메커니즘은 중국과 중·동유럽 16개국이 2012년 출범한 후 빠르게 성장하였으며,[1] 일찍이 '16+1' 협력으로 많이 불렸지만, 2019년 4월 그리스가 공식 회원국으로 가입하면서 '17+1' 협력으로 확대 발전하였다. 이러한 협력은 아래와 같은 명확한 특징이 있다.

1) 각 회원국의 주권을 고도로 존중하는 것은 기본협력의 원칙이며, 통합을 목표로 하는 것이 아닌 높은 수준의 제도화 협력을 진행한다. 협력의 강령성 문건에는 각 회원국의 주권 독립과 발전 노선을 존중한다고 명확하게 강조하였다. 예를 들어, 2015년 제정한 <중국-중·동유럽국가 협력 중기 규

---

[1] 위에서 언급한 16개국은 폴란드, 체코, 슬로바키아, 헝가리, 슬로베니아, 크로아티아, 보스니아 헤르체고비나, 세르비아, 몬테네그로, 루마니아, 불가리아, 알바니아, 북마케도니아, 에스토니아, 리투아니아, 라트비아가 있다.

획>(中國-中東歐國家合作中期規劃)에서는 "17개 회원국은 각국 주권 독립과 영토 보전을 상호 존중하고 각국의 발전 노선에 대한 이해를 심화한다."라고 강조하였다. '17+1' 협력의 추진 과정에서 18개국은 하나의 긴밀한 그룹 형성이나 주권의 일부 양도를 추구하지 않으며, 18개 주권 국가보다 상위에 있는 새로운 의사결정 층위를 형성하지 않는다.

2) '17+1' 협력의 메커니즘 구축에서는 각국의 자주성과 능동성이 부각된다. 협력은 매년 각국에서 돌아가면서 정상회의를 개최하는 형식을 채택하여 모든 회원국의 평등을 더욱 잘 구현하였다. 협력 추진 방면에서 중국의 발전 규획과 17개 중·동유럽 국가 자체의 전략 규획을 연계하는 방식을 채택하여, 획일성을 추구하지 않고 한 국가의 의도가 다른 회원국에 강제되는 것을 피하였다. 메커니즘 측면에서 볼 때 '17+1' 협력에서 각 영역 핵심 기능은 각 회원국에 남겨 두어, 관련 국가들이 많더라도 기본적으로 초국가적인 색채를 띠지 않는다.

3) 모든 회원국은 뚜렷한 지역 특색을 띠지만, 지역 내 신분은 다원성을 띠고 있다. '17+1' 협력에서 중·동유럽 국가 중 폴란드, 체코, 슬로바키아, 헝가리, 슬로베니아, 크로아티아, 루마니아, 불가리아, 에스토니아, 리투아니아, 라트비아, 그리스 등 12개국은 유럽연합(EU) 회원국이며 나머지 5개국은 유럽연합의 회원 후보국이다. 이러한 국가는 지리적 위치, 정치체제, 경제발전, 문화적 배경 등 요인에서 유럽연합의 기존 회원국과는 차이가 존재하며 독립국가연합 국가와도 차이가 존재한다. 지리적 위치, 경제발전 수준, 역사적 관계, 사회 문화 등 요인에 기반하여 중·동유럽 국가는 강한 공통성·유사성을 띠는 국가들로 볼 수 있지만, 중·동유럽은 동남아시아 지역처럼 강한 집체적 동질성과 높은 제도화 수준을 가진 단일지역으로 발전하지 못하고 있다.

'17+1' 협력은 복잡한 협력 구조로 일종의 혁신적 의미를 지닌 초지역적 국가 간의 복합형 협력관계이다. 중·동유럽 국가의 단합은 지연에 기반한 연계이자 공동 이익에 기반한 연계이다. 17개국은 개별 국가 신분으로 참여하고 하나의 지역기구·그룹을 형성하지 않았으나, 중국과의 협력 강화에 있어서는 이익과 관런한 공통의 관심사와 협력 유인이 존재한다. 17개국 내 유럽연합(EU) 회원국이 있다는 것은 유럽연합과 중국 간 관계, 유럽연합과 17개국 간 관계를 내포하고 있는 것인바, 지나치게 긴밀한 협력관계 또한 유럽연합의 경계심을 자극할 수 있다. 따라서, '17+1' 협력 추진 과정은 국가별 요인과 유럽연합 요인을 종합적으로 고려할 필요가 있다.

3. 지역과 외부 관계의 다양성

지역과 외부의 관계는 지역간주의 혹은 초지역주의(Trans-regionalism)와 연관된다. 광의적 의미에서 초지역주의는 국제관계, 지역 간 협력, 상호연계 강화를 바탕으로 지역 연합 기구 혹은 메커니즘 구축을 추진하는 과정으로 새로운 경제, 정치, 사회 공간을 형성한다. 초지역주의는 다양한 형태의 협력을 수용한다. 초지역주의는 제2차 세계대전이 종식된 이후 점차 국제사회의 중요한 현상이 되었고 나날이 발전하여 글로벌 거버넌스 체계에 중요한 영향을 미치고 있다.

국가와 국가 간, 지역과 지역 간, 국가와 지역 간의 연계 네트워크가 날로 복잡해지는 과정에서 초지역주의는 국가와 지역을 이용하여 국제사회에서 더욱 효과적으로 잠재력을 발휘할 수 있는데, 포럼, 대화 메커니즘, 기초 인프라 구축, 무역 협력, 평화 행동 등을 통해 더 큰 지역 범위에서 각자 입장을 조율하고 이를 통해 얻은 입장에 기반하여 글로벌 거버넌스 체계에서 조치를 취한다.

지역주의와 초지역주의는 끊임없는 구조 전환을 겪으면서 더욱 추진력 있는 지역·지역기구를 형성하였고, 국제사회에서 능동성과 제도 잠재력을 적극적으로 발휘하고 있다. 이러한 과정에서 아래와 같은 다양한 협력 형태가 출현하였는데, △지역·지역기구와 지역·지역기구 간 협력(유럽연합과 아세안 협력 등), △지역·지역기구와 주권 국가 간 협력(아세안과 중국, 일본, 한국의 협력 등), △주권 국가와 어떤 지역 내 다수 국가 간 협력(중국과 중·동유럽 17개국의 협력 등), △다수 지역·소지역 국가 간 협력(아시아-태평양경제협력체 프레임에서의 협력 등)이 있다. 그 외, 브릭스(BRICs) 국가 협력, '일대일로(一帶一路) 이니셔티브' 국제협력 등과 같은 더욱 강한 초지역적 특성을 가진 협력도 나타났다. 다양한 차원에서의 초지역적 협력은 글로벌화·지역화 발전의 중요한 결과물이기도 하며, 이러한 발전은 역으로 글로벌화·지역화 발전을 촉진하여 세계 강대국을 포함한 세계 모든 국가의 대외정책에 중요한 영향을 미치기도 한다. 심화 발전하고 있는 지역과 외부의 관계는 아래와 같은 몇 가지 뚜렷한 특징을 보인다.

1) 의제 종합성. 의제 종합성은 관련된 의제가 정치, 경제, 안보, 환경, 사회, 문화 등 다양한 영역을 포함하는 것이다. 예를 들어, 아시아유럽정상회의(ASEM)에는 △정치 대화, △경제협력, △사회·문화·학술 교류 협력 3대 영역이 포함된다. 유럽연합과 ACP(아프리카·카리브해·태평양지역국가그룹)의 '새로운 협력파트너십'에는 △정치 대화, △광범위한 참여, △발전 전략, △경제무역 협력, △금융 협력 5대 근간을 포함한다. '일대일로' 이니셔티브 국제협력은 △정책소통(政策溝通), △인프라연통(設施聯通), △무역창통(貿易暢通), △자금융통(資金融通), △민심상통(民心相通) 5개 영역에서의 협력을 강조한다.

2) 관계의 호혜성. 관계의 호혜성은 평등 호혜적인 파트너 관계를 연결고리로 한다. 초지역적 관계에서는 주로 아주 강한 평등성이 나타나는데, 실력이 막강한 지역 또한 자신의 관점·주장을 상대방에게 강요하기 어렵고, 때로는 주동적으로 실력이 약화하거나 경제발전 수준이 낮은 상대방에게 일부 이익을 양도하기도 한다. 지역과 지역 간에는 일반적으로 안보 영역에서 비대칭적 관계 교류를 하지 않고, 상호 호혜가 명확한 경제 영역에서 경제협력을 추진하는데, 특히 자유무역지대 건설은 많은 초지역적 협력의 핵심 영역이자 발전 방향이기도 하다. 예를 들어, 담판을 추진 중인 '유럽연합-지중해연안27국 자유무역지대', '유럽연합-라틴아메리카 자유무역지대', '유럽연합-ACP(아프리카·카리브해·태평양지역국가그룹) 자유무역지대'와 계획 과정인 '아메리카자유무역지대(FTAA)', '아시아태평양경제협력체자유무역지대(FTAAP)' 등이 있다.

3) 회원국의 개방성. 초지역적 관계는 일정한 지역 범위를 기초로 참여 회원국 중 일반적으로 하나 이상 회원국이 지역성을 가지는 특징이 있다. 하지만 관련된 협력이 한 지역에만 국한되지 않고 지역을 기반으로 선택적 대외 확장이 진행되기 때문에, 다른 참여 회원국과의 협력을 통해 국제사회에서 지역의 행동 역량을 제고한다. 지역간주의는 개방적 지역주의를 추구

하며, 때때로 비배타적 협력을 추진한다. 지역간주의는 줄곧 협력 지역 내 절대다수의 우호적인 국가를 참여시키려 노력하므로, 일부 협력 메커니즘의 회원국 수는 발전 과정에서 꾸준히 증가한다. 예를 들어, 아세안과 '10+1' 협력을 전개하는 국가가 끊임없이 늘어나고 있으며, 중국-중·동유럽 협력의 회원국 수 또한 증가하였다.

4) 주체의 다원성. 초지역적 관계가 관련된 행위 주체는 다원적이며, 초국가 기구, 지역기구, 민족국가, 비정부 국제기구, 공민 사회 등을 포함한다. 지역간주의는 주로 지역기구와 각국 정부가 주도하고, 정부 간 협정을 주된 연결고리로 하지만, 공민 사회와 기타 단체의 참여도 적극적으로 유도한다. 예를 들어, 2000년 6월 체결한 <아프리카·카리브해·태평양지역국가그룹과 유럽연합과 그 회원국 협력 파트너십 협정>(Partnership Agreement between the members of the African, Caribbean and Pacific Group of States of the one part, and the European Community and its Member States, of the other part)에서는 양자 협력의 역할은 정부(지방, 국가, 지역 정부 포함)와 비정부(민간 부문, 경제·사회단체 등 포함)를 포함한다고 규정하였다.1) 해당 협정은 수많은 경제성장, 취업, 빈곤퇴치 등 주요 발전 목표를 추진하는 데서 민간 부문이 핵심적인 역할을 하길 희망하였다. 또 다른 예로 유럽연합-라틴아메리카 지역 간 협력은 지역 간 공민 사회의 대화 메커니즘을 도입하여 대화 참여 주체로 유럽연합이사회, 유럽위원회, 유럽의회, 유럽경제사회위원회의 대표, 라틴아메리카 각 지역기구, 각국 정부 관료 외 각국의 비정부기구, 노동조합 단체, 고용협회, 기업단체, 소비자단체, 대학 연구단체 등 공민사회단체의 대표를 포함하였다.2)

종합해 볼 때, 국제지역 관계는 1980년대 이후 장족의 발전을 이루며 복잡한 국제지역 관계 네트워크를 형성하였는데, 주요 내용은 △지역 내 관계, △지역과 지역 외 주권 국가 간 관계, △각기 다른 지역 간 관계, △복잡 다양한 초지역 관계를 포함한다. 국제지역은 국가와 세계의 중간적 층위에 존재하

---

1) 참조 : https://eur-lex.europa.eu/resource.html?uri=cellar:eebc0bbc-f137-4565-952d-3e1ce81ee890.0004.04/DOC_2&format=PDF
2) 참조 : https://www.europarl.europa.eu/RegData/etudes/IDAN/2020/639314/EXPO_IDA(2020)639314_EN.pdf.

고, 지역주의의 발전은 글로벌 거버넌스 발전에 적극적 역할을 하고 있으며, 이에 따라 지역 관계는 중요한 특징들이 나타나고, 그 형태 또한 발전·변화를 거듭하고 있다.

■ **추천 문헌**

- [美] 詹姆斯·多尔蒂、小罗伯特·普法尔茨格拉夫：《争论中的国际关系理论》，阎学通、陈寒溪等译，世界知识出版社2003年版。
- Stephen D.Krasner (ed.), International Regime, New York：Cornell University Press, 1983.
- Heiner Hanggi, Ralf Roloff and Jürgen Rüland (eds.), Interregionalism and International Relations, London and New York: Routledge, 2006.

국제지역학 개론

제8장
국제지역 협력

제1절 지역 협력의 동기
제2절 지역 경제 통합 구축
제3절 지역 협력 제도 구축

제8장 국제지역 협력

국제지역은 개별 국가에는 이익의 확장을 가능케 하며, 다수 국가가 공존하는 지역에는 협력을 통해서만이 지역 이익의 개선·공유를 실현할 수 있다. 따라서 지역 협력은 참여국들의 지지를 받을 수 있고, 참여국들은 협력 참여, 이익 공유를 위해 투자하길 희망한다. 지역 협력은 다양한 형태를 보이는데, 각 지역은 각자의 상황과 수요에 근거하여 다양한 방식을 채택하는데, 전반적으로 볼 때, 제도화 건설은 지역 협력에 있어 안정적인 기초를 제공할 수 있다.

제1절 지역 협력의 동기

지역 협력의 발전은 자체의 고유한 논리가 존재하는데, 이는 지역 내 이익 수요에 기반하여, 글로벌화와 개별 국가가 자체 해결 불가한 문제를 해결하고, 자체 실현 불가한 이익을 창출하는 것이다. 따라서, 지역 협력은 발전의 합리성 보이고, 중요성 또한 나날이 커지고 있다. 특히, 글로벌화가 심층적 갈등의 누적, 글로벌 층위 협력 조율의 난항이 나타나는 상황에서 지역 협력은 더욱 실질적·효율적 선택지로 떠오르고 있다. 지역 협력과 관련된 영역은 광범위하고 협력 방식이 다양하며, 협력 목표 설정·효과 역시 다르다. 종합적으로 볼 때, 경제협력이 핵심이며 주요 방식은 지역 시장의 개방과 협력을 도모하고, 안보, 사회, 자원·생태, 문화·교육 등 영역에서 빠른 발전을 추진하는 것이다.

국제지역 협력은 각국 간 경제사회 발전을 촉진할 뿐 아니라, 보다 전면적·포용적 시각으로 국가이익을 재구성케 하고, 경쟁에서 이익의 절충점을 조율하면서 효율적으로 국가 간 관계를 융합하는데, 이는 국가 간 양호한 상호작용을 실현하는 효율적인 경로이다. 국제지역 협력의 동기는 국제지역 협력 형성·발전에서의 추진 요인으로 해석할 수 있으며, 이러한 요인의 구성은 단일하지 않은 다양한 요인으로 구성된 집합체, 즉, 국제지역 협력의 형성·발전은 하나의 특정 추진 요인이 독립적으로 특정 단계에서 작용하여 나타난 것이 아니라, 다양한 추진 요인이 공통으로 작용한 결과물이다. 특정 추진 요인이 특정 단계에서 기타 요인보다 더욱 중요하더라도 기타 요인의 보조적 작용을 완전히 배제할 수는 없다. 따라서, 국제지역 협력의 추진 요인은 상호작용, 상호 영향을 주고받는 하나의 큰 덩어리로 볼 수 있으며, 이러한 추진 요인은 각자 자체 영향을 강화하는 동시에 다른 추진 요인의 영향도 제고할 수 있다.

1. 지역 동질성에 기반한 협력

지역 동질성은 지역 협력을 추진하는 중요한 원동력이다. 지역 동질성이란 한 국가가 자국이 속한 지역에 대해 인지하고 지역에 대한 신분적 정의를 내리는 것을 가리키는데, 지역 내 각국은 지역 구축, 지역 협력 전개에 대한 공감대를 가지고 있다. 지역 동질성에 기반한 협력은 지역 협력을 통해 지역의 평화·발전을 실현한다는 명확한 목표를 두고 있다. 따라서, 지역 목표에 대한 공감대를 바탕으로 각국은 지역 협력 메커니즘·제도 구축을 적극적으로 지지하고, 이를 위한 참여와 행동을 아끼지 않는다.

각국이 목표지향적으로 전개하는 지역 협력은 지역 내 국가 간 관계를 구축하는 과정이자, 지역 사회가 상호작용하는 과정이다. 협력을 통해 지역 내 각국 간 관계는 점차 규범을 바탕으로 구축되고, 지역 협력 메커니즘, 협력 이익, 협력 관념의 구축을 추진하며, 지역 동질성의 내재적 의미가 강화된다. 구성주의 이론은 관념, 문화, 동질성은 행위 주체의 신뢰와 협력을 촉진한다고 보았다.[1] 관념은 행위 주체의 신분을 구축하고 신분은 이익을 결정한다. 행위 주체 간 상

---

[1] 예를 들어, 미국 정치학자 알렉산더 웬트(Alexander Wendt)는 "행위 주체라는 용어는 더 이상 현실주의가 묘사하는 이익, 권리, 안보만을 추구하는 정치 실체적 주체가 아니며, 문화적 신분을 가진 정치 실체적 주체로 행위 주체의 행위 방식과 구조 관계는 모두 그 신분 동질감에 의해 결정된다."라고 하였다. 참조: [美] 亚历山大·温特：《国际政治的社会理论》, 秦亚青译, 上海世纪出版集团2000年版, 第28页.

호 인정하는 공통된 문화 성분이 많을수록 더욱 안정적인 지역 구조를 형성할 수 있다. 일반적으로 볼 때, 동일한 가치 관념과 문화를 가진 행위 주체일수록 쉽게 상호 영향을 주고받아 협력의 공감대를 형성하기가 더욱 용이하다. 하지만 국제지역은 다수 국가를 포함하고 많은 차이가 존재하므로, 각국의 지역에 대한 집체적 동질성은 가치관, 국가 거버넌스와 완전히 일치하진 않으며, 이러한 집체적 동질성은 지역 협력 메커니즘과 공동 이익 구축에서의 공통된 인식이다. 국가의 관점에서 볼 때, 각국은 자국 이익에 대한 인식이 타국 범위까지 확대하여 지역 동질성이 내재화되었을 때야 비로소 국가 간 공유할 수 있는 영역이 나타나며, 지역 내 국가 간에는 '우리'라는 동질성을 형성한다.

역할 인식의 관점에서 상호 포용적 지역 신분에 대한 역할 인식이 있어야만 지역 구축에 대한 공감대를 형성할 수 있고, 이에 기반한 협력 행동을 추진할 수 있다. 따라서, 국가의 지역 신분에 대한 역할 인식은 지역 행위 주체의 공통된 인식과 공유하는 공동 이익을 바탕으로 구축되며, 이러한 지역 동질성은 국제지역 형성의 기초이자, 지역 내 국가 간 협력의 기초이다.

【보충 자료】
서아프리카경제공동체(ECOWAS, Economic Community of West African States)는 지연 지역 동질성에 기반하여 구축된 소지역 협력 기구의 하나로, 1975년 설립되었으며 서아프리카 지역을 바탕으로 한 15개 회원국으로 구성되어 있다. 해당 기구 산하에 정상회의, 장관급이사회, 집행위원회, 의회, 법원, 투자개발은행을 설립하였고, 통화동맹을 잠정 설립하여 2027년 단일통화(ECO) 출범을 추진하고 있다. 서아프리카경제공동체는 지역 경제 발전 추진 외에 지역 관계, 안보, 생태 등 영역에서 협조·관리를 진행하고 있다.

지역 내 각국은 역사적·지리적 원인으로 오랜 기간 교류를 통해 동일하거나 유사한 문화를 형성한다. 지역 공유 문화는 공유 관념을 통해 구축되며 공유 관념은 국가 간 규범, 제도, 풍속 및 관습, 이데올로기 등 방면에서의 인식에서 나타난다. 이러한 인식은 지역 내 국가의 지역 동질성을 형성하였고, 국가 간 집체적 동질성과 공동 이익을 확립하여 지역 협력의 구축을 위한 기반을 다졌는데, 이는 일종의 소속감과 원초적 지역 동질성이다. 이러한 지역 동질성은 일단 형성이 되면 지역 내 각국 사람들의 태도·가치관에 직접적 영향을 주고, 지역 내 국가 간 유대감을 증진하여 자신을 지역 전체의 일부로 여기게 만들고 지역적 책임감을 갖게 된다.

지역 동질성은 지역 협력을 촉진하는 중요 요인이 될 뿐 아니라, 지역 규범, 지역 이익, 지역 가치관 등 요인을 유지하는데도 긍정적인 작용을 한다. 일반적으로 지역 동질성이 강할수록 지역 내 각국의 내부 결집성이 강하여 지역 내 각국의 지역 협력에 대한 목표를 더욱 달성하기 쉽다. 예를 들어, 공유 관념은 유럽통합에 공통의 정신적 토대를 제공하여 각국의 주권 양도가 정당성을 가질 수 있었다. 유럽연합(EU, European Union) 회원국의 목표는 단순한 국가 간 협력이 아니라 '유럽합중국' 수립이라는 구상을 향해 나아가는 것인데, 덕분에 유럽연합은 제도 건설을 더욱 중시하게 되었고, 유럽통합을 향해 꾸준히 발전하고 있다. 회원국 간 실력 차이가 존재하는 아세안(ASEAN, Association of Southeast Asian Nations)은 회원국 간 상호 존중과 관용의 이념을 바탕으로 내정 불간섭, 무력 불사용, 평화적 분쟁 해결 등 원칙과 공동 규범을 준수하고 지역 내 공유 관념을 수립하여 지역 동질성을 형성하였다. 아랍연맹(AL, Arab League)은 서아시아 지역과 북아프리카 지역에서 가장 대표적이고 영향력을 가진 지역 협력 기구로 아랍국가 지역 협력의 근원은 아랍 문명의 동질성에 있고 아랍연맹의 주요 설립 취지는 아랍국가 간 연합·협력을 강화하는 것이다. 이렇듯, 수많은 지역 협력은 공통의 가치관, 공통의 문화사상 근원, 문화적 동질감의 기반 위에 구축되었다.

위와 같은 일종의 원초적 지역 동질성 외, 지역 내 국가는 외부와의 상호작용 과정에서 '규정적(界定性)' 지역 동질성을 형성할 수 있다. '규정적 동질성'이란 자아과 타자 간 상대성과 차이성을 구분하는 것인데, 이는 지역 내 각국이 외부 강대국의 부상이나 국제환경 전반의 위협에 직면했을 때 발생하는 자기 지역의 존립·발전을 유지하려는 위기감·긴박감, 이로 인해 자기 지역 내 각국과 단합·협력하려는 지역 인식과 동질성을 가리킨다. 싱가포르 국제정치학자 아미타브 아차리야(Amitav Acharya)는 지역 동질성은 안보공동체에 대한 사회 구조적 틀을 재구축할 수 있고 보았다.[1] 다시 말해, 국가 간 협력은 사회화 과정으로서 국가가 전쟁과 평화에서의 이익에 대한 재정의를 할 수 있게 한다. 이러한 지역 동질성은 지역 내 각국과 외부의 상대성을 부각해 가상의 혹은 실제적인 외부 위협을 확정하면서 지역 내 각국이 더욱 단결하게 만들고 협력의 공감대를 형성하여 외부 위협에 대응토록 한다. 또한, 이러한 지역 동질성은 지역 내 각국과 외부의 차이성을 부각시켜 '자아'와 '타자'를 구분함으로 지역 내 각국이 자기 지역 내 협력 강화를 더욱 중시하게 만든다. 현실에서 지역 협력의 대다수가 외부에 대해 반응하는 것에 기인한다는 것은 부정할 수 없는 사실이다. 예를 들어, 유럽 지역 국가들이 연합하여 유럽 지역통합을 이루는 것도 크게 보면 당시 두 초강대국이 대립하는 외부 구도에 맞서기 위해서였다. 제2차 세계대전이 종식된 후 곧바로 냉전이 이어지면서 유럽은 사회주의 진영과 자본주의 진영 양대 진영 대립의 전초기지였고 미국·소련 간 관계가 긴장될 때는 유럽 대륙의 안보가 위협을 받았다. 특히, 이데올로기와 사회 제도의 대립으로 인해 소련은 유럽 지역을 위협하는 주적이 되었다. 강력한 소련은 어떠한 유럽 국가도 단독으로 대항할 수 없었으며, 안보적 측면을 고려한 유럽 지역 국가들은 연합을 선택하였다.1)

---

1) 아미타브 아치리야는 저서 <안보공동체 구축: 아세안과 지역 질서>(Constructing a Security Community in Southeast Asia: ASEAN and the Problem of Regional Order)에서 국가 간 협력은 일종의 사회화 과정으로 구속력을 가진 행위규범이 내부화 과정을 거쳐 국가 행위에 영향을 미치고 점진적으로 신분적 동질성을 형성하여 국제관계에 적극적인, 심지어 매우 지대한 영향을 발생시켜 최종적으로 각국이 평화공존의 원칙을 따르게 할 수 있다고 하였다. 아미타브 아차리야는 도이치학파의 '통합' 이론을 심화 발전시켜 구성주의의 관점에서 아세안(ASEAN)의 설립부터 성장까지의 과정을 재고찰하였고, 이는 아세안의 지역 거버넌스를 해석하는 데 새로운 분석 방법을 제공하였다. 아미타브 아치리야는 동남아시아 지역 국가는 냉전 시기 공동의 내외부 위협(공산주의 운동과 강대국 분쟁)에 대응하면서 지역 안보 협력에 대한 강한 열망(혹, 칼 도이치(Karl Wolfgang Deutsch)가 언급한 '동기부여 메커니즘')이 발생하였다고 보았다. 이러한 협력에 대한 열망은 최종적으로 아세안이라는 지역기구의 설립을 촉진하였고, 아세안의 설립은 동남아시아 지역이 자신만의 지역주의 사상을 형성하는 데 조직적 기반을 마련해 주었다. 아미타브 아치리야는 구성주의의 관점에서 이러한 '아세안 지역주의'를 안보공동체 구축 과정의 일종으로 개념화하였다.
참조: [加] 阿米塔·阿查亚: 《建构安全共同体：东盟与地区秩序》, 王正毅、冯怀信译, 上海人民出版社2004年版, 第8、29-41页。
1) 1962년 9월 4일 프랑스 드골(Charles André Marie Joseph De Gaulle) 장군이 독일 본 방문 당시 발표한 성명에서 명확하게 이 문제를 언급하였는데, 드골은 유럽이 소련의 군사적 위협을 방어하기 위해서는 반드시 연합해야 한다고 하였다. 드골은 "연합을 왜 해야 하는가? 최우선적인 점은 우리 모두 다 같이 직접적인 위협을 받고 있다는 것이다……프랑스는 독일이 프랑스보다 먼저 굴복당한다면 프랑스의 육체와 영혼이 어떻게 위협을

2. 이익에 기반한 협력

이익은 지역 협력을 추진하는 중요한 추진 요인이다. 지역은 개별 국가에는 이익의 확장을 가능케 한다. 독점적으로 이익의 확장을 통해 추구한다면, 필연적으로 충돌·전쟁을 야기할 수 있으며, 설사 일시적으로 이익 확보하더라도 이를 지속하기는 어렵다. 지역 협력은 각 지역 내 국가가 공유하는 공동 이익을 창출할 수 있으며, 이는 지속 가능하다. 지역 내 국가는 지역 자원에 대한 협력 개발을 통해 공동 이익을 창출할 수 있고, 공동 위기 대응으로 이익을 유지·창출하고, 협력을 통해 새로운 이익 기반을 구축할 수도 있다.

국가 규모·실력에는 차이가 존재하는데 대국은 지역 협력에 참여하는 과정에서 더욱 큰 역할·공헌을 할 수 있다. 자연적 상황에서 발생하는 경쟁의 이익 분쟁과 비교해 볼 때, 지역 협력은 이익 창출을 위해 환경·기회를 공유하여 모두의 이익에 부합하는 공공재를 제공한다. 합리적·균형적 이익 분배는 지역 협력을 지속·심화할 수 있는 중요한 요인이다. 막강한 소수 강대국·그룹, 소수 개인이 이익을 독점하는 것을 방지하기 위해 낙후한 약소국·그룹에 대한 특별한 배려가 필요한데, 이를 위해 규범 이행은 더욱 유연해야 하며 특히 약소국·그룹의 실력 제고를 위한 지원이 필요하다.

지역 협력에서의 이익은 다양한 영역에서 각기 다른 형식으로 나타난다. 안보 영역에서 볼 때,

1) 각국 자체 안보 이익을 고려하여야 한다. 지역 구축으로 인해 자국 안보 거버넌스가 약해져서는 안 되고, 자국 안보 환경이 피해를 보아서도 안 된다.
2) 공동 참여하는 협력안보 메커니즘 구축으로 소수 강대국·그룹이 독점하거나 주도하는 것을 방지해야 한다.[1]

경제 영역에서 볼 때, 실력 차이에 따라 각기 다른 국가·민족·기구들은 지역

받을지를 알고 있고 독일도 이를 모르지 않을 것이다. 만약 독일의 배후에서 프랑스가 독일을 지지하지 않는다면 독일의 운명은 뻔하다."라고 하였다.
참조: 张才圣:《国家民族主义与欧洲一体化研究》,《世界民族》2006年第三期。

[1] 찰스 립슨(Charles Lipson)은 정치·안보 영역에서 "어떤 행위자가 기만 행위를 통해 직접적·압도적인 우위로 기타 행위자의 능력을 초과하는 보상을 획득할 가능성이 존재한다"라고 언급하였다. 참조: Charles Lipson, "International Cooperation in Economics and Security Affairs", World Politics, Vol.37, No.1, 1984, pp.1-23.

협력 메커니즘을 활용하는 능력 차이도 매우 큰데, 일부 상황에는 큰 손해를 입기도 한다. 따라서, 협력 아젠다에는 협력 조항을 설립하여 약소국(특히, 경제후진국), 기업(예로 중소기업), 개인(약소그룹)의 참여 능력 제고를 지원해야 한다.

시장경제가 발전하면서 지역 내 각국의 재화·생산요소의 유동이 가속화되었고, 국가 간 무역·투자·금융 영역에서의 교류·협력이 날로 활발해졌다. 지역 내 각국은 자국 경제의 발전과 자기 지역 내 타국 경제의 발전이 서로 불가분의 관계이며 자국의 경제 이익과 사회 발전이 자기 지역의 발전과 불가분의 관계에 놓여있음을 점차 인식하게 되었고, 지역은 국가 경제발전의 바탕이자 버팀목이 되었다. 지역 협력은 공동 이익을 창출하면서 지역 내 각국이 협력을 통해 이익을 얻을 수 있게 하였고, 지역 협력의 중요성에 대한 공감대와 지역 협력을 추진하는 동력을 형성하였다.

지역 협력에서 국가 간 협력 특히, 핵심 국가 간 협력은 매우 중요하다. 예를 들어, 유럽 지역에서 프랑스와 독일의 협력은 유럽 지역 협력을 추진하는 데 중추적 역할을 했다. 프랑스와 독일의 협력 기초는 과거 종식, 미래 지향에 대한 공감대였으며, 협력을 통해 독일을 지역 평화 프레임에 성공적으로 참여시켰고, △프랑스의 독일 견제, △지역 평화 공동 수호의 목표를 실현하였다. 독일은 유럽 지역으로 융합되어 인접국 발전과 연계를 이루었는데, 이는 여타 국가와의 관계 개선은 물론, 제2차 세계대전이 종식된 이후 독일에게 불리한 정치적·경제적 국면을 타개하는 데도 도움을 주었다. 유럽 지역 다른 국가들의 입장에서도 독일을 유럽 지역 협력 메커니즘에 끌어들이면서 독일로부터의 위협을 제어하였고, 유럽 지역 경제발전에 긍정적 영향을 주었다. 유럽연합(EU)의 시기별 정책 결정을 회고해 보면 우리는 시대별 이익 절충점의 변화를 알 수 있는데, △유럽석탄철강공동체(ECSC) 시기 추진한 전략물자 통제, △유럽경제공동체(EEC) 시기 생산요소 유동 장벽 제거, △유럽연합(EU) 시기 추진한 외교·국방·사법·내정 협력 추진, 화폐통합을 통한 유로화 출범 등 정책 결정은 유럽연합 회원국의 공동 이익 관심사와 유럽연합 발전의 단계적 특성을 고려하였다.

지역 협력은 대내적으로 지역 내부의 다양한 자원을 더욱 효율적으로 융합할 수 있고, 대외적으로 지역이라는 실질적 주체를 형성하여 지역 내 국가의 전체 실력을 강화할 수 있다. 각국은 지역 공동 이익에 대한 인식을 바탕으로 협력을 통해 지역 구축을 추진하며, 국가 간 공통된 인식·공감대를 조약 형식으로 규범화 시행하면서 각국 이익을 대표하는 지역 메커니즘을 점차 형성해 나간다. 이는 대내적으로 각국의 상호 교류 규칙을 제공하고 자원 이용·발전에 유리한 환경을 제공하며, 대외적으로 전체의 목소리를 합쳐 각국의 권익 쟁취, 여타 상대 행위 주체와 협력 협정 체결을 통해 대외관계와 이익 공간을 확장할 수 있다. 이러한 과정에서 각국의 이익을 긴밀하게 연계할 수 있고, 지역 내 각국의 지역에 대한 인식과 동질성을 제고할 수 있다.

지역 경제협력은 각국에 막대한 이익을 안겨 줄 수 있다. 지역 경제협력의 주요 형태는 각국이 시장개방을 추진하고 개방적 지역 시장 환경을 조성하여 지역 내 요소·자원의 원활한 유동을 촉진함으로써 지역 내 경제발전을 도모하는 것이다. 지역 이익에 대한 공감대에 기반한 자유무역지대(FTA) 구축은 지역 경제협력의 대표적인 형태이다. 자유무역지대 구축의 뚜렷한 특징은 공동규칙 제정을 통해 각국의 시장개방을 도모하고, 지역 내 재화·서비스·투자·인원 유동에서의 각종 장애 요인을 최대한 제거하며, 관련 규칙·제도를 조율·통일하는 것이다. 경제공동체 구축은 이보다 높은 수준의 경제협력인데, 이는 시장개방을 통해 경제정책을 조율하고 지역 내 상호연계를 실현하는 것이다. 예를 들어, 유럽연합은 하나의 지역 공동시장을 구축하였고 화폐통합을 실현하였다.

【보충 자료】

남미공동시장(MERCOSUR)은 라틴아메리카 지역 최대 경제 통합 기구이다. 1991년 3월 26일 아르헨티나, 브라질, 우루과이, 파라과이 4개국 국가정상은 파라과이 아순시온에서 <아순시온 조약>(Asunción Treaty, 조약은 당해 11월 29일 발효)을 체결하여 남미공동시장 설립을 선포하였다. 이후 남미공동시장은 칠레(1996년 10월), 볼리비아(1997년), 페루(2003년), 에콰도르(2004년 12월), 콜롬비아(2004년 12월) 등 국가를 잇달아 연락국으로 받아들였다. 남미공동시장의 설립 취지는 효율적인 자원 이용, 환경보호, 거시경제정책 협조, 경제 상호보완성 강화를 통해 회원국의 과학·기술 진보를 도모하고 최종적으로 경제·정치 통합을 실현하는 데 있다.

지역 협력의 기본 추진 동력은 지역 내 각국의 지역에 대한 기본적 동질성과 이익에 대한 기본적 공감대에 있는데, 이를 바탕으로 각국은 적극적으로 참여·

행동하면서 함께 지역 협력 메커니즘을 구축한다. 지속 가능한 지역 협력은 지역 협력 메커니즘이 바탕이 되어야 하는데, 협력 메커니즘의 구축에서는 명확한 목표 설정은 물론, 지속 발전하는 협력 행동이 더욱 중요하다. 지역 협력은 매우 복잡한 과제로 실질적 성과를 내기 위해서는 다양한 요인의 융합·작용이 필요하다. 일부 지역에서는 지역 협력에 대한 명확한 목표 설정이 존재하지만, 복잡한 원인으로 실질적 협력 성과는 미미한데, 이는 지역 협력에 대한 각국의 적극성을 떨어트린다. 세계 각 지역을 비교해 볼 때, 지역 협력 수준과 실질적 효과는 차이가 매우 크다.

제2절 지역 경제 통합 구축

경제협력은 국제협력의 핵심 영역이며, 지역 경제 통합의 발전은 협력의 동력이자 협력의 성과이다. 전체적으로 볼 때, 협력은 경제 통합의 심화 발전에 이바지하며, 경제 통합의 심화 발전은 협력 수준 제고를 위한 기반을 닦아준다. 지역 경제 통합은 통상적으로 개방된 시장 환경에서 지역 내 각국 간 경제 상호 참여를 통해 생산·서비스·금융이 긴밀한 연계를 형성하는 것을 가리킨다. 지역 협력에 기반한 경제 통합은 지역 개방과 행위 규칙에 바탕하므로 보다 나은 경제 통합의 균형 발전과 수익 평등을 실현할 수 있고, 이는 협력을 통해 질서 있는 각국 시장개방과 자유로운 요소·자원 유동을 촉진하고, 상호 간 장단점 보완, 전반적 경제 환경 개선을 통해 약소국 협력 참여 제고와 발전 동력 향상을 촉진할 수 있기 때문이다.[1]

지역 경제 통합은 현대 국제경제 관계 발전의 중요한 특징과 추세이다. 지리적 인접성은 지역 경제 통합에 유리한 조건이므로 경제 통합은 지역 경제 통합의 형태가 우선한다. 물론 모든 지역 경제 통합 구축이 인접한 지연 요인에 기반하지는 않으며, 일부는 초지역적으로 구축되기도 한다. 관련 국가는 협의 방식을 통해 개방적·규칙적 시장 공간을 마련하고, 지역 내 재화·요소·자원의 자유로운 유동과 생산 분업의 최적화를 도모한다.

---

[1] 참조: 池元吉、李晓主编：《世界经济概论》，高等教育出版社2013年版，第302页。

1. 지역 경제 통합의 구축 방식

지역 협력에 기반한 지역 경제 통합은 서유럽에서 최초로 나타났는데, 1958년 창설된 유럽경제공동체(EEC, European Economic Community)가 그 시초이다. 그 후 지역 경제 통합 기구가 전 세계 각지에서 우후죽순 나타나면서 큰 추세가 되었다. 지역 경제 통합 추세는 경제 글로벌화 심화 발전, 세계 다극화 발전의 새로운 추세를 반영하였다. 현재 전 세계에는 각기 다른 규모·발전단계의 지역 경제 통합 기구가 수백 개 존재한다. 지역 경제 통합의 추진 과정·특성에 따라 아래 몇 가지 유형으로 구분할 수 있다.

1) 자유무역지대(FTA). 자유무역지대는 각 참여국이 협정 체결을 통하여 상호 간 시장을 개방하고, 재화·서비스·투자·인원의 지역 내 유동을 촉진하는 것을 가리킨다. 새로운 형태의 자유무역지대 협정은 더욱 광범위한 내용을 포함하는데, 기술 표준, 규칙·제도, 정책 등 영역의 조율·통일도 관련된다.

2) 관세동맹(Customs Union). 관세동맹은 자유무역지대의 기초 위에 각 회원국이 비회원국으로부터의 수입 재화에 대해 통일된 관세정책을 채택하는 것을 의미하는데, 즉, 관세동맹 외의 재화가 관세동맹 내 어떤 회원국에 진입하더라도 모두 동일한 관세를 부과하는 것을 가리킨다. 관세동맹의 각 회원국은 국제무역 담판에서 협상 일치 원칙을 내세우거나, 하나의 조직으로 담판에 참여한다.

3) 공동시장(Common Market). 공동시장은 관세동맹의 기초 위에 각 회원국 간 더욱 높은 차원에서 노동력, 자본, 기술 등 요소의 지역 내 자유로운 유동을 허용하고, 지역 내 각국의 경제정책을 조율하여 지역 내 경제발전을 실현하는 것을 가리킨다.

4) 경제통화동맹(Economic and Monetary Union). 경제통화동맹은 공동시장의 기초 위에 각 회원국이 더욱 높은 차원에서 재정정책, 통화정책, 환율정책을 조율하여 점차 통일된 경제정책, 사회정책을 제정·집행하고 통일된 통화를 발행함으로써 통합 수준을 재화 교환에서 생산, 분배, 나아가 국민경제 전반으로 확대하는 것을 의미하는데, 즉, 지역 내 각국이 일종의 유기적·실체적 경제 주체를 형성하는 것을 가리킨다.

오늘날 가장 흔히 볼 수 있는 지역 경제 통합의 형태는 자유무역지대이다. 관세동맹과 공동시장은 비교적 드문 편이며, 경제통화동맹 수준의 경제 통합 기구는 유럽연합(EU)이 유일하다. 일부 지역이 구축한 경제공동체, 예를 들어, 아세안은 시장개방, 정책과 규칙·제도 조율을 통하여 최대한 지역 내 자원 유동 방해 요인을 줄여 지역 내부 경제발전 환경 최적화하고 지역 내 단일한 생산기지, 균형 있는 경제발전 지대를 구축하는 데 중점을 둔다. 현실에서 지역 경제 통합 기구의 발전은 엄격하게 위의 분류에 근거하지는 않는다. 구체적인 경제 통합 기구 형태는 어떤 유형의 일부 특징만을 가지거나 혹은 다양한 유형의 특징을 동시 보유할 수 있으며, 발전 방식도 능동적이고 다양하다.

지역 내 각국 정부는 지역 경제 통합 메커니즘화 구축을 추진하는 핵심 주체이다. 정부가 지역 협력을 지지하는 목적은 더욱 양호한 지역 발전 환경을 조성하여 더욱 많은 수익을 창출하는 것으로, 이는 공동 발전을 추진하는 데 도움을 준다.[1] 지역 경제 통합은 폐쇄적이지 않고, 외부와 긴밀하게 연계된다. 설사 지역이 배타적 정책을 시행하여 자기 지역 내 경제 개방과 협력 수준을 높이더라도, 지역 내 모든 국가의 이익이 지역 내에만 국한되어 있지는 않다. 따라서, 지역 내 각국은 지역 메커니즘 구축과 다자 메커니즘 유지를 상호 연계하고 있다.

2. 지역 경제 통합 구축을 지지하는 이론

경제 통합의 발전은 이론적 지지를 받는다. 이론은 실제 추진 경험사례에서의 결론이기도 하지만, 더욱 중요한 점은 경제 통합의 발전 과정에 대한 가이드라인과 보완 작용을 한다는 점이다.

관세동맹은 지역 경제 통합의 기본형식인데, 초기 관세동맹 이론은 비교우위에 기초한 자유무역이 각국의 경제 이익을 확대할 수 있다고 주장하였다. 제2차 세계대전이 종식된 후, 1950~60년대부터 체계적인 관세동맹 이론이 등장하기 시작하였다. 미국 경제학자 제이콥 비너(Jacob Viner)가 제시한 관세동맹 이론은 대내적 관세 제거, 대외적 관세 통일이 가져오는 각종 효과를 중점적으로 연

---

[1] 참조: 韩杰:《经济全球化与区域经济一体化的关系》,《现代营销（下旬刊）》2020年第6期。

구하였다. 관세동맹 이론은 국제무역이론 가운데 무역의 정태적 효과와 무역의 동태적 효과에 근거하여 정태적 효과와 동태적 효과를 나누어 분석하였다.1)

관세동맹의 정태적 효과는 경제자원 총량 불변, 기술 조건 불변의 전제조건 아래 관세동맹이 동맹 내외 국가, 경제발전, 물질적 복지에 미치는 영향, 주로 무역 창출 효과와 무역 전환 효과를 가리킨다.

'무역 창출 효과(trade creation effect)'는 관세동맹 구축 후 관세동맹 내 회원국의 일부 국내상품이 관세동맹 내 생산비용이 더 저렴한 다른 회원국 상품으로 대체되면서 과거에는 없던 신규 무역량을 창출하는 것을 가리키는데, 무역 창출 효과는 각 회원국 간 자원 분배 효율성을 높일 수 있다.

'무역 전환 효과(trade diversion effect)'는 A국이 관세동맹 가입 이전, 전 세계에서 생산효율이 가장 높고 비용이 가장 낮은 B국으로부터 한 상품을 수입하던 것이 A국이 관세동맹에 가입한 후, B국이 관세동맹에서 배제됨에 따라 기존 A국이 B국에서 수입하던 상품의 세후 가격이 A국이 관세동맹 내 C 국에서 수입하는 면세가격보다 높아지게 만들어 즉, A국 수입 상품이 기존 비용이 가장 낮은 B국에서 관세동맹 내 C국으로 옮겨가는 것을 가리킨다. 세계적으로 무역 전환 효과는 저비용 상품 생산 감소, 고비용 상품 생산 증가를 초래하여 자원 분배 효율을 하락시킬 수 있다.

관세동맹의 동태적 효과는 관세동맹이 회원국의 취업, 생산, 국민소득, 국제수지, 물가수준에 어떠한 영향을 미치는지를 가리키는데, 주로 규모의 경제 효과, 경쟁 효과, 투자 효과를 포함한다.2) 이러한 효과는 주로 아래와 같은 영역에서 나타난다.

'규모의 경제(economy of scale) 효과'는 관세동맹 구축 후 회원국 국내시장

---

1) 1950년대 미국 경제학자 제이콥 비너(Jacob Viner)는 자신의 대표작 <관세동맹 문제>(The Customs Union Issue, 1950)에서 체계적으로 관세동맹 이론을 제시하였고 혁신적으로 무역 창출 효과 무역 전환 효과를 활용하여 관세동맹의 실질적 효과를 보여주었다. 제이콥 비너의 관점에 따르면, 완전한 형태의 관세동맹은 아래 세 가지 조건이 필요하다. (1) 협정국 간 관세 완전 취소이다. (2) 비협정국 혹은 비협정지역의 수입 상품에 대한 통일적 관세 부여이다. (3) 협상 방식으로 협정국 간 관세수입을 분배한다. 위 조건을 통해, 관세동맹은 내부 협정국에 대한 무역자유화를 시행할 수 있고, 비협정국에 대한 무역 보호 작용을 발휘할 수 있다. 관세동맹 자체의 이 두 상충적 기능은 관세동맹의 정태적 효과와 동태적 효과를 형성하였다.
  참조: 梁双陆、程小军:《国际区域经济一体化理论综述》,《经济问题探索》2007年版第1期。
2) 참조: 梁双陆、程小军:《国际区域经济一体化理论综述》,《经济问题探索》2007年版第1期。

이 통일 대시장으로 전환되면서 자유시장 규모가 확대되어 모든 회원국 내 기업이 규모의 경제 효과를 얻는 것을 가리킨다.

'경쟁 효과'는 관세동맹 구축 후 내부 시장이 통합되면서 경쟁이 과열되고 투자 규모가 확대되어 연구개발 심화 추진을 통해 기술 진보를 하게 된다는 것을 가리킨다.

'투자 효과'는 관세동맹 구축 후 시장 규모가 확대되고 투자 환경이 개선되면서 각 회원국의 기업이 관세동맹 내 투자 확대를 추진하거나, 관세동맹 외구가 기업이 관세장벽을 회피하기 위해 관세동맹 내 회원국에 공장을 설립하는 것이다.

관세동맹 이론은 각 회원국 간 생산요소, 세계 기타 지역의 생산요소는 유동하지 않고 재화만 이동한다고 가정한다. 반면, 공동시장은 관세동맹의 재화 자유무역의 기초 위에 지역 내 생산요소의 자유로운 유동을 실현함으로써 공동시장 이론을 형성하였다. 공동시장 내 생산요소는 경제적 유인에서 이익 극대화가 가능한 지역으로 이동하여 관세동맹보다 높은 차원의 분배 수익을 창출한다. 공동시장 이론에 관한 연구를 통해 '대시장 이론(theory of big market)'이 탄생하였는데, 대시장 이론은 동태적 관점에서 지역 경제 통합의 경제적 효과를 분석하였다. 대시장 이론의 핵심 사상은 시장 확대는 규모의 경제 실현을 위한 전제조건이며 시장 확대로 인한 경쟁 심화는 규모의 경제에 기반한 수익 달성을 촉진한다는 것이다. 오늘날까지 공동시장 이론은 유럽연합에서 시행된 적이 있으나, 개발도상국의 지역 경제 통합 중에서는 적용된 적이 없는데, 이는 공동시장 이론이 반드시 관세동맹 혹은 자유무역지대의 기초 위에 추진되어야 하며, 각 회원국의 경제발전 수준·단계가 대체로 비슷해야 하기 때문이다.1)

일본 경제학자 키요시 코지마(Kiyoshi Kojima)는 전통적 국제분업 이론이 장기적 비용 체증, 규모에 대한 보수 체감에 기초하고, 장기적 비용 체감, 규모에 대한 보수 체증을 고려하지 않았다고 주장하면서 협의성 국제분업 이론을 제시

---

1) '대시장 이론'은 동태적인 측면에서 지역 경제 통합이 가져오는 경제효과를 분석했는데 이는 공동시장에 대한 심화 분석이다. 대표 학자는 스키토프스키(Scitovsky), 드니와(Deniau)가 있다. 공동시장은 통합 수준에서 볼 때 관세동맹보다 한 단계 높은 차원으로 공동시장은 보호주의로 분할된 동맹 내 소시장들을 대시장으로 통일하여 대시장 내 경쟁을 통해 대량 생산이 가져오는 규모의 경제 등 방면에서의 이익을 실현한다.
참조: T.Scitovsky, Economic Theory and Western European Integration, London: Allen& Unwin, 1958.

하였다. 즉, 한 국가가 어떤 상품에 대한 생산을 포기하고 자국 시장을 다른 국가에 내주고, 또 다른 국가는 또 다른 상품에 대한 생산을 포기하며 자국 시장을 상대 국가에 내주는데, 양국이 상호 간에 시장을 제공하는 협의를 달성하여 협의성 국제분업을 추진한다는 것이다. 협의성 국제분업 추진 이전, 양국은 각각 두 개 상품을 생산하지만, 시장 규모가 작은 국내시장은 생산량이 적고 비용이 높다. 반면, 협의성 국제분업 추진 이후, 각자 각기 다른 상품을 전문적으로 생산하면서 시장 규모가 확대되고 생산량이 증가하고 비용이 하락하는데, 협의성 국제분업을 실현한 양국은 모두 규모의 경제의 혜택을 공유할 수 있다.

협의성 국제분업이 실현되려면 반드시 아래 세 전제조건을 만족해야 한다.

1) 협의성 국제분업을 추진하는 두 국가(혹은 다수 국가)의 요소 비율이 비슷하고, 공업화 수준과 경제발전 단계가 유사하며, 협의성 국제분업 대상 상품이 양국에서 모두 생산 가능해야 한다.
2) 협의성 국제분업 대상 상품이 반드시 규모의 경제 효과를 통해 이익을 창출할 수 있는 상품이어야 한다.
3) 협의성 국제분업에 참여하는 국가가 각 협의성 분업 대상 상품을 생산하는 데서 비용 차이가 크게 없어야 한다.

위와 같은 전제조건에서 볼 때, 협의성 국제분업의 성공은 반드시 동일한 발전단계에 있는 국가 간 구축되어야 하고, 공업국과 농업국 사이에서는 구축될 수 없으며, 선진국 간에는 협의성 국제분업이 가능한 상품의 범위가 더욱 넓고 이익이 더욱 크다. 그 외, 생활 수준, 문화 등 방면에서 비교적 유사한 국가·지역은 협의 달성이 더욱 용이하고, 상호 간 수요의 균등 발전을 비교적 쉽게 유지할 수 있다.[1]

지역 경제 통합의 핵심은 지역 요소·자원 유동의 자율성 제고로 요소·자원 이동이 어떠한 제약도 받지 않도록 하여 요소·자원의 최적화 배치를 실현하는 것에

---

[1] 협의성 국제분업 원리는 1970년대 일본 히토쓰바시대학 경제학 교수 키요시 코지마가 제시하였는데, 핵심 관점은 지역 경제그룹 구축 후 분산된 각 경제주체의 소시장이 단일한 대시장으로 통합되면서 기업은 시장 규모의 제약을 벗어나게 되고, 협의 방식을 통해 각 회원국이 규모의 경제로 인한 수익을 분배할 수 있게 한다는 것이다.
참조 : 李锐、张绣娥、孙明远 : 《协议性国际分工理论与综合发展战略理论》, 《国际商报》 2010年5月4日.

있다. 현실에서 이러한 지역 요소·자원 유동 자율성 제고 정책은 장단점이 모두 존재한다. 슬로베니아 경제학자 보리스(Boris Cizelj)는 '종합 발전 전략 이론'을 제시하였는데, 개발도상국은 경제 통합을 일종의 발전 전략으로 삼아야 하며, 반드시 다른 영역에서도 고차원적 통합을 추진할 필요는 없다고 보았고, 통합을 집체적 자력갱생의 수단이자 새로운 질서에 근거해 세계 경제를 점차 변화시키는 요소로 보았다. 보리스는 무역, 투자 등 측면 뿐 아니라, 경제, 정치, 기구 등 다양한 요인이 주는 경제 통합의 효과를 고려하였는데, 강력한 공동기구와 후진국의 우위를 보호하려는 정치적 의지를 전제로 언급하였다. 위에서 볼 때, 정부의 효율적인 간섭은 경제 통합에 있어 매우 중요하며, 개발도상국의 경제 통합은 세계 경제를 변화시키고 국제경제의 새로운 질서를 구축하는 요소이다.[1]

3. 지역 경제 통합의 효능

경제 순환의 관점에서 볼 때, 지역 경제 통합은 일종의 내재적 규율, 즉 국제협업을 통해서 더욱 큰 경제적 효익을 획득할 수 있다. 시장의 관점에서 볼 때, 경제 통합을 뒷받침하는 메커니즘은 시장의 법칙인데, 즉 경제적 효익에 기반한 국제분업은 산업체인과 공급체인을 형성하고, 국제분업에 참여하는 주체는 기업이며, 기업은 분업에 근거하여 연구개발, 가공조립, 판매를 진행한다. 바로 이러한 국제분업에 기반한 공급체인은 각국 경제의 상호 의존도를 나날이 증대시키고, 지역 생산·경제 네트워크를 형성한다.

국가를 본위로 한 지역에서 지역 경제 통합은 각국 정부의 지지가 매우 중요하다. 경제 통합 구축에 참여하는 각 국가·지역의 관점에서 볼 때, 지역 경제 통합의 목적은 각자 경제, 무역 등 방면의 이익을 유지하고 자국 경제발전과 종합 국력을 신장하기 위해 더욱 양호한 외부 환경을 창조하는 것이다. 국제분업 심화와 경제 글로벌화 수준 제고의 영향으로 모든 국가가 경제 통합 발전을 지지하게 되면서 국경, 시장, 체제 등 방면에서 경제 통합 발전을 방해하는 요인들을 제거하고 더욱 밀접한 정치·경제 협력 관계를 형성하며 지역 경제 통합 메

---

[1] 종합발전전략 이론은 보리스가 저서 <남-남 협력의 도전>에서 체계적으로 제시하였다.
  참조: 李锐、张绣娥、孙明远: 《协议性国际分工理论与综合发展战略理论》, 《国际商报》 2010年5月4日.

커니즘 구축을 도모하도록 하였다.

　세계 경제가 통합되는 특징은 사회·경제 발전의 객관적 추세이자, 경제 글로벌화 발전의 필연적 결과이지만, 통합 과정에서 나타나는 정치·경제 발전의 불균형은 세계 각 국가·지역에 장기적으로 나타나는 객관적 문제이기도 하다. 이러한 문제로 인해 경제 통합 과정은 필연적으로 수많은 과도적 단계를 겪으며, 단번에 완성되기는 어렵다. 지역 경제 통합에서의 각종 형식은 바로 세계 경제 통합 과정에서의 각종 과도기적 절차와 형식이다. 각기 다른 지역 통합 기구에서 협력 수준이 끊임없이 깊어지고 협력 범위가 확대되는 과정은 바로 세계 경제 통합으로 나아가는 과정이다. 또한, 세계 정치·경제의 불균형 발전으로 각국 경제 실력과 세계 경제에서의 위치는 끊임없는 변화가 발생한다. 이러한 변화는 오랜 불균형 관계를 파괴하고 새로운 불균형 관계를 끊임없이 생성한다.

　세계 각국은 지역 경제 그룹을 구축·정비하여 여타 지역 경제 그룹에 대항하면서 자체 이익을 수호한다. 그 외, 정치 발전을 모색하여 갈등·충돌 완화, 지역 정세 안정를 추구하여 지역 평화, 발전, 안정을 촉진하는 것은 지역 내 국가가 추구하는 공동 목표이며, 이 과정에서 지역 경제 통합은 지역 평화와 안정에 긍정적 작용을 발휘한다.

　유럽 지역 협력의 최초 추진 원인은 유럽인들이 두 차례 세계대전으로 입은 피해·손실을 절감하여 다시는 유럽에서 전쟁이 발발해선 안 되고, 반드시 협력, 통합, 연합을 통해야만 유럽의 장기적 안정, 안보, 발전을 실현할 수 있다고 인식한 데 있다. 유럽 지역 각국은 경제협력과 지역 경제 통합을 추진하면서 지역 평화와 발전을 구현하였다. 아프리카 지역 일부 국가의 정세는 장기 불안정하고, 대다수 국가 경제는 낙후되어 있는데, 이러한 요인은 아프리카가 지역 협력을 적극 추진하여 아프리카 자유무역지대를 구축하고 경제 통합을 통해 지역 안정과 경제 발전을 실현하도록 한다.

　물론, 각국의 직접적 지지나 적극적 참여가 없으면 지역 경제 통합의 형성·발전은 실현하기 어렵다. 현재 글로벌화 추세에 따라 각국은 극심한 국제경쟁에 직면해 있는데, 이와 같은 상황에서 지역 경제 통합 메커니즘 구축 추진은 지역 내 각국에 더욱 많은 이익을 창출하고, 각국의 경쟁력 제고하는 데도 도움을 줄 수 있다.

　지역 경제 통합은 경제 글로벌화의 기초 위에 플러스 요인이며, 지역 경제 통합은 경제 글로벌화와 강한 연계성이 존재한다. 따라서, 지역 경제 통합은 경제 글로벌화의 중요한 구성요소이자, 경제 글로벌화 발전에 있어 매우 견고한 기초를 다져준다. 특히, 세계 경제 발전 과정 내 갈등이 심각해지는 상황에서 지역 경제 통합은 세계 경제 통합 발전을 촉진하면서 경제 통합의 퇴행을 저지한다. 지역 경제 통합은 상대적으로 추진이 수월하고 규칙 제정, 경제협력 강화와 관련한 공감대를 달성하기 더욱 용이하다. 지역 경제 통합 발전은 글로벌화 발전을 추진하는 동력이라고 할 수 있는데, 특히 규칙 제정 방면에서 지역 내에서 우선적인 공감대를 달성하고 추진 과정에서 검증을 거쳐 글로벌 범위로 점진적으로 확대할 수 있다. 이렇듯, 현실에서 지역은 새로운 규칙을 추진하는 '테스트 마켓'이 될 수 있다. 물론 지역 경제 통합 구축 역시 몇 가지 문제점을 가지고 있다.

1) 각기 다른 규칙에 기반한 지역 경제 통합은 초지역적인 경제 교류를 어렵게 만들며, '스파게티 볼 효과(Spaghetti bowl phenomenon)'를 초래할 수 있는데, 즉, 각기 다른 규칙이 서로 얽혀 초지역적 경영에 어려움을 더한다.[1]
2) 요소·자원이 더욱 양호한 조건을 가진 지역으로 유동하여 지역 발전 불균형을 심화시킨다. 지역 경제 기구는 자유무역주의와 보호주의를 상호 배척, 상호 의존하는 모순적 주체의 특성을 보인다.

사실상 경제 글로벌화 자체도 문제점이 존재한다. 그중, 심각한 문제는 경제 발전 불균형, 요소·자원 유동 불균형, 부(富)의 분배 불균형이 있으며, 일부 지역은 주류에서 밀려나고 일부 세력은 글로벌화에서 수혜를 받지 못하거나 손해를 입기도 하는데, 이 과정에서 요소·자원이나 부(富)가 소수 대기업이나 소수 개인에게 과도하게 집중되기도 한다. 경제적 효익에 기반한 산업 이전은 오염의 이전, 생태계 파괴, 과도한 자원 개발, 내버려진 '러스트 벨트(Rust Belt)' 등 문제를 초래하였고, 이 또한 反글로벌화 목소리가 세계적 범위로 확산되는 중요한 원인이다. 反글로벌화에는 각기 다른 배경이 존재하지만, 反글로벌화 세력의 중

---

[1] '스파게티 볼 효과' 이론은 바그와티(Bhagwati)가 제시하였다.
　참조: Bhagwati, "The US Trade Policy: The Infatuation with FTAs", in Jagdish Bhagwati and Anne O.Krueger (eds.), The Dangerous Drift to Preferential Trade Agreements, Washington D.C.: AEI Press, 1995.

심은 글로벌화에서 수혜를 받지 못하거나 손해를 입은 집단이다. 따라서, 지역 경제 통합에서는 글로벌화로 나타난 심각한 문제를 감소·해결하는 데 도움을 주는 것이 필요하다.

제3절 지역 협력 제도 구축

국제지역 협력의 중요한 기초는 국가 간의 공동 이익과 상호 인정에 있지만, 이러한 기초가 있다하더라도 지역 협력이 자동적으로 실현될 수는 없다. 국제관계 이론 중 新현실주의나 新자유주의는 모든 국가가 이성적 행위 주체이면서 기회주의적 성향을 지닌다고 전제한다. 효율적인 제약이 부재한 상황에서 지역 내 국가 간 협력은 역선택, 도덕적 해이, '무임승차' 등 위험에 직면할 수 있으며, 한 국가가 국가이익 실현을 위한 정책 제정시 여타 국가의 이익을 고려하지 않게 되면서 국가 간 갈등·충동을 야기하여 국가 간 협력 비용을 증가시키는 결과를 낳는다.

각국은 정책 조율·개선을 통해 상호 간 긴장 관계를 완화하고 협력을 추진할 수 있지만 장기적인 해결책은 아닌데, 국제체제는 무정부 상태로 각국 행위의 자주성은 많은 불신과 불확실성을 발생시키면서 지속적 협력 관계를 유지하기 어렵게 만들기 때문이다. 따라서, 지역 내 각국이 상호협력을 추진하려면, 반드시 지역 내 국가 간 다양한 형태의 제도적 장치 구축을 통해 국제지역 협력 과정에서의 난관을 극복해 나가야 한다. 이러한 협력을 원활하게 해주는 제도는 지역 협력 조약, 지역 협력 기구, 협력 포럼, 비메커니즘화의 기능성 협력 등 다양하며, 물론 이 중에서 가장 효율적인 제도는 공식 지역 협력 기구를 구축하는 것이다.

1. 지역 협력 제도 건설의 동기

제도 건설은 국제지역 구축의 중요한 구성 부분이다. 제도 건설은 형식, 기능, 제도화 수준이 모두 크게 상이하지만, 동일한 부분도 존재하는데, 즉 지역 관계, 지역 사무에 대한 관리를 진행한다는 것이다. 일반적으로 볼 때, 제도화 건설은 각 참여국의 국제지역에 대한 높은 동질성을 전제로 하며, 참여국은 국가 치권(治權) 일부를 지역기구에 양도·이행하게 할 의사를 지니고 있다. 하지만, 국가 간 권력 양도에서 비용이 없는 것은 아니며, 이때 국가 권력 양도로 발생하는 비용을 '국가 간 교역 비용'1)이라고 지칭할 수 있는데, 이는 국가가 권력 양도 계약 체결 전에 국가가 △잠재적 교역 대상과 외부 환경에 대한 정보 획득, △교역 대상과의 권리·의무 규정, △교역 대상과 교역 조건에 대한 협상을 위해 소요하는 비용, △국가가 권력 양도 계약 체결 후 교역 대상의 이행 상황 감독을 위해 재차 협상하는 비용, △교역 대상의 불이행 시 제재 실시 등에 드는 비용을 포함한다.

지역 협력 제도 건설의 목적은 국가의 이기적 행위를 극복하고 국가의 행위 방식, 행위 범위에 대한 규범화와 이에 대한 구속을 행하기 위함이다. 지역 협력 제도는 국가 간 공감대를 달성한 일련의 규범, 규칙, 절차 등이며, 명확한 목표가 존재한다. 제도는 안정성을 가지므로 국가는 협력의 미래 발전 방향에 대해 예측 가능한 전망을 가질 수 있다. 제도의 구속력에 기반하여, 국가는 다른 국가의 행위, 국제환경 변화에 대해 충분한 예측·판단을 할 수 있으며, 이를 바탕으로 자국 정책과 이익 성향을 조정하여 다른 국가와의 갈등·충돌을 피할 수 있다. 지역 협력 제도는 국가 간 협력 관계의 구축·유지를 보장하고, 이로써 지역기구 형성·발전에서 중요한 역할을 할 수 있다.

예를 들어, 경제, 사회 등 영역에서 제도 구축을 통해 정보 비대칭, 기회주의적 행위로부터 초래되는 교역 비용을 감소시킬 수 있듯이, 국제지역 협력에서 지역 협력 제도 구축 또한 지역 협력에서 안정적 협력 메커니즘을 제공하여 국가 간 불확실성을 줄이고 지역 내 국가 협력 의사를 공고히 할 수 있다. 지역 제도는 정보 채널 제공, 정보 비대칭 개선을 통해 각국이 더욱 정확하게 상호 간 행위의 의도를 파악할 수 있게 한다. 지역 제도는 협력 메커니즘의 구축을 통해 법률을 기반으로 하여 회원국 간 자국 이익과 지역 이익을 실현하고 상응하는 행위 준칙을 통해 회원국의 행위를 규범화하여 협력 비용과 위험을 감소

---

1) 참조 : 田野：《国际关系中的制度选择：一种交易成本的视角》, 中国人民大学博士学位论文, 2004年。

시킨다. 제도 구축은 지역 내 국가의 협력 구축, 장기적 협력을 유지하는 데도 도움을 준다.

지역기구 구축은 국제지역 제도화 건설의 기초이며, 일부 지역기구는 비교적 성숙한 지역 제도를 구축하였는데, 이는 법률기구, 입법기구, 의사결정기구, 관리기구 등 체계를 포함한다. 반면, 다른 일부 지역은 지역기구를 기반으로 정상회의, 장관회의, 정부 부처를 포함한 협력 메커니즘 프레임을 구축하였는데, 이는 주로 대화·협상을 통해 중요사안에 대한 공감대를 달성하며, 구체적인 관리는 기능성 협력 메커니즘 구축을 통해 추진되기도 한다. 또 다른 일부 지역은 지역기구 산하에 선택적으로 직능 관리 기구를 두고 부분적 관리 권한을 행사하기도 한다. 기능성 협력 메커니즘 구축에서는 지역기구를 설립할 필요 없이 기능성 협약 체결을 통해 진행할 수도 있다. 일부 지리적으로 인접한 소지역의 제도 구축 형식은 더욱 능동적인데, 주로 공통적인 수요에 기반한 협력을 추진하며, 일부는 지역기구와 직접적으로 연계하기도 한다.

현존하는 문헌에서는 국제제도 범주에 대한 구분에 있어서 권위성을 가진 공통된 관점이 없으며, 제도 형식에 대한 구분에서도 통용되는 기준이 존재하지 않는다. 제도 형식을 어떻게 구분하는지는 연구 목적, 연구기법과 크게 연관이 있다. 미국 국제정치학자 로버트 코헤인(Robert Owen Keohane)은 국제제도가 △공식적 정부 간 기구, △초국가적 비정부기구, △국제 메커니즘과 국제관례 세 가지 형식이 있다고 보았다. 정부 간 기구, 초국가적 비정부기구는 목표지향적인 실체적 주체이며, 국가는 이러한 기구를 설계·구축하여 감독·적응하며, 이러한 기구는 각국·그룹에 적용되는 명확하고 구체적인 규칙을 제정한다. 국제 메커니즘은 명확한 규칙 제정하는 제도 건설이며, 이러한 규칙은 정부가 만장일치로 동의한 국제관계에 종속하는 하나의 특정 영역인데, 예를 들면 1944년 브레튼우즈체제(Bretton Woods System)가 있다. 국제관례는 비공식적인 제도로서 국제 행위 주체가 예측 가능한 '함축'적인 규칙을 포함한다. 국제관례는 국제 행위 주체가 명확한 규칙이 부재한 상황에서 상호 간 행위를 이해·조율할 수 있게 한다. 로버트 코헤인의 정의에 따르면, 지역 협력 기구와 지역 협력 메커니즘은 차이가 존재한다. 지역 협력 메커니즘에서의 일련의 법률·규범 구축은 지역 내 국가의 상호 타협·협상의 산물이며, 이러한 타협·협상은 협력 메커니즘의 정비와 국제지역 협력의 지속적인 발전을 도모한다. 반면, 지역 협력 기구는 공식적으로 설립되어 총회 정기 개최, 상설 사무국과 분과 조직 등 추진이 필요하기 때문에 더욱 장기적인 규칙이 필요하다.[1]

지역 협력 제도 구축의 방식과 수준에 관해서는 아래 세 가지 측면에서 비교해 볼 수 있다.[2]

1) 공식화(公式化). 공식화는 국가 간 행위 준칙을 명확하게 서술하고 공개적으로 비준하는 것을 가리킨다. 공식화 수준은 국제제도 구축의 형식적 특징이다. 도널드 푸찰라와 레이먼드 홉킨스(Donald Puchala, Raymond Hopkins)의 공식 메커니즘과 비공식 메커니즘에 대한 구분, 로버트 코헤인의 국제 메커니즘과 국제관례에 대한 구분은 모두 이러한 형식적 특징에 중점을 두고 있다. 지역 협력의 추진 과정에서 양자 혹은 다자 조약과 이를 기반으로 구축한 공식 국제기구는 가장 공식적인 국제제도의 이행이며, 이러한 기구들은 국제법적 지위를 가진다. 이와 달리, 국가 간 암묵적 승인과 구두 협의는 완전히 비공식적인 것이다. 행정협정, 비구속성 조약, 공동성명, 공보, 회의 기록, 양해 각서, 준 입법 협의 등 국제제도의 이행은 중간 유형에 속한다. 이러한 중간 유형의 제도 이행은 국가 의무와 승낙 표현에 있어 암묵적 승인과 구두 협의보다 더욱 정확하고 공개적이지만, 공식 조약과 같이 국가 입법기구의 공식 비준을 받은 것은 아니다.

2) 집중화(集中化). 집중화는 구체적·안정적 기구 구조와 행정시설을 구축하여 집체적 행동을 관리하는 것을 가리킨다. '집중화'라는 개념은 광범위한 집중적 행동을 포괄하는데, 이는 정보 배포, 협상 비용 절감, 규칙 시행 촉진 등을 포함한다. 유럽연합(EU)과 아세안(ASEAN) 등 지역기구는 모두 집중화 수준이 매우 높은 지역기구이다. 일반적으로 집중화는 공식화를 전제로

---

[1] V.Rittberger, B.Zangl, A.Kruck, et al., International Organization, Macmillan International Higher Education, 2019.
[2] 도널드 푸찰라(Donald Puchala)와 레이먼드 홉킨스(Raymond Hopkins)는 국제 메커니즘을 공식 메커니즘과 비공식 메커니즘으로 구분하였다. 공식 메커니즘은 국제기구가 입법을 통해 형성한 이사회, 대표대회 혹은 기타 실체의 방식으로 유지하는 국제 관료적 기구로부터 감독 관리를 받는 국제 메커니즘을 가리킨다. 비공식 메커니즘은 목표들 사이에서 참여자의 관심사나 공통된 인식에 기반하여 구축 유지되며 공통의 자아 이익 혹은 신사협정을 통해 추진하고 상호 간 감독에 의존한다.
참조 : Donald J.Puchala and Raymond F.Hopkins, "International Regimes: Lessons from Inductive Analysis", International Organization, Vol.36, No.2, 1982, pp.245-275.

하며 공식 조약을 기초로 삼는다. 하지만, 수많은 자유무역협정이 구체적·안정적인 기구 구조와 행정시설을 갖지 않는 것을 보면, 공식적인 국제제도가 필연적으로 매우 높은 집중화의 특징을 가지는 것은 아님을 알 수 있다.

3) 수권화(授權化). 수권화란 제3자에게 규칙 해석·운용, 충돌 해결, 후속 규칙 제정에 관한 권한을 부여하는 것을 가리킨다. 국내 정치에서 유권자는 정치인에게, 의원은 정당 대표에게 권한을 부여하며, 국제지역 협력에서 민족국가는 지역기구에 권한을 부여한다. 하지만, 국내 정치에서의 수권과 비교해 볼 때, 국가가 지역기구에 수권할 시에는 더욱 신중한 경향이 있다. 소수 지역기구만이 회원국으로부터 광범위하게 권리를 부여받았으며, 대다수 지역기구가 받은 권한은 상당히 제한적이고 미미한데, 따라서 각 지역기구는 수권화 수준에서 상당히 큰 차이를 보인다. 유럽연합위원회(European Commission)는 거버넌스 조례를 기초(起草)할 수 있는 자격을 부여받았고, 이러한 거버넌스 조례는 회원국들의 동의를 받은 후 공식적인 법적 구속력을 가지게 되었다. 유럽연합사법재판소(Court of Justice of the European Union, 또는 유럽법원)는 제3자의 신분으로 법적 구속력을 가진 판결을 할 수 있게 되었다. 유럽연합이 충분한 권한을 가진 것과 달리, 수많은 지역기구는 규칙을 독립적으로 제정·실시할 수 없다.

수권화 수준 차이를 근거로 하여, 지역기구를 △정부 간 지역기구와 △초국가적 지역기구로 구분할 수 있다.

정부 간 지역기구는 국가 중심론을 기초로 하며, 지역기구는 국가 간 협력을 진행하는 외부 플랫폼이자, 국가 간 관계를 조율하는 외재적 제도이다. 정부 간 지역기구는 경제·사회 등 저층위 정치영역에 대한 관할권 혹은 주권 일부의 양도가 연관될 수 있지만, 군사·외교 등 고층위 정치영역의 권력 양도가 관련될 가능성은 매우 적다. 오늘날 세계상에 존재하는 지역기구 대부분은 정부간주의 단계에 있다.

초국가적 지역기구는 국제지역 협력이 어느 정도 지역정부 구축의 수준에 도달한 것을 가리킨다. 이러한 발전 과정에서 회원국은 자국 고층위 정치영역의 주권을 지역기구에 양도하여 공동의 군사·외교 전략을 실시하고 통일된 헌법 조약을 제정한다. 초국가주의에서의 지역기구는 주권 국가의 속성을 가진다. 유럽연합이 바로 정부 간 지역기구에서 초국가적 지역기구로 가는 과도기적 단계에 있다. 지역기구의 정치 메커니즘과 경제 메커니즘은 상호연계, 상호작용한다. 프랑스 경제학자 장 모네(Jean Monnet)는 초국가적 정치 메커니즘이 효율적으로 구축되기 위해서는 반드시 경제 통합을 바탕으로 해야 한다고 언급하였다.[1] 지역 경제 통합이 심화 발전함에 따라 지역기구는 국가 간 협력 형식에서 초국가적 형식으로 발전할 가능성이 크다.

지역기구 제도 발전의 노선은 상향식과 하향식 두 가지가 있다.

기능주의는 상향식으로 지역 문제를 해결하는 방법이다. 기능주의 이론은 범위가 좁고 비정치적 영역에서 제한적·실용주의적 협력을 전개하면서 범위가 광범위하고 고차원적인 정치협력을 촉진해 나갈 것을 강조한다.[2] 기술, 사회, 정치 영역은 상호 연계되어 있기에, 기술 영역 협력의 전개와 심화는 기타 영역, 특히 정치 영역의 협력을 불러올 수 있다. 이러한 발전 과정은 국가 간 자연스럽게 생겨날 수 있는 불신을 제거하는 데 도움을 주어 새로운 공동 메커니즘을 발전시킨다. 예를 들어, 유럽공동체(EC)의 전신인 유럽석탄철강공동체(ECSC), 유럽 경제공동체(EEC), 유럽 원자력공동체(EAEC, European Atomic Energy Community)는 현대 역사상 기능주의가 가져온 지역기구 발전의 대표적 성공사례이다.[3]

新기능주의는 상향식 기능주의의 정치협력 성사 가능성에 대해 회의적인 태도를 보이며, 상향식 기능주의의 프로세스가 지나치게 느리다는 점을 우려한다. 新기능주의 학자들은 정당과 이익 집단의 작용을 특히 강조한다. 통합에서 매우 중요한 점은 행위 주체가 당초 '기술적' 혹은 '비논쟁적'이라고 여기던 목표가 점차 정치화된다는 것이다.[4] 이들은 각종 정치협력에 기초한 정부 간 기구를 신

---

[1] 참조: Henry Laurence, "The ASEAN Way and Community Integration: Two Different Models of Regionalism", European Law Journal, No.6, pp.857-879.
[2] 데이비드 미트라니는 스필오버 효과(spill-over effect)를 이용하여 기능주의에 대한 이론적 해석을 추진하였다. 데이비드 미트라니는 20세기 세계가 보이는 특징은 기술 관련 문제가 나날이 증가하고 있다는 점이며 이러한 문제는 초국가적 협력을 통해서만 해결할 수 있다고 보았다.
참조: David Mitrany, "A Political Theory for a New Society", in A.R.Groom and Paul Taylor (eds.), Functionalism: Theory and Practice in International Relations, Hodder Arnold, 1975, pp.25-37.
[3] 참조 : 夏路 : 《区域国际组织理论研究述评－组织结构的视角》, 《政治学研究》2013年第3期.

속하게 설립하여 국제적 충돌을 줄이고 세계 평화를 유지할 것을 강조한다.[1]

기능주의 이론이 공동 이익 문제에 대한 협력 대응의 중요성을 강조하는 데 비해, 연방주의 학자들은 기구 제도의 통합과 국가 주권의 양도에 대해 더욱 관심을 가지는데, 특정한 국가 역량의 융합이 최종적으로 슈퍼 강대국이나 초국가적 기구로 발전할 수 있기 때문이다.[2] 사실상 유럽공동체(EC)와 그 후 유럽연합(EU)의 발전은 초기에는 기능주의 이론, 후기에는 연방주의 이론이 선도하는 발전 추세적 특징을 가진다.[3]

제도 밀도(institutional density)는 국제 메커니즘을 분석하는 중요지표로 아래와 같은 세 가지 측면을 포함한다.

1) 제도화의 시작점, 즉 회원국으로 구성된 연맹의 법률조직 기초이다.
2) 활동 범위, 즉 지역 협정이 관련된 문제 영역이다.
3) 제도 권한 수준, 즉 지역 협정이 포함하는 활동 영역과 관련이 있는 경우 회원국 정부가 연합하여 공동으로 부담하는 책임 범위이다.[4]

이를 기준으로 지역기구를 △제도 밀도가 작은 협력형 지역기구와 △제도 밀도가 큰 통합형 지역기구 두 가지로 구분할 수 있다. 협력형 지역기구는 회원국의 행위·정책을 조율하는 데 설립 취지가 있고, 정부 간 행동·결의를 조직·추진하는 것은 만장일치를 기본으로 하는 경우가 많은데, 회원국에 대해 강제적 구속력을 가지지 않고 회원국의 이행 또한 강제하지 않는다. 아세안(ASEAN)은

---

4) Ernst B.Haas and Philippe C.Schmitter, "Economics and Differential Patterns of Political Integration: Projections about Unity in Latin America", International Organization, Vol.18, No.4, 1964, pp.705-737.
1) 참조: 夏路 : 《区域国际组织理论研究述评－组织结构的视角》, 《政治学研究》2013年第3期。
2) 에른스트 하스는 유럽공동체를 사례로 하여 연방주의의 지역통합 이론을 심화 연구하였다. "지역통합은 국가가 왜, 어떻게 절대적 주권관을 포기하는지, 국가가 왜, 어떻게 자발적으로 이웃 국가와 함께 국가 주권을 양도하는지, 동시에 국가 간 발생할 수 있는 충돌에 대응하는 새로운 방법을 설명할 수 있다."
참조: Ernst B.Hass, "The Study of Regional Intergration: Reflections on the Joy and Anguish of Pretheorizing", International Organization, Vol.24, No.4, 1970, pp.606-646.
3) 참조: 夏路 : 《区域国际组织理论研究述评－组织结构的视角》, 《政治学研究》2013年第3期。
4) Joseph M.Grieco, "Systemic Sources of Variation in Regional Institutionalization in Western Europe, East Asia, and the America", in Edward D.Mansfield and Helen V.Milner (eds.), The Political Economy of Regionalism, Columbia University Press, 1977, p.165.

협력형 지역기구의 대표적 사례이다. 통합형 지역기구는 상대적 독립성을 가지고 다수 표결제도를 통해 기구 의결을 추진하며, 그 결정안은 회원국 심지어 개인에게도 구속력을 가진다. 유럽공동체(EC)와 그 후 유럽연합(EU)은 통합형 지역기구의 전형적 사례로 볼 수 있다.

2. 지역 제도 구축 모델의 비교

지역 제도 구축은 통일적인 모델이 존재하지 않고, 지역별로 각기 다른 방식·형식이 존재한다. 목표 설계, 구축 과정, 기능 구조 등 방면에서 모두 다양성을 가지고 있으며, 서로 다른 특징을 나타내고 있다. 아세안(ASEAN), 유럽연합(EU), 상하이협력기구(SCO)는 각기 다른 지역기구 유형을 대표하며, 그 제도 구축은 각기 다른 특색을 가지고 있다. 아세안은 '아세안 웨이(ASEAN Way)'를 창안하였고, 유럽연합은 지역 연합 이념을 지침으로 하였으며, 상하이협력기구는 지역 협력안보를 지향한다.

1) 아세안의 제도 구축

아세안(ASEAN)은 동남아시아 지역 특징에 부합하는 길을 간다는 '아세안 웨이(ASEAN Way)'를 창안하였다. 아세안의 제도화 건설은 크게 구축기, 발전기, 심화기 세 단계를 거쳤다.

(1) 구축기. 내외부적인 압박은 동남아시아 지역 일부 국가를 뭉치게 하였다. 1967년 8월 8일, 인도네시아, 말레이시아, 필리핀, 싱가포르, 태국은 <아세안 선언>(The ASEAN Declaration)(또는 <방콕 선언>으로도 지칭)을 체결하고 아세안을 설립하였다. 1971년 말레이시아는 동남아시아 지역을 '평화, 자유, 중립의 지역(ZOPFAN)'으로 변화시키자는 '동남아시아 지역 중립화'를 주장하였지만, 다수 국가가 반대하여 최종적으로 실패하였다. 1976년 2월 24일 제1회 아세안 정상회의에서 회원국은 <동남아시아 우호협력조약>(TAC, Treaty of Amity and Cooperation in Southeast Asia), <아세안 협력선언>(The

Declaration of ASEAN Concord)을 체결하였다. 이는 아세안 구축에서의 중요한 진전이었으며, 회원국 관계에서의 기본 준칙을 마련해 주었다.

(2) 발전기. 발전기에 접어들어, 아세안은 지역 협력 제도화 건설을 추진하면서 내부 개혁을 실시하였다. 1992년 개최한 제4회 아세안 정상회의는 아세안 발전 역사에서 상징적인 회의였는데, 회원국들은 2008년까지 아세안 자유무역지대(AFTA, ASEAN Free Trade Area)를 건설하는 데 동의하고, 아세안에 대한 제도 개혁을 결정하였다. 1993년 7월 아세안지역안보포럼(ARF)을 설립하였고, 1994년 아세안은 제1회 아세안지역안보포럼을 개최하였으며, 이는 지역 내 대국 간 상호작용, 충돌 예방, 분쟁 해결을 위한 플랫폼을 제공하였다. 1990년대 아세안은 모든 동남아시아 지역 국가를 지역기구에 가입시키겠다는 목표를 실현하였다. 1997년 아세안 정상들은 <아세안 비전 2020>(ASEAN Vision 2020)에 동의하고, 아세안 공동체 구축의 미래를 제시하였다. 1998년 10월 아세안은 '아세안 사회문화 네트워크 행동계획(ASEAN Action Plan on Social Safety Nets)' 구축을 선포하였으며, 당해 필리핀은 '아세안 사회문화공동체(ASCC, ASEAN Social-Cultural Community)' 구축을 제안함으로써 아세안 경제공동체를 완비하고자 하였다. 1997년 발발한 아시아 금융위기는 아세안 전반을 휩쓸었으며 아세안 경제에 심각한 충격을 주었다. 아세안은 본디 부존자원 부족으로 위기 대응 과정에서 주도적 역량을 발휘할 수 없어 다수 국가가 국제통화기금(IMF)에 도움을 청할 수밖에 없었다. 다만, 국제통화기금이 제시한 대책은 위기 완화에 도움이 되지 않았으며, 위기를 더욱 심화시켰다. 이러한 상황에서 아세안은 지역기구의 조율 기능을 발휘하여, 중국, 일본, 한국에 협력을 청하면서 적극적으로 위기 대응하였고, 동아시아 지역 협력을 전개하기 시작하였다. 동아시아 지역 협력에서 <치앙마이 이니셔티브>(CMI, Chiang Mai Initiative)를 바탕으로 한 지역 통화 협력 메커니즘을 구축하였다. 주목할 점은 위기 상황에서 아세안은 각국 내정을 우선하는 보수주의로 퇴보하지 않고, 개방·협력을 통해 지역 발전 환경을 개선하여 위기 상황을 견뎌냈다

는 것이다.

(3) 심화기. 21세기에 접어들어, 아세안 제도 구축은 심화기로 진입하였다. 2003년 아세안 정상은 <아세안 협력선언Ⅱ>(Bali Concord Ⅱ)에서 공식적으로 세 가지 축을 중심으로 아세안 공동체를 공동 구성하고자 하는 희망을 피력하였다. 이 세 가지 축은 △아세안 경제공동체(ASEAN Economic Community), △아세안 안보공동체(ASEAN Security Community), △아세안 사회문화공동체(ASEAN Socio-Cultural Community)이다. 2005년 아세안 정상은 아세안이 이러한 목표를 실현하기 위해 <아세안 헌장>(The ASEAN Charter)을 법리적·제도적 프레임으로 삼는 데 동의하였고, 2007년 <아세안 헌장>이 공식 체결되었다. 2013년 아세안 정상은 제23회 아세안 정상회의에서 정치 단결, 경제 통합, 사회적 책임, 진정한 민중 지향, 규칙에 근거한 아세안 구축을 내용으로 하는 '포스트-2015 비전(Post-2015 Vision)'를 제안하기로 결정하였다. 2015년 아세안 정상이 제27회 아세안 정상회의에서 <아세안 공동체 비전 2025>(ASEAN Community Vision 2025), <아세안 경제공동체 청사진 2025>(AEC Blueprint 2025), <아세안 정치안보공동체 청사진 2025>(APSC Blueprint 2025), <아세안 사회문화공동체 청사진 2025>(ASCC Blueprint 2025)을 통과하며 아세안의 제도 건설 설계는 기본적으로 완성되었다.

아세안의 제도 건설은 '아세안 웨이'를 준수하며, 아래와 같은 몇 가지 뚜렷한 특징을 가진다.

(1) 공통된 인식, 즉, 공통된 인식을 기반으로 함께 추진하는 것이다. 공통된 인식은 법률을 통한 강제성이 아닌 회원국의 자발적인 희망과 참여 의사를 중시한다. 예를 들어, <아세안 선언>(The ASEAN Declaration)은 공통된 인식을 기반으로 한 간단한 문건으로 법률적 함의를 가진 공동문건이 아니며, 제시한 조항들은 회원국들의 공통된 인식을 바탕으로 한 희망일 뿐 구체적인 구축 내용과 행동 방안은 존재하지 않는다.[1]

(2) 점진성, 즉, △자유무역지대 구축에서부터 세 가지 축(경제, 정치 안보, 사회 문화)을 중심으로 한 아세안 공동체 건설까지, △목표를 향한 공감대 달성에서부터 건설 원칙 제정에 이르기까지, 이는 단번에 전면적인 건설 계획을 제정한 것이 아닌 점진적 추진이 필요한 과정이었다. 주목할 만한 점은 아세안 공동체의 건설은 <아세안 헌장>(The ASEAN Charter)을 바탕으로 하였고 <아세안 헌장>은 법률적 효력을 가지는데, 그 진정한 효력은 발전 과정을 돌이킬 수 없도록 하며 아세안 건설에 대해 회원국들이 정치적·법률적 책임을 부담하게 한다는 것이다.

(3) 지지 플랫폼, 즉, 아세안의 제도 건설의 핵심은 초국가적 지역 관리를 위한 것이 아니라, 공동의 제도 프레임과 회원국의 목표 실현을 위한 지지 플랫폼이다. 공동체의 설립 취지는 각국 정책을 통합하려는 것이 아니라 지역에서의 개방·협력 공간을 마련하는 것이다. 예를 들어, 경제공동체는 개방된 시장 공간과 최적화된 경영환경을 목표로 하는 아세안의 단일한 생산기지 마련을 목표로 한다.

2) 유럽연합의 제도 구축

유럽연합(EU)의 제도 구축은 대략 전후 초기, 유럽공동체 시기, 유럽연합 시기 세 단계를 거쳤다.

전후 초기 서유럽은 몇 개의 지역기구를 설립하였지만, 유럽 지역 제도화 건설에 실질적으로 큰 영향을 미친 것은 1952년 설립된 유럽석탄철강공동체(ECSC, European Coal and Steel Community)이다.[1] 1957년 유럽석탄

---

[1] 아세안은 협상 과정과 공통된 인식 구축을 중요시하고, 이를 통해 아세안의 공통된 입장을 실현한다. '아세안 웨이'는 비공식성, 기구 최소화주의, 포용성, 대규모 협상을 강조하여 공통된 인식 구축과 평화적 분쟁 해결을 지향한다.
참조: Narine Shaun, "The English School and ASEAN", Pacific Review, Vol.19,No.2, 2006, pp.199-218.

[1] 1948년 서유럽 지역 16개국은 유럽경제협력기구(OEEC)를 설립하여 '유럽부흥계획(ERP, European Recovery Programme)' 준비를 책임지고 마셜 플랜 기금을 출자하였다. 유럽경제협력기구는 효율적으로 정보와 경험 교류를 진행하는 포럼으로, 회원국 간 의견 교류, 경제문제 해결 방안 공동 모색에 유익한 플랫폼을 제공하였다. 1949년 설립된 유럽위원회(COE)는 정

철강공동체 6개국은 <로마 조약>(Treaty of Rome)을 체결하고, 유럽경제공동체(EEC)와 유럽원자력공동체(EAEC)를 설립하였다. 유럽경제공동체의 설립은 유럽 경제 통합의 시작으로 구조와 운영 측면에서 매우 강한 초국가적 성질을 가지고 있다. 이후 1960년 유럽자유무역연합(EFTA)이 설립되었다.[1]

1965년 유럽경제공동체 6개국은 <합병조약>(Merger Treaty) 또는 <브뤼셀 조약>(Brussels Treaty)으로 불리는 조약을 체결하고, 3대 공동체를 유럽공동체(EC, European Community)로 합병하였다. 유럽공동체는 조직 기구와 원칙을 기반으로 초국가적 기구 내부에서 '공유', '분권 균형'을 실시하는 특징을 가진다. 1974년 유럽공동체가 각국 정부 수반으로 구성되고 유럽공동체 위원장이 참가하는 유럽위원회 정상회의 정기 개최를 결정하면서 유럽공동체가 초국가적 요인을 가지는 정부 간 기구가 되었다. 이후 1986년 유럽공동체는 <단일유럽법>(Single European Act)을 통과시켰다.

1993년 <유럽연합 조약>(Treaties of the European Union)이 공식 발효되었고, 유럽공동체(EC)는 공식적으로 '유럽연합(EU)'으로 개칭하였다. 해당 조약은 △유럽공동체 조약에 대한 수정을 진행하여 경제와 통화 연맹 구축, △회원국 간 외교 사무 상의 정치협력 메커니즘을 공동의 외교·안보 정책으로 승격, △회원국 간 사법·민정 사무의 협력 메커니즘 구축 등 세 가지 방면의 내용(유럽연합 3대 축)을 포함하였다. 1997년 유럽연합 정상회의는 <암스테르담 조약>(Treaty of Amsterdam)을 통과하여 유럽연합의 기구 프레임을 정비하였고, △유럽연합이사회(Council of the European Union), △유럽연합위원회(European Commission), △유럽의회(European Parliament), △유럽이사회(European Council), △유럽법원(또는 유럽연합 사법재판소, Court of Justice of the European Union) 5대 주요 조직 기구를 구축하였다. 2000년 12월 유럽연합 정상회의에서 회원국 정상들은 유럽

부 간 기구 특성을 가진 협력으로 의사결정 메커니즘은 만장일치 통과제이며, 국방 문제는 다루지 않았다.
1) 회원국은 영국, 덴마크, 노르웨이, 스웨덴, 포르투갈, 스위스, 오스트리아를 포함하였다. 1970년 아이슬란드가 가입하였다. 1973년 영국, 덴마크가 탈퇴하고 유럽경제공동체(EEC)에 가입하였다. 1986년 포르투갈이 탈퇴하고 유럽경제공동체에 가입하였다. 1994년 오스트리아, 스위스, 핀란드가 탈퇴하고 유럽연합에 가입하였다.

연합 확대, 유럽연합위원회 인원수와 구성 방안, 협력 강화, 장관이사회 표결권 재분배, 특정 다수 표결 메커니즘 적용 범위 확대 등 5대 난제에 관한 해결 방안에 동의하였고, 이듬해 2월 <니스 조약>(Treaty of Nice)을 체결하였다. 2002년 2월 유럽 제헌위원회 제1차 회의가 벨기에 브뤼셀의 유럽의회 건물에서 개최되었고 유럽 제헌 준비 업무가 공식 가동되었다. 헌법 조약 비준 위기를 겪은 후, 2007년 유럽연합 정상들은 <리스본 조약>(Treaty of Lisbon)을 체결하였는데, 해당 조약을 '개혁 조약(Reform Treaty)'으로 삼아 유럽연합 헌법 조약을 대체하여 유럽연합 확대 이후에 발생한 운영 메커니즘 문제를 해결하였다. 메커니즘 측면에서 유럽연합이 글로벌화의 도전에 대응하는 행동 능력을 강화하였고, 수년간 유럽통합에 어려움을 주던 유럽연합의 권한·기능 확정과 같은 문제를 해결하였다. 유럽연합 층위에서 인권 보호 강화, 유럽연합 구조 간소화, 유럽연합 차원의 민주화 건설 강화 등을 추진하여, 유럽연합의 예측 가능한 미래를 위한 안정적인 기구·메커니즘 프레임을 제공하였다.

유럽연합은 유럽 지역 협력의 공적 권력의 중심이며, 유럽연합에서 파생하는 각종 협력 메커니즘과 규칙은 지역 내 주권 국가의 외부 행위에 대한 효율적 구속력을 가진다. 지역 내 회원국이 권력 일부를 초주권적 공동체에 양도하고 자발적으로 계약에 근거하여 그 제약을 수용하는데, 핵심적 조건은 이러한 공적 권력 중심이 유럽 지역에 안정적으로 공공재 공급 체계를 제공하고, 지역 내 안보·정치·경제 영역의 공공문제를 해결할 능력을 구비하고 있다는 것을 전제로 한다. 지역 공공재 공급 방면에서 유럽 지역 협력은 이미 안정적으로 예측 가능한 자발적 확대 발전단계로 진입하였다.

유럽연합 제도 건설 과정에서 주요 추진 요인은 초국가적 지역기구 구축을 통해 유럽 지역의 안보·평화 발전을 실현하는 것에 대한 회원국의 강력한 공감대가 존재한다는 것이다. 유럽이 두 차례 세계대전의 발원지라는 교훈을 바탕으로 각국은 연합한 유럽만이 유럽에서 전쟁이 재발하는 것을 저지할 수 있다고 자각하였다. 제도 프레임 측면에서 유럽연합은 국가와는 독립된 행정·법률·의회가 있으며, 이는 유럽연합의 초국가적 지역기구의 지위와 기능을 보장한다.

유럽연합 제도 건설의 경험사례는 지역 층위에서 높은 수준의 초국가적

인지역 제도를 구축하고 초국가적 지역 거버넌스 기능을 행사하는 것이 가능하다는 것을 증명하였다. 물론, 유럽 지역이 지역 협력을 통해 평화와 발전을 실현한 사례는 본받을 수 있지만, 다른 지역이 이러한 모델을 완전히 복제하는 것은 쉽지 않은 일이다.

3) 상하이협력기구의 제도 구축

상하이협력기구(SCO, Shanghai Cooperation Organization)는 냉전체제가 종식된 이후 창설된 새로운 유형의 지역 협력 기구로, 그 제도 구축은 새로운 유형의 지역기구의 특징을 가지고 있다. 1996년 상하이 5국(Shanghai Five) 회의 메커니즘이 구축되었는데, 중국, 러시아, 카자흐스탄, 키르기스스탄, 타지키스탄은 <접경지역 군사적 상호 신뢰 강화에 관한 조약>(關于加强邊境地區軍事互信條約), <접경지역 군사력 감축에 관한 조약>(關于在邊境地區減少軍事力量的條約)라는 접경지역 안보와 군비 감축에 관한 두 가지 조약을 잇달아 체결하였으며, 이는 상하이 5개국 관계의 기본 준칙을 마련해 주었다.

2001년 상하이협력기구가 설립되었고, 우즈베키스탄은 정식 회원국이 되어 6개국이 <테러리즘과 분리주의, 극단주의를 배격하는 상하이 공약>(打擊恐怖主義、分裂主義和極端主義上海公約)을 체결하였다. 테러리즘과 분리주의는 상하이협력기구가 직면한 공동의 위협이었다. 해당 공약은 21세기 첫 국제 反테러리즘 조약이며, 상하이협력기구 회원국은 테러리즘과 여타 악의 세력을 진압하고, 기타 국가와 조율하기 위해 법률 프레임을 제정하였다. 2002년 상트페테르부르크 정상회의 기간 <상하이협력기구 헌장>(Charter of the Shanghai Cooperation Organization)이 체결되었는데, 해당 헌장은 기본적인 법정 문건의 하나로써 기구의 목표·원칙, 기구의 구조·핵심 활동을 개술하였다. 2004년 상하이협력기구는 우즈베키스탄 타슈켄트에서 지역 反테러 기구를 설립하였고, 중국 베이징에 상설 사무국을 설립하여 제도 구축 프레임을 정비하였다. 2017년 인도와 파키스탄이 회원국으로 가입하였고 회원국 확대를 실현하였다. 상하이협력기구는 정부 수반(총리) 이사회, 총검사장 이사회, 국방장관 회의, 경제장관 회의, 교통장

관 회의 등 회의 메커니즘을 구축하였으며, 최고 의사결정기구는 정상 이사회이다.1)

    상하이협력기구는 정부 간 협력을 기반으로 구축되었으며, 그 역할은 주로 협조·소통의 메커니즘을 제공하는 것이다. 조직적 계획, 협조 지향, 프로젝트 주도를 주요한 특징으로 하며, 통일적인 계획 협력을 바탕으로 하여 각국이 책임을 부담하고 구체적인 행동을 추진한다. 상하이협력기구의 협력 중점은 지역 안보이며, 원칙은 공동안보와 협력안보이지만, 협력 영역이 안보에만 국한되어 있는 것은 아니며, 경제발전·국제사무에 대한 협력 등도 모두 아젠다에 포함되어 있다.

■ 추천 문헌

- 张蕴岭:《在理想与现实之间 — 我对东亚合作的研究、参与和思考》, 中国社会科学出版社2015年版。
- 张丽华主编:《国际组织概论》, 科学出版社2015年版。
- [比利时] 德沃伊斯特:《欧洲一体化进程:欧盟的决策与对外关系》, 门镜译, 中国人民大学出版社2007年版。

---

1) 현재 상하이협력기구(SCO)는 △중국, 러시아, 카자흐스탄, 키르기스스탄, 타지키스탄, 우즈베키스탄, 파키스탄, 인도 8개 회원국, △아프가니스탄, 벨라루스, 이란, 몽골 4개 옵저버국, △아제르바이잔, 아르메니아, 캄보디아, 네팔, 튀르키예, 스리랑카 6개 대화파트너국이 있다. 상하이협력기구가 추진하는 대학 프로젝트는 회원국 소재 74개 대학으로 구성되며, 학생을 대상으로 7개 전공과목 수업을 제공한다.

국제지역학 개론

제9장
국제지역 거버넌스

제1절 국제지역 거버넌스 문제
제2절 지역 거버넌스 협력의 동기
제3절 지역 거버넌스와 글로벌 거버넌스

# 제9장 국제지역 거버넌스

국제지역은 세계를 구성하는 중요한 담체(擔體) 중 하나로 다양한 기능을 담당하고 있으며, 그중에서 지역 거버넌스는 중요한 기능이다. 지역 거버넌스는 지역 협력의 범주에 속하므로 형식과 내용을 다른 지역 협력 영역과 엄격하게 구분하기가 쉽지 않다. 기능으로 볼 때, 지역 거버넌스는 종합적 속성과 특징을 가지고 있으며, 다양한 방식으로 진행하는 지역성 협조, 제도 구축, 규칙 제정, 행동 아젠다가 있다. 지역 거버넌스의 필요성과 합리성은 아래와 같은 지역 내부의 수요에서 비롯된다.

1) 국제지역이 국가 간 관계와 외국과 관련된 국가 이익의 중요한 교차점이기에 공통된 인식과 규칙에 기반한 통합적 관리가 필요하다.
2) 지역 문제의 발생·심화는 협력을 통한 대응·해결이 필요하며, 수많은 상황에서 지역 거버넌스의 발전은 문제 지향적이고 위기 대응적으로 나타난다.

제1절 국제지역 거버넌스 문제

국제지역은 지역 내 각국이 공존하는 지역으로 다양한 문제가 나타나는데, 지역 내 각국은 이러한 문제를 참여·협력을 통해 공동 대응·해결해야 한다. 특히, 글로벌화·지역화 발전 추세에서 수많은 문제가 복잡 다양하게 얽혀있고 영역이 광범위한데, 국가 간 문제, 경제와 사회 발전, 국가와 공공 안보, 자원과 환경 등 문제를 포함한다. 이러한 문제는 한 국가의 내부적 역량에만 의지하여 해결하기 어려우며, 주권 국가를 초월하는 층위의 합법적 권력, 운영 메커니즘, 관련 자원, 즉 거버넌스 차원의 협력이 필요하다.

1. 지역 관계 영역

지역 내 각국이 한 지역에서 공존하는 데 있어 우선으로 처리해야 할 것은 국제관계, 즉 지역 관계이다. 국가 간 관계는 매우 복잡 다양한 요인의 영향을 받으므로 쉽고 어려운 문제들이 병존한다. 분쟁은 국가 간 관계에 가장 중요한 영향 요인이다. 영토분쟁은 분쟁을 야기하는 많은 원인 중에서 가장 위험하다. 영토분쟁의 일부는 장기 지속되어 온 역사적 문제이며, 일부는 일방적인 행위로 야기된 것이다. 현실에서 영토분쟁으로 인해 관계가 악화되고 군사적으로 충돌하는 사례는 흔히 볼 수 있다. 역사, 문화, 현실 이익, 공동규칙 위반 등 문제도 분쟁을 야기하는 원인이 되기도 한다. 그 외, 지역 외 강대국의 개입·위협이 초래하는 지역 갈등, 대립, 전쟁 등도 나타난다.

분쟁에 관련된 국가 대다수는 협상, 담판, 공통된 인식 달성, 협의 체결을 통해 지역 관계 갈등을 대응·해결하려고 한다. 다만, 몇몇 국가나 지역 관계가 복잡하게 얽혀있는 상황에서 효율적 해결이 어려운 경우가 있는데, 이 때 지역 거버넌스는 효율적 해결 방안이 될 수 있다. 지역 거버넌스가 효율적으로 작동한다면, 국가 간 관계를 더욱 원만히 조율할 수 있고, 지역 관계 조율을 위해 지속가능한 공동규칙을 확립할 수 있으며, 지역 거버넌스를 통해 지역 내 각국의 행위를 감독·규범화할 수 있다. 지역 거버넌스는 다양한 현태가 존재하는데, 오늘날 가장 중요한 역할을 하는 지역 거버넌스는 △지역 협력 메커니즘, △지역 관리 메커니즘, △지역 감독 메커니즘이다.

지역 거버넌스 중 협력 메커니즘 구축은 지역 내부의 효율적 소통·협상을 추진하고 국가 간 관계의 안정적 발전을 유지할 수 있다. 아시아 지역에서는 현재 아세안지역안보포럼(ARF), 동아시아정상회의(EAS), 아시아협력대화(ACD) 등의 대화 협력 메커니즘이 구축되어 있다. 이러한 메커니즘은 지역 안보 형세에 초점을 두고 공통된 아시아 안보관을 수립하여 지역 내 안보 거버넌스 협력을 촉진한다.

지역 거버넌스 중 관리 메커니즘 구축은 전문적인 조직 기구를 설립하여 지역 거버넌스에 참여하는 각 회원국의 권한·임무를 명확히 하면서 각 영역의 거버넌스 효과를 제고하는 것이다. 현재 유럽연합(EU)은 이미 유럽연합이사회, 유럽연합위원회, 유럽의회, 유럽법원, 유럽중앙은행 등 조직 기구를 설립하였고, 각

조직 기구의 정확한 직능 분담을 통해 지역 정치, 경제, 법률, 비전통적 안보 등 영역에서의 총괄, 관리, 지도 등 적극적인 역할을 발휘하도록 한다.

지역 거버넌스 중 감독 메커니즘 구축은 데이터 추적, 모델 구축을 통해 지역 거버넌스 효과에 대한 모니터링·평가를 진행하여 신속히 문제를 발견·해결하면서 지역 거버넌스 발전 성과를 더욱 공고히 하는 것이다. 예를 들어, 북아메리카 3개국은 초국경 이민, 의료 건강, 환경 기준 등 문제에 대해 비정부기구, 모니터링 및 평가기구, 싱크탱크 등이 역할을 맡아 이러한 문제를 감독하고 지역의 안정·안보를 보장한다.

2. 국제지역 발전 문제

예를 들어, 국제지역에서의 삼림, 하천, 광물 등 자원은 상호연계성과 공역성(共域性)을 가지고 있다. 과도한 자원 개발로 생태계가 훼손될 수 있고, 자원 쟁탈로 인해 국가 간 분쟁, 대립, 충돌이 발생할 수 있는데, 지역 내 자원 관리를 통한 신속한 해결이 필요하다. 특히, 지역 생태계는 종합 거버넌스를 통한 지속적 개선과 지역 내 각국이 준수하는 공동규칙 제정이 필요하다.

시장을 볼 때, 국제지역은 무한한 발전 공간을 가지고 있다. 예를 들어, 지역협력과 지역 거버넌스를 통해 각국 시장개방, 각국 간 요소·자원 유동 제약 제거, 개방적 경제지대 구축을 추진한다면, 각국에 더욱 큰 발전 공간을 제공할 수 있다. 기업과 개인 역시 더 큰 발전 공간에서 효율적인 자원 배치를 통해 규모의 경제 효과와 분업 효과를 실현할 수 있다. 이러한 요인은 다양한 형태의 자유무역지대가 광범위한 범위에서 신속하게 발전할 수 있는 근본 원인이다. 세계 각국은 경제 글로벌화를 통해 국제분업, 글로벌 시장 확대를 추진할 수 있게 되었지만, 모든 국가가 글로벌화에 참여할 수 있는 역량을 갖춘 것은 아니다. 다만, 지역 거버넌스를 통해 형성된 지역 시장은 이러한 약소국, 기업과 개인의 발전에 좋은 참여 기회를 제공해준다.

경제발전을 위해서는 개방적 환경이 필요하며, 공동 준수하는 기본 규칙도 필요하다. 지역 거버넌스의 관점에서 볼 때, 공동규칙에 기반한 지역 시장을 구축하고 경제 통합 발전을 추진하는 것은 지역 경제 거버넌스의 중요하는 직능이며, 공동규칙에 기반한 경제 교류는 지역 경제 발전에 더욱 유리하다.

발전 불균형은 글로벌적으로 보편적인 현상인데, 국가 간 발전 불균형은 각종 사회 문제, 국제관계 문제를 야기하는 중요한 원인이다. 국제지역 내에서 국가 간 발전 불균형이 지역 관계, 지역 교류·질서에 미치는 영향은 더욱 뚜렷하다. 이는 협력에 기반한 지역 거버넌스의 필수적인 조건을 제시하는데, 협력을 통해 후진국의 발전을 돕고, 발전 불균형과 관련한 규칙을 제정하여 일련의 문제를 조율·해결해야 한다는 것이다.

글로벌화·지역화가 심화 발전하면서, 각국의 경제 안정성이 약화되고, 경제위기, 통화금융위기의 충격을 받기도 한다. 한 국가에서 경제위기, 통화금융위기가 발생하면 그 국가가 속한 지역이 일차적인 충격을 받는다. 이러한 위기는 국가 간 경제 교류 발전에 강한 충격을 주고 각국 경제·복리에 심각한 손실을 입히는 것은 물론, 위기의 스필오버(spillover), 확산 효과로 부정적인 연쇄 반응을 초래하여 정치, 사회 등 영역에서 심각한 영향을 미친다. 예를 들어, 1997년 아시아 금융위기는 광범위한 영역에 영향을 미쳐 기업 파산, 노동자 실업, 사회 혼란, 정세 변동 등 현상을 초래하였다. 또한, 2008년 미국발 글로벌 금융위기는 유럽 지역에 영향을 미쳐 유럽 국가부채 위기를 초래하였다. 그리스에서 발생한 국가부채 위기는 유럽 국가부채 위기의 도화선이 되었고, 유로화의 안정성과 경제 발전에 심각한 영향을 미쳤다. 금융기법의 다원화, 글로벌 금융 네트워크의 긴밀한 연계는 시장, 기구, 지역을 초월한 금융 리스크를 야기한다.

3. 공공 안보 문제

지역 공공 안보 문제는 다양한 형식으로 나타나고 그 영향도 매우 큰 데, 국지적인 영향에 그치기도 하지만, 지역 전체에 영향을 미치기도 한다. 지역 공공 안보 문제는 테러리즘, 극단 세력, 분리 세력의 위협, 전염병으로 인한 공공 위생 안보, 중대 사건 사고, 자연재해, 정치, 인종, 종교 충돌 등 수많은 요인을 포함한다. 이러한 문제는 개별 국가의 힘만으로는 해결하기 어렵고, 양자 협력을 통해서도 효과를 거두기 어려우므로, 지역 층위에서의 협력 거버넌스가 더욱 필요하다.

민족·종교 갈등은 일부 지역에서 뿌리 깊이 존재하는 문제이며, 오늘날 이러한 갈등의 양상이 더욱 복잡하게 변화하고 있다. 테러리즘, 극단주의는 지역 안보를 위협하는데, 특히 일반 민중들은 이러한 문제에서 가장 큰 피해자이다. 모스크바 극장 인질극 사건, 런던 지하철 폭발 사건, 프랑스 파리 교사 참수 사건 등 일련의 충격적 테러 공격과 각종 테러 조직의 인터넷 미디어를 활용한 선전·협박은 국제사회에 잔인하고 씻을 수 없는 상처를 남겼다.

에볼라 바이러스 등 끊이지 않는 전염병 유행은 치명적이고 강한 전염성을 가지고 있다. 특히, 2020년 얘기치 못한 COVID-19 대유행은 급속하게 전 세계로 전파되었는데, 빠른 확산 속도와 긴 지속 시간으로 치명적인 피해를 초래했다. 글로벌화·지역화의 심화 발전에 따라 공공 위생 문제에 대한 지역 거버넌스의 중요성이 나날이 커지고 있다. 전염병은 더 이상 개별 국가만의 문제가 아니며, 한 국가 내부에서 발생한 전염병이 급속하게 전파되어 지역, 심지어 세계적인 '역병'으로 발전할 수 있다. 바이러스의 변이속도가 빨라지고, 전파경로에서 교차 감염이 나타나면서 방역 작업에서 더욱 큰 어려움을 겪게 되었다. 이에 따라, 지역 내 국가 간 협력 뿐만 아니라, 장기적인 협력 메커니즘을 구축하여 오늘날 위기에 대응할 필요가 있다.

지진, 산사태, 해일, 화산 폭발 등 자연재해가 빈번하게 발생하면서 인류사회 안전을 위협하고 있다. 이러한 자연재해는 예측과 방비가 어려워 예측치못한 막대한 피해를 조성한다. 이 외, 폐기물, 오염수 배출, 핵 방사능 유출, 식품·약품 안전, 마약 밀수, 자금 세탁, 인신매매, 산림 벌목 등 문제 역시 각국의 공공 안보를 심각하게 위협하고 있다.

4. 생태환경 문제

대기 오염은 인류 활동을 통해 야기되고 있고, 그 위해성은 다방면으로 나타나고 있는데, 인체 건강에 대한 위협을 물론, 농업·공업 생산성 감소, 온실효과를 일으켜 산성비와 오존층 파괴 등 문제를 초래한다. 대기 오염은 여러 국가에서 발생하는 오염이 더해지면서, 오염 축척과 그로 인한 영향이 초국가적으로 나타나는 심각한 공간적 특징을 가진다. 예를 들어, 서유럽, 북아메리카, 동아시아 지역에서 나타나고 있는 산성비 문제는 이미 심각한 지역 환경 문제로 대두되고 있으며, 남극 상공에서의 오존층 '공동화(空洞化)'는 현재 가장 큰 면적으로 오존층 구멍이 나타나고 있다.

토지 황폐화 현상은 오늘날 전 세계가 직면한 심각한 위협이다. 자연적 요인, 인류의 비과학적 토지 활용, 불합리한 생활 방식 등 문제는 토지의 질을 악화시키는데, 이는 토지의 화학 오염, 자연 식생 훼손 등 토지 생산 시스템 전반을 훼손하여 토지 생산 잠재력을 떨어뜨린다. 예를 들어, 일부 지역에서는 토지 사막화 문제가 매우 심각하게 나타나는데, 유엔 데이터 통계에 따르면 남극 대륙을 제외한 각 대륙 110여 개 국가가 토지 사막화 위협에 직면해 있다.

수질 오염 또한 인류 생존에 심각한 영향을 미치고 있다. 각국의 경제·사회 발전, 도시화 발전이 가속화되면서 지역 공공환경으로 배출되는 하·폐수의 배출량이 잇따라 증가하고 있는데, 이는 수자원 오염과 수자원 부족을 야기한다. 대량의 오염 물질을 함유한 하·폐수가 하천으로 유입되면서 수질 환경을 급격히 악화시킨다. 이러한 수질 환경은 유동적으로 질병·오염을 확산시켜 인류의 신체 건강, 농업·공업 발전에 부정적 영향을 미친다. 또한, 빗물이 오염되면서 활용 가능한 수자원 규모가 점차 감소해 물 부족, 수자원 부족 문제를 심화시키고 있다.

삼림 자원은 경제, 사회, 생태 방면에서 다양한 기능을 하는데, 특히 육지 생태계 보호, 지속 가능한 수자원 유지, 생물 다양성 수호, 기후 변화 대응, 식량 안보 보장 등 방면에서 중요한 역할을 한다. 지난 백여 년에 걸친 사회 생산과 도시 건설이 급속하게 진행되면서 산림 파괴와 개발, 가축 방목, 삼림 벌목 등 활동이 무분별하게 이뤄졌고, 각 지역 산림 면적이 빠른 속도로 축소되었다. 특히, 열대우림이 매우 급속한 속도로 지구상에서 소실되며 큰 우려를 낳고 있는데, 1980년대 이후 이미 열대우림의 70%가 훼손되었다.

생물 다양성은 모든 생명체, 생태 요인 및 관련한 생태 과정의 총합을 가리키는데, 오늘날 각 지역의 생물 다양성이 직면한 주된 위협은 서식지 소실·황폐화, 외래 생물종 침입, 무분별한 개발 등 문제로 인해 생물종이 멸종 위기에 처하거나 멸종되는 것이다. 유엔 생태계와 생물 다양성에 대한 경제학 보고서(TEEB)에 따르면, 매년 생물 다양성 상실로 인해 나타나는 경제적 손실은 2조~4.5조 달러에 달하며, 이는 전 세계 GDP의 7.5%에 해당한다.

위에서 언급한 다양한 영역에서의 문제에 대한 대응·해결에서 각국은 주요한 책임을 지는 일차적 책임자이지만, 이러한 문제들은 초국가적 특징을 가지고 있어 개별 국가의 노력만으로는 대응·해결이 어렵다는 점을 확인할 수 있다. 따라서, 지역 종합 거버넌스는 필수적이면서 대체 불가한 중요한 역할을 할 수 있다.

제2절 지역 거버넌스 협력의 동기

지역은 지역에 속하는 국가들의 공유하는 공간으로 지역 층위에서 대응·해결이 필요한 수많은 문제가 존재하는데, 예를 들어, 국가 간 상호 관계, 지역 공공안보, 지역 자원 관리·개발, 지역 경제 발전, 지역 공공환경, 지역 인문 교류 등 문제를 포함한다.

1. 지역을 위한 공공재 제공

역사 전반을 볼 때, 전통 사회 환경에서는 농업에 기반하였고, 국가의 공공 업무가 비교적 단순하며 외부 자원에 대한 수요도 적었기 때문에 지역 층위에서 해결할 문제가 비교적 적었다. 다만, 현대 사회 환경에서는 국가의 공공 업무가 나날이 외부화되고, 지역 층위에서 해결할 문제가 증가하였으며, 관련 영역 또한 광범위해져 경제, 금융, 사회, 환경, 자원 등 영역을 광범위하게 포괄하였다. 이렇게 생겨나는 문제를 합리적으로 관리하지 않는다면, 지역 내 각국, 심지어 전체 인류의 안보·복지가 위협받을 수도 있다. 과거 전통 사회에서 개별 국가가 진행하던 일방적 공공 행정은 날로 기능이 약화되어 수많은 지역성 공공문제에 대응하기에는 턱없이 부족하다. 공동으로 겪는 '지역 난제' 혹은 '지역 위기'로 인해 지역 내 각국은 서로 간 경제·사회가 상호 의존적이고 자국과 지역 전체의 운명이 밀접하게 연계되어 있음을 보편적으로 인식하게 되었다. 이는 각국이 지역 문제 해결을 출발점으로 하는 지역 협력 거버넌스를 구축하는 동기가 되었고, 정부 간 협력과 비국가 행위 주체의 참여를 통해 연합 거버넌스 구축을 추진하여 지역성 공공문제를 해결하게 하였다. 기후 문제와 같은 일부 초국가적 문제는 글로벌 층위에서의 협력이 필요하지만, 대부분 초국가적 문제는 주로 지역 문제로 나타나는데, 예를 들어, 테러리즘은 뚜렷한 지역적 특성을 보이므로 지역 거버넌스 메커니즘을 통해 더욱 효율적으로 대응할 수 있다.

글로벌화·지역화의 심화 발전에 따라, 어느 한 국가도 독립적으로 모든 문제를 해결할 수는 없는데, 강대국조차도 다른 국가와 안정적 협력을 통해 수많은 초국가적 문제를 해결해야 한다. 이로 인해 나타나는 지역 거버넌스의 필요성과 긴박성은 각국이 지역 거버넌스 협력에 대해 적극성을 보이게 한다. 지역 거버넌스는 국가 간 양자 협력, 지역 협력 등 형태로 추진되는데, 예를 들어, 전문 조항 협의 체결 등이 있다. 다만, 가장 효율적인 지역 거버넌스는 지역 협력 기구의 설립을 통해 추진되는 것이다. 지역기구에 기반한 거버넌스는 안정성과 연속성을 가지고 있어 추진계획을 통합 조율하고 외부와의 협력 등 다양한 자원을 동원할 수 있다. 더욱 중요한 점은 지역기구는 법률적 효력을 가진 공동규칙을 제정하여 각 회원국이 의무를 이행하도록 함으로써 효율적인 지역 거버넌스를 가능하게 한다는 것이다. 이를 통해 각 회원국은 거버넌스에 대한 책임을 지면서 거버넌스의 혜택·이익을 누릴 수 있다. 지역기구에 기반한 거버넌스는 각국의 공감대와 공동 이익에 기초하므로 갈등·충돌을 최대한 피할 수 있다.[1)]

제2차 세계대전이 종식된 이후, 세계는 일련의 국제 거버넌스 메커니즘을 구축하였다. 그중에서 유엔(UN) 체계는 가장 중요한 글로벌 거버넌스 제도이며, 특히 유엔 안전보장이사회(UNSC)는 국제 핵심 안보 거버넌스 기구이다. 또한, 통화금융·국제무역 영역에서 설립한 전문 기구, 예로 국제통화기금(IMF), 세계은행(WB, World Bank), 관세 및 무역에 관한 일반협정/세계무역기구(GATT/WTO) 등은 글로벌 경제 거버넌스 영역에서 중요한 역할을 해왔다.

하지만, 다자 거버넌스가 지역 층위의 모든 영역을 포괄할 수 없고, 지역 거버넌스의 수요를 만족시키지 못하는 경우가 많았다. 지역 층위에서 발생하는 여

---

1) 루마니아 정치학자 데이비드 미트라니(David Mitrany)는 20세기 세계의 특징을 기술적 문제가 나날이 증가하는 것으로 보았고, 이러한 문제는 초국가적 협력을 통해서만 해결할 수 있다고 하였다. 데이비드 미트라니는 현대 경제·기술 등 영역에서의 발전은 국가 간 초국가적 교류를 끊임없이 증가시켰다고 하면서, 이는 일부 기능 영역(예를 들어 교통, 통신 등 특정 기능 영역)에서 국가 간 협력을 촉진한다고 보았다. 설립된 지역기구는 독립적 임무·권한을 가진 행정 기구여야 하고, 각국 정부와 유사한 역할을 해야 한다고 하였다.
참조: **房乐宪**：《欧洲一体化理论中的功能主义》, 《教学与研究》2000年第10期。

러 문제가 다자 거버넌스로 해결되기 어려운 경우가 많아지면서 지역 거버넌스의 중요성이 점차 높아지고 있다. 지역 거버넌스는 신속히 발전하였고, 지역은 국가 간 관계 조율·관리, 지역 안보 유지, 위기·돌발 사건 대응, 양호한 발전 환경 구축, 인문 교류 추진 등 방면에서의 중요한 버팀목이 되었다. 지역 거버넌스 협력을 통한 제도 구축, 공공재 공급, 거시 환경 최적화 등 조치는 끊임없이 증가하는 지역성 공공문제를 효율적으로 해결하는 데 중요한 역할을 하였다.

지역 거버넌스는 지역 내 각국에 공공재를 제공한다. 글로벌 공공재 공급이 부족하거나 개별 국가의 수요를 충족시킬 수 없는 경우, 지역 내 각국 혹은 국가 그룹은 연합하여 일련의 조치, 메커니즘·제도를 공동 설계하고 비용을 분담한다. '지역성 국제 공공재'는 오직 해당 지역에만 적용되고 지역 내 각국에 의해 공동으로 분담하는 조치, 메커니즘·제도를 가리킨다.[1] 상당수 유럽 지역 국가는 제2차 세계대전이 종식된 이후 한동안 미국이 제공하는 서방 체계 내 공공재의 주요 수혜자였다. 그러나 1950년대부터 프랑스와 독일 등 유럽 지역 국가는 지역 협력에 대한 방안을 모색하기 시작했다. 냉전체제가 종식된 이후, 유럽 공동체는 이미 이러한 지역 협력 과정에서 수십 년 동안 중요한 발전을 이루었다. 유럽 지역 각국은 반세기에 걸친 노력을 통해 정치적 의사결정, 안보 보장에서부터 통화 유통, 무역관리, 인원 유동, 기술 교류에 이르는 비교적 성숙한 일련의 메커니즘·제도를 구축하였는데, 그 목적은 유럽 지역을 위한 공공재 관리·제공을 통해 유럽 평화를 실현하는 것이었다.

동아시아 지역에서 각국 간 경제가 긴밀하게 연계되면서 지역 거버넌스에 대한 수요가 매우 강해졌다. 예를 들어, 1997년 아시아 금융위기가 발생하면서, 동남아시아 지역 각국은 국제통화기금(IMF)에 구제금융을 요청했다. 그러나 국제통화기금가 제공한 대응 방안은 위기에 처한 국가들의 경제를 호전시키지 못했을 뿐만 아니라 오히려 위기를 심화시켰다. 이러한 상황에서 아시아 지역은 자체적으로 협력 메커니즘 구축을 도모하였고 '10+3' 지도자 대화 메커니즘을 구축하였다. 또한, 통화 협력에 기반한 '치앙마이 이니셔티브(CMI)', '아시아채권기금(ABF)', '동아시아공동체(EAC, East Asian Community)' 구축 구상 등을 제안하였다. 지역 협력이 심화 발전하면서 지역 거버넌스에 기반한 '거시경제조사기

---

1) 참조: 樊勇明:《区域性国际公共产品 — 解析区域合作的另一个理论视点》,《世界经济与政治》2008年第1期。

구(AMRO)'가 설립되었고, 지역 간 호연호통(互聯互通) 계획을 제안하면서 동아시아자유무역지대 구축을 추진하였다.1)

중앙아시아 지역에서 중국, 러시아, 중앙아시아 지역 각국은 극단주의 세력, 분리주의 세력이 야기하는 공동안보 위협에 대응하기 위해 상하이협력기구(SCO)를 설립하여 공동안보, 협력안보에 기반한 지역 안보 거버넌스를 전개하고 있다. 1996년 4월 26일 중국, 러시아, 카자흐스탄, 키르기스스탄, 타지키스탄 5개국 정상은 상하이에서 회의를 열었다. 역사적으로 장기 지속된 국경 문제를 해결하고 국경 지역의 군사적 상호 신뢰를 강화하기 위해 <접경지역 군사적 상호 신뢰 강화에 관한 조약>(關于加强邊境地區軍事互信條約)을 체결하였다. 이 회의는 중앙아시아 지역의 중요한 다자 메커니즘 구축의 출발점이 되었으며, 이를 계기로 '상하이5국(Shanghai Five)' 메커니즘이 가동되었다. 이후 중앙아시아 지역 각국의 적극적인 참여로 '상하이5국' 정상회담의 메커니즘화가 촉진되면서 회원국 간 다수 협의를 체결하고 일련의 성명을 발표하였다. 협력 영역 또한 군사·접경 문제에서 지역 종합 안보 문제로 점차적 확장되었다. 테러리즘, 종교 극단주의, 민족 분리주의 '세 가지 세력'과 초국경적 범죄 활동을 제거하는 데 현저한 성과를 내면서 지역 안보 국면을 안정적인 방향으로 전환하였다. 또한, 지역기구의 구축은 기타 방면에서의 효율적 협력 추진을 이끌었다.

협력에 기반한 거버넌스는 지역 거버넌스의 새로운 발전으로 주요 특징은 공동 참여, 공동 투자, 이익 공유에 있고, 이와 달리 권력에 기반한 거버넌스는 권력을 가지고 있는 국가가 거버넌스를 제공하는 공공재이다. 이러한 상황에서 핵심 주도 국가는 지역 거버넌스를 추진하는 주도적 역할을 담당하며 지역 거버넌스에서 핵심적인 작용을 한다. 일부 이론은 핵심 주도 국가가 국제 '공공재'를 제공하는 책임·의무를 부담할 때 국제체계가 질서정연하게 운행된다고 주장한다.2) 조직행동학도 유사한 관점을 가지는데, 어떤 조직이든 강력한 지도자나 지

---

1) 가장 먼저 '10+3' 자유무역지대 구축에 힘을 모았다. 이후 참가국이 오스트레일리아, 뉴질랜드, 인도로 확대되어 <역내포괄적경제동반협정>(RCEP) 담판이 시작되었고, 인도는 탈퇴하였다. 2020년 <역내포괄적경제동반자협정>(RCEP)이 체결되었고 실시 단계에 접어들었다.
2) 미국 경제학자 찰스 킨들버거(Charles Kindleberger)는 공공재 이론을 국제관계학에 도입하였고, 저서 <1929~1939년 세계 경제 대공황>(The World in Depression: 1929 - 1939)에서 국제경제 체계의 안정적 운행에 있어 어떠한 국가가 '공공비용'을 부담할 필요가 있다고 언급하였다.

도 집단이 조직에 대한 계획·통제·조율하여 내부 운영이 정상적으로 이루어지도록 하는 것이 필요하다고 주장한다.1)

주목할 점은 권력에 기반한 거버넌스와 대국이 발휘해야 하는 중요한 역할이 동일하지 않다는 것이다. 예를 들어, 유럽 지역 거버넌스에서 프랑스와 독일은 역사적 화해를 통해 공동으로 유럽 지역 협력 발전을 추진하고 있으며, 유럽 지역이 연합·발전하는 과정에서 선도적 역할을 하였다. 동남아시아 지역 거버넌스에서 인도네시아, 말레이시아, 태국은 대국의 역할을 적극 발휘하며 아젠다의 수립·추진·이행 등 모든 방면에서 선도적 역할을 하였다. 반면, 아메리카 지역 거버넌스에서 미국은 줄곧 자국 중심의 입장을 견지하면서 아메리카 지역 내 각국과의 분열을 초래하였고, 일부 갈등이 격화되어 협력에 기반한 거버넌스의 추진을 어렵게 만들기도 하였다.

거버넌스가 정부만의 역할이라고 볼 수는 없는데, 비정부 행위 주체, 민중 또한 여러 방면에서 독특한 역할을 할 수 있는 중요한 거버넌스 역량이다. 사실상 지역 거버넌스는 공동 준수해야 하는 규칙에 근거하여 각 방면의 역량을 조율·통합하는 상호작용 과정이다. 지속 가능한 지역 거버넌스는 다양한 동기에 기반한 추진 요인을 지역 협력 발전 과정 내로 조율·통합하는 것이 필요하다.2)

2. 지역 거버넌스의 기본 함의

'거버넌스(Governance)'라는 어휘는 라틴어의 '방향을 잡다'라는 말에서 유래하였는데, 본래 통제, 선도, 조작이라는 의미가 있다. 서구 정치학과 경제학에서는 '거버넌스'라는 어휘를 통해 특정 사회(국가, 국제사회, 지역사회 등),

---

이러한 관점은 후일 미국 정치학자 로버트 길핀(Robert Gilpin)이 제시한 '패권 안정론'으로 발전하였다. 로버트 길핀은 저서 <세계정치에서의 전쟁과 변혁>(War and Change In World Politics)에서 패권은 '일종의 통제와 피통제의 국가 간 관계, 즉 한 강대국이 국제 체제 내 약소국을 통제·지배'하는 것이라고 하였다. 로버트 길핀은 패권국가는 시작부터 생성되는 것이 아니며, 패권국가는 필수적으로 아래 두 가지 조건을 만족해야 한다고 하였다. (1) 패권국가는 자국의 의사를 약소국에 반영할 수 있어야 한다. (2) 기타 국가가 패권국가로부터 수익을 얻을 수 있고, 패권국가의 선도를 원해야 한다.
1) 참조: 罗珊编著：《组织行为学》，格致出版社、上海人民出版社2017年版，第294页。
2) 참조: 蔡拓、杨雪冬、吴志成主编：《全球治理概论》，北京大学出版社2016年版，第385页。

특정 행위 주체(국제기구, 국가기관, 기업, 법인단체 등)의 관리 또는 경영 모델을 설명·분석한다.[1] 또한, '거버넌스'라는 어휘는 통상적인 서술어로써 오늘날 사회과학의 여러 영역에서 널리 사용되고 있다. 경제학에서의 '거버넌스'는 주로 '기업 거버넌스'와 연관되며, 정치학에서의 '거버넌스'는 주로 '정부 거버넌스'를 가리킨다.

유엔개발계획(UNDP. United Nations Development Programme)은 '거버넌스' 개념을 상세히 설명하였다. 2007년 유엔개발계획 <거버넌스 지수: 활용 수첩>(Governance Indicator: A Users' Guide) 제하 연구보고서에서는 거버넌스를 일련의 가치, 정책, 제도적 시스템이라고 정의하였다. 이러한 시스템 하에서 한 사회는 국가, 공민사회, 민간 부문, 각 행위 주체 간 내부적 상호작용을 통해 경제, 정치, 사회 등 사무를 관리한다. 이렇듯, '거버넌스'는 한 사회가 자체 조직을 통해 정책을 제정·실행하여 상호 간 이해, 공감대 달성, 정책 조치를 추진하는 것을 의미한다. 거버넌스는 제도와 과정으로 구성되며, 이러한 제도와 과정을 통해 공민과 집단은 자기 이익을 표현하고 상호 간 갈등을 줄이며 합법적인 권리·의무를 향유·이행할 수 있다. 거버넌스는 △사회, 정치, 경제 세 방면, △가정, 마을, 도시, 국가, 지역, 글로벌 각 층위, △인류사회 활동의 각 영역에서 운영할 수 있다.[2]

위와 같은 정의에서 볼 수 있듯이 '거버넌스'와 전통적 '통치'는 의미상으로 매우 큰 차이가 존재한다.

(1) 거버넌스와 통치는 주체가 다르다. 통치의 주체는 반드시 사회 공공기구이지만, 거버넌스의 주체는 다원성과 다양성을 강조하는데 그 주체가 공공기구일 수도 있고 민간기구일 수도 있으며 관민 기구 협력일 수도 있다.

(2) 거버넌스와 통치는 권력 운영의 방향이 다르다. 정부 통치에 기반한 권력 운영은 하향식 관리 과정이지만, 거버넌스는 상향식 상호작용적 관리 과정으로 주로 담판 협상, 대화 협력, 소통 교류, 파트너 관계, 공감대·공동목표 수립 등 방식을 통해 공동 사무를 관리한다.

(3) 거버넌스와 통치는 관리 범위에서 매우 큰 차이를 보인다. 정부 통치의

---

1) 참조: 庞中英: 《重建世界秩序: 关于全球治理的理论与实践》, 中国经济出版社2015年版, 第19页.
2) United Nations Development Programme, Governance Indicator: A Users' Guide, 2007.

범위는 주권 국가 영토를 경계로 하지만, 거버넌스의 범위는 특정 영토 경계 내 주권 국가일 수도 있고, 특정 영토 경계를 초월한 국제영역일 수도 있다.1)

거버넌스가 국제관계 영역에서 등장한 것은 경제 글로벌화 과정에서 '사회의 비국가화' 과정을 최초 반영한 것으로 여겨진다. 비국가화는 사회적 교류와 사회 발전 과정이 민족국가 경계를 끊임없이 초월하면서 국가가 국가 정치 체제에서 기대하는 정책 결과를 반영·실현하는 능력이 강한 압박에 직면하였다는 것을 의미한다. 국제체계에서 이러한 변화는 효율적 '문제 해결'이란 관념을 국제정치에서의 지도적 원칙으로 격상시켰는데, 이러한 효율적 문제해결은 국제 거버넌스 체계를 통해서만 실현 가능하다.2)

오늘날 세계는 점차 '네 안에 내가 있고, 내 안에 네가 있는(你中有我 我中有你)' 더욱 밀접하게 연계한 전체로 변화해 가고 있으며, 이는 각 행위 주체 간 글로벌적 협력을 요구한다. 또한, 인류가 초국가적 문제를 처리하던 전통적 해결 방식·수단으로는 새롭게 생겨나는 문제를 효율적으로 대응할 수 없기 때문에 세계는 새로운 거버넌스 이념과 수단을 신속히 마련하여야 한다. 글로벌·지역 거버넌스는 주권 국가, 국가 간 거버넌스 체제와는 독립되는 새로운 거버넌스 모델로 탄생하였다.

글로벌 거버넌스는 기존 국제 메커니즘이 효력을 상실한 상황에서 글로벌, 대지역, 소지역 층위에서 개혁을 통해 완전히 새롭고 효율적으로 글로벌 문제를 관리·해결하는 국제 메커니즘·제도를 재구축하려는 시도인데, 이는 '개인과 기구, 공공과 민간이 관리하는 일련의 공동 사무 방식의 총합이자, 일종의 충돌이나 다양한 이익 호소를 지속적으로 조율하고 협력 행위를 채택할 수 있는 과정으로써 강제성을 가진 정식 제도 조치'를 포함한다.3) 글로벌 거버넌스는 글로벌화 시대의 정치적 민주 요구와 시대적 발전 추세를 반영하고 있으며, 정부 기구, 비정부기구, 글로벌 시민사회 세 주체의 힘이 글로벌 사무 영역에서 상호 경쟁한 결과이다. 하지만, 오늘날 글로벌 거버넌스의 개념은 아직 널리 받아들여지

---

1) 참조: 俞可平：《全球治理引论》，《马克思主义与现实》2002年第1期.
2) 참조: 庞中英：《全球治理研究的未来：比较和反思》，《学术月刊》2020年第12期.
3) The Commission on Global Governance, Our Global Neighbourhood: The Report of the Commission on Global Governance, Oxford University Press, 1995, Chapter1.

지 않고 있으며, 국제 메커니즘도 아직 보완할 부분이 많아 제대로 된 역할을 하기에는 여전히 '제약'이 존재한다. 글로벌 시민사회 또한 아직 성숙하지 못했기 때문에, 이와 같은 기본 조건이 부재하여 글로벌 거버넌스가 전면적으로 추진되지 못하고 있다.

글로벌 거버넌스는 글로벌 층위와 지역 층위를 포함한다. 지역 거버넌스는 거버넌스 이념을 지역 층위에서 운용하는 것으로 거버넌스의 지역화로 불리기도 한다. 지역 거버넌스는 공공기구 구축, 공공 권위 수립, 관리 규칙 제정을 통해 지역 질서를 유지하고 지역 공동 이익을 조율·증대하기 위한 활동·과정이자 지역 내 각 행위 주체가 지역 사무를 공동관리하는 모든 방식의 총합이다.1) 어떤 의미에서 볼 때, 지역 거버넌스는 글로벌 거버넌스의 부분적 이행으로 글로벌 거버넌스와 상호의존 관계가 존재한다. 반면, 지역 거버넌스는 글로벌 거버넌스와 다른 내용, 방식, 구조도 존재한다. 글로벌화가 심화 발전하고 있는 시대적 배경에서 초국경적인 사회 유동성은 광범위한 영역에서 공공문제가 쏟아지게 만들고, 글로벌화의 부정적 효과는 국지적 지역 범위에서 끊임없이 발생하고 있다. 같은 지역 내 국가는 공통된 난제·위기, 즉 지역성 공공문제에 직면하는 일이 빈번하다.

지역성 공공문제 해결에 있어서의 우선순위는 지역 내 공공기구의 합리적 선택에 달려있는데, 시민사회와 기타 사회 활동의 결과일 수도 있다. 지역성 공공문제 해결을 위해서는 주권 국가들이 현실주의에 기반한 편협한 이익 추구를 포기하고 지역 공동 이익 실현의 방향으로 노력하여 지역 거버넌스 메커니즘 구축을 통해 지역 내 각국의 공동 번영을 추구해야 한다. 지역성 공공문제 해결을 위해 노력하는 과정에서 지역 내 각 행위 주체는 정부 간 협력 프레임을 바탕으로 지역 공공정책 의제를 설정하고, 지역 제도적 장치를 구축하여, 제도적 장치의 실질적 운영을 통해 사회 거버넌스 모델의 변화를 유도하고 있다. 이는 일정 범위, 일정 수준에서 볼 때, 지역을 단순한 정부 간 협력 프레임과 정부 관리의 기존 방식에서 벗어나게 하여 거버넌스 전환 과정에서 지역의 역할 재정립을 촉진하였다.

지역 거버넌스가 국제 다자주의의 일환으로 추진된 것은 글로벌 거버넌스보

---

1) 참조: 杨毅、李向阳:《区域治理:地区主义视角下的治理模式》,《云南行政学院学报》2004年第2期。

다 앞섰다. 정치·안보 영역에서 1920년 1월 설립된 글로벌 다자기구인 국제연맹(League of Nations)의 시작은 1890년 4월 설립한 아메리카공화국국제연맹(International Union of American Republics, 현재의 아메리카국가기구)이라고 할 수 있다. 1815년 6월 폐막한 <비엔나 회의>((The Congress of Vienna)에서 시작된 '유럽 협조'는 일종의 '다극 정치 거버넌스 체계'로 '통치 없는 거버넌스'의 전형적 사례로 여겨진다. 국제연맹이사회와 국제연맹총회, 나아가 유엔 안전보장이사회(UNSC), 유엔 총회(UNGA, United Nations General Assembly)는 사실상 유럽 협조의 공식 제도화와 글로벌 다자화라고 할 수 있다.

제2차 세계대전이 종식된 이후, 각 지역이 잇따라 협력 메커니즘·기구를 구축하였고, 공통된 문제에 대한 공동 거버넌스가 나날이 중시되고 있다. 유럽, 아메리카 지역에서 아시아, 아프리카, 라틴아메리카 지역에 이르기까지 다양한 형태의 지역 협력 거버넌스 메커니즘·기구가 잇달아 설립되었고, 관련 협력 분야도 안보, 경제부터 각종 프로젝트에 대한 거버넌스 등을 포함하였다. 지역주의는 지역 거버넌스의 이론적 바탕이자, 동일한 지역 내 각 행위 주체(정부, 정부 간 기구, 비정부기구, 민간기구, 개인 등)의 공동 이익에 기반하여 진행하는 지역 협력에 대한 사상·추진 과정의 총체이다. 냉전 시기 양대 진영 대립이 격화되면서 각국은 국가안보와 이익 확보를 위해 반드시 특정 진영에 가입해야만 했다. 비동맹노선을 추진하던 일부 제3세계 국가들도 양대 진영의 틈에서 생존·발전하기 위해 반드시 그룹을 결성해야 했으며, 이는 북대서양조약기구(NATO)와 바르샤바조약기구(WTO, The Warsaw Treaty Organization) 양대 군사 그룹, 유럽공동체(EC), 비동맹운동, G-77 등의 지역그룹 형성을 촉진했다. 이러한 지역주의 기조하에 진행된 지역 협력은 지역통합으로 향하는 내재적 동력이 부족하였고, 지역 연합 발전은 협력이 아무리 높은 수준으로 발전하여도 한계가 존재하였는데, 국가 간 연합체는 일종의 정부 간 속성을 보여 주권 국가를 초월한 초국가적 기구가 아니었다. 냉전 시기의 지역주의는 주권·국가·민족의 이익을 강조하였고, 어떠한 형태의 연합이든 그 유일한 목적은 집체적 경쟁력을 강화하여 집체 안보를 모색하고 민족국가의 이익을 증진하는 것이었다.

1980년대 말에서 1990년대 초까지 유럽연합(EU)의 신규 회원국 가입, <미국-캐나다 자유무역협정>(CUSFTA) 체결로 대표되는 지역주의 흐름이 재개되었다. 신지역주의는 경제 통합의 기초 위에 환경, 사회보장, 안보, 민주 등 다원화된 영역에서의 거버넌스 협력 조치를 강조하였다. 각 지역기구·그룹은 협력 기초의 차이로 인해 협력 발전 노선 또한 차이를 보였다. 유럽연합, 북미자유무역지대(NAFTA)를 대표로 한 비교적 성숙한 지역기구·그룹은 최근 들어 경제협력의 중심을 재화 무역과 노동력, 자본 등 생산요소의 자율적 유동에서 환경보호, R&D, 교육, 기초 인프라 등 영역으로 확대하였다. 아세안(ASEAN), 중미공동시장(CACM, Central American Common Market)을 대표로 한 개발도상국의 지역기구·그룹은 오늘날 정치 영역에서 경제 영역 협력으로 서서히 전환하는 과정을 거치고 있는데, 협력 내용은 주로 재화 무역 위주이다. 아시아태평양경제협력체(APEC) 등 비제도적 지역 협력 기구는 협력 내용이 주로 경제무역 협력 위주이다.

21세기로 접어들면서 지역 층위의 거버넌스가 점차 뚜렷한 발전을 보이고 있으며, 대지역, 소지역 층위의 지역기구가 중개자적인 역할을 하면서 여러 민족국가를 연계하였는데, 일종의 글로벌 거버넌스 기능을 행사하면서 유럽연합(EU), 아세안(ASEAN), 남미공동시장(MERCOSUR), 남아프리카개발공동체(SADC, Southern African Development Community) 등 지역에 기반한 새로운 글로벌 거버넌스 구조가 점차 형성되었고, 이들은 기존 민족국가에 기반한 글로벌 거버넌스 체계와 공존하고 있다. 글로벌·지역 대국 간 관계에서 큰 변화가 나타나지 않는 한, 지역 거버넌스 구조와 글로벌 거버넌스 구조는 통상적으로 공존할 수 있다.

3. 지역 거버넌스의 실질적 이행

글로벌화 추세가 확대됨에 따라 국제정치 구조는 지속적으로 변화하고 다양한 초국가적 문제도 끊임없이 발생하는데, 이러한 추세는 지역 거버넌스 메커니즘의 구축·정비를 촉진한다. 모든 국가·지역은 발전 수준에 차이가 있으므로 지역 거버넌스 수준도 차이가 상이하다.

지역 거버넌스 발전모델에 근거해 분류해 볼 때, 지역 거버넌스는 △글로벌 거버넌스 프레임 하의 지역 거버넌스와 △지역 자발성 지역 거버넌스로 구분할 수 있다. 그중에서 지역 자발성 거버넌스는 △전면 통합화에 기반한 지역 거버넌스와 △특정 영역에 기반한 지역 거버넌스로 다시 구분할 수 있다.

글로벌 거버넌스 프레임 하의 지역 거버넌스는 유엔이 관할·추진하는 지역 협동 거버넌스를 포함한다. 지역 자발성 지역 거버넌스는 유럽연합, 아세안, 아프리카연합이 각 영역에서 공동 구축한 거버넌스 메커니즘, 공동 채택한 행동조치, 지역 내 공공사무에서 진행하는 자주적·협조적 거버넌스를 포함한다. 특정 영역에 기반한 지역 자발성 지역 거버넌스는 북미자유무역지대(NAFTA), 아시아태평양자유무역지대(FTAAP)가 대표적인데, 지역 경제협력 메커니즘과 다자자유무역협정 등에 기반하여 지역이 직면한 경제문제 해결에 노력한다.

1994년 8월 유엔은 유엔 사무총장과 지역기구 간 고위급 회의를 추진하여 양자 파트너 관계에서 능동적·실질적 방법으로 정기 협상을 진행하였다. 이에 따라, 유엔과 지역기구 간 글로벌 거버넌스 프레임 하의 지역 협동 거버넌스가 급속히 발전하였고 다양하고 실질적인 협력 방식이 나타났다. 1995년 1월 부트로스 갈리(Boutros Ghali)가 제50회 유엔총회와 유엔 안전보장이사회에 제출한 <평화 강령>(증보판) 업무보고에 근거하면 유엔과 지역기구 간 구축한 협력 방식은 주로 아래와 같다.

1) 협상을 통한 방식. 예를 들어, 유엔과 지역기구는 해결이 필요한 문제적 사안에 대해 의견을 교류한다.
2) 외교적 지지의 방식. 유럽안보협력기구(OSCE)가 아브하지아 자치공화국 헌정 문제에서 유엔에 제공한 기술적 지원, 유엔이 유럽안보협력기구의 나고르노카라바흐 문제에 대한 외교적 노력에 지지 의사 표시 등 사례가 있다.
3) 지원 행동의 방식. 북대서양조약기구(NATO)가 공군 역량을 동원하여 유고슬라비아에서 유엔을 지원하고 부대를 보호한 평화 유지 행동, 유엔의 평화 유지 행동을 전개하는 지역기구에 대한 기술적 자문 제공 등 사례가 있다.
4) 연합 배치의 방식. 유엔이 서아프리카경제공동체(ECOWAS)와 연합하여 라이베리아, 독립국가연합과 연합하여 그루지야에서 외지 특별파견단을 배치한 사례가 있다.
5) 연합 행동의 방식. 유엔과 아메리카국가기구(OAS)가 유엔 아이티 특별파

견단의 인원 배치, 지도, 경비 조달을 분담한 사례가 있다. 현재 유엔과 지역기구 간 협동 거버넌스는 이미 글로벌기구 다자 메커니즘 프레임 하의 지역 거버넌스를 추진하는 실용적·성공적 루트로 자리 잡았다. 메콩강 유역에서의 지역 거버넌스는 유엔이 추진하는 지역 거버넌스의 중요한 시도이자 대표적인 사례 중 하나이다.

메콩강 유역에서의 지역 거버넌스는 제2차 세계대전이 종식된 이후 유엔이 기구를 설립하여 단계적으로 조직·추진한 것이다. 1947년 3월 유엔 경제사회이사회(ECOSOC)는 전후 아시아 부흥 발전 추진을 위해 유엔 아시아 및 극동경제위원회(ECAFE, Economic Commission for Asia and the Far East)를 설립하였다. 유엔 아시아 및 극동경제위원회는 <유엔 헌장> 프레임 내에 설립한 최초의 지역 경제 기구이자 아시아 최초의 지역 정부 간 기구였다. 1951년 3월 유엔 아시아 및 극동경제위원회는 메콩강을 아시아 지역 내 국제 하천 분지 개발과 홍수 방재 국제협력의 첫 선정 대상으로 삼고, 1957년 10월 캄보디아, 라오스, 태국, 베트남 메콩강 유역 4개국이 참여하는 메콩강위원회(Mekong River Commission) 설립을 추진하여 메콩강 유역 수자원과 경제·사회 거버넌스를 전문적으로 책임졌다. 또한, 유엔 아시아 및 극동경제위원회는 <메콩강 하류 유역 수자원 개발>(Development of water resources in the lower Mekong Basin) 제하 보고서를 공식 발표하여 메콩강 계획의 발전 방향을 제시하였다. 이로써 메콩강 계획은 아시아 지역 내 특정 영역에서 전개한 가장 의미 있고 중요한 실질적 협력 사례이자 실제 추진 단계에 진입한 첫 지역 발전 국제협력 메커니즘으로, 유엔이 국제 하천 분지 규획·개발에 직접 개입한 첫 지속형 프로젝트가 되었다. 이후 메콩강에 대한 유엔 아시아 및 극동경제위원회의 거버넌스 방식은 변화하여 직접 거버넌스에서 메콩강위원회의 간접 거버넌스와 메콩강위원회, 기타 국제기구, 연안 4개국의 협동 거버넌스로 전환되었다. 메콩강 계획은 △메콩강위원회를 행동 주체, △유엔 아시아 및 극동경제위원회와 산하 기관을 정책 규획 주체, △유엔 아시아 및 극동경제위원회 책임자를 총관리자로 하는 제도적 프레임을 형성하였고, 이러한 제도적 프레임에는 회원국, 유엔 아시아 및 극동경제위원회, 유엔이 동시 책임지는 기구적 중첩성을 잘 나타내고 있다.

유럽연합(EU)은 오늘날 지역 거버넌스 발전에서 가장 광범위한 영역을 포괄하며 추진 역량이 가장 강한 지역기구로 수많은 영역 내 초국가적 거버넌스 규칙과 아젠다를 구축하였는데, 이는 과거 갈등·전쟁이 빈발했던 지역을 평화와 발전의 지역으로 탈바꿈시켰다. 거버넌스 메커니즘 구축 방면에서 볼 때, 수십 년 개선·정비를 거치면서 유럽이사회, 유럽연합이사회, 유럽연합위원회, 유럽의회, 유럽법원을 포함한 일련의 거버넌스 기구를 형성하였고, 성숙한 거버넌스 체계는 양호한 거버넌스를 실현하는 데 중요한 제도적 기반을 제공하였다. 거버넌스 방식 방면에서 볼 때, 유럽연합은 공동시장 구축, 공동화폐 발행, 협조적 안보, 외교 정책 채택 등 일련의 방식을 통해 전면적으로 통합협력 영역 확대, 통합협력 수준 제고를 추진하였다. 거버넌스 형태 방면에서 볼 때, 유럽연합의 거버넌스는 우선 다원적 거버넌스와 의사결정 주체를 포함하고 다층적 행위 주체가 특정 정책·결의에 대한 협상과 논의 과정에 참여하는데, 공개 조율 방식은 회원국 간 원활한 정보 교환을 통해 각 회원국이 공동으로 수용 가능한 정책을 모색하므로 각 회원국이 지역 거버넌스 등 집체적 행동을 통해 이익을 보장하는 데 유리하다. 직면한 문제점들을 살펴볼 때, 우선 유럽연합 규모가 꾸준히 확대됨에 따라 회원국의 수가 지속 증가하면서 유럽연합의 기존 회원국과 신규 회원국 간 인식 차이와 이익 갈등이 불가피한데, 때로는 초국가적 측면의 의사결정이 교착 국면에 빠질 수도 있다. 또한, 유럽의 '과도한 민주 추구로 인한 손실'과 유럽 동질성 형성에서의 시차 문제는 유럽연합 지역 거버넌스의 발전을 저해하며, 유럽 지역 시민의 이익을 대변하는 지역기구가 영위하는 권력이 정부기구의 권력보다 훨씬 작아 유럽 지역 동질성과 민족 동질성 간 긴장 관계가 존재한다.

아세안(ASEAN)은 거버넌스 메커니즘 건설 방면에서 일련의 다자 협력 메커니즘을 구축하였다. 아세안은 지역 내 경제 개방 추진을 선도하여 점진적으로 지역 거버넌스를 심화 발전하면서 비교적 성숙한 지역 거버넌스 메커니즘을 구축하였는데, 여기에는 아세안 정상회의, 아세안 외무장관 회의, 아세안지역안보포럼, 아세안자유무역지대 구축 등 내용을 포함하며 전면적 지역 거버넌스를 목표로 나아가고 있다. 지역 관계 거버넌스 방면에서 볼 때, 아세안은 아세안지역안보포럼(ARF)을 추진·구축하였으며, 대화·협상의 방식을 통해 지역 안정과 협력관계, 질서 구축을 추진하고 있다. 동아시아정상회의(EAS)는 개방형 지도자

회의로 △협력에 대한 공감대 형성, △협력 아젠다 추진, △개방·협력·평화의 동아시아 구축을 목표로 한다. 경제 거버넌스 방면에서 볼 때, 아세안은 '10+1', 자유무역지대, <역내포괄적경제동반자협정>(RCEP), '치앙마이 이니셔티브(CMI)'를 통하여 지역시장개방, 금융 협력 규칙 제정을 추진하고, 거시경제조사기구(AMRO)를 설립하여 동아시아 지역 경제에 대한 연구와 모니터링을 통해 각국 발전에 유익한 정보를 제공한다. 지역 거버넌스는 각 회원국을 협력 메커니즘에 참여하게 만들고, 공통된 인식 형성을 통해 공동안보, 공동 발전의 정신을 구현하여 동아시아 지역의 평화·협력을 촉진할 수 있다.

동아시아 지역 관계는 복잡하여 공통된 인식을 형성하는데 수많은 난관이 존재한다. 지역 협력 거버넌스의 메커니즘은 대화, 교류, 협상을 통해 갈등을 해소하고 공감대를 증가시키는 데 목적이 있는데, 선도적 지역기구로서의 아세안은 본디 강력한 주도 국가와 공공재를 제공할 역량이 부족하여 일부 메커니즘의 경우 협력성 거버넌스 추진 방면에서 성과가 미미하다. 예를 들어, 동아시아정상회의(EAS)는 미국이 주로 자국의 전략적 이익에 관심을 두고 전략적 경쟁을 도모하기에 각국이 기존에 구상하던 목표를 실현하기 어렵다. 지역 관계와 관련한 방면에서는 각국 간 이견을 좁히기 힘들고, 미국 동맹체계의 영향과 대국 간 전략경쟁이 격화되면서 협력성 지역 거버넌스가 괄목할 만한 성과를 거두기 어렵다.

아프리카 지역에서의 지역 거버넌스는 아프리카연합(AU, African Union) 설립의 형식으로 진행되었다. 아프리카연합은 2002년 공식 설립된 아프리카 지역 전체의 정치, 경제, 군사를 통합한 정치적 실체에 속하며, 그 설립 취지는 인권 제고·보호를 위해 민주제도·문화 강화, 국가 양정(良政), 법치 확립을 추진하고, 미래의 공공 제도 건설을 강화하기 위해 더 큰 제도적 권한을 부여하여 관할범위 내에서 더욱 적극적인 역할을 추진하는 데 있다. 거버넌스 메커니즘 방면에서 볼 때, 아프리카연합은 성숙한 조직 기구 구축을 통해 효율적인 협력 메커니즘을 확립하려 하는데, 기구 설치에서 아프리카연합총회, 정상회의, 범아프리카의회 등 일련의 산하 기구는 아프리카연합이 효율적인 거버넌스를 실현하기 위한 조직 기반을 제공하였고, 정치, 경제, 안보, 사회, 사법 등 영역을 포함한 특정 기능성 기구를 적극적으로 구축하고 있다. 거버넌스 모델 형태 방면에서 볼 때, '아프리카 개발을 위한 새로운 파트너십(NEPAD, New Partnership for Africa's Development)'을 통해 세계 각국과 우호적 협력 파트너십을 수립하고 지역 경제공동체를 구축하여 통합 과정을 가속하려 한다. 또한, 새로운 정합 조치를 통해 각 산하 기구의 거버넌스 효율을 높여 아프리카 8개 주요 소지역 경제공동체와 기타 지역 협력 기구 간 조율을 진행한다.

아프리카연합의 지역 거버넌스는 적지 않은 난관이 존재한다.

1) 국가 주권과 아프리카연합 통합 간 이견이 존재한다. '집체 주권' 개념의 도입은 회원국의 '제한된 주권'을 초래하였고 회원국은 국방·안보 등 비교적 높은 자주성을 띠는 영역에서 아프리카연합과의 주권 공유에 소극적인데, 회원국과 초국가적 지역기구 간 권력 경쟁은 아프리카 지역 통합 발전을 저해한다.
2) 자금 부족으로 인해 메커니즘 운영이 원활하지 못하다. 아프리카 지역 국가 경제 발전의 뒷심 부족, 회원국의 회비 체납 등 문제로 인해 아프리카연합은 각 영역에서의 협력 프로젝트를 원활하게 진행하기 어려우며, 지역 거버넌스는 큰 경제적 압박에 직면해 있다.
3) 지역 경제 거버넌스에서 각국 경제발전 격차의 제약을 받는다. 아시아-태평양 지역은 북아메리카와 동아시아의 초지역적 연계이다. 지역 관계에서 볼 때, 제2차 세계대전의 발발과 전개 과정에서 미국은 동아시아 지역 사무에 직접 개입하게 되었고, 미국-일본, 미국-한국, 미국-필리핀, 미국-태국 등 군사동맹을 구축하였다. 냉전체제가 종식된 이후에도 군사동맹은 꾸준히 유지되고 있으며, 나아가 미국은 '아시아-태평양 재균형(Asia-Pacific Rebalance)', '인도-태평양 전략(Indo-Pacific Strategy)'을 제시하며 중국과의 전면적 전략 경쟁을 전개하였다. 아시아-태평양 지역에서 아시아태평양경제협력체(APEC)가 구축되었지만, 이는 주로 경제 영역을 대상으로 하며, 정치·안보 영역을 포함하지 않는다. 따라서 미국이 주도하는 지역 관계 구도는 단기적으로 변화시키기 어려우며, 아시아-태평양 지역은 지역 관계 협력 거버넌스에서 지속적인 노력이 필요하다.

위와 같은 상황에도 불구하고 아시아-태평양 지역 경제 영역 협력은 괄목할 만한 성과를 거두었다. 아시아태평양경제협력체(APEC)는 1989년 설립된 이래로 지역 다양성에 부합하고 모든 회원국에 호혜적 지역 경제협력을 모색하기 위해 부단히 노력하였는데, 아시아-태평양 지역 시장개방을 취지로 한 '보고르 목표(Bogor Goals)'와 같은 일련의 목표지향적 아젠다를 제정하였다. 아시아-태평양 지역 경제협력의 기초는 북아메리카와 동아시아 지역 간 밀접한 경제 연계에 있으며, 이를 위해서 개방 협력에 기반한 지역 경제 교류 규칙을 마련해야 한다. 아시아태평양경제협력체가 일종의 지역 경제 협력 메커니즘으로 초국가적 거버넌스 권한은 없지만, 각국 정상이 형성한 공통된 인식, 제시한 각종 아젠다는 여전히 지도적인 의미가 존재한다.

미국은 한때 유럽연합의 통일 대시장 구축 의도, 동아시아 지역 경제에 대한 높은 의존도 등 요인에 대응하여 아시아-태평양 지역 협력 거버넌스 구축에 대해 매우 적극적인 입장을 보였다. 다만, 최근 몇 년간 미국은 아시아태평양경제협력체(APEC)에 대한 관심이 대폭 하락하였는데, 이는 △아시아태평양자유무역지대(FTAAP) 구축에 대한 지지 거부, △중국을 배제한 환태평양경제동반자협정(CPTPP, Comprehensive and Progressive Agreement for Trans-Pacific Partnership) 제안, △양자 관계에 기반한 북미자유무역지대(NAFTA) 재구축, △인도-태평양으로 아시아-태평양의 지역적 역할 대체 시도 등 조치에서 잘 나타난다. 위와 같은 사례에서 알 수 있듯이, 미국의 적극적인 참여가 없으면 아시아태평양경제협력체는 아시아-태평양 지역 경제 거버넌스에서 큰 어려움에 직면할 수 있다.

제3절 지역 거버넌스와 글로벌 거버넌스

지역 거버넌스와 글로벌 거버넌스는 어떠한 관계인가? 특징상 지역 거버넌스의 범주는 국지적이며 지역에 국한되고 지역을 대상으로 한다. 하지만, 지역 거버넌스는 배타적이거나 폐쇄적이지도 않으며, 글로벌 거버넌스와 상호 연관되는 글로벌 거버넌스의 중요한 구성 부분이다.

1. 글로벌 거버넌스의 발전

글로벌 문제가 나날이 증가하는 오늘날, 글로벌 거버넌스는 더욱 더 중시되고 있다. 글로벌 거버넌스는 크게 아래의 다섯 가지 유형으로 구분할 수 있다.

1) 유엔 체계(United Nations System). 지구상의 거의 모든 국가가 유엔에 가입한 점을 고려할 때, 유엔은 가장 대표적인 국제체계이다.

2) 국제기구. 국제통화기금(IMF), 세계무역기구(WTO), 세계은행(WB, World Bank), 지역성 개발은행 등을 포함한다. 오늘날 전 세계 대부분 국가가 이러한 국제기구 프레임에 가입하여 있으며, 이들이 제정한 규칙은 각 회원국이 공동으로 준수하는 국제규칙과 행위규범이 되었다.

3) 국제조약. 국제조약은 <핵확산방지조약>(NPT, Non-Proliferation Treaty), <유엔기후변화협약>(UNFCCC, United Nations Framework Convention on Climate Change), <유엔 해양법 협약>(UNCLOS, United Nations Convention on the Law of the Sea) 등을 포함한다. 이러한 국제조약과 법률은 초국가적 특성을 가지며, 각국은 모두 이를 준수할 의무와 책임이 있다.

4) 업계 규약. 시장에 기반한 규칙은 업계가 규정한 법규를 준수하지 않는다면 업무를 전개하기 어렵다. 예를 들어, <바젤협약>(Basel Accords)은 은행 간 체결된 규약이며, 각종 산업 단체가 공동으로 제정한 규약은 관련 주체가 반드시 준수해야 한다.

5) 국제 대화 협력 메커니즘. 그중, 비교적 중요한 메커니즘은 G7 선진국 그룹이며, G7은 대화·협상·협력을 통해 세계 경제에서 선도적인 역할을 발휘한다. 1999년 설립된 G20은 세계 최대 선진국과 개발도상국이 모여 세계 경제발전에 대해 논의하고 공식 지도 문건을 발표한다.

오늘날 국제 거버넌스는 보편적인 특징을 가지며, 거버넌스의 범위·방식 모두 끊임없이 발전하고 있다. 이러한 큰 흐름은 국제정치, 국제경제, 국제관계, 사회 생활 국제화 발전과 맞물려 있으며, 모든 국가가 국제 거버넌스의 제약 하에 있다. 국제 거버넌스의 발전은 인류 역사 발전에서 중요한 성과 중 하나라고 할 수 있다.

제2차 세계대전이 종식된 이후, 글로벌 거버넌스에 기반한 유엔이 설립되었다. 유엔은 모든 국가를 하나의 체계로 점진적으로 편입시켰으며, 보편적 가치를 지닌 <유엔 헌장>(Charter of the United Nations)과 일련의 공약을 제정하고 현대 국가의 국내 거버넌스, 국제 거버넌스의 기본원칙을 수립하였다.

국제 거버넌스에서 산업 거버넌스는 중요한 형식과 내용에 속한다. 정부 간 국제기구, 지역기구, 협력 메커니즘과 비교할 때, 산업 거버넌스 메커니즘은 제정된 산업 규정, 행위 주체의 규칙 준수 독촉 등 산업 자체적 기능을 구비하고 있다. 산업 규정은 법률이 아닌 동종 업계 종사자의 공동 약정이지만, 집행에 있어 법리적 효력을 가진다.

사실상 많은 분야에서 업계 규약은 때때로 국가법률과 국제법보다 우선시 된다. 대부분 국가법률과 국제법은 산업 조직 내에서 제정한 국제관례가 된 규칙을 참고·채택하기도 한다. 이러한 관점에서 볼 때, 업계 규약은 국가법률과 국제법의 구축·정비를 위한 기반을 다졌다고 할 수 있다. 산업 국제 거버넌스는 국제 거버넌스의 중요한 구성 부분으로서 정부 간, 지역 간 국제 거버넌스와는 매우 강한 상호보완성을 가지며, 정부나 국제기구가 맡기 어렵거나 불가능한 기능을 담당하기도 한다.

산업 국제 거버넌스는 매우 복잡 다양한 영역이 관련되어 있으며, 형식 또한 다양하다. 전반적으로 볼 때, 산업 국제 거버넌스에서의 메커니즘은 크게 아래 세 가지로 구분할 수 있다.

1) 정부 부처가 추진·설립한 협력 기구. 해당 협력 기구는 산업 관리 규칙 제정을 책임지는데, 그 제정된 규칙은 국제법의 성질을 지니지 않고, 회원에 대한 강제 구속력도 없지만, 실제 산업 발전에서 규범적·지도적 역할을 한다. 예를 들어, <바젤협약>(Basel Accords)은 다국적 자금 유동성 리스크를 관리하는데, 중앙은행 감독기구의 주도로 설립되었고, 자본의 다국적 유동과 금융기구의 운영에 관한 다수 규칙을 제정하였다. 해당 규칙은 사실상 산업 규칙이 되어 협약에 참가한 회원 은행뿐만 아니라 협약에 미참가한 비회원 은행도 모두 협약을 준수해야 한다. 중요한 점은 협약은 정부의

적극적인 지지를 받아, 정부 감독 관리부처 또한 협약에 근거하여 감독·관리를 실시한다는 것이다.

2) 업계가 주도 설립한 기구. 해당 기구는 정부의 인가를 받아 산업 규칙을 제정하며 집행 가능한 국제관례를 수립한다. 이러한 국제기구는 상당히 많이 존재하는데, 예를 들어, 100여 개국의 상업 단체가 참여한 국제상공회의소는 국제 비즈니스 활동에 관한 수많은 지침·규칙을 제정하였고, 여기에는 신용, 신탁, 비즈니스 용어 등 방면이 포함된다. 위와 같은 규칙은 업계의 인가를 받고, 국제 비즈니스 활동에서의 산업 규정이 되었다.

3) 자발적으로 운영하는 민간 산업 협회 등. 이들은 반드시 정부 차원의 지지를 받지는 않지만, 산업 영역에서 광범위하게 인정받고 있어 그들이 제정한 규칙은 산업을 지도·규제하는 역할을 한다. 국제 협회나 명의상 등록된 기구는 분포 범위가 광범위하고 규모도 다양한데, 광범위한 영역과 연관되기도 하고 어느 전문 영역에만 제한되기도 한다.

또 다른 한 유형의 기구 역시 국제 거버넌스에서의 중요한 구성 부분으로 볼 수 있는데, 이 기구들은 민간이 자발적으로 설립한 기구로 통상적으로 국제성 '비정부기구(NGO, Non-Governmental Organization)'로 불린다. 대부분 비정부기구는 인권, 환경보호, 생태, 윤리 등 어느 한 전문 영역을 대상으로 하는데, 일부 영역을 초월한 종합 기구도 존재한다. 때로는 사회적 영향력을 가진 개인이 발기하여 회원들이 자발적으로 참여한다. 비정부기구 대부분은 한 국가 혹은 몇 국가에 등록하여 합법성을 부여받아 활동을 전개하며, 각자가 인지하는 이념·가치 기준에 기반한 보고서를 통해 영향력을 발생시킨다. 다른 산업 기구와 달리, 비정부기구는 산업 규정 제정을 통해 참여자의 행위를 구속하는 것이 아니라, 입장·주장을 제시하여 자체가 판단한 불량행위에 대한 비평·질책으로 국제여론을 이끌고 관련 행위 주체를 압박하는데, 일부 상황에서 해당 기구는 자체적으로 직접적인 행위를 추진한다. 이러한 비정부기구를 국제 거버넌스의 범주에 포함시켜 인식하는 것은 매우 중요하다.

특성과 기능적인 관점에서 볼 때, 비정부기구들은 사회와 개인이 참여한 '자원봉사자' 연맹에 속하여 특수한 기능을 발휘하는데, 대부분 역할은 정부, 산업

기구가 추진하기 어려운 것들이다. 특히, 정부의 실책, 무능, 오류에 대해 논평하고, 사회적 병폐에 대해 비판하는 것은 수많은 상황에서 정부의 편향 방지, 과오 시정, 정책 수정을 추진하는 중요한 동력이 된다.

물론 비정부기구들 사이에는 수준 차이, 복잡한 배경 요인이 존재하여, 일부 기구가 발표한 보고서는 입장·관점이 편향되고 일부 행동은 침해성을 가지고 있어 부정적 효과를 야기하기도 한다. 하지만, 그렇다고 해서 비정부기구가 국제 거버넌스에서 발휘하는 긍정적 작용과 대체 불가한 역할을 부정해서는 안된다.

2. 지역 거버넌스와 글로벌 거버넌스

지역 거버넌스는 글로벌 거버넌스의 중요한 구성 부분이다. 국제 거버넌스의 관점에서 분석해 볼 때, 지역성 문제는 거버넌스를 추진하는 내재적 원인이다. 지역 거버넌스가 관련된 영역은 매우 광범위한데, △자연 영역에 속하는 수자원, 식생, 사막화, △경제 영역에 속하는 무역, 투자, 시장, 통화, 금융, 교통 인프라 등, △정치·사회 영역에 속하는 대외관계, 인구 유동 등, 안보 영역에 속하는 국가안보, 테러리즘 등을 포함한다.

지역성 문제 대부분은 아래 세 가지 방면에서 기인한다.

1) 지역성에서 나타나는 것이다.
2) 국가 내부 문제가 확장되는 것이다.
3) 외부 문제의 유입이다.

어떠한 유형이건 개별 국가가 관리할 수 있는 능력 범위를 벗어나 있으므로 지역 차원에서 해결해야 하는데, 이 때문에 지역 거버넌스가 필요하다. 지역 거버넌스는 고정된 형식이 없으며, 현실 상황에 근거하여 추진해야 한다. 지역 경제 거버넌스는 빠르게 발전하고 있는데, 경제 영역에서 통용되는 방식은 시장개방을 추진하고 지역 내 무역·투자를 증가하며 협상을 통해 지역성 자유무역협정을 체결하는 방식이다.

글로벌 층위에 기반한 다자 체제가 존재하기 때문에 지역 경제 거버넌스 추진이 다자 규칙을 위배해서는 안 되며 다자 원칙과 일치해야 한다. 이 때문에 지역 거버넌스 추진에는 아래 두 가지 기본 규칙이 존재한다.

1) 지역 거버넌스의 개방 수준을 제고해야 하며 퇴보해서는 안 된다. 즉, 반드시 다자 체제보다 더 높은 수준의 개방 조치를 추진해야 한다.
2) 모든 범위를 포괄해야 하며, 몇몇 영역만 선택적으로 적용해서는 안 된다. 이로 인해 지역 거버넌스 추진은 다자 체제 추진에 대한 보완으로 간주하기도 한다.

오늘날 각각의 대지역, 소지역, 세부지역은 모두 다양한 형태의 협력 메커니즘이 구축되어 있다. 협력 범위로 볼 때, 일부는 종합 거버넌스를 목표로 하고 있고, 또 다른 일부는 특정 영역 거버넌스를 목표로 한다. 협력 수준으로 볼 때, 일부는 협력 수준이 매우 높은 지역기구를 구축하였고, 일부는 단순한 대화 메커니즘에 머물러 있다. 이러한 협력 메커니즘들은 국가 간 관계 조율, 지역 공동자원 관리, 갈등·충돌 해결 방면에서 중요한 역할을 한다. 오늘날 지역 거버넌스 메커니즘에 참가하지 않은 국가는 극소수에 불과하다. 기능성 방면을 볼 때, 지역 거버넌스는 글로벌 거버넌스를 보완하는 역할을 할 뿐 아니라, 글로벌 거버넌스의 기초라고 할 수 있다.

오늘날 글로벌화 발전이 정체된 상황에서 지역화는 더욱 강화되는 추세를 보인다. 세계는 지역화의 심화 발전과 지역 거버넌스의 강화를 필요로 하고 있다. 글로벌화는 불가역적인 추세이지만, 글로벌화 과정에서 나타나는 우여곡절은 불가피하다. 글로벌화와 지역화는 상충되지 않고, 상호 지지·보완하면서 발전하고 있다. 지역화에서 나타나는 새로운 형태는 개방적이며 지역과 세계가 긴밀하게 연계되어 있기 때문에 지역 거버넌스는 반드시 개방성과 협력성을 모두 갖추어야 한다.

■ 추천 문헌

- 勒诺等：《全球治理的中国担当》，中国人民大学出版社2017年版。
- 袁倩主编：《全球气候治理》，中央编译出版社2017年版。
- 陈瑞莲、刘亚平等：《区域治理研究：国际比较的视角》，中央编译出版社2013年版。

국제지역학 개론

제10장
국제지역 구축 추진 현황과 연구

제1절 국제지역 구축의 발전
제2절 국제지역의 연구와 이론
제3절 중국의 지역 협력 추진 현황

제10장 국제지역 구축 추진 현황과 연구

국제지역 구축은 다양한 형태로 발전하고 있으며, 이에 따라 국제지역과 관련한 연구 또한 심화하고 있다. 전반적으로 볼 때, 국제지역 구축에 대한 실질적 추진이 이론적 연구보다 선행하고 있고, 유럽 지역은 현대 국제지역 구축 방면에서 가장 앞서 있다. 오늘날 국제지역 구축은 세계적으로 보편화되었고 다양한 층위·방식을 통한 발전 구도를 형성하였다.

제1절 국제지역 구축의 발전

국제지역 구축은 지연 지역에 기반한 협력 활동을 가리킨다. 현대 국제지역 구축은 역사적으로 나타나는 지역 확장이나 지역동맹 간 대립 등과는 달리, 지역 협력을 추진하여 평등한 참여, 공동 구축을 통해 지역 공동 이익을 창출하면서 지역 평화·발전을 실현한다.

1. 국제지역의 구축 기초

지연 지역은 본래 민족과 국가의 생존을 위한 터전이었으며, 각기 다른 국가와 민족은 서로 복잡하게 얽히며 동태적으로 변화하는 관계를 맺었다. 현대 민족국가 제도가 확립된 이후 지역은 분해되었고, 서로 인접한 지연 지역 간에도 국제적 속성을 갖게 되었다. 국제지역의 정위(定位)는 변화하였지만, 국가 간 상호 관계와 이익 제공이라는 근본적 특성은 변화하지 않았다. 현실에서 국가 간 관계로부터 나타난 문제가 다수 국가의 경제, 생태 등 영역에서의 위기로 확장되는 경우, 지역 구축의 중요성·필요성이 더욱 두드러지게 나타나며, 국제지역의 구축 사상과 실질적 조치를 추진하는데, 이는 각국에 있어 이성적인 선택지가 되었다.

【보충 자료】

모네 플랜

장 모네(Jean Monnet, 1888~1979)는 프랑스 정치가이자 외교관이다. 그는 제2차 세계대전이 종식된 이후 서유럽 통합 과정을 주도하여 '유럽의 아버지'로 불린다. 1947년 1월 모네는 프랑스 정부로부터 국가계획위원회 총간사 역할을 부여받아 프랑스 전후 복구를 책임졌는데, 그가 맡은 임무 중 하나는 마셜 플랜(Marshall Plan)의 자금 운용에 협조하는 것이었다. 프랑스는 경제 복구 이후 서독의 석탄과 철강을 프랑스 생산계획에 편입시키길 희망하였다. 모네는 이를 위해 새로운 계획을 제정하였고, 1950년 5월 9일 모네와 당시 프랑스 외무장관 로버트 슈만은 유럽 석탄 철강 공동시장 구축을 제안하였다. 이에 따라 프랑스, 서독, 이탈리아, 벨기에, 네덜란드, 룩셈부르크 6개국은 유럽석탄철강공동체(ECSC)를 설립하는 조약을 체결하였다. 유럽석탄철강공동체의 설립은 독일의 부흥으로 시장지배력이 강화될 것이라는 프랑스의 우려를 감소시켰고, 독일의 철강 제조 전통을 유지할 수 있게 하였다. 모네의 이러한 구상은 최종적으로 유럽경제공동체(EEC)로 발전하였다. 모네가 이러한 창의를 추진할 수 있었던 결정적 원인은 사적 네트워크 관계를 빌려 미국 국무장관 딘 에치슨(Dean Gooderham Acheson)이 독일 정부에 압력을 가하여 서독으로 하여금 조약을 체결하게 만들었기 때문이다.

유럽 지역은 지역 연계가 가장 강한 지역이다. 유럽의 지역 구축은 오래된 기반을 보유하는데, 아베 드 생피에르(Charles-Irénée Castel de Saint-Pierre), 장자크 루소(Jean-Jacques Rousseau), 임마누엘 칸트(Immanuel Kant), 생시몽(Saint-Simon) 등 철학자들은 '통일 유럽', '평화 유럽'에 관한 사상을 제안하였다. 제1차 세계대전이 종식된 이후 대규모 전쟁의 재발을 방지하고 유럽 지역 평화를 실현하기 위한 '범유럽 운동(Pan-European Movement)'이 출현하였고 '유럽연합계획'을 제안하였다. 하지만, 복잡한 관계와 공감대 부족으로 인해, 이러한 제안과 계획은 모두 실현되지 못하였다. 제2차 세계대전이 종식된 이후, 전쟁의 후유증으로 인해 유럽 연합에 대한 사상이 높은 공감대를 얻었다. 장 모네가 제정한 유럽연합계획이 실질적으로 추진되었고, 유럽석탄철강공동체(ECSC)에서부터 한 단계씩 발전하면서 최종적으로 초국가적 거버넌스 기능을 가진 유럽연합을 설립하였다. 또한, 고도로 개방된 유럽 통일 대시장을 구축하였으며, 단일통화를 실현하면서 수많은 유럽 지역 국가들이 유럽 지역의 통일된 지역기구에 가입하였다.

세계 여타 지역에서도 국제지역 구축이 크게 발전하였다.

아랍연맹(AL, Arab League)은 제2차 세계대전이 종식된 이후 비교적 일찍 설립되고 영향력이 있는 지역기구이다. 아랍연맹은 아랍국가 연합 협력 추진을 목적으로 한 정치기구이며, 언어적 동질감과 지리적 연계를 기반으로 한다. 아랍연맹의 설립 취지는 회원국 간 긴밀한 협력을 강화하고, 아랍국가들의 독립과 주권을 유지하며, 상호 간 활동을 조율하는 것이다. 아랍연맹이 추구하는 기본원칙은 △국가 주권과 정치제도 선택에 대한 상호 존중, △무력을 통한 상호 간 분쟁 해결 금지를 포함한다. 오늘날까지 아랍연맹은 여전히 국가 간 조율과 아랍국가와 민족 이익 유지에 중요한 작용을 하고 있다.[1]

아프리카연합(AU, African Union)의 설립은 아프리카 지역 구축의 중대한 발전이다. 아프리카연합은 아프리카 지역 전역에서의 정치, 안보, 경제 영역과 관련한 종합성 지역 협력 기구이며, 그 목표는 △아프리카의 단합과 통일 실현, 회원국 주권, 영토 수호와 독립, △지역 평화, 안보와 안정, △정치, 사회와 경제 통합 발전 과정 추진, △아프리카 공동시장과 이익 수호, △국제협력 강화를 통해 아프리카가 국제사무에서 필요한 역할을 하게 하는 것이다. 아프리카연합이 추구하는 기본원칙은 회원국 주권평등, 평화공존, 내정 불간섭, 무력 사용 혹은

---

[1] 1944년 이집트 구상 하에 아랍 각국 외무장관은 이집트 알렉산드리아에서 외무장관 회의를 개최하여 <알렉산드리아 의정서>(Alexandria Protocol)를 잠정 체결하고 아랍연맹(AL, Arab League) 설립을 결정하였다. 1945년 3월 22일 이집트, 이라크, 요르단, 레바논, 사우디아라비아, 시리아, 예멘 아랍 7개국 대표는 이집트 카이로에서 회의를 개최하여 <아랍연맹조약>(the Pact of the League of Arab States)을 통과하고 연맹 설립을 선포하였는데, 현재 22개 회원국이 있다. 아랍연맹은 산하 정상급 이사회, 장관급 이사회(장관급이사회, 전문 장관급이사회), 연합 방어 이사회, 경제사회 이사회, 사무국을 두고 있다.

무력 위협 금지, 평화적 분쟁 해결이 있다. 아프리카연합은 지역기구로서 회원국 간 전쟁, 종족 살상, 대규모 인도주의적 위기가 발생할 시, 회원국들은 지역 평화와 안보 회복을 위해서 아프리카연합의 개입을 요청할 수 있다. 2018년 3월 21일 아프리카 44개국은 아프리카연합 특별 정상회의에서 아프리카대륙자유무역지대(AfCFTA) 구축 협정을 체결하였다.[1)]

지속 발전하는 국제지역 구축 추진 과정에서 소지역에 기반한 다양한 협력 메커니즘 구축이 주류가 되었다. 중국이 속한 지역에는 아시아태평양경제협력체(APEC)와 같은 다수 소지역 기구나 협력 메커니즘이 존재한다. 아시아태평양경제협력체는 아시아-태평양 지역 시장개방과 경제협력을 지향하고 비구속적인 공통 인식과 목표 아젠다를 통해 지역 경제발전을 추진한다.

아세안(ASEAN)은 동남아시아 지역의 평화 발전을 목표로 지역기구를 구축하여 협력 아젠다를 제정하였고, 아세안 공동체 구축을 추진하면서 지역 내 각국을 연합해 하나의 공동체를 형성하였다. 아세안은 '아세안+' 대화 협력 플랫폼을 주도적으로 추진하였는데, 예를 들어, '아세안+한중일(10+3)', 동아시아정상회의(EAS, East Asia Summit), 다수 '아세안+1' 자유무역지대, <역내포괄적경제동반자협정>(RCEP) 등이 있다.

상하이협력기구(SCO)는 안보 협력을 시작으로 협력 영역을 점차 확대하였고, 인접 아시아 지역 국가를 회원국으로 받아들여 중국, 러시아, 중앙아시아를 지연적 중심으로 한 협력 지역을 형성하였다.

남아시아지역협력연합(SAARC)은 남아시아 지역을 기반으로 한 협력을 바탕으로 △지역 내 각국의 복지 증진, △지역 내 경제성장, 사회 진보, 문화 발전, △각국 간 상호 신뢰·이해 증진 등 내용을 설립 취지로 하고 있다. 또한, 아시아 교류 및 신뢰구축 회의(CICA), 보아오 아시아 포럼(Boao Forum for Asia) 같은 다자 회의 메커니즘은 아시아 지역 국가 간 교류를 추진하여 각국 간 협력을 촉진하는 것을 목표로 한다.

---

1) 아프리카연합(African Union)의 전신은 1963년 5월 25일 결성된 아프리카통일기구(Organisation of African Unity)이다. 1999년 9월 9일 아프리카통일기구 제4회 특별 정상회의에서 <시르테 선언>(Sirte Declaration)을 통과시키고 2001년 아프리카연합 설립을 결정하였다. 2000년 7월 개최된 제36회 아프리카통일기구 정상회의에서는 <아프리카연합 헌장 초안>을 통과시켰고, 2001년 3월 2일 아프리카연합 설립을 선포하였다. 2002년 7월 아프리카연합은 제1회 정상회의를 개최하면서 공식적으로 아프리카통일기구를 대체하였다.

세계 여타 지역에서 자유무역지대 구축, 지역 경제협력, 안보협력 등 지역 협력이 다양하게 발전하고 있다. 앞서 언급한 지역기구들은 조직구조, 운영 상황, 협력 성과 등 방면에서 매우 큰 차이를 보이지만, 전반적으로 국제지역의 역할을 중시하고, 국제지역 구축을 추진하는 의식을 강화하고 있으며, 국가와 사회가 참여함으로써 국제지역 구축의 능동성이 제고되었다는 점에서 대체로 같은 흐름을 대표한다. 이렇듯, 국제지역은 국제관계, 국제 거버넌스의 중요한 플랫폼이 되었다.

2. '아세안 웨이'의 추진

일찍이 근대 동남아시아 지역 일부 국가는 외국 열강의 식민지로 전락하여 지역 내부는 충돌·혼란에 빠졌고, 이는 현대 지역 구축을 통해 평화적 환경을 조성하고 경제발전을 추진하는 내재적 동력이 되었다.

1967년 8월 8일 동남아시아 지역 내 인도네시아, 태국, 싱가포르, 필리핀, 말레이시아 5개국은 태국 방콕에서 회의를 개최하고 <아세안 선언>(The ASEAN Declaration), 즉 <방콕 선언>을 발표하여 아세안(ASEAN, 동남아시아국가연합) 설립을 공식 선포하였다. 아세안은 초기 5개 회원국에서 점차 확대되어 브루나이(1984), 베트남(1995), 라오스(1997), 미얀마(1997), 캄보디아(1999)를 차례로 받아들여 10개 회원국으로 확대되었다.

동남아시아의 지역 구축은 유럽 지역 협력의 영향을 받아 유럽의 경험사례를 학습하는 데 중점을 두었지만, 동남아시아 지역은 유럽 지역의 상황과 크게 달라 유럽 지역 협력 모델을 그대로 복제할 수는 없었다. 이러한 연유로 협력 추진 과정에서 머리를 맞댄 끝에 지역 특징에 적합한 '아세안 웨이(ASEAN Way)'를 점차 구축해 나가기 시작했다. 아세안 웨이는 이론에 기반한 것이 아닌 실질적 추진 과정에서의 결과물이다.

동남아시아 지역은 본디 갈등이 복잡하게 얽혀있고 충돌·전란이 끊이지 않던 지역이었지만, 지역 구축과 협력 전개를 통해 '아세안 기적'을 실현하였는데, 이는 주로 △혼란에서 안정으로 지역의 장기적인 평화를 구축한 것, △지역 경제의 빠른 성장을 실현하고 지역민들의 생활 수준을 개선한 것, △지역 외 대국을 지역 대화 협력 프레임에 편입시켜 새로운 지역 관계를 구축한 것 등에서 잘 나타난다. 여타 지역 구축과 비교해 볼 때, '아세안 웨이' 역시 매우 강한 이론적 의의를 가지고 있다.

'아세안 웨이'의 중요한 특징은 공통된 인식·규약으로 발전을 인도한다는 것인데, 공통된 인식의 형성은 모든 회원국이 지역 협력 메커니즘에서 대화·협상에 참여하여 집단적 정치 약속 형태로 나타난다. 예를 들어, 아세안 설립 관련 <아세안 선언>(The ASEAN Declaration)은 한 장의 단순한 성명이지만 5개 창립 회원국이 지역 협력의 길로 향하는 공통된 정치적 인식이 나타나 있다. 아세안이 제정한 <동남아시아 우호협력조약>(TAC, Treaty of Amity and Cooperation in Southeast Asia)은 지역 내 회원국 간 관계와 역외 관계를 처리하는 규약이다.[1] 아세안이 자유무역지대를 구축하고 공동체를 건설하는 것은 목표지향성을 띠는데, 목표지향은 실질적 내용을 가진 목표를 제정하고 점진적으로 이를 추진하는 것을 말한다. 의사결정은 공통 협상을 통해 공감대를 형성하고, 이행은 회원국의 정치적 책임에 의존한다. '아세안 웨이'는 이와 같은 방식으로 국가 주권을 수호하고, 협력 과정을 추진한다. 비록 추진하는 목표에 대한 성과가 이상적이지 못한 경우도 있지만, 지속 가능한 발전을 보장하며 추진 과정에서 끊임없이 개선되고 있다.[2]

'아세안 중심성(ASEAN Centrality)'은 '아세안 웨이'의 중요한 구성 부분이며, 아세안이 지역 외 국가와의 관계를 발전시키고 협력을 전개하는 데 있어 일관되게 강조해 온 원칙이다. '아세안 중심성'의 기본원칙은 아세안이 자주적으로 관련 아젠다를 제정하고, 주동적으로 지역 외 국가를 초청하여 상호 간 대화·협력을 추진하는 것이다. 예를 들어, 아세안은 아세안지역안보포럼(ARF)을 구축하여 지역 외 국가를 초청하고 신뢰 구축, 예방성 외교 추진, 충돌 해결 방식 모색에 관한 대화를 통해 공감대 형성에 노력하였다. 아세안은 '아세안+' 동아시아 지역 대화 협력 메커니즘을 선도하고 '아세안+한중일(10+3)'의 협력 메커니즘을 구축하였다. 또한, 중국, 일본, 한국, 오스트레일리아, 뉴질랜드, 인도와 자유무역협정을 체결하고 <역내포괄적경제동반자협정>(RCEP) 구축을 추진하여 동

---

1) <동남아시아 우호협력조약>(TAC)은 대외개방적 조약으로 협력 파트너 구축의 전제는 해당 조약을 수용하고 체결하는 것이다. 중국은 해당 조약을 체결한 첫 번째 지역 외 국가이다.
2) 각기 다른 지역 협력의 성과를 어떻게 정의하느냐 역시 깊게 연구할 만한 문제이다. 이는 각기 다른 협력 방식에 따라 각기 다른 성과 평가 기준이 있는데, 현행 평가 기준 대부분이 유럽의 지역 구축을 모델로 하기 때문이다.

아시아 지역 협력에 선도적인 역할을 해왔다.

'아세안 웨이'는 회원국의 주권을 존중·수호하며 회원국의 자율적 참여와 행동을 보장하는 것을 지역 협력의 기초로 삼고 있다. 아세안 국가들은 강대국들의 이익이 교차하는 지연 지역에 속해 있어 지역 내 각국이 지역 외 강대국의 간섭과 위협에 노출될 수 있었고, 일부 국가는 민족 독립의 역사가 길지 않고 민족국가의 구성이 아직 진행 중이다. 따라서, 아세안 국가는 지역 협력에 참여하고 대외관계를 발전시키는 과정에서 국가 주권을 침해하지 않는다는 원칙을 매우 중요시한다. 이를 위해 아세안 협력은 최소 주권 양도 원칙을 견지하며 시장개방이나 공동체(경제, 안보, 사회·문화 공동체) 구축은 모두 국가 주권 유지, 외부 세력 개입 방지를 전제로 한다.

'아세안 웨이'는 아세안 경제 구역에서 잘 구현되고 있다. 아세안 특혜 무역 협정(PTA, Preferential Trade Agreement) 체결에서부터 아세안자유무역지대(AFTA) 구축을 거쳐 경제공동체에 이르기까지 점진적으로 발전하였다. 특히, 아세안은 경제협력을 추진하면서 지역 경제 관리 메커니즘을 구축하기보다는 지역 내 시장개방을 추진하는 데 중점을 두었으며, 경제공동체의 목표는 통일된 경제정책을 실행하는 것이 아닌 '단일한 생산기지(Single Production Base)' 구축이며, 지역 내 생산요소 유동의 제약요인을 제거하여 지역 시장에 활력을 불어넣고 외부 투자를 유치하고자 한다.

사실상 '아세안 웨이'는 기존 모델 표방이 아닌 일종의 실천적 탐색이다. 아세안 회원국 간 발전 수준 격차가 커서 협력 과정이 점진적으로 추진될 수밖에 없고, 목표 설정에서도 반드시 개별 국가 간 발전 수준 격차를 고려해야 한다. 또한, 반드시 정치 안정과 경제성장을 충분히 보장하여 갈등과 혼란이 야기되지 않도록 해야 한다. 아세안 선택한 지역 협력 방식은 '전략적 선호'라고도 불리며 지속 가능한 발전을 보장한다. 이를 통해 알 수 있듯, '아세안 웨이'의 진정한 생명력은 어쩌면 아세안이 제약요인을 우회하여 지역 협력 발전을 끊임없이 진화시키는 데 있다고 볼 수도 있다.

'아세안 웨이'가 일종의 실천적 탐색으로 아시아 문명의 관용·포용 정신, 즉 다양성 존중을 잘 나타내었다. 또한, 개별 국가 간 차이와 발전 수준 격차를 충분히 고려하여 '협상 일치'에 기반하여 평화와 협력의 문화를 점차 형성하였다.[1)]

이는 아세안 회원국 간 관계에서도, 그리고 아세안과 지역 외 국가 간 관계 구축 과정에서도 잘 나타난다. 아세안 협력은 동남아시아 지역 특징에 적합한 발전 루트를 발굴하였고 원칙과 융통성의 적절한 조화를 실현해냈다.

아세안의 발전 과정을 세세히 살펴보면 일부 새로운 관점, 특히, 아시아 관점, 즉 아시아의 역사·정치·문화에 기반한 사고가 필요한데, 기존 지역 이론과 그 추진 과정에 대한 평가는 대부분 유럽의 지역 협력을 모델로 하여 그 성공 여부를 기본적으로 지역 거버넌스 수준의 점진적 향상 여부에 두었기 때문이다.1)

3. 라틴아메리카 지역 구축의 추진

라틴아메리카의 지역 구축은 시기적으로 비교적 이른데, '범아메리카주의(Pan-Americanism)' 사상이 추진되면서 시작되었다. 1890년 4월 14일 미국과 라틴아메리카 지역 17개국은 미국 워싱턴 D.C.에서 범아메리카 제1차 회의를 개최하고 아메리카공화국국제연맹(International Union of American Republics)과 그 상설기구인 아메리카공화국 통상사무국(Commercial Bureau of the American Republics) 창설을 결정하였는데, 이날은 '범아메리카의 날'로도 불린다. 1948년 콜롬비아 보고타에서 열린 범아메리카 제9차 회의에서 <아메리카국가기구 헌장>(Charter of the Organization of American States)을 통과하였고 아메리카공화국국제연맹을 '아메리카국가기구(OAS, Organization of American States)'로 개칭하였다. 아메리카국가기구의 설립 취지 중 하나는 아메리카 대륙 국가들의 통합 과정을 가속하는 것이다.

1948년에는 유엔 경제사회이사회(ECOSOC) 산하 라틴아메리카경제위원회(ECLA,Economic Commission for Latin America)가 설립되었다.2)

---

1) 참조: [新加坡] 马凯硕、孙合记 : 《东盟奇迹》, 翟昆、王丽娜等译, 北京大学出版社2017年版, 第10页。
1) 참조: 张蕴岭 : 《东盟50年 : 在行进中探索和进步》, 《世界经济与政治》2017年第7期。
2) 당시 '라틴아메리카경제위원회'로 불렸고, 1984년 '라틴아메리카·카리브경제위원회(ECLAC, Economic Commission for Latin America and the Caribbean)'로 개명하였다. 라틴아메리카·카리브경제위원회는 유엔 경제사회이사회 산하의 지역성 하부기구 중 하나이며 주요 직능은 지역 경제와 사회 발전을 촉진하고 지역 내 각국 간 경제협력을 추진하는 것이다.

지역 구축의 동기 중 하나는 라틴아메리카가 자기 지역 의미·역할에 기반한 발전을 추진할 필요가 있었기 때문인데 로알 프레비쉬(Raúl Prebisch)의 '중심-외곽' 이론은 이를 위한 사상적 기반을 제공하였다. 로알 프레비쉬는 기술 변화, 시장 규모, 수요탄력성, 소득탄력성 등 일련의 조건 변화에 따라 개발도상국의 원자재 수출이 불리한 상황에 놓여있다고 주장했다. 국제시장에서는 개발도상국 초급제품 가격이 선진국 공업제조품의 가격에 비해 장기적인 하락 추세를 보이고 있었다.[1]

【보충 자료】

시몬 볼리바르와 범아메리카주의

시몬 볼리바르(Simon Bolivar, 1783~1830)는 베네수엘라와 남미 독립전쟁을 이끈 지도자로 베네수엘라에서는 '해방자' 혹은 '건국의 아버지'로 알려져 있다. 시몬 볼리바르는 범아메리카주의를 세상에 알렸고, 라틴아메리카 지역에서 최초로 체계적으로 아메리카 대륙 통합 이론을 제시하여 계획적·순차적으로 추진한 인물이다.

'범아메리카주의'는 또한 '볼리바르주의(Bolivarianism)'로도 불리는데 주권을 확보한 신생 국가가 협력을 통한 긴밀한 우호 관계를 구축하여 통합을 추진해야 한다고 보았다. 유럽 대륙이 구축한 '신성 동맹(Sainte-Alliance)'의 아메리카 대륙 독립에 대한 간섭에 대항하기 위해 1824년 12월 시몬 볼리바르는 남아메리카 각 독립 국가에 요청하여 아메리카 대륙 국가들이 아메리카 대륙 연합을 조직할 것을 호소하였다. 1926년 파나마에서 대회를 열었는데, 이 대회는 아메리카 지역 국가 간 최초로 개최한 국제회의로 알려져 있다. 볼리바르주의는 식민주의와 제국주의에 대항하는 투쟁 정신을 잘 나타내고 있으며, 미국이 선전하는 '먼로주의(Monroe Doctrine)'와는 본질적 차이가 있다. 당대 라틴아메리카 지역민들 또한 볼리바르주의를 '제국이 없는 민주적 아메리카주의' 혹은 '라틴아메리카주의'라고 불렀다.

---

1) David I.Harvey, Neil M.Kellard, Jakob B.Madsen and Mark E.Wohar, "The Prebisch-Singer Hypothesis: Four Centuries of Evidence", The Review of Economics and Statistcs, Vol.92, No.2, 2010, pp.367-377.

1948년 로알 프레비쉬가 유엔 라틴아메리카경제위원회에 <라틴아메리카 경제발전과 주요 문제점>(The Economic Development of Latin America and Its Principal Problems) 제하 보고서를 작성하여 제출하였다. 해당 보고서는 미국은 세계 중심에 속하고 라틴아메리카는 변방 지대에 속하는데, 만약 이러한 구조를 타파하지 않는다면 라틴아메리카가 의존적인 위치를 벗어날 수 없을 것이라고 지적하였다. 따라서 공업화를 촉진하기 위해서는 반드시 수입대체 정책을 채택하고 더욱 적극적인 산업정책을 실시하여 제조품의 수출 능력을 향상시켜야 한다고 주장했다.[1]

브라질, 베네수엘라 등 라틴아메리카 국가들은 이에 공감하였고 라틴아메리카의 지역 구축은 새로운 특징을 형성하였다. 내향적 발전 전략은 일찍이 라틴아메리카 수많은 국가의 경제발전에 중요한 역할을 했으며 특히 1950~70년대 초반까지 성과를 거두었다. 이에 대해 라틴아메리카 지역 학자들은 수입대체 발전모델이 라틴아메리카 지역 각국의 향후 발전에 기초를 다졌다고 평가하며 수입대체 발전 전략을 높이 평가했다.[2] 그러나 글로벌화 발전 추세에 따라 라틴아메리카 지역 국가의 수입대체 정책은 큰 타격을 받았고, 수많은 국가에서 경제 침체가 나타나면서 '라틴아메리카 함정'에 빠지게 되었다.[3]

라틴아메리카 지역 각국은 지역 협력을 지속 추진해 왔다. 1960년 아르헨티나, 볼리비아 등 10개국은 멕시코와 공동으로 서유럽 국가가 구축한 서유럽 공동시장의 경험사례를 표방하여 '라틴아메리카자유무역연합(LAFTA, Latin American Free Trade Association)'을 구축하였다. 1969년 페루, 칠레, 콜롬비아, 에콰도르, 볼리비아 5개국은 안데스 조약 기구(Pacto Andino)를 창설하였고, 1996년 3월 안데스공동체(Comunidad Andina)로 개칭하였으며, 1997년 8월 1일 공식적으로 운용하였다. 1973년 8월 1일 트리니다드 토바고, 바베이도스, 자메이카, 가이아나 등 4개 영국연방 국가는 카리브공동체(CARICOM, Caribbean Community)와 카리브공동시장(Caribbean Common Market)을 구축하였다.

---

1) Economic Commission for Latin America, The Economic Development of Latin America and its Principal Problems, New York: United Nations Department of Economic Affairs, 1950.
2) 참조: 白凤森：《卡多佐总统谈拉美的经济、社会思想》,《拉丁美洲研究》1996年第4期。
3) 참조: [阿根廷] 劳尔·普雷维什：《外围资本主义――危机与改造》, 苏振兴、袁兴昌译, 商务印书馆2015年版, 第32页。

1960년 설립한 '라틴아메리카자유무역연합(LAFTA)'과 1980년 설립한 '라틴아메리카통합연합(LAIA, Latin American Integration Association)' 등과 같은 시도는 기본적으로 모두 실패하였다. '라틴아메리카자유무역연합(LAFTA)'은 무역 자유화를 통한 지역통합의 이념과 내향적 수입대체 전략의 보호주의 논리 간에 해결하기 어려운 내재적 모순이 존재하였다. 반면, '라틴아메리카통합연합(LAIA)'는 '라틴아메리카자유무역연합(LAFTA)'보다 운영상의 문제에서는 더욱 유연했지만 1980년대 국가채무 위기로 인해 다수 국가가 사실상 붕괴 상태에 처했고 재정 적자와 악성 인플레이션으로 인해 개방적 전략을 추진하기 어려웠다. 또한, 1986년 설립한 리우그룹(Riogroup)도 2011년 운영을 중지하였고 라틴아메리카·카리브국가공동체(CELAC, Community of Latin American and the Caribbean States)라는 대체 조직으로 전환되었다. 이 공동체는 일종의 분산된 협력 프레임으로 그 설립 취지는 기존 대지역과 소지역 통합 기구의 대화·협력을 추진에 있으며, 주로 라틴아메리카 지역 국가를 대표하여 지역 외 협력 기구와 대화를 진행하나 지역 내 통합 추진을 감독하는 것은 아니다.

1980년대 중반 라틴아메리카 지역 일부 국가는 민선 정부 강화, 지역 내 심각한 경제·금융·사회 문제 해결에 중점을 두었고 시장을 중심으로 한 경제 모델을 채택하였다. 아르헨티나와 브라질은 1985년부터 경제 통합 추진을 위한 초기 절차에 착수하였다. 1986년 양국은 <통합과 경제협력 프로젝트>(PICE, Economic Integration and Cooperation Program)를 체결했고, 1988년 <통합, 협력과 발전 조약>(Treaty of Integration, Cooperation, and Development)을 체결하면서 최종적으로 남미공동시장(MERCOSUR, Mercado Común del Sur)을 구축하였다. 1991년 3월 아르헨티나, 브라질, 우루과이, 파라과이는 파라과이 아순시온에서 <아순시온 조약>(Asunción Treaty)을 체결하면서 진정한 공동시장 구축을 결정하고 역내 관세를 인하하고 역외 공동 대외관세를 실시하기로 하였다. 1995년 1월 1일 남미공동시장이 공식적으로 출범하였는데, 이는 유럽연합 발전 과정에서 공동 관세동맹 단계와 유사하다. 남미공동시장은 각 회원국의 국내 정책 자율성 유지에 중점을 두고 있으므로 유럽연합 같은 초국가적 거버넌스 기구로 발전할 가능성은 희박하다.[1]

---

[1] Karl Kaltenthaler & Frank O.Mora, "Explaining Latin American Economic Integration : The Case of MERCOSUR", Review of International Political Economy, Vol.9, No.1, 2002, pp.72-97.

21세기로 접어들어, 남미공동시장(MERCOSUR)의 발전이 빠른 성장세를 보였다. 2000년 정상회의에서는 유럽연합식 통화동맹 구축과 무역분쟁 해결 메커니즘 구축, 상호 투자 준칙 약정, 사회영역 협력 강화를 제안하였다. 2001년 6월 정상회담에서는 내부 조율을 강화하여 그룹 형태로 미국, 유럽연합(EU)과 자유무역 대화를 전개하기로 결정하고, 당해 연말에는 무역분쟁 중재법원(상설 재판소)을 설립하였다. 2003년 12월 정상회의에서는 상설 대표위원회를 증설하여 남미공동시장을 대표하여 국제 담판에 참여하기로 하였다. 2008년 글로벌 금융위기 발발 이후에도 남미공동시장은 여전히 지역통합 과정을 강화할 것을 호소하였는데, 2010년 <공동 관세조례>를 통과시키며 중복과세를 취소하고 기초 인프라 통합을 강화하며 유럽연합과 자유무역협정 체결의 가속화 등에 대한 공감대를 형성하였다. 발전 과정에서 남미공동시장의 구축 방식은 주로 공감대를 형성하여 결의를 추진하고, 이를 다시 각국 국내 법률로 전환하여 기업, 개인, 사회 행위 주체가 지역통합에 참여하도록 유도하는 것이었다.[1] 전체적으로 볼 때, 라틴아메리카 지역은 국가 수가 많고 국가 간 차이가 크므로 지역 구축에 기반한 협력이 다양한 층위에서 추진이 되었고 현재도 탐색 과정에 있다고 할 수 있다.

다양한 지역 구축과 협력 추진에서 세 가지 핵심 요소는 △지역 동질성, △지역 정위(定位), △지역 공감대이다. 지역 동질성은 각국의 지역 소속에 대한 인식이자 '지역의 자아인지'라고 할 수 있다. 지역 정위는 각국의 지역 이익, 관계에 대한 인식이 지역 정책과 협력 참여에서의 방향성으로 나타나는 것이다. 지역 공감대는 각국이 보유한 지역 동질성, 지역 정위에서의 공통된 점이다. 지역 공감대는 지역 협력을 전개하는 전제조건인데, 각기 다른 요인에 기인하므로 각국의 지역 동질성 수준과 지역 정위 방향은 차이가 존재한다. 따라서, 성공적인 지역 협력을 전개하기 위해서는 반드시 지역 공감대를 찾고 형성해야 한다. 각국 간 대화·협상을 통해 상호 간 이해·신뢰를 증진하는 것은 특정 협력을 왜, 어떻게 진행해야 하는지에 대한 공감대를 형성하고, 이에 기반한 지역 협력 규획 추진, 실시 방안 제정에 도움을 준다.

---

[1] Mahrukh Doctor, "Prospects for Deepening MERCOSUR Integration: Economic Asymmetry and Institutional Deficits", Review of International Political Economy, Vol.20, No.3, 2013, pp.515-540.

제2절 국제지역의 연구와 이론

1. 국제지역 연구

지리학, 역사학, 인류학은 국제지역 연구와 관련된 기초이론이다. 국제지역의 구성이 자연적 요소를 기초로 하는 점을 고려해 볼 때, 지리학은 국제지역 연구의 출발점으로 볼 수 있다. 지리학은 지역적 특징을 지니고 있으며, 해당 지역을 이해하는 것을 목표로 하는데, 지리학의 연구 대상은 인류와 자연의 지역성이며, 주요 분석 방법은 지역 비교 분석 방법이다. 또한, 연구 내용은 지역의 입지, 지질, 지리적 특성, 기후, 식생, 천연자원, 주민 거주 변화, 인구분포, 경제, 교통, 정치 등을 포함한다.[1]

자연 지역은 객관적·실재적 존재 개념이며, 공장, 토지, 건축, 생물, 생산도구·방법, 시장, 정책 추진, 추상적 지식 등 수많은 요소가 상호작용하는 복합체이다. 각기 다른 지역은 저마다 독특한 특성을 가지는데, 특히 각 요소 간 독특한 조합 방식을 가지고 있다.[2] 역사는 국제지역을 구성하는 기본 요소이며, 역사의 관점에서 지역을 연구하면 지역 발전의 변천과 연계 요소를 깊이 이해할 수 있다. 역사학 분류에는 지역 사회사, 지역 경제사, 지역 문화사 등 분야가 포함되어 있다.[3] 인류학 또한 지역 연구를 중요한 구성 부분으로 다루는데, 지역 문화와 종족·집단의 특징을 중시한다. 인류학은 관찰 대상 지역에 대한 현장 조사를 진행하고 현지 연구를 전개한다.

국제지역 구축과 국제지역 협력의 발전에 따라, 국제지역에 관한 연구는 끊임없이 확대되고 있으며, 정치학, 국제관계, 경제학 등 각기 다른 학문적 관점에서 국제지역을 연구하는 것이 주류가 되었다. 특히, 제2차 세계대전이 종식된 이후 유럽의 지역 협력 발전에 힘입어 전 세계 범위의 국제지역 구축과 협력이

---

1) 참조: [德] 阿尔夫雷德·赫特纳 : 《地理学 : 它的历史、性质和方法》, 王兰生译, 商务印书馆 1983年版, 第4-5页.
2) 참조: [美] 理查德·哈特向 : 《地理学的性质》, 叶光庭译, 商务印书馆1996年版, 第347-453页.
3) 참조: 陈支平 : 《区域研究的两难抉择》, 《中国史研究》2005年增刊第1期.

급속히 발전하였고, 국제지역 연구와 관련 이론 역시 함께 큰 성장을 이루었다. 특히, 경제적 관점에서 국제지역 구축이 내생적 이익을 가져온다는 이론은 국제지역 협력 메커니즘 구축을 추진하는 중요한 이론적 근거가 되었다.

2. 영향력을 가진 이론

수많은 이론 중에서 관세동맹 이론과 이로부터 파생된 이론은 중대한 영향을 미쳤는데, 유럽과 기타 지역에서 공동시장, 자유무역지대(FTA) 구축을 추진하는 중요한 이론적 근거를 제공하였다. 관세동맹(Customs Union)은 회원국이 공동 참여하여 구축하는 지역 시장 메커니즘으로 역내 관세 취소, 역외 통일 관세를 실시하여 지역 내 무역과 경제발전을 도모한다. 해당 이론에 따르면, 관세동맹을 구축할 경우 무역 창출 효과, 무역 전환 효과, 무역 확대 효과 세 가지 효과가 나타나는데, 이러한 효과의 작용으로 지역 내 무역이 확대되어 무역 총량을 증가시킬 수도 있어 지역 내, 지역 외 발전에 유리하며 종합 이익을 창출한다.[1]

'최적통화지역 이론(OCA, Optimum Currency Area Theory)'은 국제지역의 통화 협력 추진에 있어 중대한 영향을 미쳤고, 특히 유럽연합의 유로화 지역 구축, 유럽연합 단일 통화체계 추진에 중요한 역할을 했다. 해당 이론에 따르면, 최적통화지역은 최적의 지리적 지역 내에서 통화 태환의 내부·외부 균형을 실현하고 일종의 최적화된 통화환경을 형성하는 것이다. 최적통화지역 내에서는 각국 통화의 고정된 명목환율을 유지하고 주도 통화가 있으며 각국 통화의 자유 태환을 실현하는데, 조율·감독을 책임지는 초국가적 수권 기구가 존재한다. 이러한 수권 기구의 관리하에 국가 통화정책은 제한을 받는다.[2] 일본은 한때 동아시아 지역에서 엔화를 주도 통화로 한 '아시아화' 통화지역 추진을 구상한 바 있고 아시아개발은행 산하에 전문 연구 기구를 설립하였으나, 통화 협력에 필요한 조건 갖추어지지 않아 실현되지 못하였다.

---

[1] 1950년 제이콥 비너(Jacob Viner)는 <관세동맹 문제>(The Customs Union Issue)를 발표하고 '무역 창출'와 '무역 전환' 개념을 제시하였다. 이후 수많은 경제학자들이 관세동맹 이론을 보완·개선하여 비교적 성숙한 경제이론이 되었다.
[2] Robert A.Mundell, "A Theory of Optimum Currency Areas", The American Economic Review, Vol.51, No.4, 1961, pp.657-665.

【보충 자료】

관세동맹 효과

'무역 창출 효과(trade creating effect)'는 관세동맹 구축 이후 한 회원국의 일부 국내 생산품이 관세동맹 내 생산비용이 훨씬 낮은 기타 국가 제품에 대한 수입으로 대체되어 자원 이용의 효율이 제고하여 생산이 가져오는 이익을 확대하는 것을 가리킨다. 또한, 국제분업을 통해 본국은 그 제품에 대한 소비지출이 감소하고 그 제품에 투입하는 자본을 기타 제품의 소비에 사용하여 사회수요를 확대하며 결과적으로 무역을 증가시킨다.

'무역 전환 효과(trade diverting effect)'는 관세동맹 구축 이전 한 국가가 한 제품을 생산하지 않고 기타 국가로부터 수입하였지만, 관세동맹 구축 이후 관세동맹 내부 교역 비용이 하락하면서 가격이 지역 외보다 낮아지는 것을 말한다. 즉, 관세동맹 회원국이 원래 비회원국으로부터 수입하는 제품을 관세동맹 내부 회원국으로부터 수입하여 지역 내 무역을 증가시키는 것을 가리킨다.

'무역 확대 효과(trade expansion effect)'는 관세동맹 체결 이후 무역 창출 효과 혹은 무역 전환 효과가 발생하는 상황에서 수입 제품의 가격이 모두 기존보다 낮아져, 이로 인해 수입 수량이 증가하는 것을 말한다. 위에서 언급한 효과는 모두 정태적 효과이다. 관세동맹은 동태적 효과도 발생시키는데, 이는 자원 분배가 더욱 최적화되어 전문성과 규모의 경제에 기반한 이익 확보가 용이하고, 투자 확대와 기술 진보에도 유리하다. 사실상 관세 인하를 기초로 한 자유무역지대(FTA)의 효과는 통상적으로 정태적 효과와 동태적 효과 두 가지 방면에서 평가한다.

국제지역 구축은 유럽 지역뿐만 아니라 세계 다른 지역에서도 다양한 형식으로 발전하고 있다. 예를 들어, 아메리카, 아프리카 지역에도 수많은 지역기구와 협력 메커니즘이 설립되었다. 아메리카 지역에서는 경제 영역만 보더라도 북미자유무역지대(NAFTA)[1], 라틴아메리카자유무역연합(LAFTA), 중미공동시장

---

[1] 트럼프 집권 시기에 재차 협상하여 <미국-멕시코-캐나다 협정>(USMCA, United States Mexico Canada Agreement)으로 개정하였다.

(CACM, Central American Common Market), 안데스조약기구(Pacto Andino) 등이 나타났다. 이러한 국제지역 협력 메커니즘은 유럽 지역 협력과는 출발점과 목표가 각기 다르며 구축 형식에서의 다양성이 나타나는데, 일부는 지역 협조 전개를 목표로 하고, 일부는 지역 내 시장개방에 중점을 두며, 또 다른 일부는 지역 안보와 국가 간 관계에 중점을 둔다. 새로운 지역 구축에서의 선명한 특징 중 하나는 제도 구축에서 국가 주권에 대한 존중·수호를 강조하고 국가의 정치 제도와 거버넌스 제도 구축을 중시하며, 초국가적 메커니즘 구축과 기능 행사와 관련하여 비교적 신중하게 접근한다는 점이다.1)

新국제지역 구축에 관한 연구에서 기능주의(Functionalism)와 新기능주의 (Neo-Functionalism) 이론은 비교적 영향력이 있다. 기능주의와 新기능주의 이론의 핵심은 기능성 협력 추진을 통해 통합된 네트워크를 구축하여 국가 층위에서 해결할 수 없는 문제들을 해결하는 것이다. 新기능주의는 다양한 정치세력 (이익 집단, 정당, 정부, 국제기구) 간 상호작용, 정치적 결단, 초국가적 정치제도 구축을 특히 중시한다.2) 기능주의와 新기능주의 이론은 유럽 협력에 관한 연구를 통해 △협력이 정치적으로 공통된 인식을 형성할 수 있어 지역 평화 실현에 도움이 된다는 것, △통합을 통해 무역, 투자, 인원의 지역 내 유동을 실현할 수 있어 각국의 이익을 증대시키고 유럽 지역 발전을 촉진할 수 있다는 것을 증명하였다. 그 이전 유럽 정치인들은 전쟁을 피하기 위한 전통적 방법으로 동맹과 세력균형 체제를 주장하였다.3)

유럽의 단일법안 제정, 통일 대시장 구축, 단일통화 실시 등은 지역 구축과 관련한 연구를 크게 발전시켰다. 이러한 분석은 더 이상 기능주의 이론 관점에 국한되지 않고, 초국가적 제도 구축과 정부 간 제도주의의 관점에서 더욱 많이

---

1) 조지프 나이(Joseph S.Nye)는 아프리카 지역 경제 협력에 대해 심도 깊은 연구를 진행하였다. 그가 출판한 <범아프리카주의와 동아프리카 통합>(Pan Africanism and East African integration), <지역통합 비교: 개념과 척도>(Comparative Regional Integration: Concept and Measurement), <공동시장 비교: 新기능주의 모델에 대한 수정>(Comparing Common Markets: A Revised Neo-Functionalist Model) 등 문장은 모두 아프리카 지역 구축에 관한 연구에 근거하여 지역통합 실현에 관한 정치문제, 지역 구축에서 기능주의의 역할 문제를 제기하였다.
2) 기능주의와 신기능주의 논술은 아래 참조: [美] 詹姆斯·多尔蒂、小罗伯特·普法尔茨格拉夫：《争论中的国际关系理论》, 阎学通、陈寒溪等译, 世界知识出版社2003年版, 第535-576页.
3) Ernst B.Haas, The Uniting of Europe: Political, Social, and Economic Forces (1950-1957), Stanford, Calif: Stanford University Press, 1958.

해석하기 시작하였다. 하지만, 지역별로 다른 발전 방식은 또한 유럽의 지역 구축을 기반으로 관찰한 결과에 대한 의문을 제기하였고, 다른 관점에 기반하여 지역 협력에 대해 분석한 이론도 끊임없이 나타나면서 일부 중요한 문제에 대한 인식에서도 점점 더 많은 논쟁이 나타나고 있다.

냉전체제가 종식된 이후, 국제지역 구축은 더욱 큰 발전을 이룩하며 일종의 세계적 현상이 되었다. 지역 구축의 목표가 과거보다 더욱 광범위해지면서 정치, 경제 영역뿐만 아니라 사회, 문화 영역까지 전면적으로 확대되었다. 국제지역 협력은 단순히 '하향식' 추진이 아니라 '상향식' 추진도 진행되고 있다. 국제지역 구축의 연구 방법 또한 새로운 발전을 이루었는데, 무역 수치, 투자 수치, 정보 교류 등 정보를 근거로 지역통합 수준과 제도화 수준에 대한 분류를 시도하고 있고, 특히, 국제경제학, 新경제지리학 등에서의 일부 방법은 지역 협력에 관한 연구에도 활용되고 있다.[1]

국제관계 연구 영역에서 발전한 구성주의(Constructivism) 이론은 지역 구축에 관한 연구에서도 많이 활용되고 있다. 구성주의는 국제관계에서 존재하는 사회규범 구조를 중시하며, 관념, 규범, 문화가 국가 행위와 이익 형성 과정에서 중요한 작용을 한다는 것을 강조한다.

특히, 건설적 작용은 행위 주체의 상호작용이 본래 유기적 지역 협력을 구축할 수 있고, 정부, 공민 단체, 기업의 규범·역할에 대한 재정의 또한 새로운 지역 협력을 구축할 수 있다고 강조한다. 국제지역의 사회구조 구축은 지역 동질성과 인식에 대한 집단적 감응에 기반하여 형성되며, 문화는 지역 구축에서 매우 중요한 역할을 한다. 구성주의 이론은 구축 과정에 대한 인식에서 출발하여 구축 과정에서의 역할을 강조하는데, 그 과정이 △권력의 사회화, △협력의 규칙·규범 형성을 도모하고 집단 동질성 형성을 촉진하며, 중소국가들이 협력을 통해 대국의 참여를 유도하면서 점진적 사회화를 실현한다고 보았다.[2]

동남아시아 지역 국가들이 아세안으로 통합하는 사례를 볼 때, 아세안은 국가 간 협력의 사회화 과정을 통해 구속력을 가진 행위규범을 형성하여 국가의 행위에 영향을 주었고, 이를 통해 지역 동질성을 형성하여 국가 간 관계에 긍정

---

1) Raimo Väyrynen, "Regionalism: Old and New", International Studies Review, Vol.5, No.1, 2003, pp25-51.
2) 참조: 秦亚青、魏玲:《结构、进程与权利的社会化 - 中国与东北亚地区合作》,《世界经济与政治》2007年第3期.

적·획기적인 영향을 미쳤으며, 궁극적으로 국가들이 평화공존 원칙을 준수하도록 만들었다.1)

3. 新지역주의의 발전

냉전체제가 종식된 이후, 국제지역 구축은 '新지역주의(New Regionalism)'로 불리며 구축 과정에서 더욱 큰 공감대를 형성하였고, 관련된 목표 범위도 더욱 확대되었다. 국제지역 협력에는 현실적인 추진 동력이 존재하는데, △각국이 안보에 위협을 받아 안보협력 메커니즘 구축을 도모, △경제 요소 유동의 제약요인을 제거하여 개방적 지역시장 구축을 추진, △생태계 위기로 인한 생태환경 거버넌스 협력 추진, △지역 동질성 제고에 기반한 지역문화공동체 구축 추진 등이 있다.

국제지역 구축이 국가 간 국경의 존재와 국가를 기본 구성 주체로 한다는 특성을 변화시키지는 못하지만, 지역 협력 프레임에 기반한 접경 개방, 요소 이동 개방, 국가 거버넌스 개방을 실현하였다. 이는 얼핏 국가 권력이 약화되는 것처럼 보일 수 있으나, 실질적으로 국가 참여와 이익 공유 가능성이 더욱 확대된다고 할 수 있고, 각국 정부가 국제지역 구축에 적극적으로 지지·참여하는 이유는 더 큰 권익을 누릴 수 있기 때문이다.

국제지역 협력의 참여 주체에는 정부뿐만 아니라 비정부 주체와 개인도 포함된다. 지역 협력은 다양한 층위에서 전개되는데, 일부는 인접한 세부지역(접경 연계지역) 층위에서 전개된다. 현실에서 세부지역 층위에서의 협력은 더욱 융통성이 있고 다양화 되어있으며, 협력 방식에서도 공식적 협의·규약이 아니라 상호 신뢰에 기반한 아젠다 협상과 상호 교류로 구축된다. 세부지역 협력은 지역 동질성 제고, 지역 공감대 확대의 기초가 된다.

新지역주의 하의 국제지역 구축은 더욱 괄목할 만한 성과를 거두었는데, 그 중에서도 지역 동질성, 제도 구축 및 지역 거버넌스 영역에서 더욱 많은 공감대를 형성하였고 더욱 효율적인 추진 조치가 있었다.2) 하지만, 모든 지역은 제도

---

1) 참조: [加拿大] 阿米塔·阿查亚：《建构安全共同体：东盟与地区秩序》, 王正毅、冯怀信译, 上海人民出版社2004年版, 第29-30页。

구축과 협력 방식에서 큰 차이를 보이며 다양성이 나타난다. 따라서, '비교지역주의' 방법은 국제지역 구축의 내재적 논리를 더욱 심도있게 알 수 있게 해준다. 특히, 국제지역 구축에서의 많은 요인을 비교해야만, 전 세계 여러 지역의 국제지역 구축 방법, 구조, 추진, 효과에 대해 더욱 깊게 이해할 수 있다.

국제지역 구축에서 볼 때, 지역주의, 기능주의, 구성주의의 이론적 관점으로만 분석·판단하는 것은 부족한 점이 존재하는데, 이러한 연구의 대다수는 기존 발전 과정에 대해 다른 관점의 해석을 내놓을 뿐이다. 하지만, 심층적인 연구, 특히 이론상 혁신은 여전히 국제지역의 내재적 성질과 복잡한 요인에서 모색할 필요가 있다. 예를 들어, 유럽은 왜 지역 구축에 관한 각종 사상과 이를 위한 노력을 계속 추진하면서 최종적으로 '유럽 모델'을 구축하였는가? 해당 질문에 대한 대답은 아마도 유럽 지역의 역사, 현대 민족국가 체계의 구축, 끊임없이 발생한 전쟁, 지역에 대한 유럽인들의 동질성, 종교·사상의 영향 등 내재적 요인에서부터 종합 분석을 진행해 보아야 할 것이다. 특히, 제2차 세계대전이 남긴 '전쟁 유산', 냉전 환경이 서유럽 지역 국가가 연합을 추진하는데 미친 특수한 작용은 다른 지역에는 존재하지 않는 요인이다. 지역 구축의 관점에서 볼 때, '유럽 모델'은 다른 지역에서 복제하기 어려운 모델이다. 하지만, 유럽 지역이 협력을 통해서 평화·발전의 성과를 낸 데는 교훈이 존재하는데, 지역 구축은 개별 국가가 실현하지 못하는 이익 공유를 창조할 수 있고, 국제지역과 국가 간에는 불가분의 상호의존 관계가 존재한다는 것이다.

국제지역 구축에 있어 가장 중요한 점은 지역의 객관적 존재성과 현실적 존재성을 일치시키는 것인데, 즉 실질적인 제도 건설과 협력 성과를 통해 국제지역이 △국가 간 관계 조율, △지역 경제, 안보 이익 창조, △국가, 기구, 개인 생존·발전 환경 개선 등 방면에서 적극적인 역할을 발휘하도록 하는 것이다. 현대 국제지역 구축은 △평등한 참여를 원칙, △양호한 지역 관계와 질서 구축을 기본적 인식, △지역 평화와 발전 실현을 목표로 하여 과거의 지역 동맹, 지역 쟁탈, 지역 전쟁의 형식을 변화시켰는데, 이는 일종의 新개념, 新관계, 新질서, 新문명의 구축으로 볼 수 있으며, 이것은 곧 新지역주의의 본질적 특징이다.

---

2) Tanja A.Borzel and Thomas Risse (eds.), The Oxford Handbook of Comparative Regionalism, Oxford University Press, 2016.

제3절 중국의 지역 협력 추진 현황

1. 중국의 국제지역 구축 특색

중국은 지역 대국으로 전통적 지역에 대한 인식의 중점은 주변이었는데, 이는 고대 '화이질서(華夷秩序)'(혹은 '조공 관계')에서 가장 잘 나타난다. 근대에 접어들어, 서구 열강의 쟁탈, 식민지 확장의 시대적 배경 하에 중국의 주변 관계는 분해되었고, 중국 자체도 분할되었다. 중화인민공화국이 건국된 후 '평화공존 5항 원칙(和平共處五項原則)'을 제시하였고 비동맹운동에 참여하였으며 '아시아 및 태평양 지역 평화회의(亞洲及太平洋區域和平會議)'를 추진하였는데, 이는 지연 지역 구축 의도가 아닌 주로 국가 존립 환경을 개선하기 위한 것이었다.1) 개혁개방 정책 추진은 중국을 세계로 나가게 하였고, '어떻게 세계시장에 진입하는가?'하는 문제에 정책적 지향점을 두었는데, 이를 위해 중국은 세계무역기구(WTO) 가입을 적극 추진하였다.

아시아태평양경제협력체(APEC)는 중국이 최초로 참가한 지역성 협력 기구이다. 해당 기구에 대한 참여를 통해 중국의 현대 지역 협력에 대한 인식이 크게 전환되긴 하였지만, 제도 구축보다는 주로 경제 영역에 집중하여 협력을 통해 이익을 얻는 데만 관심을 두었다. 태평양 반대편은 완전히 다른 지역이었기 때문이다. 이에 따라 중국은 아시아-태평양 제도 구축에 대해 매우 신중한 태도를 보였다. 당시 미국 클린턴 대통령이 '아시아태평양공동체' 구축 추진을 제안하였을때, 중국은 반대 입장을 견지하였고 최종적으로 '공동체(Community)'의 영문 첫 알파벳을 소문자로 바꾸면서 비제도화 구축이라는 모양새를 보여준 뒤에야 수용하였다.2)

---

1) 1952년 10월 2일 아시아 및 태평양 지역 평화회의가 베이징에서 공식 개최되었고, 회의에는 전 세계 37개국 대표가 참석하였다.
2) 중국뿐만 아니라 아세안 국가들 또한 영문 첫 알파벳 대문자 'Community'를 반대하였고, 이로 인해 아시아태평양경제협력체(APEC)는 개방적 지역주의(Open regionalism)를 채택하였다.

지역 구축의 관점에서 볼 때, 중국이 최초로 주도적으로 추진한 정책 조치는 두만강 지역 개발 프로젝트와 동북아시아 지역 경제협력 문제를 추진하는 것이었다. 1991년 10월 유엔개발계획(UNDP)은 다수 국가가 공동으로 두만강 삼각주를 개발하는 방안을 제시하였는데, 중국은 주동적으로 이 방안을 추진하였고, 이 과정에서 적극적인 선도 역할을 발휘하였다. 1995년 12월 중국, 러시아, 북한은 <두만강지역 개발협력위원회 설립에 관한 협정>(關于建立圖們江地區開發協調委員會的協定)을 체결하였고, 중국, 러시아, 북한, 한국, 몽골은 <두만강 경제개발구와 동북아시아 지역 환경 준칙 양해 비망록>(關于圖們江經濟開發區和東北亞地區環境准則諒解備忘彔)을 체결하였다. 위 두 문건의 체결로 두만강 유역 개발은 가행성 연구 단계를 넘어 실질적 추진 단계로 전환되었다.1)

1997년 아세안(ASEAN)에서 시작한 아시아 금융위기가 발생함에 따라, 그해 12월 15일 아세안은 중국, 일본, 한국을 초청하여 위기 공동 대응 방안을 협상·모색하였다. 이로써 동아시아 지역 협력의 서막을 열었고, 중국의 지역 구축과 지역 협력에 대한 인식에 중대한 변화를 가져왔는데, 국제지역 정책의 중점을 동아시아 지역으로 옮겨 매우 적극적·진취적 정책을 채택하였다. 중국은 첫 '아세안+한중일(10+3)' 대화에서 실질적인 협력 건의를 제시하였고, 그 후 <동아시아 협력에 관한 공동성명>(Joint Statement on East Asia Cooperation), '중국-아세안 자유무역지대(CAFTA)', 동아시아자유무역지대(10+3) 가행성 연구, '치앙마이 이니셔티브(CMI, Chiang Mai Initiative)' 등에서 모두 중요한 선도적 역할을 하였다. 협력 과정에서 이견이 발생하기도 하였지만, 동아시아 지역 협력이라는 대의에서 출발하여 중국은 적시에 정책을 조정해 동아시아정상회의(EAS, East Asia Summit) 구축, <역내포괄적경제동반자협정>(RCEP) 협상·체결에 적극적으로 참여하였다.2) 중국이 이처럼 적극적인 투자를 추진하는 이유는 동아시아 지역은 중국이 인식하고 있는 지연 지역의 핵심이기 때문이다.

지연에 기반한 동아시아 지역은 동북아시아와 동남아시아로 구분할 수 있다.

---

1) 복잡한 원인으로 두만강에서의 소지역 협력은 큰 진전을 이루지 못하였다. 2009년 중국 정부는 <중국 두만강 지역 협력 개발 계획 강령 - 창지투를 개발 개방 선도 지역으로>(中國圖们江區域合作開发規劃綱要--以长吉图为开发开放先导区) 제하 문건을 발표하고, 중국-몽골 대통로 구축 방안을 명시하였다.
2) 동아시아 협력의 구체적인 과정은 아래 참조: 张蕴岭: 《在理想与现实之间 - 我对东亚合作的研究、参与和思考》, 中国社会科学出版社2015年版.

동아시아 협력 추진 과정에서 중국은 중국-아세안 협력 심화 발전을 중점으로 삼았다. 중국과 동남아시아 지역 각국은 육지와 해상으로 접해있고 지연에 기반한 소지역을 구성하고 있다. 제2차 세계대전이 종식된 이후 중국과 동남아시아 지역 각국의 관계는 복잡 다변했으며, 갈등이 복잡하게 얽혀있었다. 동남아시아 지역 각국은 아세안을 설립하여 지역 동질성에 기반한 지역기구를 구축하였는데, 이는 동아시아 지역 내 국제지역 구축의 획기적인 발전이자 중국의 지역 전략 역할에도 중대한 영향을 미쳤다.

냉전체제가 종식된 이후, 중국은 아세안과의 대화를 주도적으로 제안하였고 아세안은 중국측 제의를 즉각 수용하였는데, 이는 양자가 모두 바라던 상황이라고 할 수 있다. 중국과 아세안은 대화를 시작으로 다수 협력 메커니즘을 점진적으로 구축하였고, 수많은 영역에서 효율적 협력을 전개하였다. 주목할 만한 점은 전략적 파트너 관계를 구축하면서 자유무역지대를 구축하고 <동남아시아 우호협력조약>(TAC, Treaty of Amity and Cooperation in Southeast Asia)을 체결한 것이다. 남중국해 분쟁은 중국과 아세안 관계에서의 난제인데, 중국은 '쌍궤 메커니즘(双轨机制, 개별 국가와 아세안 분리 대응)'을 기반으로 △원칙과 공통된 인식을 지향점, △관계 안정화를 목표로 하였고, <남중국해 분쟁 당사국 행동선언>(DoC)을 공동 제정하여 <남중국해 행동 규칙>(CoC) 제정에 관한 협상을 진행하고 있다.

또한, 중국은 아세안이 주도하는 △아세안-중국 대화 메커니즘(10+1), △아세안-한중일 협력 메커니즘(10+3), △동아시아정상회의(EAS, 10+8), △아세안지역안보포럼(ARF), △아세안 확대 국방장관 회의(ADMM-Plus), △아시아협력대화(ACD, Asia Cooperation Dialogue), △아시아유럽정상회의(ASEM), △동아시아-라틴아메리카 협력포럼(FEALAC) 등 플랫폼에 적극 참여하면서 아세안의 중심적 지위와 협력 메커니즘에서의 리더 역할을 지지하고 있다. 중국과 아세안은 수많은 이견이 존재하지만, 대화 협력의 큰 방향을 항시 견지해 오고 있으며, 협력은 일종의 공통된 인식과 가치가 되었다.1) 복잡한 형세 속에서 중국은 아세안이 주도하는 동아시아 지역 구축 메커니즘을 이용하여 적극적으로 동아시아 지역 구축에 참여할 수 있을 뿐만 아니라, 적극적으로 자신의 영향력을 발휘하여 주변에서의 지역 구축을 도모할 수 있다.

---

1) 참조：张蕴岭：《中国-东盟对话30年：携手共创合作文明》, 《国际问题研究》2021年第3期。

2. 다층위적 주변 지역 구축

주변은 중국과 수많은 이웃 국가들이 공존하는 특수한 지연 지역을 가리키며, 중국 지연 전략의 바탕이다. 주변 지역은 동북아시아, 동남아시아, 남아시아, 중앙아시아 등 다수 소지역을 포함하는데, 중앙아시아 지역을 제외한 다른 소지역들은 모두 지역 구축에 있어 자기 지역을 중심으로 하는 새로운 구도를 형성하고 있다. 이는 역사상 일찍이 중국이 형성한 바 있는 중국을 중심으로 한 '조공 체계' 구도와는 크게 다르다.

동북아시아 소지역 관계는 복잡하고 암울했던 역사와 현실적 모순이 교차하는데, 이는 지역 구축의 장애물이 되어 기구축된 한중일 대화 협력 메커니즘도 발전이 제약받고 정체된 상황에 놓였다. 동남아시아 지역은 아세안을 창설하였고 아세안을 중심으로 한 이념을 견지하고 있다. 중국과 아세안(ASEAN)은 아세안을 중심으로 한 지역 협력 프레임을 존중하면서 전략적 파트너 관계를 발전시키고 있다. 남아시아 지역은 남아시아지역협력연합(SAARC, South Asia Association for Regional Cooperation)을 창설하였는데, 지역 대국으로서의 인도는 자국의 주도적 지위를 유지하기 위해 중국의 개입을 극도로 경계하고 있다. 중국과 남아시아 소지역 간 협력은 양자 관계 협력이 주요한 바탕이다. 중앙아시아 지역은 정세 변화로 절기를 맞이하였고, 중국은 새롭게 독립한 중앙아시아 지역 국가와의 관계 정상화를 실현하는 기초 위에 러시아와 공동으로 상하이협력기구(SCO) 창설을 추진하여 소지역 구축의 역사적 성과를 달성하였다. 이렇듯, 지연 지역의 구축에서 볼 때, 주변은 다양한 지역 협력 프레임이 필요한 것이지 단일한 지연 지역 구축이 필요한 것이 아니다.

중국이 가지는 지연 지역에 대한 인식과 역할은 대체로 세 층위로 구분할 수 있다. 첫째는 주변 세부지역, 둘째는 동아시아 소지역, 셋째는 '큰 주변'으로 불리는 아시아, 아시아-태평양 지역이다. 중국은 각기 다른 지역에 대한 인식과 참여방식이 존재한다. 지역별로 각기 다른 특징과 발전 상황이 존재하다는 점에서 볼 때, 중국이 추구하는 현대 지연 지역 구축은 실질적이고 융통성이 있고, 추진 과정에서의 중점은 자기 중심의 자국이 주도하는 지연 지역 제도를 구축하는 것이 아니라, 각기 다른 층위에서 협력 지향적으로 새로운 지역 관계와 질서를 구축하는 데 있다. 예를 들어, '일대일로(一帶一路) 이니셔티브'는 지연에

기반한 국제지역 구축이 아니라 일종의 새로운 형태의 발전 협력 모델이다.1)

여타 다른 대국과 마찬가지로 중국의 국제지역 구축도 인접한 지연 국제지역에만 국한된 것이 아니라, 전 세계라는 국제지역 인식을 동시에 가지고 있다. 다만, 이는 인접한 지연에 기반한 국제지역 구축과는 달리 주로 전략 혹은 이익에 대한 인식과 행동에 근거한다. 예를 들어, 중국은 아프리카, 라틴아메리카, 유럽, 중동 등 지역에서 경제, 정치, 안보, 사회, 문화 등 다양한 영역의 지역 구축에 참여하고 있다.

본 장의 국제지역 구축과 관련 이론에 대한 소개를 통해 아래의 내용을 알 수 있다.

1) 지연에 기반한 국제지역 구축은 현실이자 향후 추세이다. 국가의 국제지역 구축은 전략·정책 수립을 더욱 중시하고 적극적인 조치를 진행한다.

2) 국제지역 구축은 다양한 층위와 다양한 방식을 특징으로 하며, 제도 구축은 국제지역 구축의 중요한 기반이며, 다양성을 보인다. '유럽 모델'은 참고할 만한 경험사례를 제공하지만 보편성을 가지진 않는다.

3) 국가를 대표하는 정부와 관련 국가 간 적극적 협력 참여는 국제지역 구축의 기본 전제조건이다. 현대 국제지역 구축은 평등한 참여와 호혜적 협력을 기초로 하며, 협력은 '新지역주의'의 본질적 특징이다.

4) 이론은 정책 추진·이행의 방향이자 결론이지만, 국제지역 구축 방면 연구는 여전히 종합적 이론 체계가 부재한 상황이다.

글로벌화의 심화 발전과 지구 생태환경이 급변하는 상황에서 지역 거버넌스가 점차 중시되면서 글로벌 거버넌스의 필수적인 구성 부분이 되었고, 수많은 영역에서 대체 불가능한 역할을 하고 있다.2) 국제지역의 구성을 단순한 지리적 요인이 아닌 복잡 다양한 객관적·실재적 존재 개념으로 봐야 한다. 국가, 사회,

---

1) 중국의 주변 전략에 관해서는 아래 참조: 张蕴岭 : 《新形势下推动构建中国与周边国家命运共同体》, 《当代世界》2021年第7期 ; 새로운 형태의 발전 협력 방식에 관해서는 아래 참조: 张蕴岭 : 《一带一路建设推动新型发展合作》, 《人民日报》2017年5月15日.
2) 아미타브 아차리아(Amitav Acharya)는 현재와 미래의 세계 질서는 갈수록 지역 질서를 기초로 하게 된다고 보았다. 참조: Amitav Acharya, "The Emerging Regional Architecture of World Politics", World Politics, Vol.59, No.4, 2007, pp.629-652.

개인은 모두 국제지역을 구성하는 유동적 요소이며, 초국가적 상호연계, 특수관계, 질서가 존재한다. 거버넌스 측면에서 볼 때, 국가-국제지역-글로벌 세 층위 간 상호 종합계획·연계·조율하는 종합적 프레임이 필요하다.

물론 지연 지역에 기반한 구축으로 모든 지역에서 양호한 발전을 실현할 수 있는 것은 아니며, 각국의 국제지역에 대한 인식에도 큰 차이가 존재한다. 오늘날 전략적 역할 인식에 기반한 초지연적 세력 구축 또한 매우 강한 관성과 동력이 존재한다.

■ 추천 문헌

- 邢瑞磊：《比较地区主义：概念与理论演化》，中国政法大学出版社2014年版
- [加拿大] 阿米塔·阿查亚：《建构安全共同体：东盟与地区秩序》，王正毅、冯怀信译，上海人民出版社2004年版。
- [阿根廷] 劳尔·普雷维什：《外国资本主义 – 危机与改造》，苏振兴、袁兴昌译，商务印书馆2015年版。

출판 번역 작업을 마무리하며

    오랫동안 지역·국가 연구에서 주류 이론은 미국과 유럽 지역 강대국에서 제시 되어왔고, 미국과 유럽 지역 국가들의 글로벌 거버넌스에 대한 이론적 바탕을 제공하며 다양한 형태로 국제사회에 발언권을 확대해 왔다. 다만, 오늘날 미중 간 전방위적 경쟁 격화, 미국 우선주의 부상, 러시아-우크라이나 전쟁 장기화와 북한군 해외 파병, 이스라엘-팔레스타인 전쟁 등 복잡 다양한 국제관계 관련 문제가 인류사회의 안정적 발전을 위협하면서 새로운 이론적 대안의 필요성이 제기되고 있다.
    특히, 중국은 전 세계에서 접경국이 가장 많은 국가로 14개국과 마주하고 있는데, 중국 정치·경제·사회 발전의 특수성, 지리적·역사적·문화적 요인들은 미국과 유럽 지역 국가들과는 큰 차이를 보여 통용되는 미국·유럽 위주의 국제관계학 연구로는 지역·국가에 대한 연구에는 명확한 한계가 나타나고 있다.
    최근 들어, 중국학계에서 주목받고 크게 육성되고 있는 학문은 지역·국가 연구이다. 중국 정부는 장기적 관점에서 '평화와 발전'이라는 정치·경제 목표 실현을 위해 사회과학 연구를 중시하고 있으며, 지역·국가학 학문체계를 구축하고 있다. 중국 교육부는 2011년 지역·국가 연구기지 구축안을 비준하여, 2012년 미국·러시아·유럽연합·아세안을 연구 대상으로 대학·연구기관 28개소 내 연구기지 42개를 설립하여 운영하고 있다. 특히, 최근 복잡한 국제정세 하에 전 세계적으로 국가 핵심 이익을 확보하기 위한 지역·국가 인재 육성과 지식 비축을 추진하고 있다.
    본서의 집필 책임자 장윈링(張蘊岭) 교수는 중국사회과학원 학부위원이자 산동대학교 국제문제연구원 원장으로 중국을 대표하는 국제관계전문가이며, 중국만의 국제관계 이론을 정립하기 위해 노력하고 있다. 본서는 체계적으로 지역·국가를 연구하기 위한 기반을 마련해주는 이론서로, 국가 간 관계에 중점을 두고 개별 국가 위주로 국제관계를 분석하는 방법을 제공하는 기존 이론서와 달리, 국제지역의 평화와 발전에 중점을 두고 세계, 지역, 국가를 체계적으로 분석하는 방법을 제공하는 혁신적 이론서이다.
    본인은 과거 중국 산동대학 동북아대학에서 외국인 교수로 재직하면서 장윈링 교수의 가르침을 받아 중국의 국제관계에 대한 이해를 넓힐 수 있었고, 한국으로 복귀한 후 한중경제사회연구소를 설립하여 한국과 중국 사회 연구를 위해 노력하고 있는데, 이러한 인연으로 영광스럽게도 본서의 한국 내 총괄 출판을 책임지게 되었다. 오늘날 한국 내 국제지역학 연구, 중국 외교 사상을 체계적으로 이해할 수 있는 마땅한 이론서가 부재한 상황에서 본서의 출판이 국제지역학 연구, 중국 외교 사상에 대한 이해 증진에 조금이나마 도움이 되길 기대해 본다.

  본서의 번역과 편집에는 한중경제사회연구소 소장이자 중앙대학교 GSIS, 영남대학교 PSPS 객원교수로 재직 중인 본인 외에 중국 하얼빈사범대학 김미금 교수, 중국런민대학 한바다 박사, 중앙대학교 GSIS 출신 박수현 통역사가 번역과 감수 전반에 참여하였고, 근 1년이 넘게 진행되어 온 번역 작업에서 기존 이론서에 없는 어휘, 이론 등 내용을 매끄럽게 표현하여 독자에게 전달하기 위해 최선을 다하였다. 물론, 출판 작업이 끝나가는 현재도 여전히 아쉬운 부분이 많이 보이지만 향후 지속 보완해 나가도록 하겠다.

  한중경제사회연구소는 연구소 창립 첫 출판 서적으로 <국제지역학 개론>을 선정하였고, 향후 한국에서의 지역·국가학 연구, 한국과 중국 사회과학 연구 발전에 이바지할 계획이다. 끝으로 중국학계에서 활동하던 시기부터 늘 전적으로 많은 가르침과 도움을 주시는 영원한 은사 산동대학교 장원링 교수, 학계에서의 오늘을 있게 해준 베이징대학교 경제대학 세계경제학과 지도교수 왕웨성(王跃生) 교수, 류췬이(刘群艺) 교수, 번역 전반을 함께한 한중경제사회연구소 창립멤버 김미금 교수, 한바다 박사와 중앙대학교 GSIS 박수현 통역사, 늘 아낌없는 지원을 해주시는 부모님과 가족 모두에게 무한한 감사를 표한다.

강호구 / 베이징대학 경제학 박사
한중경제사회연구소 소장
중앙대학교 GSIS · 영남대학교 PSPS 객원교수
2025년 2월 대한민국 대구에서

○ 출판 번역 작업을 마무리하며

《국제지역학 개론》은 중국 지역 연구의 권위자인 장윈링(张蕴岭) 교수가 국제 지역학의 이론과 실천을 종합적으로 정리한 저서이다. 이 책은 국제 지역학의 개념과 연구 방법론을 제시하고, 글로벌 및 지역 차원의 상호작용을 분석하는 한편, 주요 지역 간의 정치·경제·사회적 관계를 다룬다.

특히, 지역 통합과 협력의 중요성을 강조하면서도 각 지역이 가진 고유한 특성과 도전 과제들을 균형 있게 설명하는 것이 특징이다. 이를 통해 독자들은 국제지역학의 전반적인 흐름을 이해하고, 글로벌 변화 속에서 지역 연구가 갖는 의미를 깊이 있게 탐색할 수 있다.

현재 국제지역학 연구는 중국과 한국에서 각기 다른 방식으로 전개되고 있다. 중국에서는 국제지역학이 정책 연구와 긴밀히 연계되며, 특히 국가 전략과 외교 정책을 뒷받침하는 학문으로 자리 잡고 있다. 한국 학계는 정치학, 경제학, 사회학 등과 접목하여 보다 학제적인 시각에서 연구를 수행하고 있으며, 특정 지역의 정치·경제적 역학뿐만 아니라 문화·역사적 맥락까지 포함하는 종합적 분석을 중시하고 있다. 이러한 차이 속에서《국제지역학 개론》은 한국 독자들에게 중국 학계의 연구 시각과 방법론을 이해하는 데 중요한 참고 자료가 될 것이며, 한국 국제지역학 연구의 시야를 확장하는 데 기여할 것으로 기대된다.

번역 과정에서 저자가 전달하고자 하는 바를 최대한 살리려 노력하였으나, 언어와 사고방식의 차이로 인해 일부 표현이나 개념에서 이해의 차이가 발생할 수 있다. 이에 대해서는 지속 연구하고 검토하여 향후 번역 작업에서도 더욱 정교하게 반영할 수 있게 하겠다. 국제지역학은 급변하는 국제 정세 속에서 더욱 중요한 학문이 되고 있으며, 한국과 중국 모두 이 분야에서 지속적으로 연구를 발전시켜 나가고 있다. 앞으로도 양국 간 학문적 교류가 더욱 활발해지기를 바라며, 이 책이 한국 독자들에게 유익한 연구 자료가 되기를 기대한다.

김미금 / 헤이룽장대학 문학 박사
한중경제사회연구소 연구위원
중국 하얼빈사범대학 한국어과 전임강사
2025년 2월 중국 하얼빈에서

○ 출판 번역 작업을 마무리하며

본서 《국제지역학 개론》을 번역하는 과정은 단순한 언어의 변환을 넘어, 사상과 학문의 교류를 체험할 수 있다는 점에서 나에게 깊은 의미를 지닌 여정이었다. 특히 연구소 창립 이후 처음으로 수행한 번역 작업이기에 그 책임감과 기대는 더욱 컸다.

번역 과정에서 가장 인상 깊었던 점은 원문이 강조하는 '교차 학문적 접근'이었다. 국제지역학은 정치학, 경제학, 사회학, 역사학 등 다양한 학문을 포괄하며, 이를 통해 지역과 국가를 입체적으로 분석하고자 한다. 이러한 학제 간 융합적 시각은 오늘날 한국에서도 점차 중요성이 강조되고 있는 분야로, 원문의 이론적 체계를 한국어로 재구성하는 과정은 마치 새로운 연구를 수행하는 것과 같은 도전이었다.

본서는 기존의 서구 중심적 지역 연구 패러다임을 넘어, 중국적 시각에서 바라본 국제지역학의 가능성을 제시하고 있다. 이는 국제 지역 연구에서 담론적 균형을 모색하는 중요한 시도이며, 다양한 지역의 연구자가 더욱 주체적인 시각으로 자신들의 지역과 국가를 분석할 수 있는 기반을 제공하는데, 나는 번역팀의 일원으로서 이러한 문제의식이 독자에게 명확하게 전달될 수 있도록 노력했다.

한편, 번역 과정에서 부딪힌 가장 큰 난제는 학술 용어의 선택이었다. 국제지역학은 비교적 새로운 학문 분야로, 한국어에서 통일된 개념어가 정립되지 않은 경우가 많았다. 특히 본서에서 다루는 '국제지역학'이 상호 연계된 세계 속에서 국가와 지역의 정체성을 탐구하는 교차 학문적 접근이었기 때문에, 이를 한국어로 옮기는 과정에서 원문의 학술적 깊이와 논리성을 훼손하는 것을 많은 고민을 거듭했다. 이에 따라 원문의 개념을 면밀히 분석한 후, 한국 학계에서 통용되는 유사 개념과의 비교를 거쳐 가장 적절한 표현을 선정하는 데 많은 시간을 할애했다.

이러한 과정을 거쳐 번역을 마친 지금, 국제 지역학을 중국적 시각에서 바라본 본서의 논의가 단순한 텍스트의 전달을 넘어, 국내 연구자들의 이해를 확장하고, 양국 간 학문적 교류를 촉진하는 작은 계기가 되었기를 희망한다.

한바다 / 중국런민대학 외교학 박사
한중경제사회연구소 연구위원
2025년 2월 중국 베이징에서

○ 출판 번역 작업을 마무리하며

지난해 추운 겨울 설레는 마음으로 <국제지역학 개론>의 작업을 의뢰받았을 때가 생각난다. 학문 분야의 번역에 늘 관심이 많던 나에게 이번 저서 작업은 소중한 기회이기도 했지만, 국제지역학에 대한 폭넓은 이해를 요구하는 큰 도전이기도 했다. 더욱이 본서는 향후 국내에서 이루어질 국제지역 연구의 기반이 될 중요한 이론서로서 그 어느 때보다도 막중한 책임감으로 작업에 임했다.

함께 작업에 참여해 주신 교수님들과 달리 본인은 국제지역학에 대한 선행 이해가 필수적이라고 판단하여 작업 내내 끊임없이 물음표를 던지며 탐구했다. 여전히 부족한 부분이 많지만, 중국의 시각에서 바라본 국제지역학, 그리고 다양한 학문을 서로 교차·융합하여 다각적으로 연구하는 접근 방식 등 기존에 알고 있던 국제지역학의 프레임을 넘어 새로운 지식을 습득할 수 있는 값진 시간이었다.

역자이자 감수자의 입장에서 역시나 학술 용어에 대한 해석과 선택이 가장 어려웠던 부분이다. 원문을 통해 중국어로는 의미를 이해했으나 국내에서 이론적으로 정립된 전문 용어가 부족한 상황에서 용어의 학문적인 의미를 해치지 않으면서 동시에 도착어로 최대한 자연스럽게 옮기는 작업의 경계에서 지난한 고민의 시간을 반복했던 것 같다.

혼자였다면 완주하지 못했을 긴 여정에 함께 해주신 강호구 소장님, 김미금 교수님, 한바다 박사님께 다시 한번 감사의 말씀을 전하며 한중경제사회연구소의 창립 첫 출판 서적인 국제지역학 개론이 국내 연구자들에게 유용한 기본 이론서로 자리매김하여 양국의 사회과학 연구 발전에 의미 있는 기여를 할 수 있길 진심으로 바란다.

박수현 / 중앙대학교 GSIS 전문통번역학과 한중과 석사
한중전문통번역사
2025년 2월 대한민국 서울에서

> **한중경제사회연구소 설립 취지**
>
> 한중 경제 구조가 수교 이후 협업 구조에서 경쟁 구조로 전환되면서 동반자에서 경쟁자라는 인식이 강해지고 있습니다. 수교 전 한중 양국은 장기간 상이한 체제와 제도를 발전시켜 오면서 상호 간 사회에 대한 이해가 부족한 점도 오해와 갈등의 배경이 되고 있습니다. 한중경제사회연구소는 아래 두 가지 목표를 지향합니다.
>
> 1. 지역학 범주에서 한중사회 간 이해 증진을 위한 우호적 학술 연구
> 2. 한중 청년학자들의 비착취·비영리 원칙에 기반한 우호적 학술 교류
>
> 한중경제사회연구소는 상기 두 가지 목표 실현을 위한 학술 플랫폼입니다.

국제지역학 개론

발 행	2025년 3월
저 자	장원링 지음 / 강호구·김미금·한바다·박수현 옮김
발 행 인	강호구
편 집 인	강석기
발 행 처	**한중경제사회연구소**
	대구광역시 수성구 달구벌대로 489 길 22
	전 화 010-5368-2272
	전자우편 admin@skesi.kr
	홈페이지 http://www.skesi.kr
인 쇄 처	㈜중앙인쇄 010-3603-1476

정가 35,000 원   ISBN 979-11-988202-1-1